PUTONGHUA SHUIPING CESHI KAO QIAN PEIXUN JIAOCHENG

普通话水平测试考前培训教程

主编 何 平 王 静

编者（按姓氏笔画排序）
　　王 静　刘 烨　许宏鉴　何 平
　　宋尚斋　金娅曦　高小丽

北京语言大学出版社
BEIJING LANGUAGE AND CULTURE
UNIVERSITY PRESS

© 2017 北京语言大学出版社，社图号 16372

图书在版编目（CIP）数据

普通话水平测试考前培训教程 ／ 何平，王静主编
． -- 北京：北京语言大学出版社，2017.3（2023.7重印）
ISBN 978-7-5619-4808-8

Ⅰ．①普… Ⅱ．①何… ②王… Ⅲ．①普通话－水平考试－教材 Ⅳ．① H102

中国版本图书馆 CIP 数据核字（2016）第 308337 号

普通话水平测试考前培训教程
PUTONGHUA SHUIPING CESHI KAO QIAN PEIXUN JIAOCHENG

排版制作：	北京创艺涵文化发展有限公司
责任印制：	邝 天
出版发行：	北京语言大学出版社
社　　址：	北京市海淀区学院路 15 号，100083
网　　址：	www.blcup.com
电子信箱：	service@blcup.com
电　　话：	编辑部　　8610-82303390
	国内发行　8610-82303650/3591/3648
	海外发行　8610-82303365/3080/3668
	北语书店　8610-82303653
	网购咨询　8610-82303908
印　　刷：	北京鑫丰华彩印有限公司
版　　次：	2017 年 3 月第 1 版　　**印　　次**：2023 年 7 月第 6 次印刷
开　　本：	889 毫米 × 1194 毫米　1/16　　**印　　张**：21.25
字　　数：	330 千字
定　　价：	48.00 元

PRINTED IN CHINA

凡有印装质量问题，本社负责调换。售后QQ号1367565611，电话010-82303590

编写说明

一、教材适用对象

本书是为准备参加普通话水平测试的应试者编写的训练教材。既可用于课堂教学，也可供准备参加普通话水平测试的应试者自学使用。

二、教材架构

本书的训练材料都选自《普通话水平测试实施纲要》，并按《普通话水平测试实施纲要》的考试内容分为六章。

第一章　普通话语音基础及字、词语的朗读

侧重于普通话的连读变调以及字、词语朗读的训练。具体如下：

1. 普通话的连读变调

这部分通过展示两个或多个第三声、第二声、第四声声调相连变读前后调值的对比图，将有效地指导应试者正确地读出普通话的连读变调。

2. 有声母的字、词语朗读训练

这部分把 60 篇朗读作品中有声母的单音节和多音节字词分为 8 类（量词、轻声词和儿化词除外），通过展示声母的发音部位图，将有效地指导应试者正确地读出普通话里有声母的音节。

3. 零声母的字、词语朗读训练

这部分把 60 篇朗读作品中零声母的单音节和多音节字词分为 6 类（量词、轻声词和儿化词除外），通过展示韵母和韵母主要元音发音的舌位图，可以有效地指导应试者正确地读出普通话里零声母的音节。

4. 轻声词的朗读训练

这部分把《普通话水平测试实施纲要》中普通话必读的轻声词，按照轻声调值高低的不同分为 4 类。通过展示轻声音节的声韵拼合图，可以有效地指导应试者正确地读出普通话里的轻声词。

5. 儿化词的朗读训练

这部分按照儿化韵的不同，把《普通话水平测试实施纲要》中普通话必读的儿化词归纳为 18 类。通过展示儿化音节的声韵拼合图，可以有效地指导应试者正确地读出普通话的儿化词。

6. 普通话测试字、词语朗读模拟试题

这部分通过自编的 4 套测试题，让应试者通过模拟普通话水平测试字、词语朗读部分的考试熟悉并掌握考试的方法。

通过教师在课堂上不断纠音正调的强化训练，应试者便可以熟悉并尽可能地记住 60 篇作品中普通话字、词语的正确发音，为参加普通话水平测试中的字、词语朗读考试做好充分的准备，为应对后面的各项测试打下坚实的基础。

第二章　普通话词语的选择判断

这部分通过普通话词语与 7 种方言词语的对比，让应试者熟悉并掌握普通话词语正确的发音；提供了 4 套自编的普通话词语选择判断试题，让应试者通过模拟普通话词语选择判断部分的考试熟悉并掌握考试的方法。

第三章　普通话量词、名词搭配的选择判断

这部分通过《普通话水平测试实施纲要》中普通话量词、名词与数词"一"搭配成数量名短语的训练,让应试者熟悉并掌握普通话规范的量词、名词搭配的短语和正确的发音;提供了4套自编的普通话量词、名词搭配的选择判断试题,让应试者通过模拟普通话量词、名词搭配的选择判断部分的考试熟悉并掌握考试的方法。

第四章　普通话句子的选择判断

这部分通过《普通话水平测试实施纲要》中普通话的句子与方言句子的对比,让应试者熟悉并掌握规范的普通话语法和普通话句子正确的发音;提供了6套自编的普通话句子的选择判断试题,让应试者通过模拟普通话句子的选择判断部分的考试熟悉并掌握考试的方法。

第五章　朗读短文

这部分指导应试者进行60篇朗读作品的朗读训练。每篇朗读作品包括以下三项内容:

1. 读词语

这部分的词语均是从本篇作品中选出来的难点,针对性强。训练的内容包括第二声、第三声、第四声的连读变调,"一、不"的变调,轻声词和儿化词,汉字下方注有拼音,其中第三声的连读变调和"一、不"的变调均标变调以后的实际声调。

在朗读短文前提前集中训练难词语,可以尽早扫除短文中难词语的发音障碍,为顺利地朗读作品铺平道路。

2. 读句子

这部分是从本篇作品中选出来的较难的句子,针对性强。训练的内容包括词语的连读变调和断句。汉字下方注有拼音,其中第三声的连读变调和"一、不"的变调均标变调以后的实际声调。

在朗读短文前提前训练难句子,可以尽早扫除短文中难句子的发音和断句的障碍,为顺利朗读作品奠定扎实的基础。

3. 读短文

这部分以汉字、拼音对照(汉字在上,拼音在下)的形式编排,目的是让应试者养成看汉字朗读的习惯,同时在朗读过程中对汉字的读音拿不准时,应试者可迅速地查看汉字下方所注的拼音。第三声和"一、不"标注的都是变调后的实际读音,这样便可以确保应试者所朗读的变调词语发音正确。

教师在课堂上对应试者读错的词语不断地纠音正调,对用普通话表述中出现的语流错误及时加以纠正,应试者可以迅速地提高用普通话朗读作品的水平,为参加普通话的朗读考试做好准备,也为下面的命题说话考试奠定扎实的基础。

第六章　命题说话

这部分指导应试者进行30个话题的说话训练。

《普通话水平测试实施纲要》中设计了30个话题,考试前应试者必须抽签,并根据所抽的话题用普通话说3分钟的内容,因此,备考时30个话题一个都不能少。为了帮助应试者缩短命题说话考试的准备时间,我们把30个话题归并为12个类别,每个类别包括1到6个话题。在每个类别中,我们对每一个话题提供了内容提示和词语提示,并选取一个话题重点练习,提供一篇自

编的 400～500 字的参考范文。应试者可以根据内容提示扩展思路、整理思绪；可以根据词语提示了解并熟悉话题中普通话常用词语的正确发音，为说好话题做好充分的准备；可以从范文中得到启发，也可以模仿范文的思路，熟悉范文里的口语词，从而比较容易地说出想要表达的内容。

三、教材编写分工

本书各作者的编写分工如下：

主编为何平、王静。其中何平负责全书的总体设计和最后的统稿工作，并承担了"编写说明""给应试者的话""普通话等级的标准"，第一章第一、四、五、六节，普通话有声母音节中的声母发音部位图、普通话零声母音节中的韵母发音舌位图，第二章第三节，第三章，第四章第三节和附录部分的编写工作。王静承担了第五章 1 到 20 号朗读作品部分的编写工作。金娅曦承担了第一章第二节中 13 个声母相关内容的编写工作。刘烨承担了第一章第二节中 8 个声母相关内容和第三节的编写工作。宋尚斋承担了第二章第一、二节，第四章第一、二节，第六章 12 个话题的内容提示、词语提示和 6 篇说话范文的编写工作。许宏鉴承担了第五章 21 到 40 号朗读作品，第六章 18 个话题的内容提示、词语提示和 6 篇说话范文的编写工作。高小丽承担了第五章 41 到 60 号朗读作品部分的编写工作。

四、教材使用建议

普通话水平测试考前培训的课时安排可以有以下三种：

（一）培训 4 周

具体时间的安排如下：

教材	课时	培训内容和测试训练
第一～四章	20	1. 普通话的字、词语（包括轻声词和儿化词）朗读训练；做 4 套模拟测试题 2. 普通话量词、名词搭配的选择判断训练；做 4 套模拟测试题 3. 普通话表达形式的选择判断训练；做 6 套模拟测试题
第五章	50	1. 60 篇作品的朗读训练和个别辅导 2. 模拟作品朗读的测试训练
第六章	50	1. 30 个话题的说话训练和个别辅导 2. 模拟命题说话的测试训练
总计	120	4 周，每天 6 学时

（二）培训 5 周

具体时间的安排如下：

教材	课时	培训内容和测试训练
第一～四章	30	1. 普通话的字、词语（包括轻声词和儿化词）朗读训练；做 4 套模拟测试题 2. 普通话量词、名词搭配的选择判断训练；做 4 套模拟测试题 3. 普通话表达形式的选择判断训练；做 6 套模拟测试题

(续表)

教材	课时	培训内容和测试训练
第五章	60	1. 60篇作品的朗读训练和个别辅导 2. 模拟作品朗读的测试训练
第六章	60	1. 30个话题的说话训练和个别辅导 2. 模拟命题说话的测试训练
总计	150	5周，每天6学时

（三）培训6周

具体时间的安排如下：

教材	课时	培训内容和测试训练
第一～四章	30	1. 普通话的字、词语（包括轻声词和儿化词）朗读训练；做4套模拟测试题 2. 普通话量词、名词搭配的选择判断训练；做4套模拟测试题 3. 普通话表达形式的选择判断训练；做6套模拟测试题
第五章	75	1. 60篇作品的朗读训练和个别辅导 2. 模拟作品朗读的测试训练
第六章	75	1. 30个话题的说话训练和个别辅导 2. 模拟命题说话的测试训练
总计	180	6周，每天6学时

本书朗读部分的内容配有标准的普通话录音，供学习者模仿练习。

本书的书名是由北京大学教授、中国楹联学会副会长兼楹联书法艺术委员会主任谷向阳先生题写。北京语言大学的何惠琴女士、张辉副教授和北京语言大学出版社的金季涛先生为本书的出版提供了大力支持和帮助，在此一并表示深深的感谢。

目　　录

给应试者的话	1
普通话水平等级的标准	3

第一章　普通话语音基础及字、词语的朗读　　4

第一节　普通话的连读变调　　4
一、普通话的四个声调　　4
二、普通话的连读变调　　5

第二节　普通话里有声母的音节　　10
一、声母 b、p、m　　10
二、声母 d、t　　15
三、声母 n、l　　20
四、声母 g、k　　23
五、声母 h、f　　26
六、声母 j、q、x　　30
七、声母 z、c、s　　38
八、声母 zh、ch、sh、r　　42

第三节　普通话里的零声母音节　　51
一、韵母是 a 和以 a 开头的零声母音节　　52
二、韵母是 o 和以 o 开头的零声母音节　　53
三、韵母是 e 和以 e 开头的零声母音节　　54
四、韵母是 i 和以 i 开头的零声母音节　　55
五、韵母是 u 和以 u 开头的零声母音节　　58
六、韵母是 ü 和以 ü 开头的零声母音节　　60

第四节　普通话水平测试中必读的轻声词　　61
一、轻声音节在第一声后的轻声词　　61
二、轻声音节在第二声后的轻声词　　63
三、轻声音节在第三声后的轻声词　　65
四、轻声音节在第四声后的轻声词　　66

第五节 普通话水平测试中必读的儿化词 … 68

- 一、a、ai、an、ang 变读成儿化韵 … 68
- 二、ia、ian、iang 变读成儿化韵 … 69
- 三、ua、uai、uan、uang 变读成儿化韵 … 70
- 四、üan 变读成儿化韵 … 71
- 五、e、ei、en、eng 变读成儿化韵 … 72
- 六、ie、i、in、ing 变读成儿化韵 … 73
- 七、üe、ü、ün 变读成儿化韵 … 74
- 八、uei、uen、ueng 变读成儿化韵 … 75
- 九、-i[ɿ]、-i[ʅ] 变读成儿化韵 … 76
- 十、u 变读成儿化韵 … 76
- 十一、ong 变读成儿化韵 … 77
- 十二、iong 变读成儿化韵 … 77
- 十三、ao 变读成儿化韵 … 78
- 十四、iao 变读成儿化韵 … 78
- 十五、ou 变读成儿化韵 … 79
- 十六、iou 变读成儿化韵 … 79
- 十七、uo 变读成儿化韵 … 80
- 十八、o 变读成儿化韵 … 80

第六节 普通话水平测试字、词语朗读模拟试题 … 81

第二章 普通话词语的选择判断 … 87

第一节 普通话的词语 … 87

第二节 普通话词语与方言词语的对照 … 97

- 一、普通话与上海话的词语对照 … 97
- 二、普通话与厦门话的词语对照 … 98
- 三、普通话与广州话的词语对照 … 98
- 四、普通话与南昌话的词语对照 … 99
- 五、普通话与长沙话的词语对照 … 100
- 六、普通话与梅州话的词语对照 … 100
- 七、普通话与山东话的词语对照 … 101

第三节	普通话词语的选择判断模拟试题	102

第三章　普通话量词、名词搭配的选择判断　　105

第一节　普通话量词、名词的搭配　　105

第二节　普通话量词、名词搭配的选择判断模拟试题　　111

第四章　普通话句子的选择判断　　114

第一节　普通话的语法　　114

第二节　普通话与部分方言的语法差异和对照　　118

　　一、普通话与部分方言的语法差异　　118

　　二、普通话与部分方言的对照　　125

第三节　普通话句子的选择判断模拟试题　　127

第五章　朗读短文　　132

第六章　命题说话　　302

第一节　测试说明　　302

第二节　说话训练　　303

　　一、个人　　304

　　二、集体　　306

　　三、成长　　307

　　四、回忆　　309

　　五、最爱　　311

　　六、环境与健康　　314

　　七、地方与风俗　　316

　　八、购物与饮食　　318

　　九、学习与修养　　320

　　十、科技与生活　　322

　　十一、旅游　　323

　　十二、运动　　325

附录 327

一、汉语拼音方案 327

二、国际音标辅音简表 329

三、国际音标元音简表 329

四、中国七大方言主要特点比较表 330

给应试者的话

一、你对参加普通话水平考试有把握了吗？

在决定参加考试前，建议应试者要问问自己："你对这次普通话水平测试的程序、考试的项目内容，以及要注意的问题都清楚了吗？"如果你都清楚了，那就可以轻松上阵参加考试。但是如果你从思想上并没有特别重视这次考试，且没有做过认真的准备，那就一定不要仓促上阵，免得留下遗憾。因为普通话水平测试是一门非常严格、科学的口语考试，考试的任何一项内容如果准备得不充分，都将直接影响到最后的成绩。

二、你对普通话考试的内容熟悉吗？

在决定参加考试前，建议应试者要了解普通话水平测试的全部内容。包括用普通话朗读100个单音节字词和100个音节的多音节词语；选择判断普通话的词语、普通话量词和名词的搭配、普通话的表达形式，并能用标准的普通话读出；还要用标准的普通话朗读指定的一篇作品；从给出的两个话题中选择一个，并按照命题要求用标准的普通话讲述3分钟。如果你对以上测试内容不但了解了，而且很熟悉，那么即使由于紧张导致第一项普通话的字、词语朗读考试不理想，也不会太影响后面几项考试的发挥。

三、你对自己的普通话语音问题心中有数吗？

在决定参加考试前，应试者对自己普通话口语中存在的语音问题一定要做到心中有数。因为普通话水平测试是通过口语考试来测查应试人普通话语音的标准程度，如果你不了解自己的语音问题，或者对自己的语音问题心中无数，这都会影响你的发挥。因此，建议你在决定参加考试前，先去参加一个专业的普通话培训班或找一个专业的普通话教师辅导，通过短时间的强化学习和纠正发音，了解自己在普通话口语方面存在的问题，找到解决语音问题的有效方法，只有这样你对普通话水平的测试才会做到心中有数。

四、一些建议

1. 按照规定，考生至少有10分钟的准备时间（港澳考生15分钟），因此，高效利用这段时间对应试者至关重要。建议打乱准备试题的顺序：

测试的顺序：①读单音节、多音节字词→②选择判断→③朗读短文→④命题说话

打乱的顺序：④命题说话→③朗读短文→①读单音节、多音节字词→②选择判断

打乱测试顺序，由难到易进行准备，这样考生可以把主要的精力用于最难的测试项目命题说话和朗读短文的准备上。

2. 第四项考试命题说话要求应试者在两个话题中任选一个。由于命题说话是唯一一个没有文字凭借的考试项目，而且要说满3分钟，因此，选择的话题尤为重要，一定要选择你有话可说的话题。选好话题之后还应该构思、打腹稿，最好能写个简单的提纲，但不宜太长。

3. 第三项考试朗读短文对期望取得二级乙等以上水平证书的应试者十分关键。如果读得不流畅，或因读错而有"回读"的现象，将会失分。因此，要把已经选择好的短文先浏览一下，然后从头至尾地把短文读一遍，从整体上把握全文的语速、节奏和语气，对读错的字、词语的语音问题和语句不顺畅的段落一定要多读几次，并适当地做些记号，这样考试时就会尽量避免再次出错，免得浪费时间。

4. 第一项考试是读单音节和多音节字词，特别是单音节字词，因为单音节字词的前后没有其他字词的帮助和提示，不会就是不会，所以不要在此项上浪费太多的时间，更不要在某个字词上停留过长的时间。只要在快速浏览时画出容易读错的字、词语，甚至标注出拼音即可。

5. 第二项考试是选择判断词语和句子，在浏览试题的同时一定要圈出普通话的词语和普通话的句子。在浏览量词、名词搭配的选择判断题时可用直线将普通话的量词和名词连起来，这样准备可以节省考试的时间。

6. 由于准备的时间只有10（或15）分钟，因此，时间分配是否科学也至关重要。建议可用60%至70%的时间准备说话和朗读，用30%至40%的时间准备单音节、多音节字词和普通话词语、量词名词搭配、普通话句子的选择判断。

7. 最后要注意的是，进入考场后，首先要报自己的姓名、身份证号码。其次，单音节、多音节字词的内容要按照横行的顺序依次读出。四项考试的每一项都不需要读标题，直接读说测试的内容即可。

普通话水平等级的标准

一、普通话水平等级的定级标准

等级		定级标准
一级	甲等	97 分及其以上
	乙等	92 分及其以上，但不足 97 分
二级	甲等	87 分及其以上，但不足 92 分
	乙等	80 分及其以上，但不足 87 分
三级	甲等	70 分及其以上，但不足 80 分
	乙等	60 分及其以上，但不足 70 分

二、普通话水平测试等级标准（试行）

等级		
一级	甲等	朗读和自由交谈时，语音标准，词语、语法正确无误，语调自然，表达流畅。测试总失分率在 3% 以内。
	乙等	朗读和自由交谈时，语音标准，词语、语法正确无误，语调自然，表达流畅。偶然有字音、字调失误。测试总失分率在 8% 以内。
二级	甲等	朗读和自由交谈时，声韵调发音基本标准，语调自然，表达流畅。少数难点音（平翘舌音、前后鼻尾音、边鼻音等）有时出现失误。词语、语法极少有误。测试总失分率在 13% 以内。
	乙等	朗读和自由交谈时，个别调值不准，声韵母发音有不到位现象。难点音（平翘舌音、前后鼻尾音、边鼻音、fu-hu、z-zh-j、送气不送气、i-ü 不分、保留浊塞音和浊塞擦音、丢介音、复韵母单音化等）失误较多。方言语调不明显。有使用方言词、方言语法的情况。测试总失分率在 20% 以内。
三级	甲等	朗读和自由交谈时，声韵调发音失误较多，难点音超出常见范围，声调调值多不准。方言语调较明显。词语、语法有失误。测试总失分率在 30% 以内。
	乙等	朗读和自由交谈时，声韵调发音失误多，方音特征突出。方言语调明显。词语、语法失误较多。外地人听其谈话有听不懂情况。测试总失分率在 40% 以内。

第一章　普通话语音基础及字、词语的朗读

第一节　普通话的连读变调

一、普通话的四个声调

普通话里所有的字音可以归纳为四个调类：阴平、阳平、上声、去声，简称为第一声、第二声、第三声、第四声；可以归纳为四种基本调型：高平调、中升调、低降升调和全降调；可以归纳为四个调值：55、35、214、51。下面是普通话4个声调的调值图：

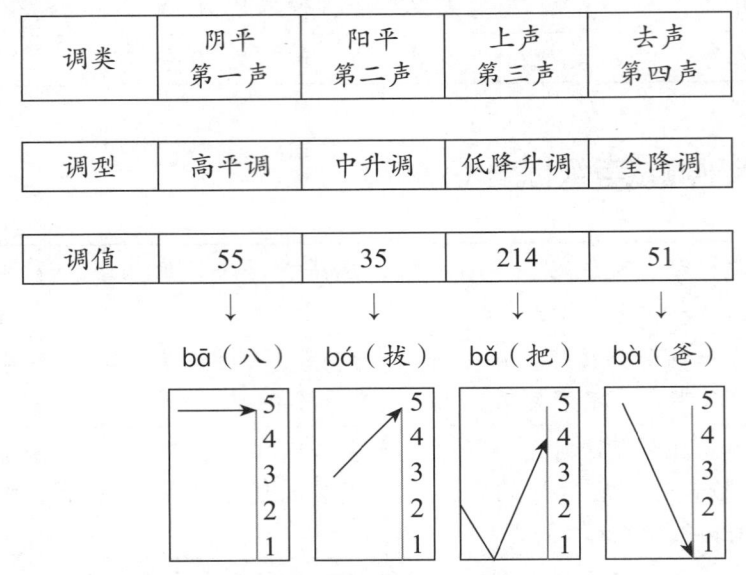

| 调类 | 阴平 第一声 | 阳平 第二声 | 上声 第三声 | 去声 第四声 |

| 调型 | 高平调 | 中升调 | 低降升调 | 全降调 |

| 调值 | 55 | 35 | 214 | 51 |

↓　　↓　　↓　　↓

bā（八）　bá（拔）　bǎ（把）　bà（爸）

普通话里4个声调的调值图

普通话里使用的词绝大部分是双音词，为了发音方便，当第三声与非第三声相连时，前面的第三声一定要变读成半第三声（半上），也就是说只读第三声前边"下降"的部分，不读第三声后边"上升"的部分。那些不能把普通话里第二声和第四声发到位的应试者，在练习第二声和第四声时，可以把普通话4个声调原有的排列顺序做一下调整，把普通话里的4个声调分为两个组：

第一组：

由第一声（阴平）和第三声（上声）组成，因为它们的发音特点是"高"和"低"（第三声大多数读成半上，是低调）。

第二组：

由第二声（阳平）和第四声（去声）组成，因为它们的发音特点是"升"和"降"。

经过这样重新组合，便可很好地解决应试者在声调发音中存在的"升"不上去或"降"不下来的难点。下面是普通话4个声调原来和重新组合后排列顺序的对比图：

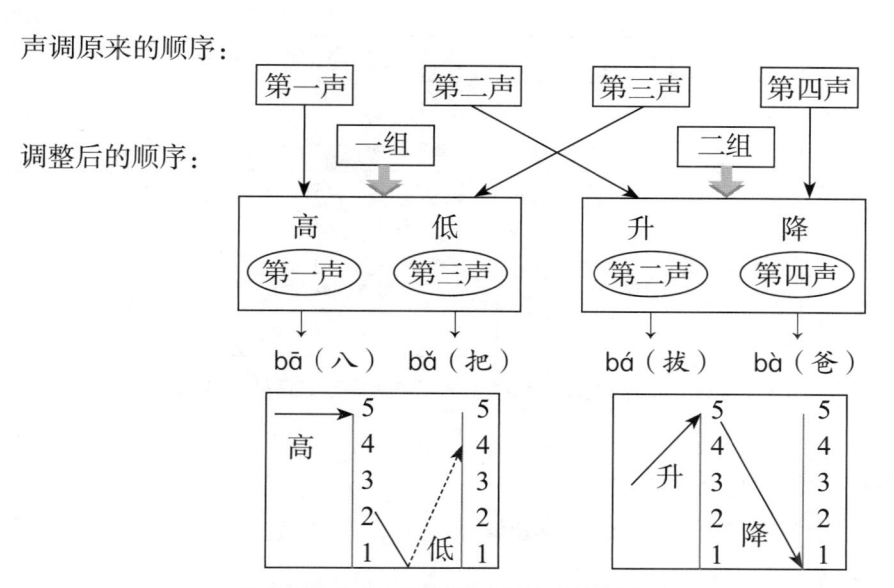

声调原来的顺序：第一声　第二声　第三声　第四声

调整后的顺序：

一组：高（第一声）bā（八）、低（第三声）bǎ（把）

二组：升（第二声）bá（拔）、降（第四声）bà（爸）

普通话4个声调排列顺序调整后的调值图

二、普通话的连读变调

1. 第三声的变调

普通话里第三声相连的变调最为复杂，可以分为以下几种。

（1）两个第三声相连的变调

普通话里当两个第三声相连时，前一个第三声要读成第二声。见下面的对比调值图：

第三声　第二声
↓　变成　↓
zhǎnlǎn → zhánlǎn（展览）

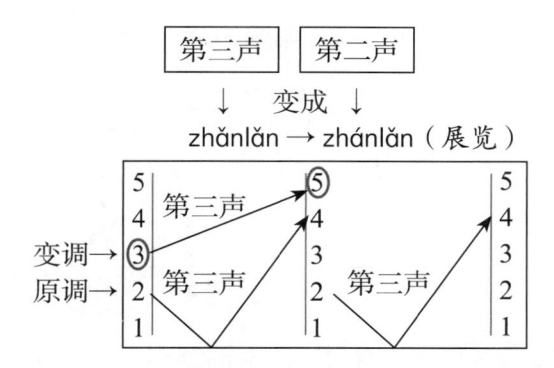

两个第三声相连，前面的第三声变成第二声的调值图

（2）三个第三声相连的变读

普通话里当三个第三声相连时，变调情况要根据词语的含义具体情况具体分析，快读时，可以只保留最后一个字读第三声，前两个第三声都读成第二声。见下面的对比调值图：

```
         ┌──────────┐  ┌──────────┐
         │ 两个第三声 │  │ 两个第二声 │
         └──────────┘  └──────────┘
            ↓   ↓    变成   ↓   ↓
         zhǎnlǎnguǎn → zhánlánguǎn（展览馆）
```

三个第三声相连，前两个第三声变成第二声的调值图

（3）四个以上第三声相连的变读

如果是四个以上第三声相连，要先切分词或短语，然后再按照两个第三声和三个第三声相连变调的规律进行变调。看下面的调值图：

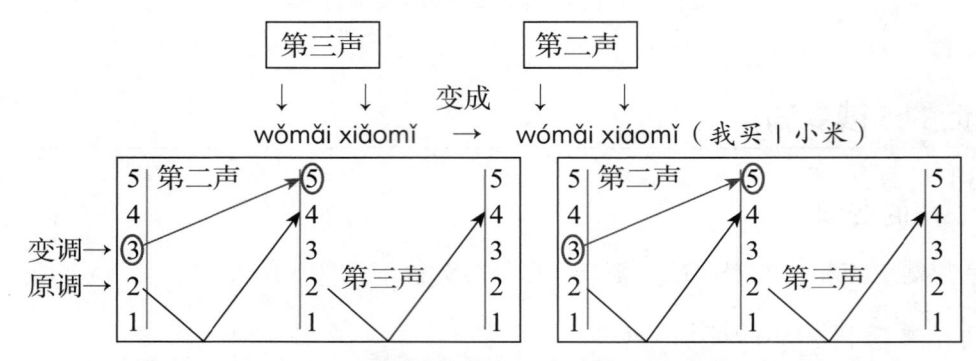

```
              ┌─────┐        ┌─────┐
              │第三声│        │第二声│
              └─────┘        └─────┘
               ↓  ↓    变成    ↓  ↓
            wǒmǎi xiǎomǐ  →  wómǎi xiáomǐ（我买｜小米）
```

两个第三声与两个第三声相连，每组前面的第三声都变成第二声的调值图

需要指出的是，如果短语切分方式不同，第三声的变调方法也不一样。还是以"我买小米"为例，如果切分为"我｜买｜小米"，则调值图变为：

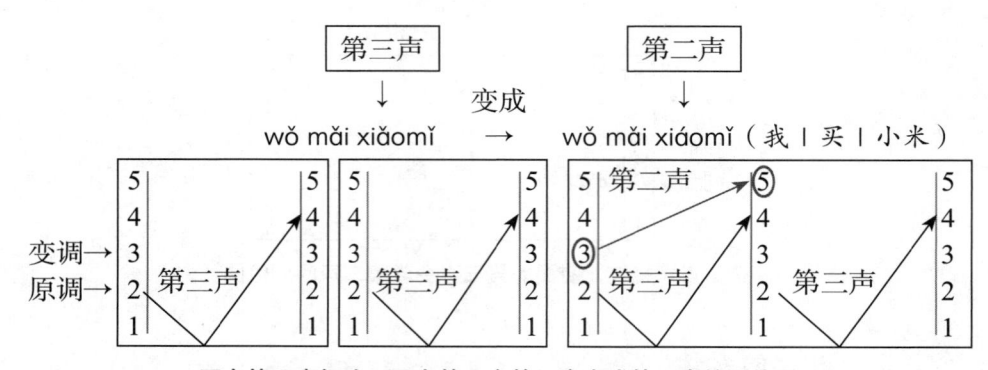

```
              ┌─────┐                ┌─────┐
              │第三声│                │第二声│
              └─────┘                └─────┘
                                  
            wǒ mǎi xiǎomǐ      →     wǒ mǎi xiáomǐ（我｜买｜小米）
```

四个第三声相连，只有第三个第三声变成第二声的调值图

（4）第三声与非第三声相连的变读

普通话里当第三声与非第三声（包括第一声、第二声、第四声）相连时，前面的第三声一定要变成半三声。由于普通话里的半三声没有自己的声调符号，因此，从声调上是完全看不出第三声变调前后有什么不同，但是从调值图上可以清楚地看到它们的不同。下面是第三声与非第三声相连变调的对比调值图：

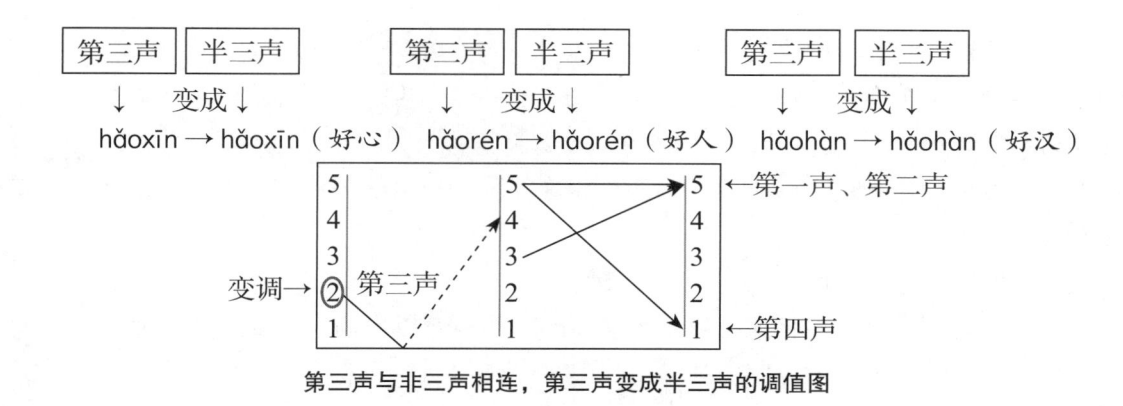

hǎoxīn → hǎoxīn（好心）　hǎorén → hǎorén（好人）　hǎohàn → hǎohàn（好汉）

第三声与非三声相连，第三声变成半三声的调值图

2. 第四声的变调

普通话里除了第三声相连的变调比较复杂外，第四声的变调也比较难掌握，分为以下几种。

（1）两个第四声相连的变调

普通话里当两个第四声相连时，前一个第四声要变成半四声。因为在普通话里半四声没有自己的声调符号，从音节的声调符号上是看不出半四声变调前后的区别的，但如果从调值图中就可以清楚地看到它们的不同。下面是第四声变调前后的对比调值图：

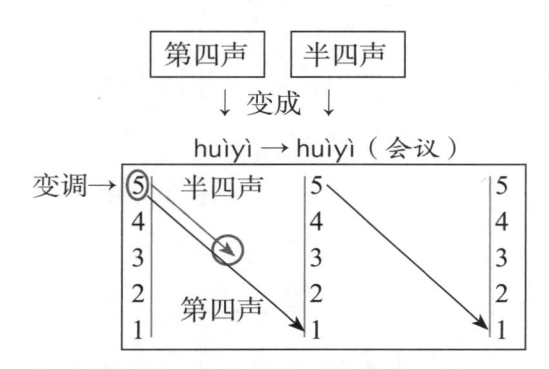

huìyì → huìyì（会议）

两个第四声相连，前面的第四声变成半四声的调值图

（2）三个第四声相连的变读

如果是三个第四声相连，除了最后一个第四声不变调外，前面的两个第四声都要变成半四声。下面是第四声变调前后的对比调值图：

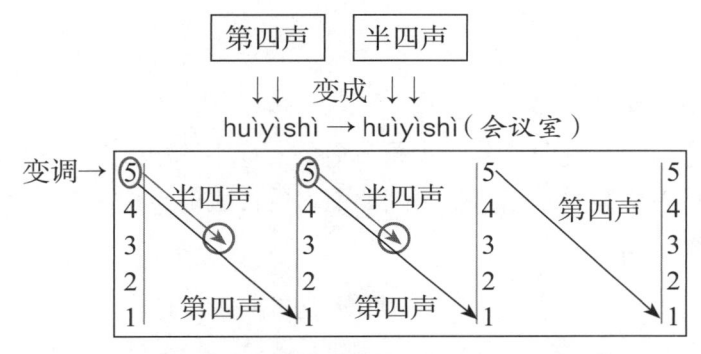

huìyìshì → huìyìshì（会议室）

三个第四声相连，前两个第四声变成半四声的调值图

（3）四个以上第四声相连的变读

如果是四个以上第四声相连，要先切分词或短语，然后再按照两个第四声相连和三个第四声相连变读的规律进行变读。

以四个第四声相连为例，由于四个第四声相连的词或短语的内部结构不同，第四声主要有以下两种变调的方法：

①两个第四声与两个第四声相连（即2+2）

两个第四声与两个第四声相连，每一组前面的第四声变成半四声。调值图如下：

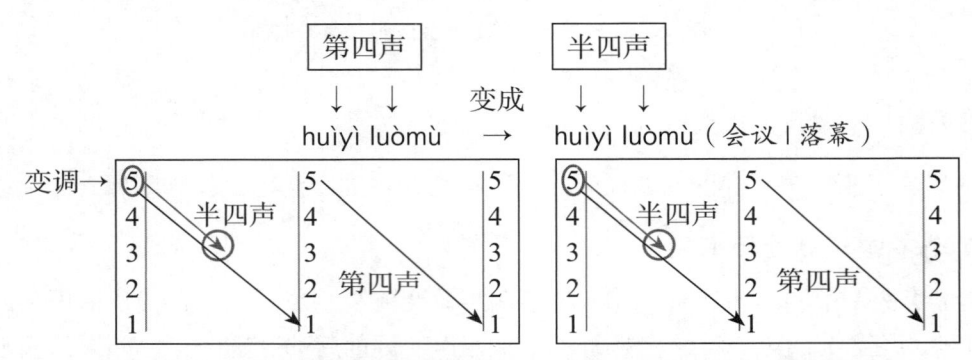

变成 huìyì luòmù → huìyì luòmù（会议｜落幕）

两个第四声与两个第四声相连，每组前面的第四声都变成半四声的调值图

②一个第四声与三个第四声相连（即1+3）

一个第四声与三个第四声相连，后面连读的三个第四声中前面的两个第四声变成半四声。调值图如下：

变成 bàn zìdònghuà → bàn zìdònghuà（半｜自动化）

一个第四声与三个第四声相连，后一组前面两个第四声变成半四声的调值图

3. 第二声的变调

（1）两个第二声相连的变调

普通话里当两个第二声相连时，前一个第二声要变成半二声。在普通话里半二声没有自己的声调符号，因此，从声调上是看不出第二声变调前后的区别的，但从调值图中可以清楚地看到它们的不同。见下面的对比调值图：

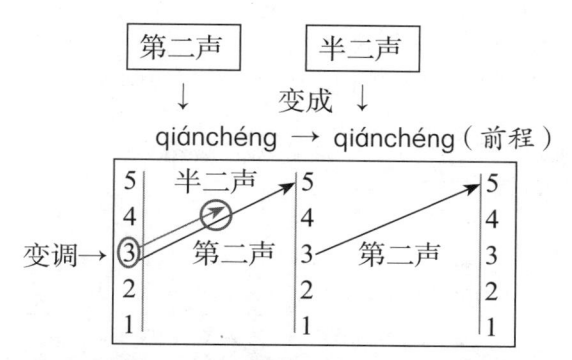

两个第二声相连，前面的第二声变成半二声的调值图

（2）三个第二声相连的变调

如果是三个第二声相连，除了最后一个第二声不变调外，前面的两个第二声都要变成半二声。见下面的对比调值图：

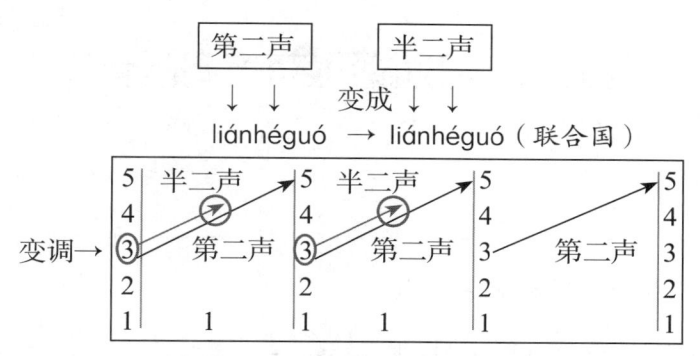

三个第二声相连，前两个第二声变成半二声的调值图

（3）四个以上第二声相连的变调

如果是四个以上第二声相连，先要切分词或短语，然后再按照两个第二声相连和三个第二声相连变调的规律进行变调。

以四个第二声相连为例，由于四个第二声相连的词或短语的内部结构不同，第二声主要有以下两种变调的方法：

①两个第二声与两个第二声相连（即2+2）

两个第二声与两个第二声相连，每组前面的第二声变成半二声。调值图如下：

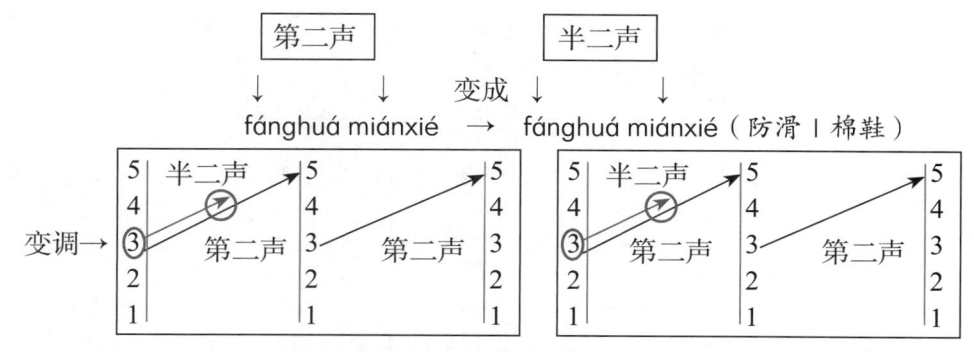

两个第二声与两个第二声相连，每组前面的第二声都变成半二声的调值图

② 一个第二声与三个第二声相连（即 1+3）

一个第二声与三个第二声相连，后面连读的三个第二声中前面的两个第二声变成半二声。调值图如下：

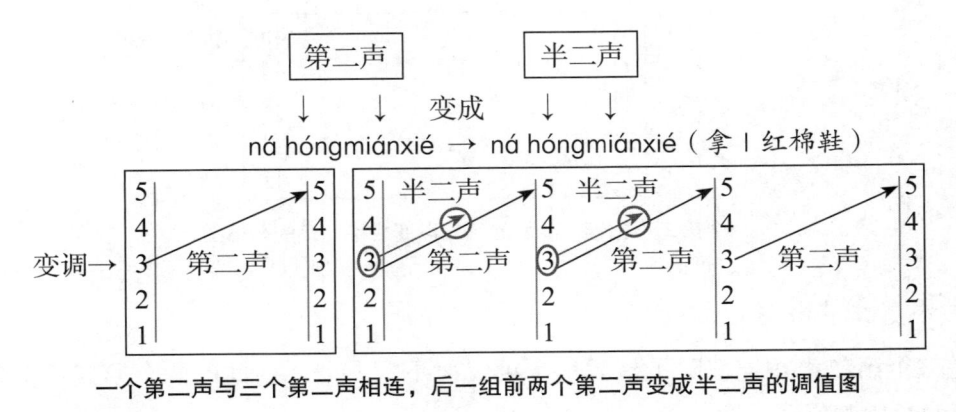

一个第二声与三个第二声相连，后一组前两个第二声变成半二声的调值图

第二节　普通话里有声母的音节

一、声母 b、p、m

（一）b、p、m 的发音部位和发音方法

b、p、m 这三个声母的发音部位相同，都是双唇音，由上唇和下唇构成发音部位。b、p、m 的发音方法不同：b 是不送气清塞音，p 是送气清塞音，m 是浊鼻音。下面是 b、p、m 的发音部位图：

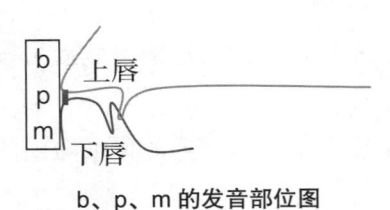

b、p、m 的发音部位图

（二）声母 b、p、m 与韵母的拼合规律

声母 b 可以与 16 个韵母拼合，p 可以与 17 个韵母拼合，声母 m 可以与 19 个韵母拼合。具体见下表：

韵母 声母	a	ai	an	ang	ao	e	ei	en	eng	i	ian	iao	ie	in	ing	iu	o	ou	u
b	+	+	+	+	+	−	+	+	+	+	+	+	+	+	+	−	+	−	+
p	+	+	+	+	+	−	+	+	+	+	+	+	+	+	+	−	+	+	+
m	+	+	+	+	+	+	+	+	+	+	+	+	+	+	+	+	+	+	+

注："+"表示可以拼合，"−"表示不能拼合。下同。

（三）60篇作品里声母是 b、p、m 的字词（量词、轻声词和儿化词在后面60篇作品中会分别涉及，这里不再重复，下同）

1. 声母是 b 的字词

（1）读声母是 b 的单音节字词

1. 拔 bá	2. 把 bǎ	3. 爸 bà	4. 白 bái	5. 摆 bǎi
6. 班 bān	7. 般 bān	8. 搬 bān	9. 拌 bàn	10. 薄 báo
11. 饱 bǎo	12. 宝 bǎo	13. 抱 bào	14. 杯 bēi	15. 北 běi
16. 被 bèi	17. 奔 bēn	18. 本 běn	19. 笨 bèn	20. 崩 bēng
21. 绷 bēng	22. 比 bǐ	23. 笔 bǐ	24. 闭 bì	25. 壁 bì
26. 臂 bì	27. 边 biān	28. 扁 biǎn	29. 变 biàn	30. 便 biàn
31. 并 bìng	32. 病 bìng	33. 波 bō	34. 泊 bó	35. 补 bǔ
36. 不 bù				

（2）读声母是 b 的多音节词语*

1. 白色 báisè	2. 白天 báitiān	3. 白雪 báixuě	4. 白杨 báiyáng	5. 白云 báiyún
6. 百味 bǎiwèi	7. 柏树 bǎishù	8. 摆放 bǎifàng	9. 摆弄 bǎinòng	10. 班上 bān shàng
11. 斑白 bānbái	12. 搬到 bāndào	13. 搬运 bānyùn	14. 板结 bǎnjié	15. 办法 bànfǎ
16. 半岛 bàndǎo	17. 半空 bànkōng	18. 半路 bànlù	19. 半天 bàntiān	20. 伴同 bàntóng
21. 包含 bāohán	22. 包括 bāokuò	23. 包揽 bāolǎn	24. 宝地 bǎodì	25. 宝贵 bǎoguì
26. 保持 bǎochí	27. 保护 bǎohù	28. 保留 bǎoliú	29. 保证 bǎozhèng	30. 报道 bàodào
31. 报告 bàogào	32. 报纸 bàozhǐ	33. 抱怨 bàoyuàn	34. 暴晒 bàoshài	35. 暴雨 bàoyǔ
36. 悲歌 bēigē	37. 悲伤 bēishāng	38. 北方 běifāng	39. 北国 běiguó	40. 被迫 bèipò
41. 奔跑 bēnpǎo	42. 本色 běnsè	43. 本身 běnshēn	44. 迸溅 bèngjiàn	45. 逼近 bījìn
46. 逼人 bī rén	47. 比拟 bǐnǐ	48. 比较 bǐjiào	49. 比如 bǐrú	50. 比赛 bǐsài
51. 笔直 bǐzhí	52. 必定 bìdìng	53. 必将 bìjiāng	54. 必然 bìrán	55. 必须 bìxū

*注：本书中，两个第三声相连，前一个第三声变成第二声，以及"一"和"不"的变调，拼音都标注了变调以后的实际读音。

56. 必需 bìxū	57. 必要 bìyào	58. 毕竟 bìjìng	59. 庇覆 bìfù	60. 碧浪 bì làng
61. 碧玉 bìyù	62. 壁画 bìhuà	63. 避免 bìmiǎn	64. 边沿 biānyán	65. 编扎 biānzā
66. 鞭策 biāncè	67. 贬谪 biǎnzhé	68. 变成 biànchéng	69. 变化 biànhuà	70. 标本 biāoběn
71. 标点 biāodiǎn	72. 表达 biǎodá	73. 表现 biǎoxiàn	74. 表侄 biǎozhí	75. 别人 biérén
76. 别墅 biéshù	77. 濒临 bīnlín	78. 冰冷 bīnglěng	79. 并且 bìngqiě	80. 波浪 bōlàng
81. 播扬 bōyáng	82. 播种 bōzhòng	83. 勃发 bófā	84. 博大 bódà	85. 不错 búcuò
86. 不大 bú dà	87. 不但 búdàn	88. 不断 búduàn	89. 不过 búguò	90. 不幸 búxìng
91. 不用 búyòng	92. 不愿 bú yuàn	93. 不悦 bú yuè	94. 不再 bú zài	95. 不致 búzhì
96. 补偿 bǔcháng	97. 捕鱼 bǔ yú	98. 哺育 bǔyù	99. 不妨 bùfáng	100. 不敢 bùgǎn
101. 不管 bùguǎn	102. 不光 bùguāng	103. 不解 bù jiě	104. 不禁 bùjīn	105. 不仅 bùjǐn
106. 不堪 bùkān	107. 不可 bùkě	108. 不良 bùláng	109. 不满 bùmǎn	110. 不能 bù néng
111. 不忍 bùrěn	112. 不如 bùrú	113. 不少 bù shǎo	114. 不时 bùshí	115. 不停 bù tíng
116. 不同 bù tóng	117. 不许 bùxǔ	118. 不已 bùyǐ	119. 不远 bù yuǎn	120. 不止 bùzhǐ
121. 不只 bùzhǐ	122. 不准 bù zhǔn	123. 不足 bùzú	124. 布置 bùzhì	125. 步履 bùlǚ
126. 步行 bùxíng	127. 部门 bùmén	128. 白话文 báihuàwén	129. 白桦树 báihuàshù	130. 百分比 bǎifēnbǐ
131. 半山坡 bànshānpō	132. 包装纸 bāozhuāngzhǐ	133. 暴风雪 bàofēngxuě	134. 兵马俑 bīngmáyǒng	135. 百万富翁 bǎiwàn fùwēng
136. 半明半昧 bànmíng--bànmèi	137. 饱经沧桑 bǎojīng--cāngsāng	138. 悲天悯人 bēitiān--mǐnrén	139. 蹦蹦跳跳 bèngbèng-tiàotiào	140. 必不可少 bìbùkěshǎo

141. 不加掩饰 bùjiā-yǎnshì	142. 不可胜数 bùkě-shèngshǔ	143. 不以为然 bùyǐwéirán	144. 不由分说 bùyóu-fēnshuō	145. 不折不挠 bùzhé-bùnáo
146. 不知不觉 bùzhī-bùjué				

2. 声母是 p 的字词

（1）读声母是 p 的单音节字词

1. 爬 pá	2. 怕 pà	3. 攀 pān	4. 盘 pán	5. 盼 pàn
6. 旁 páng	7. 跑 pǎo	8. 喷 pēn	9. 捧 pěng	10. 披 pī
11. 皮 pí	12. 骗 piàn	13. 颇 pō	14. 扑 pū	15. 铺 pù

（2）读声母是 p 的多音节词语

1. 拍照 pāi zhào	2. 排除 páichú	3. 派出 pàichū	4. 攀登 pāndēng	5. 盘踞 pánjù
6. 盘虬 pánqiú	7. 盘旋 pánxuán	8. 判断 pànduàn	9. 庞大 pángdà	10. 旁边 pángbiān
11. 旁人 pángrén	12. 旁枝 pángzhī	13. 膀胱 pángguāng	14. 抛下 pāoxià	15. 跑到 pǎodào
16. 泡菜 pàocài	17. 炮弹 pàodàn	18. 赔偿 péicháng	19. 佩戴 pèidài	20. 配合 pèihé
21. 喷洒 pēnsǎ	22. 捧回 pěnghuí	23. 批评 pīpíng	24. 皮肤 pífū	25. 偏远 piānyuǎn
26. 片刻 piànkè	27. 漂泊 piāobó	28. 飘荡 piāodàng	29. 飘拂 piāofú	30. 飘落 piāoluò
31. 飘扬 piāoyáng	32. 贫困 pínkùn	33. 品种 pǐnzhǒng	34. 频繁 pínfán	35. 频率 pínlǜ
36. 品尝 pǐncháng	37. 品位 pǐnwèi	38. 平等 píngděng	39. 平地 píngdì	40. 平凡 píngfán
41. 平和 pínghé	42. 平静 píngjìng	43. 平均 píngjūn	44. 平面 píngmiàn	45. 平铺 píngpū
46. 平日 píngrì	47. 平时 píngshí	48. 平顺 píngshùn	49. 平坦 píngtǎn	50. 平整 píngzhěng
51. 评出 píngchū	52. 苹果 píngguǒ	53. 屏障 píngzhàng	54. 婆娑 pósuō	55. 破坏 pòhuài
56. 破旧 pòjiù	57. 剖析 pōuxī	58. 扑面 pūmiàn	59. 铺撒 pūsǎ	60. 噗啦 pūlā

61. 菩萨 púsà	62. 蒲苇 púwěi	63. 朴素 pǔsù	64. 朴质 pǔzhì	65. 普通 pǔtōng
66. 普照 pǔzhào	67. 瀑布 pùbù	68. 排放量 páifàngliàng	69. 蓬松松 péngsōngsōng	70. 贫民窟 pínmínkū
71. 乒乓球 pīngpāngqiú	72. 破产史 pòchǎnshǐ	73. 排山倒海 páishān-dǎohǎi	74. 翩翩起舞 piānpiān qǐwǔ	

3. 声母是 m 的字词

（1）读声母是 m 的单音节字词

1. 妈 mā	2. 骂 mà	3. 埋 mái	4. 买 mǎi	5. 卖 mài
6. 满 mǎn	7. 忙 máng	8. 盲 máng	9. 每 měi	10. 美 měi
11. 门 mén	12. 蒙 méng	13. 猛 měng	14. 梦 mèng	15. 密 mì
16. 面 miàn	17. 妙 miào	18. 蔑 miè	19. 名 míng	20. 摸 mō
21. 墨 mò	22. 某 mǒu	23. 木 mù	24. 目 mù	

（2）读声母是 m 的多音节词语

1. 麻雀 máquè	2. 马车 mǎchē	3. 马上 mǎshàng	4. 埋葬 máizàng	5. 买回 mǎihuí
6. 麦收 màishōu	7. 满口 mánkǒu	8. 满地 mǎn dì	9. 满腹 mǎnfù	10. 满怀 mǎnhuái
11. 满意 mǎnyì	12. 漫天 màntiān	13. 慢慢 mànmàn	14. 芒刺 mángcì	15. 忙碌 mánglù
16. 忙于 mángyú	17. 茫茫 mángmáng	18. 茫然 mángrán	19. 矛盾 máodùn	20. 茅亭 máotíng
21. 没有 méiyǒu	22. 美好 měihǎo	23. 美景 měijǐng	24. 眉目 méimù	25. 媒介 méijiè
26. 每当 měi dāng	27. 每逢 měi féng	28. 美丽 měilì	29. 美妙 měimiào	30. 美人 měirén
31. 美味 měiwèi	32. 美元 měiyuán	33. 媚俗 mèisú	34. 魅力 mèilì	35. 门口 ménkǒu
36. 门铃 ménlíng	37. 门旁 mén páng	38. 门前 mén qián	39. 门外 mén wài	40. 萌生 méngshēng
41. 朦胧 ménglóng	42. 猛烈 měngliè	43. 梦幻 mènghuàn	44. 梦想 mèngxiǎng	45. 迷津 míjīn
46. 迷人 mírén	47. 迷信 míxìn	48. 米饭 mǐfàn	49. 秘密 mìmì	50. 密布 mìbù
51. 勉强 miǎnqiǎng	52. 免费 miǎnfèi	53. 缅怀 miǎnhuái	54. 面包 miànbāo	55. 面积 miànjī

56. 面孔 miànkǒng	57. 面临 miànlín	58. 面目 miànmù	59. 面前 miànqián	60. 面向 miàn xiàng
61. 妙计 miàojì	62. 名人 míngrén	63. 名姓 míngxìng	64. 明朝 Míngcháo	65. 明灯 míngdēng
66. 明亮 míngliàng	67. 明明 míngmíng	68. 明塑 míngsù	69. 明油 míngyóu	70. 膜拜 móbài
71. 膜片 mópiàn	72. 摩托 mótuō	73. 磨难 mónàn	74. 默默 mòmò	75. 谋生 móushēng
76. 模样 múyàng	77. 母亲 mǔqīn	78. 木板 mùbǎn	79. 木材 mùcái	80. 木牌 mùpái
81. 木屋 mùwū	82. 木箱 mùxiāng	83. 木桩 mùzhuāng	84. 目标 mùbiāo	85. 目睹 mùdǔ
86. 目光 mùguāng	87. 募捐 mùjuān	88. 墓碑 mùbēi	89. 墓地 mùdì	90. 暮春 mùchūn
91. 毛茸茸 máoróngróng	92. 美术画 měishùhuà	93. 墓志铭 mùzhìmíng	94. 埋头苦干 máitóu kǔgàn	95. 密密麻麻 mìmìmámá
96. 冥顽不灵 míngwán- -bùlíng	97. 暮鼓晨钟 mùgǔ- -chénzhōng			

二、声母 d、t

(一) d、t 的发音部位和发音方法

d、t 这两个声母的发音部位相同，都是舌尖中音，都是由舌尖抵住上齿龈构成发音部位。d、t 的发音方法不同：d 是不送气清塞音，t 是送气清塞音。下面是 d、t 的发音部位图：

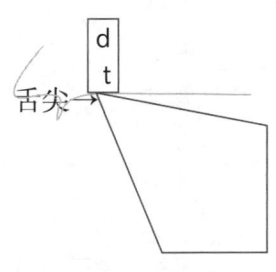

d、t 的发音部位图

(二) 声母 d、t 与韵母拼合的规律

声母 d 可以与 23 个韵母拼合，t 可以与 19 个韵母拼合。具体见下表：

韵母 声母	a	ai	an	ang	ao	e	ei	en	eng	i	ia	ian	iao	ie	ing	iu
d	+	+	+	+	+	+	+	+	+	+	+	+	+	+	+	+
t	+	+	+	+	+	+	−	−	+	+	−	+	+	+	+	−

(续表)

声母＼韵母	ong	ou	u	uan	ui	un	uo
d	+	+	+	+	+	+	+
t	+	+	+	+	+	+	+

（三）60篇作品里声母是 d、t 的字词

1. 声母是 d 的字词

（1）读声母是 d 的单音节字词

1. 达 dá	2. 打 dǎ	3. 大 dà	4. 呆 dāi	5. 带 dài
6. 戴 dài	7. 但 dàn	8. 淡 dàn	9. 当 dāng	10. 荡 dàng
11. 岛 dǎo	12. 到 dào	13. 倒 dào	14. 道 dào	15. 等 děng
16. 低 dī	17. 底 dǐ	18. 地 dì	19. 递 dì	20. 第 dì
21. 点 diǎn	22. 雕 diāo	23. 顶 dǐng	24. 钉 dìng	25. 东 dōng
26. 冬 dōng	27. 懂 dǒng	28. 动 dòng	29. 洞 dòng	30. 都 dōu
31. 毒 dú	32. 独 dú	33. 读 dú	34. 短 duǎn	35. 堆 duī
36. 对 duì	37. 多 duō	38. 躲 duǒ		

（2）读声母是 d 的多音节词语

1. 搭铺 dā pù	2. 达成 dáchéng	3. 达到 dádào	4. 答案 dá'àn	5. 打动 dǎdòng
6. 打开 dǎkāi	7. 打猎 dǎliè	8. 大地 dàdì	9. 大度 dàdù	10. 大多 dàduō
11. 大概 dàgài	12. 大海 dàhǎi	13. 大加 dà jiā	14. 大家 dàjiā	15. 大街 dàjiē
16. 大量 dàliàng	17. 大楼 dà lóu	18. 大陆 dàlù	19. 大路 dàlù	20. 大气 dàqì
21. 大人 dàrén	22. 大声 dà shēng	23. 大树 dà shù	24. 大厅 dàtīng	25. 大戏 dàxì
26. 大学 dàxué	27. 大雨 dàyǔ	28. 大约 dàyuē	29. 呆呆 dāidāi	30. 代表 dàibiǎo
31. 代价 dàijià	32. 代替 dàitì	33. 带来 dàilái	34. 带头 dàitóu	35. 带有 dàiyǒu
36. 待遇 dàiyù	37. 担当 dāndāng	38. 担任 dānrèn	39. 单单 dāndān	40. 但是 dànshì
41. 诞生 dànshēng	42. 淡淡 dàndàn	43. 淡水 dànshuǐ	44. 蛋糕 dàngāo	45. 当代 dāngdài

46. 当地 dāngdì	47. 当即 dāngjí	48. 当然 dāngrán	49. 当天 dāngtiān	50. 导致 dǎozhì
51. 岛内 dǎo nèi	52. 倒霉 dǎoméi	53. 到处 dàochù	54. 到来 dàolái	55. 到位 dàowèi
56. 倒映 dàoyìng	57. 道理 dàolǐ	58. 道歉 dàoqiàn	59. 得到 dédào	60. 得以 déyǐ
61. 得意 déyì	62. 灯光 dēngguāng	63. 灯火 dēnghuǒ	64. 等等 déngděng	65. 等待 děngdài
66. 等到 děngdào	67. 等候 děnghòu	68. 等于 děngyú	69. 低声 dī shēng	70. 低头 dītóu
71. 低下 dīxià	72. 低吟 dī yín	73. 诋毁 díhuǐ	74. 的确 díquè	75. 敌后 díhòu
76. 涤清 díqīng	77. 笛音 díyīn	78. 地带 dìdài	79. 地点 dìdiǎn	80. 地方 dìfang
81. 地核 dìhé	82. 地理 dìlǐ	83. 地幔 dìmàn	84. 地面 dìmiàn	85. 地壳 dìqiào
86. 地球 dìqiú	87. 地区 dìqū	88. 地形 dìxíng	89. 地震 dìzhèn	90. 递给 dì gěi
91. 点点 diándiǎn	92. 点染 diánrǎn	93. 电报 diànbào	94. 电话 diànhuà	95. 电脑 diànnǎo
96. 电文 diànwén	97. 电影 diànyǐng	98. 店铺 diànpù	99. 雕花 diāohuā	100. 调查 diàochá
101. 调到 diàodào	102. 爹妈 diēmā	103. 跌断 diēduàn	104. 跌落 diēluò	105. 丁零 dīnglíng
106. 顶层 dǐngcéng	107. 东部 dōngbù	108. 东麓 dōnglù	109. 东西 dōngxī	110. 冬季 dōngjì
111. 冬水 dōngshuǐ	112. 冬天 dōngtiān	113. 动人 dòngrén	114. 动物 dòngwù	115. 冻死 dòngsǐ
116. 洞窟 dòngkū	117. 毒性 dúxìng	118. 独有 dú yǒu	119. 读书 dúshū	120. 笃厚 dǔhòu
121. 度过 dùguò	122. 断定 duàndìng	123. 缎带 duàndài	124. 堆叠 duīdié	125. 对称 duìchèn
126. 对此 duì cǐ	127. 对抗 duìkàng	128. 对外 duì wài	129. 对于 duìyú	130. 对峙 duìzhì
131. 兑现 duìxiàn	132. 顿时 dùnshí	133. 多半 duōbàn	134. 多久 duō jiǔ	135. 多棱 duō léng
136. 多年 duō nián	137. 多少 duōshǎo	138. 多时 duōshí	139. 多数 duōshù	140. 多维 duō wéi

141. 大多数 dàduōshù	142. 大理石 dàlǐshí	143. 大陆架 dàlùjià	144. 大头菜 dàtóucài	145. 大自然 dàzìrán
146. 淡青色 dànqīngsè	147. 淡紫色 dànzǐsè	148. 调度室 diàodùshì	149. 东南部 dōngnánbù	150. 东南方 dōngnánfāng
151. 东西方 dōng-xīfāng	152. 读书人 dúshūrén	153. 大吃一惊 dàchī-yìjīng	154. 大大小小 dàdàxiǎoxiǎo	155. 大街小巷 dàjiē xiǎoxiàng
156. 独木成林 dú mù chéng lín	157. 断断续续 duànduàn-xùxù			

2. 声母是 t 的字词

（1）读声母是 t 的单音节字词

1. 他 tā	2. 它 tā	3. 她 tā	4. 塌 tā	5. 塔 tǎ
6. 踏 tà	7. 太 tài	8. 摊 tān	9. 瘫 tān	10. 谈 tán
11. 弹 tán	12. 躺 tǎng	13. 烫 tàng	14. 掏 tāo	15. 踢 tī
16. 提 tí	17. 替 tì	18. 田 tián	19. 填 tián	20. 挑 tiāo
21. 贴 tiē	22. 听 tīng	23. 停 tíng	24. 挺 tǐng	25. 同 tóng
26. 偷 tōu	27. 头 tóu	28. 投 tóu	29. 图 tú	30. 涂 tú
31. 吐 tǔ	32. 腿 tuǐ	33. 退 tuì	34. 吞 tūn	35. 拖 tuō
36. 脱 tuō				

（2）读声母是 t 的多音节词语

1. 他人 tārén	2. 他乡 tāxiāng	3. 踏步 tàbù	4. 踏进 tàjìn	5. 台风 táifēng
6. 抬起 táiqǐ	7. 太阳 tàiyáng	8. 贪吃 tānchī	9. 谈话 tánhuà	10. 坦荡 tǎndàng
11. 叹息 tànxī	12. 探讨 tàntǎo	13. 糖果 tángguǒ	14. 掏出 tāochū	15. 掏空 tāokōng
16. 陶冶 táoyě	17. 陶醉 táozuì	18. 讨厌 tǎoyàn	19. 特别 tèbié	20. 特点 tèdiǎn
21. 特殊 tèshū	22. 特意 tèyì	23. 特制 tèzhì	24. 疼爱 téng'ài	25. 腾出 téngchū
26. 腾腾 téngténg	27. 藤萝 téngluó	28. 踢进 tījìn	29. 提出 tíchū	30. 提到 tídào
31. 提供 tígōng	32. 提起 tíqǐ	33. 提醒 tíxǐng	34. 题目 tímù	35. 体积 tǐjī

36. 体面 tǐmiàn	37. 体内 tǐ nèi	38. 体魄 tǐpò	39. 体现 tǐxiàn	40. 体形 tǐxíng
41. 体验 tǐyàn	42. 替代 tìdài	43. 天地 tiāndì	44. 天赋 tiānfù	45. 天际 tiānjì
46. 天空 tiānkōng	47. 天幕 tiānmù	48. 天年 tiānnián	49. 天气 tiānqì	50. 天色 tiānsè
51. 天上 tiānshàng	52. 天生 tiānshēng	53. 天堂 tiāntáng	54. 天天 tiāntiān	55. 天王 tiānwáng
56. 天下 tiānxià	57. 添上 tiānshàng	58. 田地 tiándì	59. 田间 tiánjiān	60. 田垄 tiánlǒng
61. 田野 tiányě	62. 填埋 tiánmái	63. 条幅 tiáofú	64. 条件 tiáojiàn	65. 调剂 tiáojì
66. 调节 tiáojié	67. 调制 tiáozhì	68. 挑逗 tiǎodòu	69. 挑战 tiǎozhàn	70. 跳动 tiàodòng
71. 听从 tīngcóng	72. 听见 tīngjiàn	73. 听课 tīngkè	74. 庭院 tíngyuàn	75. 停顿 tíngdùn
76. 停放 tíngfàng	77. 停止 tíngzhǐ	78. 停住 tíngzhù	79. 挺拔 tǐngbá	80. 挺立 tǐnglì
81. 通常 tōngcháng	82. 通畅 tōngchàng	83. 通过 tōngguò	84. 同伴 tóngbàn	85. 同龄 tónglíng
86. 同时 tóngshí	87. 同学 tóngxué	88. 同样 tóngyàng	89. 同意 tóngyì	90. 童年 tóngnián
91. 童子 tóngzǐ	92. 统计 tǒngjì	93. 痛苦 tòngkǔ	94. 偷偷 tōutōu	95. 头顶 tóudǐng
96. 透到 tòudào	97. 透露 tòulù	98. 突发 tūfā	99. 突然 tūrán	100. 土壤 tǔrǎng
101. 图案 tú'àn	102. 图画 túhuà	103. 图景 tújǐng	104. 途径 tújìng	105. 途中 tú zhōng
106. 土层 tǔcéng	107. 土地 tǔdì	108. 土豆 tǔdòu	109. 土丘 tǔqiū	110. 湍湍 tuāntuān
111. 团聚 tuánjù	112. 团圆 tuányuán	113. 推荐 tuījiàn	114. 推开 tuīkāi	115. 蜕变 tuìbiàn
116. 吞食 tūnshí	117. 拖出 tuōchū	118. 拖累 tuōlěi	119. 脱口 tuōkǒu	120. 脱落 tuōluò
121. 驼铃 tuólíng	122. 妥协 tuǒxié	123. 碳酸盐 tànsuānyán	124. 糖尿病 tángniàobìng	125. 淘金者 táojīnzhě

126. 藤萝花 ténglúohuā	127. 天花板 tiānhuābǎn	128. 头盖骨 tóugàigǔ	129. 天长日久 tiāncháng--rìjiǔ	130. 天南海北 tiānnán--hǎiběi
131. 彤云密布 tóngyún mìbù				

三、声母 n、l

（一）n、l 的发音部位和发音方法

n、l 与 d、t 都是舌尖中音，但 n、l 的发音部位与 d、t 稍有不同。由舌尖抵住上齿龈前部构成发音部位的是 n，n 的发音部位要比 d、t 靠前一点儿；由舌尖抵住硬腭前部（上齿龈后部）构成发音部位的是 l，l 的发音部位要比 d、t 靠后一点儿。n、l 的发音方法不同：n 是浊鼻音，l 是浊边音。下面是 n、l 的发音部位图：

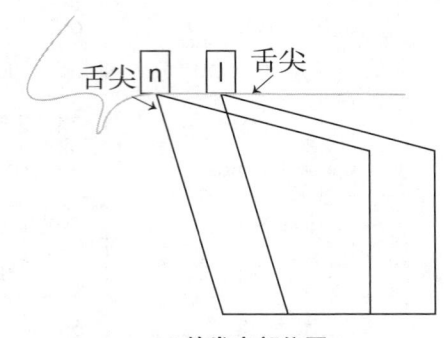

n、l 的发音部位图

（二）声母 n、l 与韵母拼合的规律

声母 n 可以与 24 个韵母拼合，l 可以与 26 个韵母拼合。具体见下表：

声母\韵母	a	ai	an	ang	ao	e	ei	en	eng	i	ia	ian	iang	iao	ie	in
n	+	+	+	+	+	+	+	+	+	−	+	+	+	+	+	+
l	+	+	+	+	+	+	−	+	+	+	+	+	+	+	+	+

声母\韵母	ing	iu	o	ong	ou	u	ü	uan	üe	un	uo
n	+	+	−	+	+	+	+	+	+	−	+
l	+	+	+	+	+	+	+	+	+	+	+

（三）60 篇作品里声母是 n、l 的字词

1. 声母是 n 的字词

（1）读声母是 n 的单音节字词

1. 拿 ná	2. 那 nà	3. 男 nán	4. 南 nán	5. 内 nèi

6. 嫩 nèn	7. 能 néng	8. 泥 ní	9. 你 nǐ	10. 年 nián
11. 撵 niǎn	12. 念 niàn	13. 鸟 niǎo	14. 您 nín	15. 拧 nǐng
16. 牛 niú	17. 扭 niǔ	18. 浓 nóng	19. 弄 nòng	20. 女 nǚ
21. 暖 nuǎn	22. 挪 nuó			

（2）读声母是 n 的多音节词语

1. 拿出 náchū	2. 拿起 náqǐ	3. 哪怕 nǎpà	4. 那些 nàxiē	5. 那样 nàyàng
6. 纳凉 nàliáng	7. 耐心 nàixīn	8. 男生 nánshēng	9. 南北 nánběi	10. 南方 nánfāng
11. 南国 nánguó	12. 南疆 nánjiāng	13. 难道 nándào	14. 难得 nándé	15. 难免 nánmiǎn
16. 难题 nántí	17. 难以 nányǐ	18. 脑际 nǎojì	19. 脑炎 nǎoyán	20. 闹市 nàoshì
21. 内涵 nèihán	22. 内容 nèiróng	23. 嫩柳 nèn liǔ	24. 嫩绿 nènlǜ	25. 嫩芽 nènyá
26. 能力 nénglì	27. 泥块 níkuài	28. 泥水 níshuǐ	29. 泥土 nítǔ	30. 年代 niándài
31. 年纪 niánjì	32. 年少 niánshào	33. 年岁 niánsuì	34. 酿制 niàngzhì	35. 鸟兽 niǎoshòu
36. 宁静 níngjìng	37. 凝固 nínggù	38. 宁愿 nìngyuàn	39. 牛队 niúduì	40. 牛排 niúpái
41. 农民 nóngmín	42. 农闲 nóngxián	43. 农谚 nóngyàn	44. 努力 nǔlì	45. 女生 nǚshēng
46. 暖气 nuǎnqì	47. 年轻人 niánqīngrén	48. 南辕北辙 nányuán--běizhé	49. 难以忘怀 nányǐ wànghuái	50. 鸟语花香 niǎoyǔ--huāxiāng
51. 蹑足潜行 nièzú qiánxíng	52. 弄虚作假 nòngxū-zuòjiǎ	53. 怒气冲冲 nùqì chōngchōng		

2. 声母是 l 的字词

（1）读声母是 l 的单音节字词

1. 拉 lā	2. 来 lái	3. 栏 lán	4. 劳 láo	5. 老 lǎo
6. 镭 léi	7. 累 lèi	8. 冷 lěng	9. 离 lí	10. 梨 lí
11. 犁 lí	12. 里 lǐ	13. 立 lì	14. 连 lián	15. 脸 liǎn
16. 凉 liáng	17. 亮 liàng	18. 另 lìng	19. 令 lìng	20. 留 liú
21. 流 liú	22. 路 lù	23. 论 lùn	24. 落 luò	

（2）读声母是 l 的多音节词语

1. 垃圾 lājī	2. 蜡梅 làméi	3. 蜡烛 làzhú	4. 来到 láidào	5. 来临 láilín
6. 来信 láixìn	7. 来自 láizì	8. 蓝色 lánsè	9. 蓝天 lántiān	10. 褴褛 lánlǚ
11. 狼狈 lángbèi	12. 狼毫 lángháo	13. 狼藉 lángjí	14. 朗诵 lǎngsòng	15. 浪峰 làngfēng
16. 浪漫 làngmàn	17. 老板 lǎobǎn	18. 劳动 láodòng	19. 牢骚 láosāo	20. 老人 lǎorén
21. 老师 lǎoshī	22. 老式 lǎoshì	23. 老是 lǎoshì	24. 老松 lǎo sōng	25. 乐观 lèguān
26. 乐意 lèyì	27. 雷同 léitóng	28. 累累 léiléi	29. 冷落 lěngluò	30. 冷气 lěngqì
31. 愣住 lèngzhù	32. 离合 líhé	33. 离开 líkāi	34. 理解 lǐjiě	35. 理想 lǐxiǎng
36. 礼物 lǐwù	37. 里面 lǐmiàn	38. 理会 lǐhuì	39. 理性 lǐxìng	40. 理智 lǐzhì
41. 鲤鱼 lǐyú	42. 力士 lìshì	43. 力学 lìxué	44. 历来 lìlái	45. 历史 lìshǐ
46. 立即 lìjí	47. 立刻 lìkè	48. 立体 lìtǐ	49. 利禄 lìlù	50. 利用 lìyòng
51. 例外 lìwài	52. 莲子 liánzǐ	53. 联赛 liánsài	54. 联想 liánxiǎng	55. 镰刀 liándāo
56. 脸色 liǎnsè	57. 良辰 liángchén	58. 良好 liánghǎo	59. 良机 liángjī	60. 两全 liǎngquán
61. 料到 liàodào	62. 烈日 lièrì	63. 裂缝 lièfèng	64. 邻居 línjū	65. 吝惜 lìnxī
66. 伶仃 língdīng	67. 灵魂 línghún	68. 灵性 língxìng	69. 玲珑 línglóng	70. 领略 lǐnglüè
71. 领头 lǐngtóu	72. 浏览 liúlǎn	73. 留给 liú gěi	74. 留下 liúxià	75. 留言 liúyán
76. 流动 liúdòng	77. 流入 liúrù	78. 流失 liúshī	79. 流水 liúshuǐ	80. 流向 liúxiàng
81. 柳笛 liǔdí	82. 柳树 liǔshù	83. 隆起 lóngqǐ	84. 笼罩 lǒngzhào	85. 楼顶 lóudǐng
86. 漏斗 lòudǒu	87. 露面 lòumiàn	88. 陆地 lùdì	89. 路边 lùbiān	90. 路过 lùguò
91. 路旁 lù páng	92. 露出 lùchū	93. 旅游 lǚyóu	94. 绿黑 lǜhēi	95. 绿色 lǜsè

96. 绿树 lǜ shù	97. 绿苔 lǜ tái	98. 绿杨 lǜ yáng	99. 绿荫 lǜyīn	100. 绿洲 lǜzhōu
101. 孪生 luánshēng	102. 乱石 luànshí	103. 落成 luòchéng	104. 落后 luòhòu	105. 落花 luò huā
106. 落山 luò shān	107. 垃圾箱 lājīxiāng	108. 蓝宝石 lánbǎoshí	109. 蓝田人 Lántiánrén	110. 冷气机 lěngqìjī
111. 亮晶晶 liàngjīngjīng	112. 林荫路 línyīnlù	113. 磷酸盐 línsuānyán	114. 流浪汉 liúlànghàn	115. 绿茸茸 lǜróngróng
116. 氯化钾 lǜhuàjiǎ	117. 氯化钠 lǜhuànà	118. 落水洞 luòshuǐdòng		

四、声母 g、k

（一）g、k 的发音部位和发音方法

g、k 这两个声母的发音部位相同，都是舌面后音（也叫舌根音），由舌面后部抵住软腭构成发音部位。g、k 的发音方法不同：g 是不送气清塞音，k 是送气清塞音。下面是声母 g、k 的发音部位图：

g、k 的发音部位图

（二）声母 g、k 与韵母拼合的规律

声母 g、k 可以与同样的 19 个韵母拼合。具体见下表：

韵母＼声母	a	ai	an	ang	ao	e	ei	en	eng	ong	ou	u	ua	uai	uan	uang
g	+	+	+	+	+	+	+	+	+	+	+	+	+	+	+	+
k	+	+	+	+	+	+	+	+	+	+	+	+	+	+	+	+

韵母＼声母	ui	un	uo
g	+	+	+
k	+	+	+

（三）60 篇作品里声母是 g、k 的字词

1. 声母是 g 的字词

（1）读声母是 g 的单音节字词

1. 改 gǎi	2. 盖 gài	3. 干 gān	4. 感 gǎn	5. 刚 gāng

6. 高 gāo	7. 稿 gǎo	8. 各 gè	9. 给 gěi	10. 跟 gēn
11. 更 gèng	12. 弓 gōng	13. 供 gōng	14. 狗 gǒu	15. 够 gòu
16. 古 gǔ	17. 故 gù	18. 挂 guà	19. 怪 guài	20. 关 guān
21. 惯 guàn	22. 光 guāng	23. 贵 guì	24. 过 guò	

（2）读声母是 g 的多音节词语

1. 改变 gǎibiàn	2. 概念 gàiniàn	3. 干杯 gānbēi	4. 干旱 gānhàn	5. 干涸 gānhé
6. 干扰 gānrǎo	7. 甘霖 gānlín	8. 甘泉 gānquán	9. 甘心 gānxīn	10. 甘愿 gānyuàn
11. 柑橘 gānjú	12. 尴尬 gāngà	13. 赶紧 gánjǐn	14. 赶走 gánzǒu	15. 赶快 gǎnkài
16. 赶上 gǎnshàng	17. 感到 gǎndào	18. 感动 gǎndòng	19. 感官 gǎnguān	20. 感情 gǎnqíng
21. 感人 gǎnrén	22. 感受 gǎnshòu	23. 感悟 gǎnwù	24. 刚才 gāngcái	25. 刚烈 gānglie
26. 钢筋 gāngjīn	27. 港币 gǎngbì	28. 高唱 gāo chàng	29. 高达 gāo dá	30. 高大 gāodà
31. 高低 gāodī	32. 高度 gāodù	33. 高贵 gāoguì	34. 高峻 gāojùn	35. 高空 gāokōng
36. 高山 gāo shān	37. 高兴 gāoxìng	38. 高原 gāoyuán	39. 高远 gāoyuǎn	40. 告别 gàobié
41. 咯吱 gēzhī	42. 割刈 gēyì	43. 歌唱 gēchàng	44. 歌喉 gēhóu	45. 歌声 gēshēng
46. 格外 géwài	47. 各处 gè chù	48. 各个 gègè	49. 各国 gè guó	50. 根据 gēnjù
51. 根脉 gēnmài	52. 跟前 gēnqián	53. 耕牛 gēngniú	54. 耕田 gēng tián	55. 工程 gōngchéng
56. 工细 gōngxì	57. 工作 gōngzuò	58. 公道 gōngdao	59. 公立 gōnglì	60. 公司 gōngsī
61. 公园 gōngyuán	62. 公正 gōngzhèng	63. 功劳 gōngláo	64. 功名 gōngmíng	65. 功能 gōngnéng
66. 供应 gōngyìng	67. 宫殿 gōngdiàn	68. 勾勒 gōulè	69. 苟且 góuqiě	70. 咕咕 gūgū
71. 孤单 gūdān	72. 孤独 gūdú	73. 孤寂 gūjì	74. 古城 gǔchéng	75. 古代 gǔdài
76. 古方 gǔfāng	77. 古籍 gǔjí	78. 骨骼 gǔgé	79. 固定 gùdìng	80. 故国 gùguó

81. 故乡 gùxiāng	82. 故意 gùyì	83. 刮风 guā fēng	84. 寡淡 guǎdàn	85. 乖乖 guāiguāi
86. 怪事 guàishì	87. 关键 guānjiàn	88. 关上 guānshàng	89. 关系 guānxì	90. 关于 guānyú
91. 观察 guānchá	92. 观看 guānkàn	93. 观览 guānlǎn	94. 观念 guānniàn	95. 观赏 guānshǎng
96. 官员 guānyuán	97. 冠军 guànjūn	98. 灌满 guànmǎn	99. 灌入 guànrù	100. 光彩 guāngcǎi
101. 光滑 guānghuá	102. 光辉 guānghuī	103. 光芒 guāngmáng	104. 光明 guāngmíng	105. 光荣 guāngróng
106. 光润 guāngrùn	107. 光泽 guāngzé	108. 广播 guǎngbō	109. 广大 guǎngdà	110. 广袤 guǎngmào
111. 广漠 guǎngmò	112. 归去 guīqù	113. 规律 guīlǜ	114. 规模 guīmó	115. 规则 guīzé
116. 滚动 gǔndòng	117. 国歌 guógē	118. 国籍 guójí	119. 国际 guójì	120. 国家 guójiā
121. 国旗 guóqí	122. 国土 guótǔ	123. 果木 guǒmù	124. 果实 guǒshí	125. 果树 guǒshù
126. 果园 guǒyuán	127. 过程 guòchéng	128. 过多 guò duō	129. 过后 guòhòu	130. 过来 guòlái
131. 过路 guòlù	132. 过去 guòqù	133. 过失 guòshī	134. 过往 guòwǎng	135. 过夜 guò yè
136. 过于 guòyú	137. 概括性 gàikuòxìng	138. 各得其所 gèdé-qísuǒ	139. 各种各样 gè zhǒng gè yàng	140. 孤立无援 gūlì wúyuán
141. 光阴似箭 guāngyīn sì jiàn				

2. 声母是 k 的字词

（1）读声母是 k 的单音节字词

1. 开 kāi	2. 看 kàn	3. 靠 kào	4. 可 kě	5. 课 kè
6. 坑 kēng	7. 控 kòng	8. 枯 kū	9. 苦 kǔ	10. 跨 kuà
11. 宽 kuān				

（2）读声母是 k 的多音节词语

| 1. 开放 kāifàng | 2. 开花 kāihuā | 3. 开口 kāikǒu | 4. 开阔 kāikuò | 5. 开裂 kāiliè |

6. 开满 kāimǎn	7. 开辟 kāipì	8. 开始 kāishǐ	9. 堪称 kānchēng	10. 砍伐 kǎnfá
11. 看成 kànchéng	12. 看到 kàndào	13. 看见 kànjiàn	14. 看清 kànqīng	15. 看透 kàntòu
16. 看望 kànwàng	17. 抗拒 kàngjù	18. 考虑 kǎolǜ	19. 烤鸭 kǎoyā	20. 靠近 kàojìn
21. 靠拢 kàolǒng	22. 科技 kējì	23. 科学 kēxué	24. 可以 kéyǐ	25. 可爱 kě'ài
26. 可贵 kěguì	27. 可能 kěnéng	28. 可怕 kěpà	29. 可是 kěshì	30. 可惜 kěxī
31. 渴望 kěwàng	32. 刻下 kèxià	33. 客厅 kètīng	34. 课本 kèběn	35. 肯定 kěndìng
36. 空间 kōngjiān	37. 空军 kōngjūn	38. 空中 kōngzhōng	39. 恐怖 kǒngbù	40. 恐怕 kǒngpà
41. 空地 kòngdì	42. 空位 kòngwèi	43. 枯叶 kūyè	44. 苦恼 kúnǎo	45. 苦难 kǔnàn
46. 苦痛 kǔtòng	47. 库存 kùcún	48. 跨越 kuàyuè	49. 快餐 kuàicān	50. 快捷 kuàijié
51. 快乐 kuàilè	52. 快速 kuàisù	53. 快要 kuàiyào	54. 快意 kuàiyì	55. 宽大 kuāndà
56. 宽容 kuānróng	57. 狂奔 kuángbēn	58. 旷达 kuàngdá	59. 困境 kùnjìng	60. 阔大 kuòdà
61. 考察队 kǎocháduì	62. 可能性 kěnéngxìng	63. 扣人心弦 kòurénxīnxián	64. 苦口婆心 kúkǒu-póxīn	

五、声母 h、f

（一）h、f 的发音部位和发音方法

声母 h 与 f 的发音方法相同，都是清擦音。但 h 与 f 的发音部位却不相同。声母 h 与 g、k 一样，是舌面后音（也叫舌根音），由舌面后部接近软腭，留出一条窄缝构成发音部位。声母 f 是唇齿音，由下唇接近上齿，留出一条窄缝构成发音部位。下面是声母 h、f 的发音部位图：

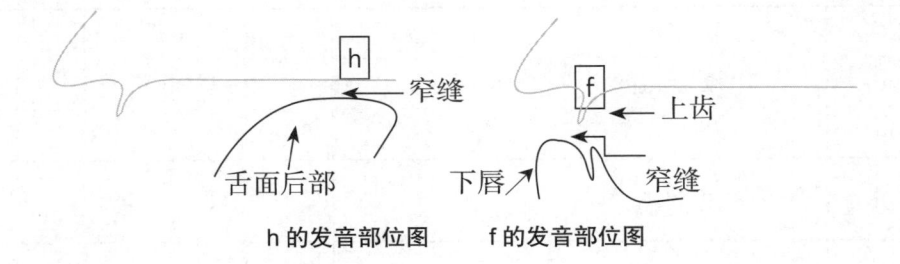

h 的发音部位图　　f 的发音部位图

（二）声母 h、f 与韵母拼合的规律

声母 h 可以与 19 个韵母拼合，f 可以与 9 个韵母结合。具体见下表：

声母\韵母	a	ai	an	ang	ao	e	ei	en	eng	o	ong	ou	u	ua	uai	uan
h	+	+	+	+	+	+	+	+	+	−	+	+	+	+	+	+
f	+	−	+	+	−	−	+	+	+	+	−	+	+	−	−	−

声母\韵母	uang	ui	un	uo
h	+	+	+	+
f	−	−	−	−

（三）60篇作品里声母是h、f的字词

1. 声母是h的字词

（1）读声母是h的单音节字词

1. 还 hái	2. 汉 hàn	3. 旱 hàn	4. 行 háng	5. 好 hǎo
6. 喝 hē	7. 何 hé	8. 和 hé	9. 河 hé	10. 黑 hēi
11. 很 hěn	12. 后 hòu	13. 厚 hòu	14. 湖 hú	15. 糊 hú
16. 花 huā	17. 划 huá	18. 滑 huá	19. 话 huà	20. 怀 huái
21. 槐 huái	22. 环 huán	23. 灰 huī	24. 会 huì	25. 绘 huì
26. 活 huó	27. 或 huò	28. 获 huò		

（2）读声母是h的多音节词语

1. 还有 hái yǒu	2. 海港 hǎigǎng	3. 海水 hǎishuǐ	4. 海拔 hǎibá	5. 海边 hǎibiān
6. 海滨 hǎibīn	7. 海面 hǎimiàn	8. 海外 hǎiwài	9. 海洋 hǎiyáng	10. 害虫 hàichóng
11. 害怕 hàipà	12. 含量 hánliàng	13. 含笑 hán xiào	14. 含有 hányǒu	15. 涵养 hányǎng
16. 寒冬 hándōng	17. 寒风 hánfēng	18. 寒冷 hánlěng	19. 喊道 hǎndào	20. 汗珠 hànzhū
21. 毫不 háo bù	22. 毫无 háo wú	23. 豪华 háohuá	24. 好处 hǎochù	25. 好像 hǎoxiàng
26. 好些 hǎoxiē	27. 好奇 hàoqí	28. 浩大 hàodà	29. 合伙 héhuǒ	30. 合适 héshì
31. 合奏 hézòu	32. 河床 héchuáng	33. 河道 hédào	34. 河流 héliú	35. 河畔 hépàn
36. 河水 héshuǐ	37. 河滩 hétān	38. 荷花 héhuā	39. 荷叶 héyè	40. 喝止 hēzhǐ

41. 黑暗 hēi'àn	42. 黑斑 hēibān	43. 黑夜 hēiyè	44. 红光 hóngguāng	45. 红花 hónghuā
46. 红酒 hóngjiǔ	47. 红色 hóngsè	48. 红叶 hóngyè	49. 宏伟 hóngwěi	50. 洪涝 hónglào
51. 后悔 hòuhuǐ	52. 后来 hòulái	53. 后门 hòumén	54. 后面 hòumiàn	55. 后院 hòuyuàn
56. 后者 hòuzhě	57. 呼吸 hūxī	58. 呼啸 hūxiào	59. 忽略 hūlüè	60. 忽然 hūrán
61. 湖泊 húpō	62. 蝴蝶 húdié	63. 互相 hùxiāng	64. 花瓣 huābàn	65. 花布 huābù
66. 花舱 huācāng	67. 花草 huācǎo	68. 花串 huāchuàn	69. 花朵 huāduǒ	70. 花果 huāguǒ
71. 花架 huājià	72. 花篮 huālán	73. 花木 huāmù	74. 花盆 huāpén	75. 花期 huāqī
76. 花钱 huā qián	77. 花生 huāshēng	78. 花香 huāxiāng	79. 花园 huāyuán	80. 划船 huá chuán
81. 划桨 huá jiǎng	82. 华夏 Huáxià	83. 化石 huàshí	84. 化学 huàxué	85. 画家 huàjiā
86. 画卷 huàjuàn	87. 话题 huàtí	88. 话语 huàyǔ	89. 怀抱 huáibào	90. 怀疑 huáiyí
91. 槐荫 huáiyīn	92. 坏人 huàirén	93. 欢乐 huānlè	94. 欢笑 huānxiào	95. 欢欣 huānxīn
96. 欢跃 huānyuè	97. 环境 huánjìng	98. 缓缓 huǎnhuǎn	99. 唤起 huànqǐ	100. 唤醒 huànxǐng
101. 浣纱 huàn shā	102. 荒草 huāngcǎo	103. 荒凉 huāngliáng	104. 荒唐 huāngtáng	105. 皇家 huángjiā
106. 黄色 huángsè	107. 蝗虫 huángchóng	108. 晃动 huàngdòng	109. 灰色 huīsè	110. 挥洒 huīsǎ
111. 挥手 huīshǒu	112. 恢复 huīfù	113. 恢宏 huīhóng	114. 辉煌 huīhuáng	115. 辉映 huīyìng
116. 回报 huíbào	117. 回答 huídá	118. 回电 huídiàn	119. 回顾 huígù	120. 回归 huíguī
121. 回话 huíhuà	122. 回家 huí jiā	123. 回廊 huíláng	124. 回味 huíwèi	125. 浑厚 húnhòu
126. 活动 huódòng	127. 活水 huóshuǐ	128. 活像 huóxiàng	129. 火车 huǒchē	130. 火光 huǒguāng
131. 火花 huǒhuā	132. 火焰 huǒyàn	133. 伙伴 huǒbàn	134. 或许 huòxǔ	135. 或者 huòzhě

136. 获得 huòdé	137. 海水量 háishuǐliàng	138. 含水量 hánshuǐliàng	139. 汉白玉 hànbáiyù	140. 黑黢黢 hēiqūqū
141. 黑黝黝 hēiyóuyōu	142. 化合物 huàhéwù	143. 晃悠悠 huàngyōuyōu	144. 火山口 huǒshānkǒu	145. 毫不费力 háo bú fèilì
146. 浩瀚无垠 hàohàn wúyín	147. 横斜逸出 héngxié yìchū	148. 轰轰烈烈 hōnghōng-lièliè	149. 花谢花败 huā xiè huā bài	150. 欢天喜地 huāntiān-xǐdì
151. 恍恍惚惚 huǎnghuǎng-hūhū	152. 霍霍燃烧 huòhuò ránshāo			

2. 声母是 f 的字词

（1）读声母是 f 的单音节字词

1. 发 fā	2. 帆 fān	3. 翻 fān	4. 反 fǎn	5. 饭 fàn
6. 泛 fàn	7. 方 fāng	8. 访 fǎng	9. 放 fàng	10. 非 fēi
11. 肺 fèi	12. 分 fēn	13. 风 fēng	14. 峰 fēng	15. 佛 fó
16. 伏 fú	17. 扶 fú	18. 付 fù	19. 富 fù	

（2）读声母是 f 的多音节词语

1. 发出 fāchū	2. 发端 fāduān	3. 发觉 fājué	4. 发明 fāmíng	5. 发生 fāshēng
6. 发现 fāxiàn	7. 发芽 fāyá	8. 发展 fāzhǎn	9. 法庭 fǎtíng	10. 翻阅 fānyuè
11. 烦恼 fánnǎo	12. 繁华 fánhuá	13. 繁星 fánxīng	14. 繁衍 fányǎn	15. 反应 fǎnyìng
16. 返航 fǎnháng	17. 饭菜 fàncài	18. 饭盒 fànhé	19. 泛出 fànchū	20. 泛舟 fànzhōu
21. 方法 fāngfǎ	22. 方面 fāngmiàn	23. 方式 fāngshì	24. 方向 fāngxiàng	25. 芳香 fāngxiāng
26. 防止 fángzhǐ	27. 房间 fángjiān	28. 房门 fángmén	29. 仿佛 fǎngfú	30. 访问 fǎngwèn
31. 纺织 fǎngzhī	32. 放飞 fàngfēi	33. 放浪 fànglàng	34. 放弃 fàngqì	35. 放晴 fàngqíng
36. 放射 fàngshè	37. 放手 fàngshǒu	38. 放心 fàngxīn	39. 放学 fàngxué	40. 飞赴 fēifù
41. 飞快 fēikuài	42. 飞舞 fēiwǔ	43. 非常 fēicháng	44. 非人 fēirén	45. 绯红 fēihóng
46. 肥沃 féiwò	47. 废话 fèihuà	48. 废弃 fèiqì	49. 费心 fèixīn	50. 分辨 fēnbiàn

51. 分成 fēnchéng	52. 分给 fēn gěi	53. 分开 fēnkāi	54. 分明 fēnmíng	55. 分歧 fēnqí
56. 吩咐 fēnfù	57. 纷纷 fēnfēn	58. 纷纭 fēnyún	59. 坟墓 fénmù	60. 坟头 féntóu
61. 焚烧 fénshāo	62. 丰富 fēngfù	63. 丰满 fēngmǎn	64. 风光 fēngguāng	65. 风貌 fēngmào
66. 风声 fēngshēng	67. 风雪 fēngxuě	68. 疯狂 fēngkuáng	69. 奉献 fèngxiàn	70. 缝隙 fèngxì
71. 否认 fǒurèn	72. 扶梯 fútī	73. 服从 fúcóng	74. 服装 fúzhuāng	75. 浮现 fúxiàn
76. 抚摸 fǔmō	77. 俯就 fǔjiù	78. 俯临 fǔlín	79. 腐化 fǔhuà	80. 父母 fùmǔ
81. 父亲 fùqīn	82. 付出 fùchū	83. 负重 fùzhòng	84. 附近 fùjìn	85. 复电 fùdiàn
86. 赋予 fùyǔ	87. 富贵 fùguì	88. 富人 fùrén	89. 富翁 fùwēng	90. 富有 fùyǒu
91. 富于 fùyú	92. 富裕 fùyù	93. 覆盖 fùgài	94. 发源地 fāyuándì	95. 防风林 fángfēnglín
96. 废弃物 fèiqìwù	97. 风景区 fēngjǐngqū	98. 复活节 Fùhuó Jié	99. 纷纷扬扬 fēnfēn-yángyáng	100. 粉妆玉砌 fěnzhuāng-yùqì
101. 丰富多彩 fēngfù-duōcǎi				

六、声母 j、q、x

（一）j、q、x 的发音部位和发音方法

j、q、x 这三个声母都是舌面前音，但它们的发音部位有些不同：j 和 q 都是由舌面前部抵住硬腭前部构成发音部位；x 是由舌面前部接近上齿龈和硬腭前部，留出一条窄缝构成发音部位。j、q、x 的发音方法不同：j 是不送气清塞擦音，q 是送气清塞擦音，x 是清擦音。下面是声母 j、q、x 的发音部位图：

j、q、x 的发音部位图

（二）声母 j、q、x 与韵母拼合的规律

声母 j、q、x 可以与 14 个韵母拼合。具体见下表：

韵母 声母	i	ia	ian	iang	iao	ie	in	ing	iong	iu	ü	üan	üe	ün
j	+	+	+	+	+	+	+	+	+	+	+	+	+	+
q	+	+	+	+	+	+	+	+	+	+	+	+	+	+
x	+	+	+	+	+	+	+	+	+	+	+	+	+	+

（三）60篇作品里声母是 j、q、x 的字词

1. 声母是 j 的字词

（1）读声母是 j 的单音节字词

1. 及 jí	2. 极 jí	3. 挤 jǐ	4. 系 jì	5. 既 jì
6. 加 jiā	7. 家 jiā	8. 甲 jiǎ	9. 架 jià	10. 间 jiān
11. 煎 jiān	12. 茧 jiǎn	13. 见 jiàn	14. 将 jiāng	15. 讲 jiǎng
16. 教 jiāo	17. 叫 jiào	18. 较 jiào	19. 接 jiē	20. 结 jié
21. 尽 jìn	22. 进 jìn	23. 近 jìn	24. 晋 jìn	25. 景 jǐng
26. 竟 jìng	27. 揪 jiū	28. 久 jiǔ	29. 就 jiù	30. 据 jù
31. 距 jù	32. 卷 juǎn	33. 决 jué	34. 绝 jué	

（2）读声母是 j 的多音节词语

1. 几乎 jīhū	2. 机会 jīhuì	3. 机遇 jīyù	4. 积极 jījí	5. 积雪 jī xuě
6. 基础 jīchǔ	7. 激动 jīdòng	8. 激发 jīfā	9. 激情 jīqíng	10. 及其 jí qí
11. 级任 jírèn	12. 极其 jíqí	13. 即便 jíbiàn	14. 即将 jíjiāng	15. 即使 jíshǐ
16. 急剧 jíjù	17. 急流 jíliú	18. 急忙 jímáng	19. 疾痛 jítòng	20. 集市 jíshì
21. 集中 jízhōng	22. 计程 jìchéng	23. 计划 jìhuà	24. 记起 jìqǐ	25. 记忆 jìyì
26. 技术 jìshù	27. 季节 jìjié	28. 继承 jìchéng	29. 继续 jìxù	30. 祭坛 jìtán
31. 加惠 jiā huì	32. 加剧 jiājù	33. 加快 jiākuài	34. 加以 jiāyǐ	35. 加之 jiāzhī
36. 佳肴 jiāyáo	37. 家常 jiācháng	38. 家禽 jiāqín	39. 家人 jiārén	40. 家庭 jiātíng
41. 家乡 jiāxiāng	42. 家族 jiāzú	43. 假如 jiǎrú	44. 假山 jiǎshān	45. 价格 jiàgé
46. 价钱 jiàqián	47. 价值 jiàzhí	48. 假日 jiàrì	49. 坚持 jiānchí	50. 坚定 jiāndìng

51. 坚固 jiāngù	52. 艰难 jiānnán	53. 艰辛 jiānxīn	54. 捡起 jiánqǐ	55. 减免 jiánmiǎn
56. 捡来 jiǎnlái	57. 简单 jiǎndān	58. 简直 jiǎnzhí	59. 见到 jiàndào	60. 见解 jiànjiě
61. 见面 jiànmiàn	62. 见笑 jiànxiào	63. 见证 jiànzhèng	64. 建议 jiànyì	65. 建造 jiànzào
66. 建筑 jiànzhù	67. 健康 jiànkāng	68. 渐渐 jiànjiàn	69. 讲给 jiáng gěi	70. 讲课 jiǎngkè
71. 讲求 jiǎngqiú	72. 讲述 jiǎngshù	73. 奖励 jiǎnglì	74. 奖章 jiǎngzhāng	75. 匠师 jiàngshī
76. 降解 jiàngjiě	77. 酱油 jiàngyóu	78. 交回 jiāohuí	79. 交流 jiāoliú	80. 郊游 jiāoyóu
81. 娇巧 jiāoqiǎo	82. 教书 jiāoshū	83. 教学 jiāoxué	84. 焦距 jiāojù	85. 角度 jiǎodù
86. 角落 jiǎoluò	87. 脚步 jiǎobù	88. 脚跟 jiǎogēn	89. 叫嚷 jiàorǎng	90. 叫声 jiàoshēng
91. 教练 jiàoliàn	92. 教师 jiàoshī	93. 教授 jiàoshòu	94. 教育 jiàoyù	95. 接触 jiēchù
96. 接到 jiēdào	97. 接受 jiēshòu	98. 揭开 jiēkāi	99. 街上 jiē shàng	100. 节日 jiérì
101. 节制 jiézhì	102. 节奏 jiézòu	103. 结成 jiéchéng	104. 结果 jiéguǒ	105. 结合 jiéhé
106. 结识 jiéshí	107. 结束 jiéshù	108. 竭尽 jiéjìn	109. 竭力 jiélì	110. 姐弟 jiědì
111. 解放 jiěfàng	112. 解决 jiějué	113. 解剖 jiěpōu	114. 解释 jiěshì	115. 解脱 jiětuō
116. 界限 jièxiàn	117. 借助 jièzhù	118. 今天 jīntiān	119. 金杯 jīnbēi	120. 金黄 jīnhuáng
121. 金钱 jīnqián	122. 金色 jīnsè	123. 金鱼 jīnyú	124. 襟袖 jīnxiù	125. 尽管 jǐnguǎn
126. 紧固 jǐngù	127. 紧急 jǐnjí	128. 紧要 jǐnyào	129. 尽头 jìntóu	130. 进步 jìnbù
131. 进来 jìnlái	132. 进入 jìnrù	133. 进食 jìnshí	134. 进行 jìnxíng	135. 近代 jìndài
136. 近来 jìnlái	137. 近旁 jìnpáng	138. 浸泡 jìnpào	139. 浸湿 jìnshī	140. 经常 jīngcháng
141. 经过 jīngguò	142. 经理 jīnglǐ	143. 经历 jīnglì	144. 经验 jīngyàn	145. 惊骇 jīnghài

146. 惊奇 jīngqí	147. 惊人 jīngrén	148. 惊讶 jīngyà	149. 惊疑 jīngyí	150. 精力 jīnglì
151. 精巧 jīngqiǎo	152. 精深 jīngshēn	153. 精神 jīngshén	154. 精心 jīngxīn	155. 景点 jǐngdiǎn
156. 景色 jǐngsè	157. 景物 jǐngwù	158. 景象 jǐngxiàng	159. 竞争 jìngzhēng	160. 敬意 jìngyì
161. 静寂 jìngjì	162. 静静 jìngjìng	163. 境地 jìngdì	164. 境界 jìngjiè	165. 境遇 jìngyù
166. 窘态 jiǒngtài	167. 久远 jiúyuǎn	168. 酒杯 jiǔbēi	169. 酒酿 jiǔniàng	170. 旧历 jiùlì
171. 救护 jiùhù	172. 救星 jiùxīng	173. 就地 jiùdì	174. 居然 jūrán	175. 鞠躬 jūgōng
176. 举手 jǔ shǒu	177. 菊花 júhuā	178. 巨大 jùdà	179. 巨人 jùrén	180. 拒绝 jùjué
181. 具备 jùbèi	182. 具体 jùtǐ	183. 具有 jùyǒu	184. 飓风 jùfēng	185. 决定 juédìng
186. 决心 juéxīn	187. 绝版 juébǎn	188. 绝不 jué bù	189. 绝望 juéwàng	190. 绝无 jué wú
191. 倔强 juéjiàng	192. 军人 jūnrén	193. 军装 jūnzhuāng	194. 机械力 jīxièlì	195. 鸡蛋清 jīdànqīng
196. 急诊室 jízhěnshì	197. 集萃地 jícuìdì	198. 建设者 jiànshèzhě	199. 建筑者 jiànzhùzhě	200. 交响乐 jiāoxiǎngyuè
201. 叫喊声 jiàohǎnshēng	202. 教育家 jiàoyùjiā	203. 锦标赛 jǐnbiāosài	204. 进一步 jìnyíbù	205. 惊叹号 jīngtànhào
206. 橘红色 júhóngsè	207. 俱乐部 jùlèbù	208. 鸡鸣晓月 jīmíng-xiǎoyuè	209. 坚强不屈 jiānqiáng bùqū	210. 坚忍不拔 jiānrěn-bùbá
211. 兼收并蓄 jiānshōu-bìngxù	212. 简简单单 jiánjiǎn-dāndān	213. 简而言之 jiǎn'éryánzhī	214. 近在咫尺 jìn zài zhíchǐ	215. 经久不变 jīngjiǔ bú biàn
216. 经沐风雨 jīng mù fēngyǔ	217. 惊惶万状 jīnghuáng wànzhuàng	218. 精美绝伦 jīngměi juélún	219. 井然有序 jǐngrán yǒuxù	220. 久而久之 jiǔ'érjiǔzhī
221. 举足轻重 jǔzú-qīngzhòng				

2. 声母是 q 的字词

（1）读声母是 q 的单音节字词

1. 其 qí	2. 奇 qí	3. 骑 qí	4. 起 qǐ	5. 砌 qì
6. 签 qiān	7. 前 qián	8. 钱 qián	9. 且 qiě	10. 寝 qǐn
11. 青 qīng	12. 轻 qīng	13. 清 qīng	14. 请 qǐng	15. 求 qiú
16. 球 qiú	17. 取 qǔ	18. 去 qù	19. 趣 qù	20. 圈 quān
21. 全 quán	22. 却 què	23. 裙 qún		

（2）读声母是 q 的多音节词语

1. 凄惨 qīcǎn	2. 期间 qījiān	3. 漆黑 qīhēi	4. 乞讨 qǐtǎo	5. 齐整 qízhěng
6. 其实 qíshí	7. 其他 qítā	8. 其余 qíyú	9. 其中 qízhōng	10. 奇峰 qífēng
11. 奇怪 qíguài	12. 奇迹 qíjì	13. 奇景 qíjǐng	14. 奇异 qíyì	15. 祈祷 qídǎo
16. 骑马 qí mǎ	17. 乞丐 qǐgài	18. 企图 qǐtú	19. 启发 qǐfā	20. 起居 qǐjū
21. 起来 qǐlái	22. 气度 qìdù	23. 气氛 qìfēn	24. 气力 qìlì	25. 气流 qìliú
26. 气球 qìqiú	27. 气体 qìtǐ	28. 气温 qìwēn	29. 气息 qìxī	30. 气血 qìxuè
31. 汽车 qìchē	32. 汽水 qìshuǐ	33. 契合 qìhé	34. 器官 qìguān	35. 恰恰 qiàqià
36. 恰似 qiàsì	37. 阡陌 qiānmò	38. 悭客 qiānlìn	39. 前面 qiánmiàn	40. 前途 qiántú
41. 前往 qiánwǎng	42. 前嫌 qiánxián	43. 前院 qiányuàn	44. 浅部 qiǎnbù	45. 浅淡 qiǎn dàn
46. 浅红 qiǎnhóng	47. 强健 qiángjiàn	48. 强烈 qiángliè	49. 强壮 qiángzhuàng	50. 墙壁 qiángbì
51. 悄悄 qiāoqiāo	52. 桥梁 qiáoliáng	53. 憔悴 qiáocuì	54. 巧妙 qiǎomiào	55. 峭壁 qiàobì
56. 窃喜 qièxǐ	57. 亲历 qīnlì	58. 亲切 qīnqiè	59. 亲情 qīnqíng	60. 亲手 qīnshǒu
61. 勤奋 qínfèn	62. 青春 qīngchūn	63. 青绿 qīnglǜ	64. 青石 qīngshí	65. 轻轻 qīngqīng
66. 轻声 qīngshēng	67. 轻松 qīngsōng	68. 轻盈 qīngyíng	69. 倾听 qīngtīng	70. 清澈 qīngchè
71. 清晨 qīngchén	72. 清脆 qīngcuì	73. 清单 qīngdān	74. 清苦 qīngkǔ	75. 清晰 qīngxī
76. 清香 qīngxiāng	77. 情感 qínggǎn	78. 情境 qíngjìng	79. 情况 qíngkuàng	80. 情绪 qíngxù

81. 情志 qíngzhì	82. 晴朗 qínglǎng	83. 请教 qǐngjiào	84. 请客 qǐngkè	85. 丘壑 qiūhè
86. 秋天 qiūtiān	87. 求救 qiújiù	88. 求学 qiúxué	89. 虬枝 qiúzhī	90. 球员 qiúyuán
91. 驱散 qūsàn	92. 屈曲 qūqū	93. 趋于 qūyú	94. 取走 qǔzǒu	95. 取代 qǔdài
96. 取得 qǔdé	97. 权当 quán dàng	98. 权力 quánlì	99. 权利 quánlì	100. 权威 quánwēi
101. 全部 quánbù	102. 全岛 quán dǎo	103. 全国 quán guó	104. 全力 quánlì	105. 全球 quánqiú
106. 缺点 quēdiǎn	107. 缺少 quēshǎo	108. 确实 quèshí	109. 裙幅 qúnfú	110. 启明星 qǐmíngxīng
111. 汽水瓶 qìshuǐpíng	112. 怯生生 qièshēngshēng	113. 青年人 qīngniánrén	114. 取决于 qǔjué yú	115. 趣味性 qùwèixìng
116. 全世界 quán shìjiè	117. 奇风异俗 qífēng-yìsú	118. 奇形怪状 qíxíng--guàizhuàng	119. 青云直上 qīngyún--zhíshàng	120. 轻言细语 qīng yán xì yǔ
121. 轻吟低唱 qīng yín dī chàng	122. 倾盆大雨 qīngpén dàyǔ	123. 清风徐来 qīngfēng xú lái	124. 曲曲弯弯 qūqūwānwān	125. 曲曲折折 qūqūzhézhé

3. 声母是 x 的字词

（1）读声母是 x 的单音节字词

1. 西 xī	2. 席 xí	3. 细 xì	4. 狭 xiá	5. 下 xià
6. 夏 xià	7. 先 xiān	8. 线 xiàn	9. 陷 xiàn	10. 相 xiāng
11. 香 xiāng	12. 箱 xiāng	13. 响 xiǎng	14. 想 xiǎng	15. 向 xiàng
16. 项 xiàng	17. 象 xiàng	18. 像 xiàng	19. 削 xiāo	20. 小 xiǎo
21. 晓 xiǎo	22. 笑 xiào	23. 些 xiē	24. 斜 xié	25. 鞋 xié
26. 写 xiě	27. 血 xiě	28. 泄 xiè	29. 卸 xiè	30. 心 xīn
31. 新 xīn	32. 信 xìn	33. 星 xīng	34. 形 xíng	35. 醒 xǐng
36. 姓 xìng	37. 凶 xiōng	38. 胸 xiōng	39. 修 xiū	40. 需 xū
41. 许 xǔ	42. 悬 xuán	43. 选 xuǎn	44. 学 xué	45. 雪 xuě
46. 训 xùn				

（2）读声母是 x 的多音节词语

1. 夕阳 xīyáng	2. 西北 xīběi	3. 西部 xībù	4. 西方 xīfāng	5. 西南 xīnán

6. 吸取 xīqǔ	7. 吸入 xīrù	8. 吸收 xīshōu	9. 吸引 xīyǐn	10. 希望 xīwàng
11. 牺牲 xīshēng	12. 稀饭 xīfàn	13. 稀落 xīluò	14. 稀释 xīshì	15. 稀疏 xīshū
16. 稀有 xīyǒu	17. 溪水 xīshuǐ	18. 嬉戏 xīxì	19. 习惯 xíguàn	20. 袭过 xíguò
21. 喜爱 xǐ'ài	22. 喜鹊 xǐquè	23. 喜悦 xǐyuè	24. 戏眼 xìyǎn	25. 系统 xìtǒng
26. 细腻 xìnì	27. 细软 xìruǎn	28. 峡谷 xiágǔ	29. 狭长 xiácháng	30. 狭道 xiá dào
31. 狭窄 xiázhǎi	32. 遐想 xiáxiǎng	33. 霞光 xiáguāng	34. 下班 xiàbān	35. 下面 xiàmiàn
36. 下起 xiàqǐ	37. 下午 xiàwǔ	38. 下雨 xià yǔ	39. 夏季 xiàjì	40. 夏秋 xià-qiū
41. 夏日 xiàrì	42. 夏天 xiàtiān	43. 先决 xiānjué	44. 先贤 xiānxián	45. 先验 xiānyàn
46. 先祖 xiānzǔ	47. 掀翻 xiānfān	48. 鲜果 xiānguǒ	49. 鲜红 xiānhóng	50. 鲜花 xiānhuā
51. 鲜美 xiānměi	52. 鲜明 xiānmíng	53. 鲜嫩 xiānnèn	54. 鲜润 xiānrùn	55. 鲜艳 xiānyàn
56. 闲情 xiánqíng	57. 闲适 xiánshì	58. 舷窗 xiánchuāng	59. 嫌弃 xiánqì	60. 显出 xiǎnchū
61. 显现 xiǎnxiàn	62. 险些 xiǎnxiē	63. 现出 xiànchū	64. 现代 xiàndài	65. 现实 xiànshí
66. 现象 xiànxiàng	67. 现在 xiànzài	68. 限制 xiànzhì	69. 陷入 xiànrù	70. 献给 xiàn gěi
71. 献身 xiànshēn	72. 乡亲 xiāngqīn	73. 相比 xiāng bǐ	74. 相称 xiāngchèn	75. 相处 xiāngchǔ
76. 相当 xiāngdāng	77. 相对 xiāngduì	78. 相连 xiānglián	79. 相似 xiāngsì	80. 相望 xiāng wàng
81. 相信 xiāngxìn	82. 相遇 xiāng yù	83. 香气 xiāngqì	84. 香水 xiāngshuǐ	85. 香甜 xiāngtián
86. 祥和 xiánghé	87. 想起 xiángqǐ	88. 享乐 xiǎnglè	89. 享受 xiǎngshòu	90. 响亮 xiǎngliàng
91. 响晴 xiǎngqíng	92. 响声 xiǎngshēng	93. 想出 xiǎngchū	94. 想到 xiǎngdào	95. 想象 xiǎngxiàng
96. 向前 xiàngqián	97. 向上 xiàngshàng	98. 向往 xiàngwǎng	99. 巷口 xiàngkǒu	100. 象征 xiàngzhēng

101. 像是 xiàng shì	102. 削成 xiāochéng	103. 消遁 xiāodùn	104. 消化 xiāohuà	105. 消灭 xiāomiè
106. 消失 xiāoshī	107. 潇洒 xiāosǎ	108. 小草 xiáocǎo	109. 小姐 xiáojiě	110. 小米 xiáomǐ
111. 小鸟 xiáoniǎo	112. 小小 xiáoxiǎo	113. 小雪 xiáoxuě	114. 小雨 xiáoyǔ	115. 小嘴 xiáozuǐ
116. 小道 xiǎodào	117. 小儿 xiǎo'ér	118. 小聚 xiǎojù	119. 小块 xiǎo kuài	120. 小路 xiǎolù
121. 小桥 xiǎoqiáo	122. 小山 xiǎoshān	123. 小声 xiǎo shēng	124. 小时 xiǎoshí	125. 小溪 xiǎoxī
126. 小巷 xiǎoxiàng	127. 小心 xiǎoxīn	128. 小学 xiǎoxué	129. 校车 xiàochē	130. 校园 xiàoyuán
131. 校长 xiàozhǎng	132. 笑容 xiàoróng	133. 效果 xiàoguǒ	134. 效力 xiàolì	135. 鞋袜 xiéwà
136. 写信 xiě xìn	137. 写意 xiěyì	138. 写作 xiězuò	139. 心底 xīndǐ	140. 心境 xīnjìng
141. 心理 xīnlǐ	142. 心里 xīnli	143. 心灵 xīnlíng	144. 心情 xīnqíng	145. 心声 xīnshēng
146. 心态 xīntài	147. 心想 xīn xiǎng	148. 心中 xīn zhōng	149. 辛苦 xīnkǔ	150. 欣赏 xīnshǎng
151. 欣喜 xīnxǐ	152. 欣悦 xīnyuè	153. 新绿 xīnlǜ	154. 新生 xīnshēng	155. 新月 xīnyuè
156. 信封 xìnfēng	157. 信服 xìnfú	158. 信息 xìnxī	159. 信心 xìnxīn	160. 兴奋 xīngfèn
161. 星斗 xīngdǒu	162. 星光 xīngguāng	163. 星群 xīngqún	164. 星天 xīngtiān	165. 行人 xíngrén
166. 行为 xíngwéi	167. 形成 xíngchéng	168. 形式 xíngshì	169. 形状 xíngzhuàng	170. 醒来 xǐnglái
171. 醒目 xǐngmù	172. 兴趣 xìngqù	173. 兴致 xìngzhì	174. 幸福 xìngfú	175. 性质 xìngzhì
176. 兄弟 xiōngdì	177. 汹涌 xiōngyǒng	178. 胸怀 xiōnghuái	179. 胸襟 xiōngjīn	180. 胸口 xiōngkǒu
181. 胸脯 xiōngpú	182. 胸前 xiōng qián	183. 雄浑 xiónghún	184. 雄伟 xióngwěi	185. 修改 xiūgǎi
186. 修缮 xiūshàn	187. 修养 xiūyǎng	188. 绣上 xiùshang	189. 虚弱 xūruò	190. 需要 xūyào
191. 徐来 xú lái	192. 许多 xǔduō	193. 宣布 xuānbù	194. 宣誓 xuānshì	195. 宣纸 xuānzhǐ

196. 悬挂 xuánguà	197. 悬崖 xuányá	198. 选择 xuǎnzé	199. 绚丽 xuànlì	200. 学得 xuédé
201. 学会 xuéhuì	202. 学习 xuéxí	203. 学校 xuéxiào	204. 雪白 xuěbái	205. 雪花 xuěhuā
206. 雪人 xuěrén	207. 血缘 xuèyuán	208. 寻遍 xúnbiàn	209. 寻觅 xúnmì	210. 寻找 xúnzhǎo
211. 循环 xúnhuán	212. 循声 xún shēng	213. 训练 xùnliàn	214. 西北风 xīběifēng	215. 西红柿 xīhóngshì
216. 西南部 xīnánbù	217. 吸引力 xīyǐnlì	218. 相当于 xiāngdāng yú	219. 象牙塔 xiàngyátǎ	220. 小凳上 xiǎodèng shang
221. 校长室 xiàozhǎngshì	222. 笑眯眯 xiàomīmī	223. 斜对面 xiéduìmiàn	224. 信号弹 xìnhàodàn	225. 星期天 xīngqītiān
226. 星期五 xīngqīwǔ	227. 雪地里 xuědì li	228. 雪糕杯 xuěgāobēi	229. 血管里 xuèguǎn li	230. 寻常话 xúnchánghuà
231. 训练场 xùnliànchǎng	232. 细细碎碎 xìxìsuìsuì	233. 相傍相依 xiāng bàng xiāng yī	234. 小心翼翼 xiǎoxīn-yìyì	235. 笑容可掬 xiàoróng-kějū
236. 谢天谢地 xiètiān-xièdì	237. 新陈代谢 xīnchén-dàixiè	238. 心驰神往 xīnchí-shénwǎng	239. 形形色色 xíngxíngsèsè	240. 循循善诱 xúnxún-shànyòu

七、声母 z、c、s

（一）z、c、s 的发音部位和发音方法

z、c、s 这三个声母都是舌尖前音，但发音部位有些不同：z、c 是由舌尖抵住上齿背构成发音部位；s 是由舌尖接近上齿背，留出一条窄缝构成发音部位。z、c、s 的发音方法不同：z 是不送气清塞擦音，c 是送气清塞擦音，s 是清擦音。下面是声母 z、c、s 的发音部位图：

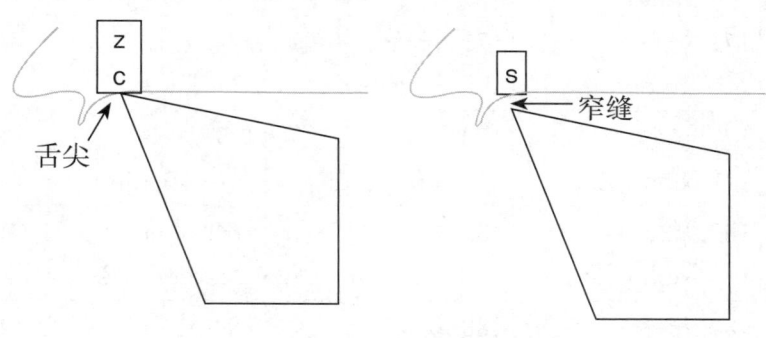

z、c、s 的发音部位图

（二）声母 z、c、s 与韵母拼合的规律

声母 z 可以与 17 个韵母拼合，c、s 可以与 16 个韵母拼合。具体见下表：

韵母 声母	a	ai	an	ang	ao	e	ei	en	eng	-i[ɿ]	ong	ou	u	uɑn	ui	un	uo
z	+	+	+	+	+	+	+	+	+	+	+	+	+	+	+	+	+
c	+	+	+	+	+	+	–	+	+	+	+	+	+	+	+	+	+
s	+	+	+	+	+	+	–	+	+	+	+	+	+	+	+	+	+

（三）60篇作品里声母是 z、c、s 的字词

1. 声母是 z 的字词

（1）读声母是 z 的单音节字词

1. 扎 zā	2. 杂 zá	3. 砸 zá	4. 栽 zāi	5. 再 zài
6. 在 zài	7. 凿 záo	8. 早 zǎo	9. 造 zào	10. 则 zé
11. 增 zēng	12. 紫 zǐ	13. 自 zì	14. 字 zì	15. 总 zǒng
16. 走 zǒu	17. 足 zú	18. 钻 zuān	19. 嘴 zuǐ	20. 最 zuì
21. 尊 zūn	22. 坐 zuò	23. 做 zuò		

（2）读声母是 z 的多音节词语

1. 扎成 zāchéng	2. 杂技 zájì	3. 杂物 záwù	4. 灾害 zāihài	5. 再说 zàishuō
6. 在意 zàiyì	7. 在于 zàiyú	8. 赞叹 zàntàn	9. 赞扬 zànyáng	10. 糟糕 zāogāo
11. 早已 zǎoyǐ	12. 早饭 zǎofàn	13. 造成 zàochéng	14. 造型 zàoxíng	15. 责骂 zémà
16. 责任 zérèn	17. 责问 zéwèn	18. 怎料 zěn liào	19. 怎样 zěnyàng	20. 增多 zēngduō
21. 增广 zēngguǎng	22. 增加 zēngjiā	23. 增添 zēngtiān	24. 赠给 zèng gěi	25. 姿态 zītài
26. 资格 zīgé	27. 滋味 zīwèi	28. 仔细 zǐxì	29. 紫花 zǐ huā	30. 紫色 zǐsè
31. 紫藤 zǐténg	32. 自从 zìcóng	33. 自动 zìdòng	34. 自己 zìjǐ	35. 自家 zìjiā
36. 自然 zìrán	37. 自身 zìshēn	38. 自私 zìsī	39. 自信 zìxìn	40. 鬃毛 zōngmáo
41. 总结 zǒngjié	42. 总是 zǒngshì	43. 纵贯 zòng guàn	44. 纵容 zòngróng	45. 走出 zǒuchū
46. 走到 zǒudào	47. 走过 zǒuguò	48. 走后 zǒu hòu	49. 走进 zǒujìn	50. 走近 zǒujìn
51. 走开 zǒukāi	52. 走去 zǒuqù	53. 奏乐 zòu yuè	54. 足迹 zújì	55. 足球 zúqiú

56. 足以 zúyǐ	57. 阻止 zǔzhǐ	58. 诅咒 zǔzhòu	59. 组成 zǔchéng	60. 组织 zǔzhī
61. 祖国 zǔguó	62. 祖先 zǔxiān	63. 嘴里 zuǐ li	64. 嘴唇 zuǐchún	65. 最后 zuìhòu
66. 最终 zuìzhōng	67. 醉人 zuìrén	68. 尊敬 zūnjìng	69. 尊重 zūnzhòng	70. 遵循 zūnxún
71. 昨天 zuótiān	72. 作为 zuòwéi	73. 作文 zuòwén	74. 作用 zuòyòng	75. 坐到 zuòdào
76. 坐落 zuòluò	77. 做成 zuòchéng	78. 做出 zuòchū	79. 做工 zuògōng	80. 做好 zuòhǎo
81. 紫外线 zǐwàixiàn	82. 自行车 zìxíngchē	83. 自治区 zìzhìqū	84. 作文本 zuòwénběn	85. 作文课 zuòwénkè
86. 自然而然 zìrán'érrán	87. 左邻右舍 zuǒlín-yòushè			

2. 声母是 c 的字词

（1）读声母是 c 的单音节字词

1. 擦 cā	2. 才 cái	3. 裁 cái	4. 踩 cǎi	5. 餐 cān
6. 残 cán	7. 蚕 cán	8. 舱 cāng	9. 藏 cáng	10. 草 cǎo
11. 曾 céng	12. 词 cí	13. 此 cǐ	14. 从 cóng	15. 丛 cóng
16. 粗 cū				

（2）读声母是 c 的多音节词语

1. 擦起 cāqǐ	2. 才俊 cáijùn	3. 才能 cáinéng	4. 材料 cáiliào	5. 财富 cáifù
6. 彩笔 cǎibǐ	7. 采摘 cǎizhāi	8. 彩带 cǎidài	9. 彩虹 cǎihóng	10. 彩色 cǎisè
11. 彩塑 cǎisù	12. 踩到 cǎidào	13. 菜花 càihuā	14. 菜园 càiyuán	15. 餐盒 cānhé
16. 餐桌 cānzhuō	17. 灿烂 cànlàn	18. 苍白 cāngbái	19. 苍空 cāngkōng	20. 苍穹 cāngqióng
21. 沧桑 cāngsāng	22. 舱面 cāngmiàn	23. 操场 cāochǎng	24. 草丛 cǎocóng	25. 草坪 cǎopíng
26. 曾经 céngjīng	27. 慈善 císhàn	28. 此刻 cǐkè	29. 此时 cǐshí	30. 此外 cǐwài
31. 次第 cìdì	32. 匆匆 cōngcōng	33. 从而 cóng'ér	34. 从来 cónglái	35. 从命 cóngmìng
36. 从前 cóngqián	37. 从容 cóngróng	38. 从未 cóng wèi	39. 从中 cóngzhōng	40. 丛林 cónglín

41. 淙淙 cóngcóng	42. 凑够 còugòu	43. 粗暴 cūbào	44. 粗细 cūxì	45. 粗壮 cūzhuàng
46. 脆弱 cuìruò	47. 翠绿 cuìlǜ	48. 翠竹 cuì zhú	49. 村边 cūn biān	50. 存放 cúnfàng
51. 存在 cúnzài	52. 措施 cuòshī	53. 错事 cuò shì	54. 采石场 cǎishíchǎng	55. 才疏学浅 cáishū-xuéqiǎn
56. 财货充足 cáihuò chōngzú	57. 草木虫鱼 cǎo-mù-chóng-yú	58. 层层叠叠 céngcéng-diédié	59. 慈眉善目 címéi-shànmù	60. 粗茶淡饭 cūchá-dànfàn

3. 声母是 s 的字词

（1）读声母是 s 的单音节字词

1. 塞 sāi	2. 三 sān	3. 色 sè	4. 四 sì	5. 寺 sì
6. 似 sì	7. 松 sōng	8. 送 sòng	9. 素 sù	10. 塑 sù
11. 算 suàn	12. 虽 suī	13. 随 suí	14. 岁 suì	15. 碎 suì
16. 损 sǔn	17. 笋 sǔn	18. 梭 suō	19. 所 suǒ	

（2）读声母是 s 的多音节词语

1. 洒落 sǎluò	2. 洒脱 sǎtuō	3. 飒飒 sàsà	4. 塞到 sāidào	5. 三百 sānbǎi
6. 三十 sānshí	7. 三万 sānwàn	8. 三者 sān zhě	9. 散落 sǎnluò	10. 散步 sànbù
11. 散发 sànfā	12. 桑树 sāngshù	13. 丧失 sàngshī	14. 扫荡 sǎodàng	15. 扫视 sǎoshì
16. 扫兴 sǎoxìng	17. 色彩 sècǎi	18. 色调 sèdiào	19. 森林 sēnlín	20. 丝绸 sīchóu
21. 思考 sīkǎo	22. 思念 sīniàn	23. 思索 sīsuǒ	24. 撕去 sīqù	25. 嘶哑 sīyǎ
26. 死亡 sǐwáng	27. 四百 sìbǎi	28. 四季 sìjì	29. 四面 sìmiàn	30. 四千 sìqiān
31. 四十 sìshí	32. 四万 sìwàn	33. 四月 Sìyuè	34. 四周 sìzhōu	35. 寺内 sì nèi
36. 似乎 sìhū	37. 松软 sōngruǎn	38. 松树 sōngshù	39. 松土 sōng tǔ	40. 耸立 sǒnglì
41. 送给 sòng gěi	42. 俗话 súhuà	43. 肃穆 sùmù	44. 素常 sùcháng	45. 素质 sùzhì
46. 塑料 sùliào	47. 塑像 sùxiàng	48. 簌簌 sùsù	49. 算作 suànzuò	50. 虽然 suīrán

51. 随后 suíhòu	52. 随即 suíjí	53. 随意 suíyì	54. 岁月 suìyuè	55. 孙儿 sūn'ér
56. 所以 suóyǐ	57. 所有 suóyǒu	58. 索性 suǒxìng	59. 琐事 suǒshì	60. 四十六 sìshíliù
61. 送报员 sòngbàoyuán	62. 素食者 sùshízhě	63. 塑料袋 sùliàodài	64. 塑料桶 sùliàotǒng	65. 酸奶杯 suānnǎibēi
66. 算不得 suàn bu dé	67. 算不了 suàn bu liǎo	68. 四面八方 sìmiàn-bāfāng	69. 酸甜苦辣 suān-tián-kǔ-là	70. 随心所欲 suíxīnsuǒyù
71. 随遇而安 suíyù'ér'ān				

八、声母 zh、ch、sh、r

（一）zh、ch、sh、r 的发音部位和发音方法

zh、ch、sh、r 这四个声母都是舌尖后音，但它们的发音部位有些不同：zh、ch 是由舌尖上翘，抵住硬腭前部构成发音部位；sh、r 是由舌尖上翘，接近硬腭前部，留出一条窄缝构成发音部位。zh、ch、sh、r 的发音方法不同：zh 是不送气清塞擦音，ch 是送气清塞擦音，sh 是清擦音，r 是浊擦音。下面是声母 zh、ch、sh、r 的发音部位图：

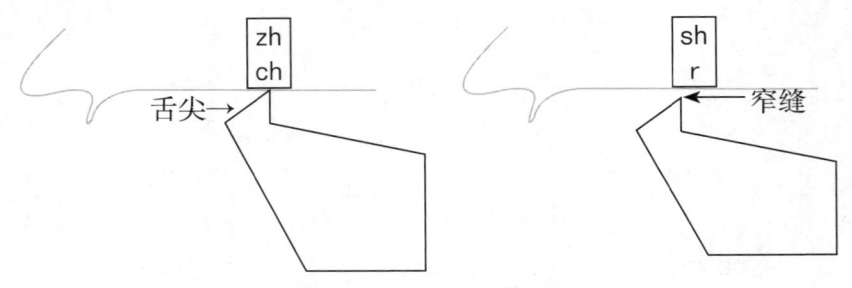

zh、ch、sh、r 的发音部位图

（二）声母 zh、ch、sh、r 与韵母拼合的规律

声母 zh 可以与 20 个韵母拼合，ch 可以与 19 个韵母拼合，sh 可以与 19 个韵母拼合，r 可以与 14 个韵母拼合。具体见下表：

韵母 声母	a	ai	an	ang	ao	e	ei	en	eng	-i[ʅ]	ong	ou	u	ua	uai	uan
zh	＋	＋	＋	＋	＋	＋	＋	＋	＋	＋	＋	＋	＋	＋	＋	＋
ch	＋	＋	＋	＋	＋	＋	－	＋	＋	＋	＋	＋	＋	＋	＋	＋
sh	＋	＋	＋	＋	＋	＋	＋	＋	＋	＋	－	＋	＋	＋	＋	＋
r	－	－	＋	＋	＋	＋	－	＋	＋	＋	＋	＋	＋	－	－	＋

韵母 声母	uang	ui	un	uo
zh	+	+	+	+
ch	+	+	+	+
sh	+	+	+	+
r	−	+	+	+

（三）60篇作品里声母是 zh、ch、sh、r 的字词

1. 声母是 zh 的字词

（1）读声母是 zh 的单音节字词

1. 乍 zhà	2. 展 zhǎn	3. 占 zhàn	4. 站 zhàn	5. 张 zhāng
6. 长 zhǎng	7. 找 zhǎo	8. 兆 zhào	9. 照 zhào	10. 这 zhè
11. 真 zhēn	12. 镇 zhèn	13. 征 zhēng	14. 睁 zhēng	15. 整 zhěng
16. 正 zhèng	17. 之 zhī	18. 枝 zhī	19. 知 zhī	20. 止 zhǐ
21. 只 zhǐ	22. 旨 zhǐ	23. 纸 zhǐ	24. 指 zhǐ	25. 至 zhì
26. 掷 zhì	27. 中 zhōng	28. 终 zhōng	29. 种 zhǒng	30. 种 zhòng
31. 重 zhòng	32. 舟 zhōu	33. 周 zhōu	34. 猪 zhū	35. 逐 zhú
36. 住 zhù	37. 抓 zhuā	38. 专 zhuān	39. 转 zhuǎn	40. 赚 zhuàn
41. 装 zhuāng	42. 准 zhǔn	43. 捉 zhuō		

（2）读声母是 zh 的多音节词语

1. 眨眼 zháyǎn	2. 榨油 zhà yóu	3. 辗转 zhánzhuǎn	4. 展开 zhǎnkāi	5. 展示 zhǎnshì
6. 展现 zhǎnxiàn	7. 占据 zhànjù	8. 占用 zhànyòng	9. 战栗 zhànlì	10. 站住 zhànzhù
11. 张开 zhāngkāi	12. 张满 zhāngmǎn	13. 樟脑 zhāngnǎo	14. 长辈 zhǎngbèi	15. 长出 zhǎngchū
16. 长大 zhǎngdà	17. 涨潮 zhǎngcháo	18. 掌握 zhǎngwò	19. 掌心 zhǎngxīn	20. 招引 zhāoyǐn
21. 朝霞 zhāoxiá	22. 着急 zháojí	23. 找到 zhǎodào	24. 找来 zhǎolái	25. 照片 zhàopiàn
26. 罩上 zhàoshàng	27. 遮住 zhēzhù	28. 哲学 zhéxué	29. 这般 zhèbān	30. 这时 zhèshí
31. 这位 zhè wèi	32. 这些 zhèxiē	33. 这样 zhèyàng	34. 真谛 zhēndì	35. 真理 zhēnlǐ

36. 真实 zhēnshí	37. 真正 zhēnzhèng	38. 珍贵 zhēnguì	39. 珍珠 zhēnzhū	40. 诊断 zhěnduàn
41. 震颤 zhènchàn	42. 震落 zhènluò	43. 镇上 zhèn shàng	44. 征兆 zhēngzhào	45. 睁开 zhēngkāi
46. 蒸发 zhēngfā	47. 整整 zhéngzhěng	48. 整个 zhěnggè	49. 整洁 zhěngjié	50. 整齐 zhěngqí
51. 整天 zhěng tiān	52. 正常 zhèngcháng	53. 正确 zhèngquè	54. 正是 zhèng shì	55. 正在 zhèngzài
56. 正直 zhèngzhí	57. 政府 zhèngfǔ	58. 挣钱 zhèng qián	59. 挣脱 zhèngtuō	60. 之初 zhīchū
61. 之后 zhīhòu	62. 之间 zhī jiān	63. 之类 zhī lèi	64. 之前 zhīqián	65. 之外 zhī wài
66. 之下 zhī xià	67. 之一 zhī yī	68. 之中 zhī zhōng	69. 支撑 zhīchēng	70. 支票 zhīpiào
71. 枝干 zhīgàn	72. 枝蔓 zhīmàn	73. 枝头 zhītóu	74. 知道 zhīdào	75. 知名 zhīmíng
76. 肢体 zhītǐ	77. 只好 zhíhǎo	78. 只有 zhíyǒu	79. 执着 zhízhuó	80. 直到 zhídào
81. 直径 zhíjìng	82. 直上 zhí shàng	83. 直至 zhízhì	84. 指点 zhídiǎn	85. 咫尺 zhíchǐ
86. 植物 zhíwù	87. 止步 zhǐbù	88. 止境 zhǐjìng	89. 只能 zhǐ néng	90. 只是 zhǐshì
91. 只要 zhǐyào	92. 纸片 zhǐpiàn	93. 至今 zhìjīn	94. 至少 zhìshǎo	95. 至于 zhìyú
96. 制成 zhìchéng	97. 质量 zhìliàng	98. 治理 zhìlǐ	99. 挚爱 zhì'ài	100. 致密 zhìmì
101. 智慧 zhìhuì	102. 智力 zhìlì	103. 稚小 zhìxiǎo	104. 中饭 zhōngfàn	105. 中间 zhōngjiān
106. 中午 zhōngwǔ	107. 中心 zhōngxīn	108. 中学 zhōngxué	109. 中旬 zhōngxún	110. 中游 zhōngyóu
111. 忠诚 zhōngchéng	112. 终极 zhōngjí	113. 终究 zhōngjiū	114. 终年 zhōngnián	115. 终日 zhōngrì
116. 终于 zhōngyú	117. 钟头 zhōngtóu	118. 种种 zhóngzhǒng	119. 种类 zhǒnglèi	120. 重大 zhòngdà
121. 重担 zhòngdàn	122. 重量 zhòngliàng	123. 重要 zhòngyào	124. 周围 zhōuwéi	125. 咒骂 zhòumà

126. 皱缬 zhòuxié	127. 诸多 zhūduō	128. 主岛 zhúdǎo	129. 主体 zhútǐ	130. 竹荫 zhúyīn
131. 主动 zhǔdòng	132. 主要 zhǔyào	133. 主张 zhǔzhāng	134. 属望 zhǔwàng	135. 瞩目 zhǔmù
136. 住房 zhùfáng	137. 住惯 zhùguàn	138. 住手 zhùshǒu	139. 注目 zhùmù	140. 注视 zhùshì
141. 注意 zhùyì	142. 驻扎 zhùzhā	143. 著名 zhùmíng	144. 著述 zhùshù	145. 专家 zhuānjiā
146. 转到 zhuǎndào	147. 转化 zhuǎnhuà	148. 转弯 zhuǎnwān	149. 装扮 zhuāngbàn	150. 装饰 zhuāngshì
151. 壮观 zhuàngguān	152. 壮烈 zhuàngliè	153. 状态 zhuàngtài	154. 追求 zhuīqiú	155. 追捉 zhuīzhuō
156. 坠落 zhuìluò	157. 准保 zhǔnbǎo	158. 准备 zhǔnbèi	159. 准确 zhǔnquè	160. 准则 zhǔnzé
161. 卓著 zhuózhù	162. 啄理 zhuólǐ	163. 着落 zhuóluò	164. 着实 zhuóshí	165. 展现出 zhǎnxiàn chū
166. 找不到 zhǎo bu dào	167. 照相册 zhàoxiàngcè	168. 之所以 zhīsuóyǐ	169. 只不过 zhǐ búguò	170. 致力于 zhìlì yú
171. 众生相 zhòngshēng-xiàng	172. 瞻前顾后 zhānqián-gùhòu	173. 整整齐齐 zhéngzhěng-qíqí	174. 枝繁叶茂 zhīfán-yèmào	175. 众目睽睽 zhòngmù-kuíkuí
176. 专心致志 zhuānxīn-zhìzhì				

2. 声母是 ch 的字词

（1）读声母是 ch 的单音节字词

1. 差 chā	2. 插 chā	3. 拆 chāi	4. 长 cháng	5. 常 cháng
6. 唱 chàng	7. 朝 cháo	8. 车 chē	9. 沉 chén	10. 成 chéng
11. 城 chéng	12. 乘 chéng	13. 橙 chéng	14. 吃 chī	15. 持 chí
16. 冲 chōng	17. 丑 chǒu	18. 出 chū	19. 初 chū	20. 处 chù
21. 穿 chuān	22. 船 chuán	23. 窗 chuāng	24. 吹 chuī	25. 春 chūn

（2）读声母是 ch 的多音节词语

1. 差别 chābié	2. 茶花 cháhuā	3. 察看 chákàn	4. 拆掉 chāidiào	5. 拆散 chāisàn

6. 产生 chǎnshēng	7. 铲去 chǎnqù	8. 颤动 chàndòng	9. 昌达 chāngdá	10. 长长 chángcháng
11. 长河 chánghé	12. 长虹 chánghóng	13. 长空 chángkōng	14. 长寿 chángshòu	15. 长桥 cháng qiáo
16. 尝试 chángshì	17. 常常 chángcháng	18. 常人 chángrén	19. 常青 chángqīng	20. 场面 chǎngmiàn
21. 敞开 chǎngkāi	22. 钞票 chāopiào	23. 超拔 chāobá	24. 超级 chāojí	25. 超越 chāoyuè
26. 车辆 chēliàng	27. 车站 chēzhàn	28. 尘滓 chénzǐ	29. 沉默 chénmò	30. 沉睡 chénshuì
31. 沉重 chénzhòng	32. 晨光 chénguāng	33. 称为 chēngwéi	34. 称赞 chēngzàn	35. 成分 chéngfèn
36. 成功 chénggōng	37. 成群 chéngqún	38. 成熟 chéngshú	39. 成为 chéngwéi	40. 成形 chéngxíng
41. 成语 chéngyǔ	42. 成长 chéngzhǎng	43. 呈现 chéngxiàn	44. 城市 chéngshì	45. 乘车 chéng chē
46. 澄明 chéngmíng	47. 吃好 chīhǎo	48. 吃惊 chījīng	49. 吃力 chīlì	50. 吃剩 chīshèng
51. 吃完 chīwán	52. 池沼 chízhǎo	53. 驰荡 chídàng	54. 迟到 chídào	55. 迟疑 chíyí
56. 持续 chíxù	57. 踟蹰 chíchú	58. 炽爱 chì'ài	59. 翅膀 chìbǎng	60. 冲动 chōngdòng
61. 冲力 chōnglì	62. 冲破 chōngpò	63. 冲刷 chōngshuā	64. 充分 chōngfèn	65. 充满 chōngmǎn
66. 充实 chōngshí	67. 充足 chōngzú	68. 憧憬 chōngjǐng	69. 重新 chóngxīn	70. 崇高 chónggāo
71. 崇敬 chóngjìng	72. 崇尚 chóngshàng	73. 抽空 chōukòng	74. 出发 chūfā	75. 出口 chūkǒu
76. 出来 chūlai	77. 出奇 chūqí	78. 出去 chūqu	79. 出售 chūshòu	80. 出土 chūtǔ
81. 出现 chūxiàn	82. 初春 chūchūn	83. 处理 chǔlǐ	84. 除去 chúqù	85. 处处 chùchù
86. 穿好 chuānhǎo	87. 穿上 chuānshang	88. 穿越 chuānyuè	89. 穿着 chuānzhuó	90. 传出 chuánchū
91. 传递 chuándì	92. 传统 chuántǒng	93. 传言 chuányán	94. 船夫 chuánfū	95. 喘气 chuǎnqì

96. 窗帘 chuānglián	97. 床架 chuángjià	98. 闯进 chuǎngjìn	99. 创造 chuàngzào	100. 吹打 chuīdǎ
101. 吹笛 chuī dí	102. 吹来 chuīlái	103. 炊烟 chuīyān	104. 垂到 chuídào	105. 垂下 chuíxià
106. 捶布 chuí bù	107. 春草 chūncǎo	108. 春风 chūnfēng	109. 春光 chūnguāng	110. 春水 chūnshuǐ
111. 春天 chūntiān	112. 纯朴 chúnpǔ	113. 差不多 chàbuduō	114. 长方形 chángfāngxíng	115. 沉甸甸 chéndiàndiàn
116. 察言观色 cháyánguānsè	117. 柴米油盐 chái-mǐ-yóu-yán	118. 超乎其上 chāohū-qíshàng	119. 成千上万 chéngqiān-shàngwàn	120. 重峦叠嶂 chóngluán-diézhàng
121. 赤橙黄绿青蓝紫 chì-chéng-huáng-lǜ-qīng-lán-zǐ				

3. 声母是 sh 的字和词语

（1）读声母是 sh 的单音节字

1. 煞 shà	2. 山 shān	3. 闪 shǎn	4. 擅 shàn	5. 上 shàng
6. 尚 shàng	7. 稍 shāo	8. 少 shǎo	9. 谁 shéi	10. 深 shēn
11. 身 shēn	12. 生 shēng	13. 省 shěng	14. 盛 shèng	15. 狮 shī
16. 湿 shī	17. 十 shí	18. 石 shí	19. 时 shí	20. 识 shí
21. 食 shí	22. 使 shǐ	23. 驶 shǐ	24. 事 shì	25. 是 shì
26. 手 shǒu	27. 守 shǒu	28. 受 shòu	29. 兽 shòu	30. 书 shū
31. 熟 shú	32. 数 shǔ	33. 树 shù	34. 数 shù	35. 衰 shuāi
36. 水 shuǐ	37. 睡 shuì	38. 顺 shùn	39. 说 shuō	

（2）读声母是 sh 的多音节词语

1. 沙滩 shātān	2. 纱线 shāxiàn	3. 山草 shāncǎo	4. 山村 shāncūn	5. 山川 shānchuān
6. 山地 shāndì	7. 山洞 shāndòng	8. 山峰 shānfēng	9. 山脚 shānjiǎo	10. 山景 shānjǐng
11. 山脉 shānmài	12. 山坡 shānpō	13. 山色 shānsè	14. 山水 shānshuǐ	15. 山石 shānshí

16. 山头 shāntóu	17. 山珍 shānzhēn	18. 姗姗 shānshān	19. 闪闪 shǎnshǎn	20. 闪光 shǎnguāng
21. 闪亮 shǎnliàng	22. 闪烁 shǎnshuò	23. 闪耀 shǎnyào	24. 善良 shànliáng	25. 善于 shànyú
26. 伤心 shāngxīn	27. 商店 shāngdiàn	28. 商人 shāngrén	29. 商厦 shāngshà	30. 上班 shàngbān
31. 上方 shàngfāng	32. 上来 shànglái	33. 上门 shàngmén	34. 上面 shàngmiàn	35. 上去 shàngqù
36. 上述 shàngshù	37. 上溯 shàngsù	38. 上网 shàngwǎng	39. 上午 shàngwǔ	40. 上下 shàngxià
41. 上游 shàngyóu	42. 少数 shǎoshù	43. 少妇 shàofù	44. 少年 shàonián	45. 少女 shàonǚ
46. 奢华 shēhuá	47. 设计 shèjì	48. 设若 shèruò	49. 社会 shèhuì	50. 射进 shèjìn
51. 涉及 shèjí	52. 摄取 shèqǔ	53. 伸进 shēnjìn	54. 伸开 shēnkāi	55. 伸手 shēnshǒu
56. 身边 shēnbiān	57. 身后 shēn hòu	58. 身旁 shēn páng	59. 身体 shēntǐ	60. 深处 shēnchù
61. 深红 shēnhóng	62. 深深 shēnshēn	63. 深信 shēnxìn	64. 神光 shénguāng	65. 神秘 shénmì
66. 神情 shénqíng	67. 神色 shénsè	68. 神往 shénwǎng	69. 甚至 shènzhì	70. 渗进 shènjìn
71. 生产 shēngchǎn	72. 生存 shēngcún	73. 生根 shēng gēn	74. 生活 shēnghuó	75. 生机 shēngjī
76. 生理 shēnglǐ	77. 生命 shēngmìng	78. 生平 shēngpíng	79. 生气 shēngqì	80. 生前 shēngqián
81. 生日 shēngrì	82. 生态 shēngtài	83. 生物 shēngwù	84. 生长 shēngzhǎng	85. 声名 shēngmíng
86. 声声 shēngshēng	87. 声响 shēngxiǎng	88. 声音 shēngyīn	89. 牲畜 shēngchù	90. 圣诞 shèngdàn
91. 胜地 shèngdì	92. 胜过 shèngguò	93. 胜任 shèngrèn	94. 盛产 shèngchǎn	95. 盛大 shèngdà
96. 盛开 shèngkāi	97. 盛况 shèngkuàng	98. 盛名 shèngmíng	99. 盛期 shèngqī	100. 失明 shī míng
101. 失去 shīqù	102. 失陷 shīxiàn	103. 失望 shīwàng	104. 师长 shīzhǎng	105. 诗篇 shīpiān
106. 诗人 shīrén	107. 诗意 shīyì	108. 湿度 shīdù	109. 十二 shí'èr	110. 十分 shífēn

111. 十六 shíliù	112. 十七 shíqī	113. 十三 shísān	114. 十万 shíwàn	115. 十五 shíwǔ
116. 十月 Shíyuè	117. 十字 shízì	118. 石岸 shí'àn	119. 石块 shíkuài	120. 石磨 shímò
121. 石桥 shíqiáo	122. 石竹 shízhú	123. 石子 shízǐ	124. 时代 shídài	125. 时而 shí'ér
126. 时间 shíjiān	127. 时节 shíjié	128. 时刻 shíkè	129. 时空 shíkōng	130. 时期 shíqī
131. 时时 shíshí	132. 实话 shíhuà	133. 实际 shíjì	134. 实践 shíjiàn	135. 实现 shíxiàn
136. 实用 shíyòng	137. 实在 shízài	138. 食品 shípǐn	139. 食物 shíwù	140. 使用 shǐyòng
141. 始终 shǐzhōng	142. 驶开 shǐkāi	143. 驶来 shǐlái	144. 士兵 shìbīng	145. 世纪 shìjì
146. 世间 shìjiān	147. 世界 shìjiè	148. 市郊 shìjiāo	149. 市政 shìzhèng	150. 事实 shìshí
151. 事事 shìshì	152. 事物 shìwù	153. 事业 shìyè	154. 试吹 shì chuī	155. 试探 shìtàn
156. 是否 shìfǒu	157. 释放 shìfàng	158. 收割 shōugē	159. 收获 shōuhuò	160. 手掌 shóuzhǎng
161. 手帕 shǒupà	162. 手中 shǒu zhōng	163. 受到 shòudào	164. 受雇 shòu gù	165. 受命 shòumìng
166. 绶带 shòudài	167. 书房 shūfáng	168. 书籍 shūjí	169. 殊荣 shūróng	170. 舒适 shūshì
171. 舒心 shūxīn	172. 舒展 shūzhǎn	173. 曙光 shǔguāng	174. 束缚 shùfù	175. 树干 shùgàn
176. 树根 shùgēn	177. 树冠 shùguān	178. 树坑 shùkēng	179. 树木 shùmù	180. 树梢 shùshāo
181. 树叶 shùyè	182. 树枝 shùzhī	183. 树桩 shùzhuāng	184. 数量 shùliàng	185. 数目 shùmù
186. 衰老 shuāilǎo	187. 摔倒 shuāidǎo	188. 拴住 shuānzhù	189. 双臂 shuāng bì	190. 双目 shuāng mù
191. 双亲 shuāngqīn	192. 霜花 shuānghuā	193. 爽朗 shuánglǎng	194. 水手 shuíshǒu	195. 水桶 shuítǒng
196. 水土 shuítǔ	197. 水准 shuízhǔn	198. 水边 shuǐbiān	199. 水稻 shuǐdào	200. 水分 shuǐfèn
201. 水旱 shuǐ hàn	202. 水花 shuǐhuā	203. 水库 shuǐkù	204. 水面 shuǐmiàn	205. 水泡 shuǐpào

206. 水塘 shuǐtáng	207. 水仙 shuǐxiān	208. 水源 shuǐyuán	209. 睡觉 shuìjiào	210. 睡莲 shuìlián
211. 睡衣 shuìyī	212. 睡着 shuìzháo	213. 瞬间 shùnjiān	214. 说到 shuōdào	215. 说法 shuōfǎ
216. 说话 shuōhuà	217. 说明 shuōmíng	218. 说起 shuōqǐ	219. 说完 shuōwán	220. 烁于 shuò yú
221. 山水画 shānshuǐhuà	222. 设计师 shèjìshī	223. 设计者 shèjìzhě	224. 深褐色 shēnhèsè	225. 深蓝色 shēnlánsè
226. 生产力 shēngchǎnlì	227. 生命力 shēngmìnglì	228. 圣诞树 shèngdànshù	229. 十字架 shízìjià	230. 石灰岩 shíhuīyán
231. 石窟群 shíkūqún	232. 石穹门 shí qióngmén	233. 世界杯 shìjièbēi	234. 世界化 shìjièhuà	235. 市政府 shìzhèngfǔ
236. 水龙头 shuǐlóngtóu	237. 深奥莫测 shēn'ào mò cè	238. 深深浅浅 shēnshēn-qiánqiǎn	239. 神态各异 shéntài gè yì	240. 生理学家 shēnglǐxuéjiā
241. 失之交臂 shīzhī-jiāobì	242. 实事求是 shíshì-qiúshì	243. 视而不见 shì'érbújiàn	244. 舒舒服服 shūshūfúfú	245. 水到渠成 shuǐdào--qúchéng

4. 声母是 r 的字词

（1）读声母是 r 的单音节字词

1. 让 ràng	2. 绕 rào	3. 热 rè	4. 人 rén	5. 任 rèn
6. 仍 réng	7. 日 rì	8. 融 róng	9. 肉 ròu	10. 如 rú
11. 入 rù	12. 若 ruò			

（2）读声母是 r 的多音节词语

1. 然而 rán'ér	2. 然后 ránhòu	3. 燃烧 ránshāo	4. 染成 rǎnchéng	5. 染料 rǎnliào
6. 让路 rànglù	7. 惹恼 rěnǎo	8. 热爱 rè'ài	9. 热带 rèdài	10. 热浪 rèlàng
11. 热气 rèqì	12. 热情 rèqíng	13. 热血 rèxuè	14. 人格 réngé	15. 人工 réngōng
16. 人家 rénjiā	17. 人间 rénjiān	18. 人口 rénkǒu	19. 人类 rénlèi	20. 人民 rénmín
21. 人群 rénqún	22. 人生 rénshēng	23. 人世 rénshì	24. 人事 rénshì	25. 人物 rénwù
26. 人心 rénxīn	27. 认真 rènzhēn	28. 任何 rènhé	29. 任凭 rènpíng	30. 仍然 réngrán

31. 日出 rìchū	32. 日光 rìguāng	33. 日历 rìlì	34. 日趋 rìqū	35. 日月 rìyuè
36. 戎装 róngzhuāng	37. 荣辱 róngrǔ	38. 容量 róngliàng	39. 容许 róngxǔ	40. 容易 róngyì
41. 溶剂 róngjì	42. 溶解 róngjiě	43. 榕圃 róngpǔ	44. 榕树 róngshù	45. 融合 rónghé
46. 融化 rónghuà	47. 融洽 róngqià	48. 柔和 róuhé	49. 柔毛 róu máo	50. 肉眼 ròuyǎn
51. 如此 rúcǐ	52. 如果 rúguǒ	53. 如何 rúhé	54. 如今 rújīn	55. 入冬 rù dōng
56. 瑞雪 ruìxuě	57. 若干 ruògān	58. 燃烧物 ránshāowù	59. 荣誉感 róngyùgǎn	60. 溶解氧 róngjiěyǎng
61. 软绵绵 ruǎnmiánmián	62. 如约而至 rúyuē ér zhì	63. 若有所思 ruòyóusuǒsī		

第三节　普通话里的零声母音节

普通话韵母（也就是元音，下称元音）的发音是通过下面的图来展示的。

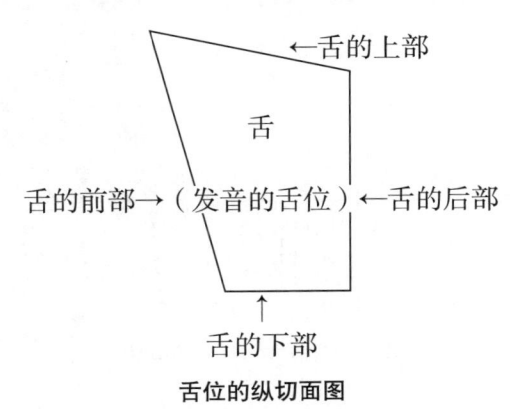

舌位的纵切面图

元音发音有舌位的高低、舌位的前后、唇形的圆展之分。图里元音发音的位置可以很好地指导应试者发准每一个音。

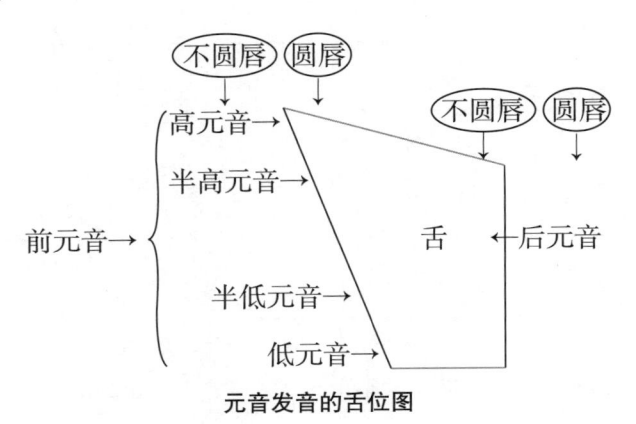

元音发音的舌位图

元音舌位的高低是指：发音时，如果一个元音出现在舌最高的横线上，这个元音就是高元音；如果一个元音出现在舌的下横线上，这个元音就是低元音。

元音舌位的前后是指：发音时，如果一个元音出现在舌的左竖线上，这个元音就是前元音；如果一个元音出现在舌的右竖线上，这个元音就是后元音。

唇形的圆展是指：发音时，如果这个元音出现在发音图中两条竖线的左边，那就是不圆唇元音；如果这个元音出现在发音图中两条竖线的右边，那就是圆唇元音。

一、韵母是 a 和以 a 开头的零声母音节

（一）a 的舌位和读音

普通话里的 a 分布在不同的舌位上，有三种读音。见下表：

读音	[A]	[a]		[ɑ]	
舌位	舌面央低	舌面前低		舌面后低	
普通话的韵母	a	ai	an	ang	ao

从上面的表中可以看到，虽然普通话的 a、ai、an、ang、ao 五个韵母里都有 a，但由于 a 的舌位不同，发音也不同。a 有三种读音：(1) a 发音时，舌位是央低，如 a；(2) a 发音时，舌位是前低，如 ai、an；(3) a 发音时，舌位是后低，如 ang、ao。下面是五个含 a 韵母的发音舌位图：

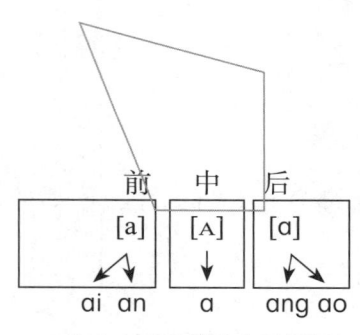

前　中　后
[a]　[A]　[ɑ]
ai an　a　ang ao

5 个含 a 韵母的发音舌位图

（二）60 篇作品里首字是以 a 开头的零声母音节的字词

1. 读韵母是 a[A] 的单音节字词

1. 啊 à				

2. 读韵母以 a[a] 开头的字词

（1）读韵母以 a[a] 开头的单音节字词

1. 挨 ái	2. 爱 ài	3. 安 ān	4. 暗 àn	5. 岸 àn

（2）读首字韵母以 a[a] 开头的多音节词语

1. 哀求 āiqiú	2. 哀痛 āitòng	3. 矮矮 ǎi'ǎi	4. 矮松 ǎi sōng	5. 爱国 àiguó

6. 爱慕 àimù	7. 爱情 àiqíng	8. 爱心 àixīn	9. 安放 ānfàng	10. 安静 ānjìng
11. 安排 ānpái	12. 安全 ānquán	13. 安适 ānshì	14. 安慰 ānwèi	15. 安息 ānxī
16. 安逸 ānyì	17. 按时 ànshí	18. 按说 ànshuō	19. 按响 ànxiǎng	20. 按照 ànzhào
21. 安排表 ānpáibiǎo	22. 安息地 ānxīdì	23. 爱不释手 àibúshìshǒu	24. 爱国主义 àiguó zhǔyì	25. 安家落户 ānjiā-luòhù
16. 安之若素 ānzhī-ruòsù				

3. 读首字韵母以 a[a] 开头的多音节词语

1. 肮脏 āngzāng	2. 昂贵 ángguì	3. 昂然 ángrán	4. 遨游 áoyóu	5. 傲然 àorán

二、韵母是 o 和以 o 开头的零声母音节

（一）o 的舌位和读音

普通话里的 o 只有一个舌位，一个读音。见下表：

读音	[o]	
舌位	后半高	
普通话的韵母	o	ou

从上表中可以看到，普通话的 o、ou 两个韵母里都有 o，而且 o 的舌位和发音完全相同。下面是 o 和 ou 的发音舌位图：

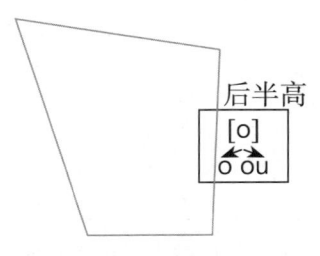

韵母 o 和 ou 的发音舌位图

（二）60 篇作品里首字是以 o 开头的零声母音节的字词

1. 读韵母是 o 的单音节字词

1. 哦 ò				

2. 读首字韵母以 o 开头的多音节词语

1. 偶尔 óu'ěr	2. 偶然 ǒurán			

三、韵母是 e 和以 e 开头的零声母音节

(一) e 的舌位和读音

普通话里的 e 分布在不同的舌位上,有四个读音。见下表:

读音	[ɤ]	[ɛ]	[ə]	[ɚ]
舌位	后半高	前半低	中央	中央
普通话的韵母	e	ê	en	eng	er

从上表中可以看到,虽然普通话的 e、ê、en、eng、er 五个韵母里都有 e,但由于 e 的舌位不同,发音也不相同。e 有四种读音:(1)e 发音时,舌位是后半高,如 e。(2)e 发音时,舌位是前半低,如 ê。(3)e 发音时,舌位是中央,如 en、eng。(4)e 发音时,舌位也是中央,但要卷舌,如 er。下面是五个含 e 韵母的发音舌位图:

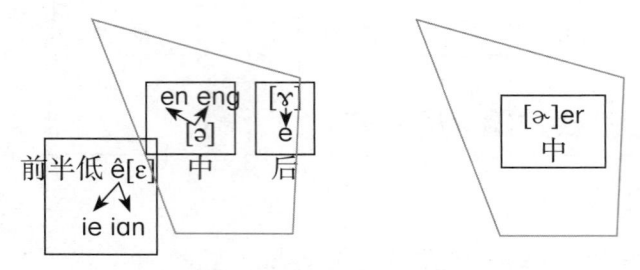

5 个含 e 韵母的发音舌位图

(二) 60 篇作品里首字是以 e 开头的零声母音节的字词

1. 读韵母以 e[ɤ] 开头的字词

(1) 读韵母是 e[ɤ] 的单音节字词

1. 饿 è				

(2) 读首字韵母是 e[ɤ] 的多音节词语

1. 鹅黄 éhuáng	2. 恶化 èhuà	3. 扼杀 èshā	4. 恶作剧 èzuòjù	

2. 读首字韵母以 e[ə] 开头的多音节词语

1. 恩惠 ēnhuì	2. 恩人 ēnrén			

3. 读韵母以 er[ɚ] 开头的字词

(1) 读韵母是 er[ɚ] 的单音节字词

1. 而 ér	2. 二 èr			

（2）读首字韵母是 er[ɚ] 的多音节词语

1. 儿时 érshí	2. 而且 érqiě	3. 二十 èrshí	4. 二月 Èryuè	5. 二嘿英 èr'ēyīng
6. 二三百 èr-sānbǎi	7. 二十一 èrshíyī	8. 二氧化碳 èryǎnghuàtàn		

四、韵母是 i 和以 i 开头的零声母音节

（一）i 的舌位和读音

普通话里的 i 只有一个舌位，只有一个读音。见下表：

读音	[i]									
舌位	前高									
普通话的韵母	ia	ian	iang	iao	ie	i	in	ing	io	iong	iou

从上表中可以看到，普通话的 ia、ian、iang、iao、ie、i、in、ing、io、iong、iou 这 11 个韵母里都有 i，而且 i 的舌位和发音完全相同。下面是 11 个含 i 的韵母的发音舌位图：

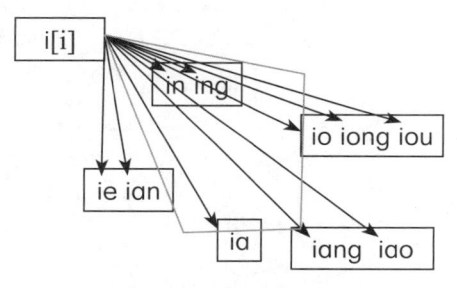

11 个含 i 韵母的发音舌位图

（二）60 篇作品里首字是以 i 开头的零声母音节的字词（构成零声母音节时，要在 i 前加上隔音字母 y，或者把 i 变成 y）

1. 读韵母以 i 开头的单音节字词

1. 压 yā	2. 押 yā	3. 芽 yá	4. 言 yán	5. 沿 yán
6. 眼 yǎn	7. 演 yǎn	8. 厌 yàn	9. 扬 yáng	10. 养 yǎng
11. 样 yàng	12. 漾 yàng	13. 邀 yāo	14. 摇 yáo	15. 遥 yáo
16. 药 yào	17. 要 yào	18. 也 yě	19. 夜 yè	20. 一 yī
21. 衣 yī	22. 已 yǐ	23. 以 yǐ	24. 亿 yì	25. 易 yì
26. 逸 yì	27. 因 yīn	28. 应 yīng	29. 盈 yíng	30. 映 yìng
31. 涌 yǒng	32. 用 yòng	33. 忧 yōu	34. 由 yóu	35. 有 yǒu
36. 又 yòu				

2. 读首字韵母以 i 开头的多音节词语

1. 丫枝 yāzhī	2. 压断 yāduàn	3. 压迫 yāpò	4. 牙齿 yáchǐ	5. 崖壁 yábì

6. 烟雾 yānwù	7. 延续 yánxù	8. 严肃 yánsù	9. 言语 yányǔ	10. 炎热 yánrè
11. 沿海 yánhǎi	12. 研读 yándú	13. 研究 yánjiū	14. 颜色 yánsè	15. 掩护 yǎnhù
16. 掩饰 yǎnshì	17. 眼光 yǎnguāng	18. 眼泪 yǎnlèi	19. 眼帘 yǎnlián	20. 眼前 yǎnqián
21. 艳丽 yànlì	22. 验收 yànshōu	23. 阳光 yángguāng	24. 仰望 yǎngwàng	25. 养成 yǎngchéng
26. 养生 yǎngshēng	27. 氧气 yǎngqì	28. 要求 yāoqiú	29. 摇荡 yáodàng	30. 摇晃 yáohuàng
31. 摇篮 yáolán	32. 遥远 yáoyuǎn	33. 要紧 yàojǐn	34. 要诀 yàojué	35. 也许 yéxǔ
36. 野物 yěwù	37. 夜里 yèlǐ	38. 夜色 yèsè	39. 夜晚 yèwǎn	40. 衣裤 yīkù
41. 衣衫 yīshān	42. 医生 yīshēng	43. 医院 yīyuàn	44. 依傍 yībàng	45. 依旧 yījiù
46. 依据 yījù	47. 依靠 yīkào	48. 依然 yīrán	49. 一旦 yídàn	50. 一定 yídìng
51. 一共 yígòng	52. 一路 yílù	53. 一律 yílǜ	54. 一切 yíqiè	55. 一色 yísè
56. 一下 yíxià	57. 一样 yíyàng	58. 一再 yízài	59. 以免 yǐmiǎn	60. 移去 yíqù
61. 移植 yízhí	62. 移走 yízǒu	63. 遗产 yíchǎn	64. 遗憾 yíhàn	65. 遗迹 yíjì
66. 遗像 yíxiàng	67. 疑难 yínán	68. 已经 yǐjīng	69. 以后 yǐhòu	70. 以及 yǐjí
71. 以来 yǐlái	72. 以内 yǐnèi	73. 以前 yǐqián	74. 以上 yǐshàng	75. 以外 yǐwài
76. 以为 yǐwéi	77. 以致 yǐzhì	78. 一百 yìbǎi	79. 一般 yìbān	80. 一边 yìbiān
81. 一方 yì fāng	82. 一脸 yì liǎn	83. 一起 yìqǐ	84. 一千 yìqiān	85. 一生 yìshēng
86. 一时 yìshí	87. 一直 yìzhí	88. 义务 yìwù	89. 艺术 yìshù	90. 异国 yìguó
91. 异乡 yìxiāng	92. 意见 yìjiàn	93. 意外 yìwài	94. 意味 yìwèi	95. 意义 yìyì
96. 意志 yìzhì	97. 熠熠 yìyì	98. 因此 yīncǐ	99. 因而 yīn'ér	100. 因素 yīnsù

101. 因为 yīnwèi	102. 因子 yīnzǐ	103. 阴冷 yīnlěng	104. 阴影 yīnyǐng	105. 音节 yīnjié
106. 音乐 yīnyuè	107. 引导 yǐndǎo	108. 引起 yǐnqǐ	109. 银发 yínfà	110. 银光 yínguāng
111. 银色 yínsè	112. 银弦 yínxián	113. 银质 yínzhì	114. 引发 yǐnfā	115. 引线 yǐnxiàn
116. 引用 yǐnyòng	117. 隐瞒 yǐnmán	118. 隐秘 yǐnmì	119. 印下 yìnxià	120. 印象 yìnxiàng
121. 应当 yīngdāng	122. 应该 yīnggāi	123. 英勇 yīngyǒng	124. 樱花 yīnghuā	125. 迎风 yíngfēng
126. 迎面 yíngmiàn	127. 营养 yíngyǎng	128. 影响 yíngxiǎng	129. 赢得 yíngdé	130. 映照 yìngzhào
131. 拥有 yōngyǒu	132. 永远 yóngyuǎn	133. 勇猛 yóngměng	134. 涌起 yóngqǐ	135. 勇气 yǒngqì
136. 涌动 yǒngdòng	137. 涌入 yǒngrù	138. 用尽 yòngjìn	139. 用来 yòng lái	140. 优美 yōuměi
141. 优秀 yōuxiù	142. 优越 yōuyuè	143. 忧伤 yōushāng	144. 幽暗 yōu'àn	145. 幽静 yōujìng
146. 幽美 yōuměi	147. 悠荡 yōudàng	148. 悠久 yōujiǔ	149. 尤其 yóuqí	150. 由于 yóuyú
151. 犹如 yóurú	152. 油锅 yóuguō	153. 油亮 yóuliàng	154. 游客 yóukè	155. 游览 yóulǎn
156. 游人 yóurén	157. 游戏 yóuxì	158. 游弋 yóuyì	159. 友情 yǒuqíng	160. 友谊 yǒuyì
161. 有毒 yǒu dú	162. 有关 yǒuguān	163. 有机 yǒujī	164. 有如 yǒurú	165. 有时 yǒushí
166. 有效 yǒuxiào	167. 有些 yǒuxiē	168. 有幸 yǒuxìng	169. 有用 yǒu yòng	170. 右边 yòubiān
171. 幼儿 yòu'ér	172. 幼雀 yòuquè	173. 诱导 yòudǎo	174. 医疗费 yīliáofèi	175. 一大早 yí dà zǎo
176. 一霎时 yíshàshí	177. 一系列 yíxìliè	178. 胰岛素 yídǎosù	179. 一连串 yìliánchuàn	180. 艺术品 yìshùpǐn
181. 阴森森 yīnsēnsēn	182. 饮料瓶 yǐnliàopíng	183. 萤火虫 yínghuǒchóng	184. 游览者 yóulǎnzhě	185. 有色水 yǒu sè shuǐ
186. 摇摇欲坠 yáoyáo--yùzhuì	187. 衣食住行 yī-shí--zhù-xíng	188. 一笔一画 yìbǐ-yíhuà	189. 一无所得 yìwúsuǒdé	190. 意想不到 yìxiǎng bú dào

191. 隐隐约约 yínyǐnyuēyuē	192. 引人注目 yǐn rén zhùmù	193. 莺歌燕舞 yīnggē-yànwǔ	194. 嘤嘤有韵 yīngyīng yǒu yùn	195. 由此可见 yóu cǐ kějiàn
196. 有理有据 yǒulí-yǒujù	197. 有生以来 yǒushēng-yǐlái			

五、韵母是 u 和以 u 开头的零声母音节

（一）u 的舌位和读音

普通话里的 u 只有一个舌位，一个读音。见下表：

读音	[u]								
舌位	后高								
普通话的韵母	ua	uai	uan	uang	uei	uen	ueng	uo	u

从上表中可以看到，普通话的 ua、uai、uan、uang、uei、uen、ueng、uo、u 这 9 个韵母里都有 u，而且 u 的舌位和发音完全相同。下面是 9 个含 u 的韵母的发音舌位图：

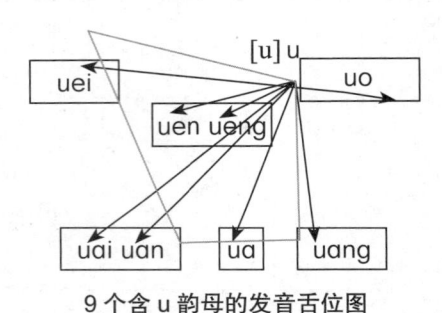

9 个含 u 韵母的发音舌位图

（二）60 篇作品里首字是以 u 开头的零声母音节的字词（构成零声母音节时，在 u 前加隔音字母 w，或把 u 变成 w）

1. 读韵母以 u 开头的单音节字词

1. 挖 wā	2. 外 wài	3. 弯 wān	4. 晚 wǎn	5. 碗 wǎn
6. 万 wàn	7. 往 wǎng	8. 忘 wàng	9. 望 wàng	10. 危 wēi
11. 为 wèi	12. 未 wèi	13. 味 wèi	14. 喂 wèi	15. 闻 wén
16. 问 wèn	17. 窝 wō	18. 我 wǒ	19. 卧 wò	20. 无 wú
21. 五 wǔ	22. 舞 wǔ	23. 悟 wù		

2. 读首字韵母以 u 开头的多音节词语

1. 挖出 wāchū	2. 挖好 wāhǎo	3. 挖掘 wājué	4. 挖空 wākōng	5. 瓦砾 wǎlì
6. 歪向 wāi xiàng	7. 外表 wàibiǎo	8. 外面 wàimiàn	9. 外套 wàitào	10. 外衣 wàiyī

11. 外在 wàizài	12. 弯弯 wānwān	13. 完成 wánchéng	14. 完工 wángōng	15. 完全 wánquán
16. 完整 wánzhěng	17. 玩具 wánjù	18. 顽皮 wánpí	19. 宛然 wǎnrán	20. 宛如 wǎnrú
21. 晚餐 wǎncān	22. 晚霞 wǎnxiá	23. 万里 wàn lǐ	24. 万物 wànwù	25. 汪汪 wāngwāng
26. 王国 wángguó	27. 往往 wǎngwǎng	28. 往来 wǎnglái	29. 往上 wǎng shàng	30. 往下 wǎng xià
31. 往哲 wǎngzhé	32. 妄想 wàngxiǎng	33. 忘记 wàngjì	34. 忘却 wàngquè	35. 望到 wàngdào
36. 望去 wàngqù	37. 危险 wēixiǎn	38. 微波 wēi bō	39. 微微 wēiwēi	40. 微小 wēixiǎo
41. 微笑 wēixiào	42. 为人 wéirén	43. 为止 wéizhǐ	44. 围绕 wéirào	45. 唯有 wéiyǒu
46. 维护 wéihù	47. 伟岸 wěi'àn	48. 伟大 wěidà	49. 伟人 wěirén	50. 委顿 wěidùn
51. 卫国 wèiguó	52. 未必 wèibì	53. 未来 wèilái	54. 位于 wèiyú	55. 蔚蓝 wèilán
56. 温带 wēndài	57. 温度 wēndù	58. 温和 wēnhé	59. 温暖 wēnnuǎn	60. 温情 wēnqíng
61. 温柔 wēnróu	62. 温润 wēnrùn	63. 温箱 wēnxiāng	64. 瘟疫 wēnyì	65. 文革 Wén-Gé
66. 文化 wénhuà	67. 文明 wénmíng	68. 文学 wénxué	69. 文言 wényán	70. 闻名 wénmíng
71. 问来 wènlái	72. 问题 wèntí	73. 嗡嗡 wēngwēng	74. 我国 wǒguó	75. 卧龙 wòlóng
76. 乌蓝 wūlán	77. 呜呜 wūwū	78. 无法 wúfǎ	79. 无非 wúfēi	80. 无关 wúguān
81. 无尽 wújìn	82. 无论 wúlùn	83. 无穷 wúqióng	84. 无上 wúshàng	85. 无数 wúshù
86. 无限 wúxiàn	87. 无形 wúxíng	88. 无须 wúxū	89. 无言 wúyán	90. 无疑 wúyí
91. 无意 wúyì	92. 无垠 wúyín	93. 无援 wúyuán	94. 五百 wǔbǎi	95. 舞蹈 wǔdǎo
96. 五千 wǔqiān	97. 五十 wǔshí	98. 午餐 wǔcān	99. 午后 wǔhòu	100. 物理 wùlǐ

101. 物体 wùtǐ	102. 外祖母 wàizúmǔ	103. 伟丈夫 wěizhàngfū	104. 文化史 wénhuàshǐ	105. 文言文 wényánwén
106. 污土里 wūtú li	107. 无底洞 wúdǐdòng	108. 无机盐 wújīyán	109. 无名者 wúmíngzhě	110. 五十七 wǔshíqī
111. 顽强不屈 wánqiáng bùqū	112. 万籁俱寂 wànlài-jùjì	113. 万紫千红 wànzǐ--qiānhóng	114. 枉费心机 wǎngfèi xīnjī	115. 威风凛凛 wēifēng línlǐn
116. 问心无愧 wènxīn--wúkuì	117. 无处不在 wúchù-búzài	118. 无动于衷 wúdòng-yúzhōng	119. 无家可归 wú jiā kě guī	120. 无可奈何 wúkěnàihé
121. 五光十色 wǔguāng--shísè				

六、韵母是 ü 和以 ü 开头的零声母音节

（一）ü 的舌位和读音

普通话里的 ü 只有一个舌位，一个读音。见下表：

读音	[y]
舌位	后高圆唇
普通话的韵母	ü　üan　üe　ün

从上表中可以看到，普通话的 ü、üan、üe、ün 这 4 个韵母里都有 ü，而且 ü 的舌位和发音完全相同。下面是 4 个含 ü 的韵母的发音舌位图：

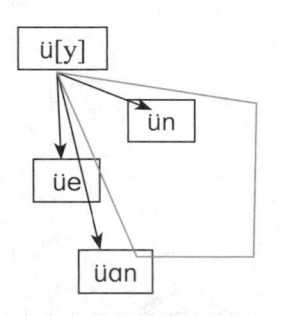

4 个含 ü 韵母的发音舌位图

（二）60 篇作品里首字是以 ü 开头的零声母音节的字词（构成音节时，在 ü 前加隔音字母 y，ü 上两点去掉）

1. 读韵母以 ü 开头的单音节字词

1. 于 yú	2. 余 yú	3. 与 yǔ	4. 雨 yǔ	5. 浴 yù
6. 元 yuán	7. 园 yuán	8. 圆 yuán	9. 远 yuǎn	10. 院 yuàn
11. 愿 yuàn	12. 曰 yuē	13. 约 yuē	14. 月 yuè	15. 云 yún

2. 读首字韵母以 ü 开头的多音节词语

1. 于是 yúshì	2. 雨水 yúshuǐ	3. 鱼肉 yúròu	4. 鱼虾 yú xiā	5. 愉快 yúkuài
6. 愉悦 yúyuè	7. 与其 yǔqí	8. 宇宙 yǔzhòu	9. 羽毛 yǔmáo	10. 语言 yǔyán
11. 玉屑 yùxiè	12. 预报 yùbào	13. 预计 yùjì	14. 预兆 yùzhào	15. 遇到 yùdào
16. 元素 yuánsù	17. 远古 yuángǔ	18. 远远 yuányuǎn	19. 园林 yuánlín	20. 原本 yuánběn
21. 原地 yuándì	22. 原来 yuánlái	23. 原料 yuánliào	24. 原始 yuánshǐ	25. 原先 yuánxiān
26. 原因 yuányīn	27. 圆圆 yuányuán	28. 猿人 yuánrén	29. 源头 yuántóu	30. 远方 yuǎnfāng
31. 远航 yuǎnháng	32. 远近 yuǎnjìn	33. 远离 yuǎnlí	34. 远行 yuǎnxíng	35. 远足 yuǎnzú
36. 愿望 yuànwàng	37. 愿意 yuànyì	38. 约好 yuēhǎo	39. 月华 yuèhuá	40. 月台 yuètái
41. 月夜 yuèyè	42. 阅读 yuèdú	43. 阅历 yuèlì	44. 悦耳 yuè'ěr	45. 越冬 yuèdōng
46. 越发 yuèfā	47. 云朵 yúnduǒ	48. 云集 yúnjí	49. 匀给 yún gěi	50. 陨石 yǔnshí
51. 孕育 yùnyù	52. 运动 yùndòng	53. 运用 yùnyòng	54. 运走 yùnzǒu	55. 晕圈 yùnquān
56. 韵律 yùnlǜ	57. 韵味 yùnwèi	58. 蕴蓄 yùnxù	59. 约束力 yuēshùlì	60. 越来越 yuè lái yuè
61. 运动场 yùndòngchǎng				

第四节　普通话水平测试中必读的轻声词

这里所说的轻声词主要是指双音节词语。如果一个词语的第二个音节失去原有的声调，读得又轻又短，这个词语就叫轻声词语。轻声音节的发音特点是又轻又短，声音下降。

就四个声调后的轻声与轻声之间音高的比较略有差别。《普通话水平测试实施纲要》里有545个必读的轻声词，按照轻声的音高不同可以分为以下四类：

一、轻声音节在第一声后的轻声词

1. 公式： 第一声 + 半低轻 → 轻声词

2. 半低轻的调值图：

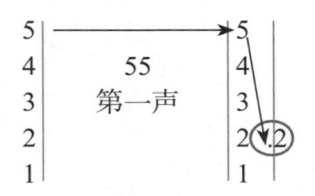

第一声后半低轻的调值图

3. 读轻声音节在第一声后的轻声词

1. 巴掌 bāzhang	2. 班子 bānzi	3. 帮手 bāngshou	4. 梆子 bāngzi	5. 包袱 bāofu	6. 包涵 bāohan
7. 包子 bāozi	8. 杯子 bēizi	9. 鞭子 biānzi	10. 拨弄 bōnong	11. 苍蝇 cāngying	12. 差事 chāishi
13. 车子 chēzi	14. 称呼 chēnghu	15. 窗户 chuānghu	16. 窗子 chuāngzi	17. 村子 cūnzi	18. 耷拉 dāla
19. 答应 dāying	20. 单子 dānzi	21. 耽搁 dānge	22. 耽误 dānwu	23. 刀子 dāozi	24. 灯笼 dēnglong
25. 提防 dīfang	26. 钉子 dīngzi	27. 东家 dōngjia	28. 东西 dōngxi	29. 嘟囔 dūnang	30. 多么 duōme
31. 风筝 fēngzheng	32. 疯子 fēngzi	33. 甘蔗 gānzhe	34. 杆子 gānzi	35. 高粱 gāoliang	36. 膏药 gāoyao
37. 疙瘩 gēda	38. 哥哥 gēge	39. 胳膊 gēbo	40. 鸽子 gēzi	41. 根子 gēnzi	42. 跟头 gēntou
43. 工夫 gōngfu	44. 弓子 gōngzi	45. 公公 gōnggong	46. 功夫 gōngfu	47. 钩子 gōuzi	48. 姑姑 gūgu
49. 姑娘 gūniang	50. 关系 guānxi	51. 官司 guānsi	52. 规矩 guīju	53. 闺女 guīnü	54. 锅子 guōzi
55. 机灵 jīling	56. 夹子 jiāzi	57. 家伙 jiāhuo	58. 尖子 jiānzi	59. 将就 jiāngjiu	60. 交情 jiāoqing
61. 结实 jiēshi	62. 街坊 jiēfang	63. 金子 jīnzi	64. 精神 jīngshen	65. 窟窿 kūlong	66. 溜达 liūda
67. 妈妈 māma	68. 眯缝 mīfeng	69. 拍子 pāizi	70. 片子 piānzi	71. 铺盖 pūgai	72. 欺负 qīfu
73. 亲戚 qīnqi	74. 清楚 qīngchu	75. 圈子 quānzi	76. 塞子 sāizi	77. 沙子 shāzi	78. 商量 shāngliang
79. 烧饼 shāobing	80. 身子 shēnzi	81. 生意 shēngyi	82. 牲口 shēngkou	83. 师父 shīfu	84. 师傅 shīfu
85. 虱子 shīzi	86. 狮子 shīzi	87. 收成 shōucheng	88. 收拾 shōushi	89. 叔叔 shūshu	90. 梳子 shūzi

91. 舒服 shūfu	92. 舒坦 shūtan	93. 疏忽 shūhu	94. 思量 sīliang	95. 孙子 sūnzi	96. 他们 tāmen
97. 它们 tāmen	98. 她们 tāmen	99. 摊子 tānzi	100. 梯子 tīzi	101. 挑剔 tiāoti	102. 挑子 tiāozi
103. 挖苦 wāku	104. 屋子 wūzi	105. 稀罕 xīhan	106. 瞎子 xiāzi	107. 先生 xiānsheng	108. 乡下 xiāngxia
109. 箱子 xiāngzi	110. 消息 xiāoxi	111. 心思 xīnsi	112. 星星 xīngxing	113. 猩猩 xīngxing	114. 兄弟 xiōngdi
115. 休息 xiūxi	116. 靴子 xuēzi	117. 丫头 yātou	118. 鸭子 yāzi	119. 胭脂 yānzhi	120. 烟筒 yāntong
121. 秧歌 yāngge	122. 吆喝 yāohe	123. 妖精 yāojing	124. 椰子 yēzi	125. 衣服 yīfu	126. 衣裳 yīshang
127. 冤枉 yuānwang	128. 扎实 zhāshi	129. 张罗 zhāngluo	130. 招呼 zhāohu	131. 招牌 zhāopai	132. 折腾 zhēteng
133. 芝麻 zhīma	134. 知识 zhīshi	135. 珠子 zhūzi	136. 庄稼 zhuāngjia	137. 庄子 zhuāngzi	138. 锥子 zhuīzi
139. 桌子 zhuōzi	140. 作坊 zuōfang				

二、轻声音节在第二声后的轻声词

1. 公式：第二声 + 中轻 → 轻声词

2. 中轻的调值图：

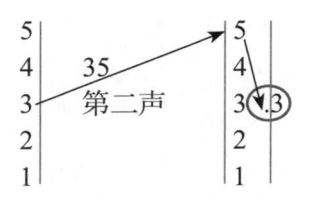

第二声后中轻的调值图

3. 读轻声音节在第二声后的轻声词

1. 白净 báijing	2. 鼻子 bízi	3. 脖子 bózi	4. 裁缝 cáifeng	5. 财主 cáizhu	6. 柴火 cháihuo
7. 肠子 chángzi	8. 池子 chízi	9. 虫子 chóngzi	10. 绸子 chóuzi	11. 除了 chúle	12. 锄头 chútou
13. 锤子 chuízi	14. 打点 dádian	15. 笛子 dízi	16. 蛾子 ézi	17. 儿子 érzi	18. 房子 fángzi
19. 福气 fúqi	20. 格子 gézi	21. 蛤蟆 háma	22. 孩子 háizi	23. 含糊 hánhu	24. 行当 hángdang

25. 合同 hétong	26. 和尚 héshang	27. 核桃 hétao	28. 盒子 hézi	29. 红火 hónghuo	30. 猴子 hóuzi
31. 狐狸 húli	32. 胡琴 húqin	33. 糊涂 hútu	34. 皇上 huángshang	35. 活泼 huópo	36. 橘子 júzi
37. 咳嗽 késou	38. 篮子 lánzi	39. 累赘 léizhui	40. 篱笆 líba	41. 连累 liánlei	42. 帘子 liánzi
43. 凉快 liángkuai	44. 粮食 liángshi	45. 林子 línzi	46. 翎子 língzi	47. 聋子 lóngzi	48. 笼子 lóngzi
49. 炉子 lúzi	50. 轮子 lúnzi	51. 萝卜 luóbo	52. 胡萝卜 húluóbo	53. 骡子 luózi	54. 麻烦 máfan
55. 麻利 máli	56. 麻子 mázi	57. 馒头 mántou	58. 忙活 mánghuo	59. 眉毛 méimao	60. 媒人 méiren
61. 门道 méndao	62. 迷糊 míhu	63. 苗条 miáotiao	64. 苗头 miáotou	65. 名堂 míngtang	66. 名字 míngzi
67. 明白 míngbai	68. 模糊 móhu	69. 蘑菇 mógu	70. 难为 nánwei	71. 能耐 néngnai	72. 娘家 niángjia
73. 奴才 núcai	74. 牌楼 páilou	75. 牌子 páizi	76. 盘算 pánsuan	77. 盘子 pánzi	78. 袍子 páozi
79. 盆子 pénzi	80. 朋友 péngyou	81. 棚子 péngzi	82. 皮子 pízi	83. 脾气 píqi	84. 便宜 piányi
85. 瓶子 píngzi	86. 婆家 pójia	87. 婆婆 pópo	88. 旗子 qízi	89. 前头 qiántou	90. 钳子 qiánzi
91. 茄子 qiézi	92. 勤快 qínkuai	93. 拳头 quántou	94. 裙子 qúnzi	95. 人们 rénmen	96. 人家 rénjia
97. 勺子 sháozi	98. 什么 shénme	99. 绳子 shéngzi	100. 石匠 shíjiang	101. 石榴 shíliu	102. 石头 shítou
103. 时候 shíhou	104. 实在 shízai	105. 拾掇 shíduo	106. 台子 táizi	107. 坛子 tánzi	108. 桃子 táozi
109. 蹄子 tízi	110. 条子 tiáozi	111. 亭子 tíngzi	112. 头发 tóufa	113. 头子 tóuzi	114. 老头子 lǎotóuzi
115. 娃娃 wáwa	116. 蚊子 wénzi	117. 席子 xízi	118. 媳妇 xífu	119. 匣子 xiázi	120. 行李 xíngli
121. 学生 xuésheng	122. 学问 xuéwen	123. 衙门 yámen	124. 爷爷 yéye	125. 银子 yínzi	126. 不由得 bùyóude
127. 云彩 yúncai	128. 咱们 zánmen	129. 宅子 zháizi	130. 折磨 zhémo	131. 侄子 zhízi	132. 竹子 zhúzi
133. 琢磨 zuómo					

三、轻声音节在第三声后的轻声词

1. 公式：第三声 + 半高轻 → 轻声词

2. 半高轻的调值图：

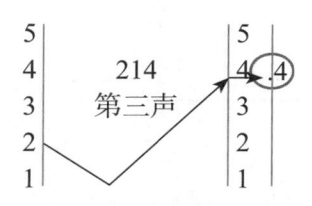

第三声后半高轻的调值图

3. 读轻声音节在第三声后的轻声词

1. 把子 bǎzi	2. 板子 bǎnzi	3. 膀子 bǎngzi	4. 本事 běnshi	5. 本子 běnzi	6. 比方 bǐfang
7. 扁担 biǎndan	8. 饼子 bǐngzi	9. 补丁 bǔding	10. 厂子 chǎngzi	11. 场子 chǎngzi	12. 尺子 chǐzi
13. 打扮 dǎban	14. 打发 dǎfa	15. 打量 dǎliang	16. 打算 dǎsuan	17. 打听 dǎting	18. 胆子 dǎnzi
19. 底子 dǐzi	20. 点心 diǎnxin	21. 肚子 dǔzi	22. 耳朵 ěrduo	23. 斧子 fǔzi	24. 杆子 gǎnzi
25. 稿子 gǎozi	26. 谷子 gǔzi	27. 骨头 gǔtou	28. 寡妇 guǎfu	29. 鬼子 guǐzi	30. 果子 guǒzi
31. 幌子 huǎngzi	32. 火候 huǒhou	33. 伙计 huǒji	34. 小伙子 xiáohuǒzi	35. 脊梁 jǐliang	36. 茧子 jiǎnzi
37. 剪子 jiǎnzi	38. 饺子 jiǎozi	39. 姐夫 jiěfu	40. 姐姐 jiějie	41. 口袋 kǒudai	42. 口子 kǒuzi
43. 两口子 liángkǒuzi	44. 喇叭 lǎba	45. 喇嘛 lǎma	46. 懒得 lǎnde	47. 老婆 lǎopo	48. 老实 lǎoshi
49. 老爷 lǎoye	50. 老子 lǎozi	51. 姥姥 lǎolao	52. 里头 lǐtou	53. 领子 lǐngzi	54. 马虎 mǎhu
55. 码头 mǎtou	56. 买卖 mǎimai	57. 奶奶 nǎinai	58. 脑袋 nǎodai	59. 脑子 nǎozi	60. 你们 nǐmen
61. 女婿 nǚxu	62. 暖和 nuǎnhuo	63. 痞子 pǐzi	64. 曲子 qǔzi	65. 嗓子 sǎngzi	66. 嫂子 sǎozi
67. 傻子 shǎzi	68. 婶子 shěnzi	69. 使唤 shǐhuan	70. 首饰 shǒushi	71. 爽快 shuǎngkuai	72. 毯子 tǎnzi
73. 铁匠 tiějiang	74. 妥当 tuǒdang	75. 晚上 wǎnshang	76. 尾巴 wěiba	77. 委屈 wěiqu	78. 稳当 wěndang
79. 我们 wǒmen	80. 喜欢 xǐhuan	81. 小气 xiǎoqi	82. 小子 xiǎozi	83. 哑巴 yǎba	84. 眼睛 yǎnjing

85. 养活 yǎnghuo	86. 椅子 yǐzi	87. 影子 yǐngzi	88. 早上 zǎoshang	89. 怎么 zěnme	90. 眨巴 zhǎba
91. 枕头 zhěntou	92. 指甲 zhǐjia	93. 指头 zhǐtou	94. 种子 zhǒngzi	95. 主意 zhǔyi	96. 主子 zhǔzi
97. 爪子 zhuǎzi	98. 祖宗 zǔzong	99. 嘴巴 zuǐba			

四、轻声音节在第四声后的轻声词

1. 公式：第四声 + 低轻 → 轻声词

2. 低轻的调值图：

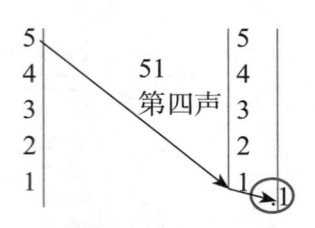

第四声后低轻的调值图

3. 读轻声音节在第四声后的轻声词

1. 爱人 àiren	2. 案子 ànzi	3. 把子 bàzi	4. 爸爸 bàba	5. 棒槌 bàngchui	6. 棒子 bàngzi
7. 豹子 bàozi	8. 被子 bèizi	9. 一辈子 yíbèizi	10. 辫子 biànzi	11. 别扭 bièniu	12. 簸箕 bòji
13. 步子 bùzi	14. 部分 bùfen	15. 畜生 chùsheng	16. 刺猬 cìwei	17. 凑合 còuhe	18. 大方 dàfang
19. 大爷 dàye	20. 大夫 dàifu	21. 带子 dàizi	22. 袋子 dàizi	23. 担子 dànzi	24. 道士 dàoshi
25. 稻子 dàozi	26. 地道 dìdao	27. 地方 dìfang	28. 弟弟 dìdi	29. 弟兄 dìxiong	30. 调子 diàozi
31. 动静 dòngjing	32. 动弹 dòngtan	33. 豆腐 dòufu	34. 豆子 dòuzi	35. 肚子 dùzi	36. 缎子 duànzi
37. 队伍 duìwu	38. 对付 duìfu	39. 对头 duìtou	40. 贩子 fànzi	41. 房子 fángzi	42. 份子 fènzi
43. 盖子 gàizi	44. 干事 gànshi	45. 杠子 gàngzi	46. 告诉 gàosu	47. 个子 gèzi	48. 故事 gùshi
49. 褂子 guàzi	50. 怪物 guàiwu	51. 罐头 guàntou	52. 罐子 guànzi	53. 柜子 guìzi	54. 棍子 gùnzi
55. 汉子 hànzi	56. 后头 hòutou	57. 厚道 hòudao	58. 护士 hùshi	59. 记号 jìhao	60. 记性 jìxing

61. 架势 jiàshi	62. 架子 jiàzi	63. 嫁妆 jiàzhuang	64. 见识 jiànshi	65. 毽子 jiànzi	66. 叫唤 jiàohuan
67. 轿子 jiàozi	68. 戒指 jièzhi	69. 镜子 jìngzi	70. 舅舅 jiùjiu	71. 句子 jùzi	72. 卷子 juànzi
73. 客气 kèqi	74. 空子 kòngzi	75. 扣子 kòuzi	76. 裤子 kùzi	77. 快活 kuàihuo	78. 筷子 kuàizi
79. 框子 kuàngzi	80. 困难 kùnnan	81. 阔气 kuòqi	82. 浪头 làngtou	83. 力气 lìqi	84. 厉害 lìhai
85. 利落 lìluo	86. 利索 lìsuo	87. 例子 lìzi	88. 栗子 lìzi	89. 痢疾 lìji	90. 料子 liàozi
91. 路子 lùzi	92. 骆驼 luòtuo	93. 麦子 màizi	94. 冒失 màoshi	95. 帽子 màozi	96. 妹妹 mèimei
97. 面子 miànzi	98. 木匠 mùjiang	99. 木头 mùtou	100. 那么 nàme	101. 念叨 niàndao	102. 念头 niàntou
103. 镊子 nièzi	104. 疟疾 nüèji	105. 胖子 pàngzi	106. 屁股 pìgu	107. 骗子 piànzi	108. 票子 piàozi
109. 漂亮 piàoliang	110. 亲家 qìngjia	111. 热闹 rènao	112. 认识 rènshi	113. 日子 rìzi	114. 褥子 rùzi
115. 扫帚 sàozhou	116. 扇子 shànzi	117. 上司 shàngsi	118. 上头 shàngtou	119. 少爷 shàoye	120. 哨子 shàozi
121. 世故 shìgu	122. 似的 shìde	123. 事情 shìqing	124. 柿子 shìzi	125. 岁数 suìshu	126. 太太 tàitai
127. 老太太 lǎotàitai	128. 特务 tèwu	129. 跳蚤 tiàozao	130. 兔子 tùzi	131. 唾沫 tuòmo	132. 袜子 wàzi
133. 为了 wèile	134. 位置 wèizhi	135. 位子 wèizi	136. 下巴 xiàba	137. 吓唬 xiàhu	138. 相声 xiàngsheng
139. 笑话 xiàohua	140. 谢谢 xièxie	141. 性子 xìngzi	142. 秀才 xiùcai	143. 秀气 xiùqi	144. 袖子 xiùzi
145. 燕子 yànzi	146. 样子 yàngzi	147. 钥匙 yàoshi	148. 叶子 yèzi	149. 意思 yìsi	150. 应酬 yìngchou
151. 柚子 yòuzi	152. 院子 yuànzi	153. 月饼 yuèbing	154. 月亮 yuèliang	155. 运气 yùnqi	156. 在乎 zàihu
157. 不在乎 búzàihu	158. 栅栏 zhàlan	159. 寨子 zhàizi	160. 丈夫 zhàngfu	161. 丈人 zhàngren	162. 帐篷 zhàngpeng
163. 帐子 zhàngzi	164. 这个 zhège	165. 这么 zhème	166. 镇子 zhènzi	167. 柱子 zhùzi	168. 转悠 zhuānyou

169. 壮实 zhuàngshi	170. 状元 zhuàng-yuan	171. 自在 zìzai	172. 字号 zìhao	173. 粽子 zòngzi

第五节　普通话水平测试中必读的儿化词

儿化是指一个音节的韵尾或韵腹由于卷舌，变读成了儿化韵，例如韵母"ua"变读成的儿化韵是"uar"（"r"是卷舌符号，说明这个韵母发音时要卷舌）。《普通话水平测试实施纲要》中必读的儿化词有189个，可以分为以下18类。

一、a、ai、an、ang 变读成儿化韵

1. 变读公式

（1）a 变读成儿化韵的公式：a + r → ar

（2）ai 变读成儿化韵的公式：ai–i + r → ar

（3）an 变读成儿化韵的公式：an–n + r → ar

（4）ang 变读成儿化韵的公式：ang–ng + r → [ãr]

注意：上面的"+r"是指发音时这个韵母要加卷舌，"–i"是指"i"发音时要丢掉。"鼻化"是指发音时韵母要带鼻音。

2. 发音舌位图

普通话韵母里的 a、ai、an、ang 变读成儿化韵时，韵尾 -i、-n 和 -ng 的舌位太高不能卷舌，发音时要丢掉；a 是中 a，舌位太低，卷舌不方便，发音时要把舌位抬高向 [ɐ] 靠拢并卷舌；ai、an 中的 a 舌位是前低，卷舌也不方便，发音时舌位要往后抬高向 [ɐ] 靠拢并卷舌；ang 中的 a 舌位是后低，不能卷舌，发音时舌位要往前抬高向 [ɐ] 靠拢并鼻化卷舌。下面是 a、ai、an、ang 变读成儿化韵的发音舌位图：

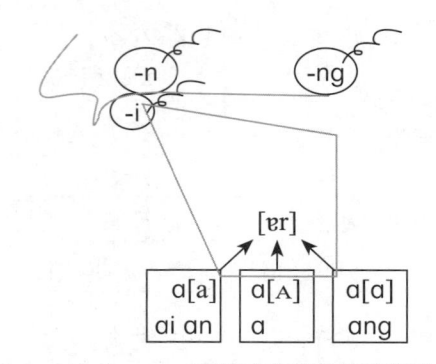

韵母 a、ai、an、ang 变读成儿化韵的发音舌位图

3. 读普通话水平测试中的儿化词

（1）a 变读成儿化韵 ar

1. 刀把儿 dāobàr	2. 号码儿 hàomǎr	3. 戏法儿 xìfǎr	4. 找碴儿 zhǎochár	5. 在哪儿 zài nǎr	6. 板擦儿 bǎncār
7. 打杂儿 dǎzár					

（2）ai 变读成儿化韵 ar

1. 名牌儿 míngpáir	2. 鞋带儿 xiédàir	3. 壶盖儿 húgàir	4. 小孩儿 xiǎoháir	5. 加塞儿 jiāsāir

（3）an 变读成儿化韵 ar

1. 快板儿 kuàibǎnr	2. 老伴儿 lǎobànr	3. 蒜瓣儿 suànbànr	4. 脸盘儿 liǎnpánr	5. 脸蛋儿 liǎndànr	6. 收摊儿 shōutānr
7. 栅栏儿 zhàlanr	8. 包干儿 bāogānr	9. 笔杆儿 bígǎnr	10. 门槛儿 ménkǎnr		

（4）ang 变读成儿化韵 angr[ãr]

1. 药方儿 yàofāngr	2. 赶趟儿 gǎntàngr	3. 香肠儿 xiāngchángr	4. 瓜瓤儿 guārángr	

二、ia、ian、iang 变读成儿化韵

1. 变读公式

（1）ia 变读成儿化韵的公式：ia+r → iar

（2）ian 变读成儿化韵的公式：ian−n+r → iar

（3）iang 变读成儿化韵的公式：iang−ng+r → [iãr]

2. 发音舌位图

普通话韵母里的 ia、ian、iang 变读成儿化韵时，韵尾 -n 和 -ng 发音时要丢掉；ia 中的 a 舌位太低，不便卷舌，发音时舌位从 i 滑到中 a，然后把舌位抬高向 [ɚ] 靠拢并卷舌；ian 中的 a 是前半低 ê[ɛ]，卷舌不方便，发音时舌位要从 i 滑到 ê[ɛ]，再往后向 [ɚ] 靠拢并卷舌；iang 中的 a 是后低，不便卷舌，发音时舌位要从 i 滑到 a，再往前抬高向 [ɚ] 靠拢并鼻化卷舌。下面是 ia、ian、iang 变读儿化韵的发音舌位图：

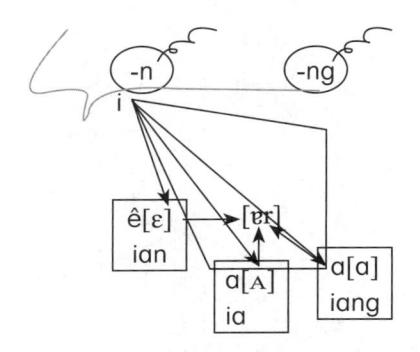

韵母 ia、ian、iang 变读成儿化韵的发音舌位图

3. 读普通话水平测试中的儿化词

（1）ia 变读成儿化韵 iar

| 1. 掉价儿 diàojiàr | 2. 一下儿 yíxiàr | 3. 豆芽儿 dòuyár | | | |

（2）ian 变读成儿化韵 iar

1. 小辫儿 xiǎobiànr	2. 照片儿 zhàopiānr	3. 扇面儿 shànmiànr	4. 差点儿 chàdiǎnr	5. 一点儿 yìdiǎnr	6. 雨点儿 yúdiǎnr
7. 聊天儿 liáotiānr	8. 拉链儿 lāliànr	9. 冒尖儿 màojiānr	10. 坎肩儿 kǎnjiānr	11. 牙签儿 yáqiānr	12. 露馅儿 lòuxiànr
13. 心眼儿 xīnyǎnr					

（3）iang 变读成儿化韵 [iãr]

| 1. 鼻梁儿 bíliángr | 2. 透亮儿 tòuliàngr | 3. 花样儿 huāyàngr |

三、ua、uai、uan、uang 变读成儿化韵

1. 变读公式

（1）ua 变读成儿化韵的公式：ua+r → uar

（2）uai 变读成儿化韵的公式：uai−i+r → uar

（3）uan 变读成儿化韵的公式：uan−n+r → uar

（4）uang 变读成儿化韵的公式：uang−ng+r → [uãr]

2. 发音舌位图

普通话韵母里的 ua、uai、uan、uang 变读成儿化韵时，韵尾 -i、-n 和 -ng 发音时要丢掉；ua 中的 a 舌位太低，不方便卷舌，发音时要从 u 滑到 a，再把舌位抬高向 [ɚ] 靠拢并卷舌；uai 和 uan 中的 a 舌位是前低，卷舌不方便，发音时舌位要从 u 滑到 a，再把舌位抬高向 [ɚ] 靠拢并卷舌；uang 中的 a 舌位是后低，不便卷舌，发音时舌位要从 u 滑到 a，再把舌位抬高向 [ɚ] 靠拢并鼻化卷舌。下面是 ua、uai、uan、uang 变读成儿化韵的发音舌位图：

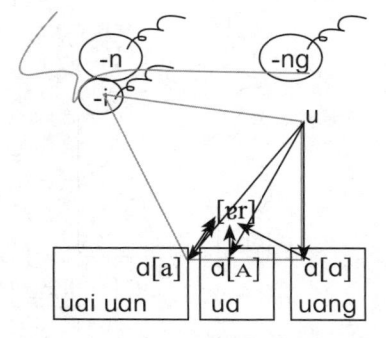

韵母 ua、uai、uan、uang 变读成儿化韵的发音舌位图

3. 读普通话水平测试中的儿化词

（1）ua 变读成儿化韵 uar

| 1. 脑瓜儿
nǎoguār | 2. 大褂儿
dàguàr | 3. 麻花儿
máhuār | 4. 笑话儿
xiàohuar | 5. 牙刷儿
yáshuār | |

（2）uai 变读成儿化韵 uar

| 1. 一块儿
yíkuàir | | | | | |

（3）uan 变读成儿化韵 uar

| 1. 茶馆儿
cháguǎnr | 2. 饭馆儿
fànguǎnr | 3. 火罐儿
huǒguànr | 4. 落款儿
luòkuǎnr | 5. 打转儿
dǎzhuànr | 6. 拐弯儿
guǎiwānr |
| 7. 好玩儿
hǎowánr | 8. 大腕儿
dàwànr | | | | |

（4）uang 变读成儿化韵 [uãr]

| 1. 蛋黄儿
dànhuángr | 2. 打晃儿
dǎhuàngr | 3. 天窗儿
tiānchuāngr |

四、üan 变读成儿化韵

1. 变读公式

üan 变读成儿化韵的公式：üan−n+r → üar

2. 发音舌位图

普通话韵母里的 üan 变读成儿化韵时，韵尾 -n 太高，发音时要去掉；üan 中的 a 是前低，卷舌不方便，发音时舌位要从 ü 滑到 a，再把舌位抬高向 [ɐ] 靠拢并卷舌。下面是 üan 变读成儿化韵的发音舌位图：

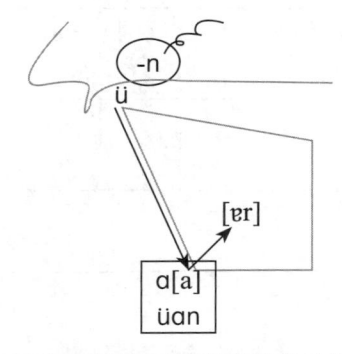

韵母 üan 变读成儿化韵的发音舌位图

3. 读普通话水平测试中的儿化词

üan 变读成儿化韵 üar

1. 烟卷儿 yānjuǎnr	2. 手绢儿 shǒujuànr	3. 出圈儿 chūquānr	4. 包圆儿 bāoyuánr	5. 人缘儿 rényuánr	6. 绕远儿 ràoyuǎnr
7. 杂院儿 záyuànr					

五、e、ei、en、eng 变读成儿化韵

1. 变读公式

（1）e 变读成儿化韵的公式：e+r → er

（2）ei 变读成儿化韵的公式：ei-i+r → er

（3）en 变读成儿化韵的公式：en-n+r → er

（4）eng 变读成儿化韵的公式：eng-ng+r → [ɚr]

2. 发音舌位图

普通话韵母里的 e、ei、en、eng 变读成儿化韵时，韵尾 -i、-n、-ng 发音时要丢掉；e 的舌位是后半高，卷舌不方便，发音时舌位要往前向中 e[ə] 靠拢并卷舌；ei 中的 e 是前半高元音，不方便卷舌，发音时舌位要往后向中 e[ə] 靠拢并卷舌；en、eng 中的 e 是中 e，是卷舌最方便的位置，就直接鼻化并卷舌。下面是 e、ei、en、eng 变读成儿化韵的发音舌位图：

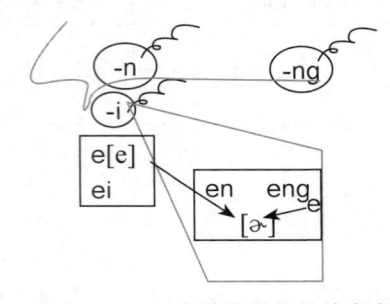

韵母 e、ei、en、eng 变读成儿化韵的发音舌位图

3. 读普通话水平测试中的儿化词

（1）e 变读成儿化韵 er

1. 模特儿 mótèr	2. 逗乐儿 dòulèr	3. 唱歌儿 chànggēr	4. 挨个儿 āigèr	5. 打嗝儿 dǎgér	6. 饭盒儿 fànhér
7. 在这儿 zài zhèr					

（2）ei 变读成儿化韵 er

1. 刀背儿 dāobèir	2. 摸黑儿 mōhēir

（3）en 变读成儿化韵 er

1. 老本儿 láoběnr	2. 花盆儿 huāpénr	3. 嗓门儿 sǎngménr	4. 把门儿 bǎménr	5. 哥们儿 gēmenr	6. 纳闷儿 nàmènr

7. 后跟儿 hòugēnr	8. 高跟儿鞋 gāogēnrxié	9. 别针儿 biézhēnr	10. 一阵儿 yízhènr	11. 走神儿 zǒushénr	12. 大婶儿 dàshěnr
13. 小人儿书 xiǎorénrshū	14. 杏仁儿 xìngrénr	15. 刀刃儿 dāorènr			

（4）eng 变读成儿化韵 [ɤ̃r]

1. 钢镚儿 gāngbèngr	2. 夹缝儿 jiāfèngr	3. 脖颈儿 bógěngr	4. 提成儿 tíchéngr		

六、ie、i、in、ing 变读成儿化韵

1. 变读公式

（1）ie 变读成儿化韵的公式：ie+r → ier

（2）i 变读成儿化韵的公式：i+er → ier

（3）in 变读成儿化韵的公式：in−n+er → ier

（4）ing 变读成儿化韵的公式：ing−ng+er → [iɤ̃r]

2. 发音舌位图

普通话韵母里的 ie、i、in、ing 变读成儿化韵时，韵尾 -n 和 -ng 发音时要丢掉；ie 中的 e 是前半低 ê，卷舌不方便，发音时舌位要从 i 滑到 ê，再向 [ə] 靠拢并卷舌；i 的舌位太高，不能卷舌，发音时舌位从 i 直接向 [ə] 靠拢并卷舌；in、ing 的韵腹都是中 e[ə]，发音时舌位都是从 i 直接向 [ə] 靠拢并卷舌。下面是 ie、i、in、ing 变读儿化韵的发音舌位图：

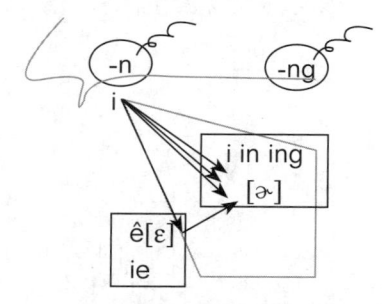

韵母 ie、i、in、ing 变读成儿化韵的发音舌位图

3. 读普通话水平测试中的儿化词

（1）ie 变读成儿化韵 ier

1. 半截儿 bànjiér	2. 小鞋儿 xiǎoxiér				

（2）i 变读成儿化韵 ier

1. 针鼻儿 zhēnbír	2. 垫底儿 diàndǐr	3. 肚脐儿 dùqír	4. 玩意儿 wányìr		

（3）in 变读成儿化韵 ier

| 1. 有劲儿 yǒujìnr | 2. 送信儿 sòngxìnr | 3. 脚印儿 jiǎoyìnr | | | |

（4）ing 变读成儿化韵 [iə̃r]

| 1. 花瓶儿 huāpíngr | 2. 打鸣儿 dǎmíngr | 3. 图钉儿 túdīngr | 4. 门铃儿 ménlíngr | 5. 眼镜儿 yǎnjìngr | 6. 蛋清儿 dànqīngr |
| 7. 火星儿 huǒxīngr | 8. 人影儿 rényǐngr | | | | |

七、üe、ü、ün 变读成儿化韵

1. 变读公式

（1）üe 变读成儿化韵的公式：üe+r → üer

（2）ü 变读成儿化韵的公式：ü+er → üer

（3）ün 变读成儿化韵的公式：ün−n+er → üer

2. 发音舌位图

普通话韵母里的 üe、ü、ün 变读成儿化韵时，韵尾 -n 发音时要丢掉；üe 中的 e 是前半低 ê，卷舌不方便，发音时舌位要从 ü 滑到 ê，再往后抬高向 [ə] 靠拢并卷舌；ü 的舌位太高不能卷舌，发音时舌位从 ü 直接向中 e[ə] 靠拢并卷舌；ün 的主要元音是中 e[ə]，发音时舌位从 ü 滑到中 e[ə] 并卷舌。下面是 üe、ü、ün 变读成儿化韵的发音舌位图：

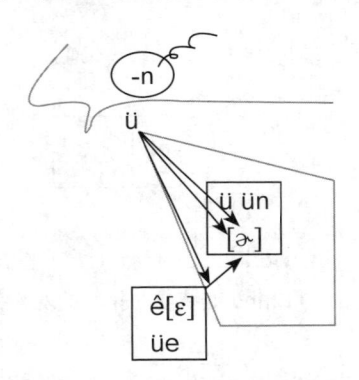

韵母 üe、ü、ün 变读成儿化韵的发音舌位图

3. 读普通话水平测试中的儿化词

（1）üe 变读成儿化韵 üer

| 1. 旦角儿 dànjuér | 2. 主角儿 zhǔjuér | | | | |

（2）ü 变读成儿化韵 üer

| 1. 毛驴儿
máolǘr | 2. 小曲儿
xiǎoqǔr | 3. 痰盂儿
tányúr | | | |

（3）ün 变读成儿化韵 üer

| 1. 合群儿
héqúnr | | | | | |

八、uei、uen、ueng 变读成儿化韵

1. 变读公式

（1）uei 变读成儿化韵的公式：uei-i+r → uer

（2）uen 变读成儿化韵的公式：uen-n+r → uer

（3）ueng 变读成儿化韵的公式：ueng-ng+r → [uɚ̃r]

2. 发音舌位图

普通话韵母里的 uei、uen、ueng 变读成儿化韵时，韵尾 -i、-n、-ng 发音时要丢掉；uei 中 e 的舌位是前半高，卷舌不方便，发音时舌位要从 u 滑到 e，再往后向中 e[ə] 靠拢并卷舌；uen 和 ueng 中的 e 都是中 [ə]，发音时舌位从 u 往前滑向中 e[ə] 并卷舌。下面是 uei、uen、ueng 变读儿化韵的发音舌位图：

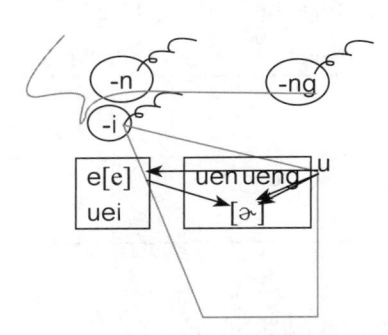

韵母 uei、uen、ueng 变读成儿化韵的发音舌位图

3. 读普通话水平测试中的儿化词

（1）uei 变读成儿化韵 uer

| 1. 跑腿儿
pǎotuǐr | 2. 一会儿
yíhuìr | 3. 耳垂儿
ěrchuír | 4. 墨水儿
mòshuǐr | 5. 围嘴儿
wéizuǐr | 6. 走味儿
zǒuwèir |

（2）uen 变读成儿化韵 uer

| 1. 打盹儿
dǎdǔnr | 2. 胖墩儿
pàngdūnr | 3. 砂轮儿
shālúnr | 4. 冰棍儿
bīnggùnr | 5. 没准儿
méizhǔnr | 6. 开春儿
kāichūnr |

（3）ueng 变读成儿化韵 [uɚ̃r]

| 1. 小瓮儿
xiǎowèngr | | | | | |

九、-i[ɿ]、-i[ʅ] 变读成儿化韵

1. 变读公式

（1）-i[ɿ] 变读成儿化韵的公式：-i[ɿ]--i[ɿ]+er → er

（2）-i[ʅ] 变读成儿化韵的公式：-i[ʅ]--i[ʅ]+er → er

2. 发音舌位图

普通话韵母里的两个舌尖音元音 -i[ɿ]、-i[ʅ] 变读成儿化韵时，因为舌位都太高，不能卷舌，发音时要丢掉，舌位直接向中 e[ə] 靠拢并卷舌。下面是 -i[ɿ]、-i[ʅ] 变读成儿化韵的发音舌位图：

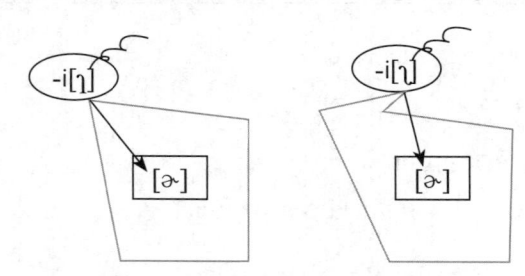

韵母 -i[ɿ]、-i[ʅ] 变读成儿化韵的发音舌位图

3. 读普通话水平测试中的儿化词

（1）-i[ɿ] 变读成儿化韵 er

| 1. 瓜子儿 guāzǐr | 2. 石子儿 shízǐr | 3. 没词儿 méicír | 4. 挑刺儿 tiāocìr | | |

（2）-i[ʅ] 变读成儿化韵 er

| 1. 墨汁儿 mòzhīr | 2. 锯齿儿 jùchǐr | 3. 记事儿 jìshìr | | | |

十、u 变读成儿化韵

1. 变读公式

u 变读成儿化韵的公式：u+r → ur

2. 发音舌位图

普通话韵母里的 u 变读成儿化韵时，由于舌位高而后，不能直接卷舌，发音时舌位要往前向中 e[ə] 靠拢并卷舌。下面是 u 变读成儿化韵的发音舌位图：

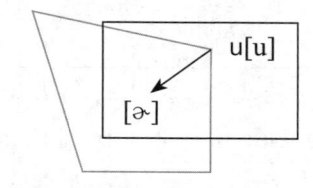

韵母 u 变读成儿化韵的发音舌位图

3. 读普通话水平测试中的儿化词

u 变读成儿化韵 ur

| 1. 碎步儿 suìbùr | 2. 没谱儿 méipǔr | 3. 儿媳妇儿 érxífur | 4. 梨核儿 líhúr | 5. 泪珠儿 lèizhūr | 6. 有数儿 yǒushùr |

十一、ong 变读成儿化韵

1. 变读公式

ong 变读成儿化韵的公式：ong-ng+r → [õr]

2. 发音舌位图

普通话韵母里的 ong 变读成儿化韵时，韵尾 -ng 发音时要丢掉；o 的舌位是后半高，不便卷舌，发音时舌位要往前向中 e[ə] 靠拢并鼻化加卷舌。下面是 ong 变读成儿化韵的发音舌位图：

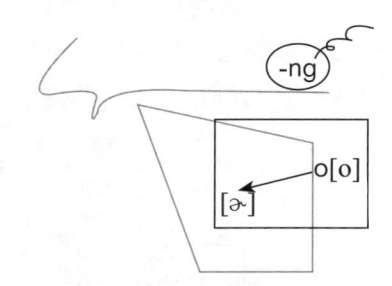

韵母 ong 变读成儿化韵的发音舌位图

3. 读普通话水平测试中的儿化词

ong 变读成儿化韵 [õr]

| 1. 果冻儿 guǒdòngr | 2. 门洞儿 méndòngr | 3. 胡同儿 hútòngr | 4. 抽空儿 chōukòngr | 5. 酒盅儿 jiǔzhōngr | 6. 小葱儿 xiǎocōngr |

十二、iong 变读成儿化韵

1. 变读公式

iong 变读成儿化韵的公式：iong-ng+r → [iõr]

2. 发音舌位图

普通话韵母里的 iong 变读成儿化韵时，韵尾 -ng 发音时要丢掉；iong 中的 o 舌位是后半高，卷舌不方便，发音时舌位要从 i 滑到 o，再往前向中 e[ə] 靠拢并鼻化加卷舌。下面是 iong 变读成儿化韵的发音舌位图：

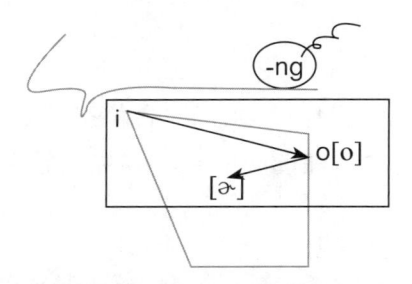

韵母 iong 变读成儿化韵的发音舌位图

3. 读普通话水平测试中的儿化词

iong 变读成儿化韵 [iõr]

1. 小熊儿 xiǎoxióngr					

十三、ao 变读成儿化韵

1. 变读公式

ao 变读成儿化韵的公式：ao+r → aor

2. 发音舌位图

普通话韵母里的 ao 变读成儿化韵时，韵尾 o 实际发音的舌位已经接近了 u，因为舌位太高太靠后，卷舌不方便，发音时舌位要从后 a 滑到接近 u，再往前向中 e[ə] 靠拢并卷舌。下面是 ao 变读成儿化韵的发音舌位图：

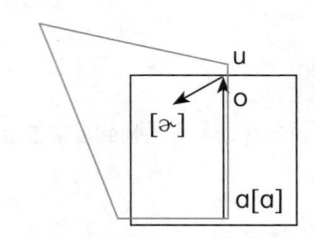

韵母 ao 变读成儿化韵的发音舌位图

3. 读普通话水平测试中的儿化词

ao 变读成儿化韵 aor

1. 红包儿 hóngbāor	2. 灯泡儿 dēngpàor	3. 半道儿 bàndàor	4. 手套儿 shǒutàor	5. 跳高儿 tiàogāor	6. 叫好儿 jiàohǎor
7. 口罩儿 kǒuzhàor	8. 绝招儿 juézhāor	9. 口哨儿 kǒushàor	10. 蜜枣儿 mìzǎor		

十四、iao 变读成儿化韵

1. 变读公式

iao 变读成儿化韵的公式：iao+r → iaor

2. 发音舌位图

普通话韵母里的 iao 变读成儿化韵时，韵尾 o（舌位接近 u）卷舌不方便，发音时舌位要从 i 滑到后 a，再滑到接近 u 的位置，最后往前向中 e[ə] 靠拢并卷舌。下面是 iao 变读成儿化韵的发音舌位图：

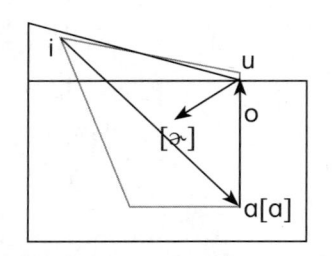

韵母 iao 变读成儿化韵的发音舌位图

> **3. 读普通话水平测试中的儿化词**

iao 变读成儿化韵 iaor

1. 鱼漂儿 yúpiāor	2. 火苗儿 huǒmiáor	3. 跑调儿 pǎodiàor	4. 面条儿 miàntiáor	5. 豆角儿 dòujiǎor	6. 开窍儿 kāiqiàor

十五、ou 变读成儿化韵

1. 变读公式

ou 变读成儿化韵的公式：ou+r → our

2. 发音舌位图

普通话韵母里的 ou 变读成儿化韵时，ou 的韵尾是 u，舌位高而后，不便卷舌，发音时舌位要从 o 滑到 u，然后往前向中 e[ə] 靠拢并卷舌。下面是 ou 变读成儿化韵的发音舌位图：

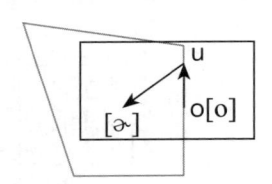

韵母 ou 变读成儿化韵的发音舌位图

> **3. 读普通话水平测试中的儿化词**

ou 变读成儿化韵 our

1. 衣兜儿 yīdōur	2. 老头儿 lǎotóur	3. 年头儿 niántóur	4. 小偷儿 xiǎotōur	5. 门口儿 ménkǒur	6. 纽扣儿 niǔkòur
7. 线轴儿 xiànzhóur	8. 小丑儿 xiáochǒur				

十六、iou 变读成儿化韵

1. 变读公式

iou 变读成儿化韵的公式：iou+r → iour

2. 发音舌位图

普通话的韵母 iou 变读成儿化韵时，iou 的韵尾是 u，不便卷舌，发音时舌位从 i 滑向 o，再滑向 u 后往前向中 e[ə] 靠拢并卷舌。下面是 iou 变读成儿化韵的发音舌位图：

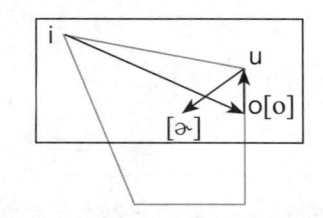

韵母 iou 变读成儿化韵的发音舌位图

● **3. 读普通话水平测试中的儿化词**

iou 变读成儿化韵 iour

| 1. 顶牛儿
dǐngniúr | 2. 抓阄儿
zhuājiūr | 3. 棉球儿
miánqiúr | 4. 加油儿
jiāyóur | | |

十七、uo 变读成儿化韵

1. 变读公式

uo 变读成儿化韵的公式：uo+r → uor

2. 发音舌位图

普通话的韵母 uo 变读成儿化韵时，uo 的韵尾是 o（实际上是接近 u），不便卷舌，发音时舌位从 u 滑到 o 后往前向中 e[ə] 靠拢并卷舌。下面是 uo 变读成儿化韵的发音舌位图：

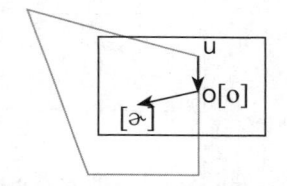

韵母 uo 变读成儿化韵的发音舌位图

● **3. 读普通话水平测试中的儿化词**

uo 变读成儿化韵 uor

| 1. 火锅儿
huǒguōr | 2. 做活儿
zuò huór | 3. 大伙儿
dàhuǒr | 4. 邮戳儿
yóuchuōr | 5. 小说儿
xiǎoshuōr | 6. 被窝儿
bèiwōr |

十八、o 变读成儿化韵

1. 变读公式

o 变读成儿化韵的公式：o+r → or

2. 发音舌位图

普通话的韵母 o 变读成儿化韵时，o 的舌位是后半高，不便卷舌，发音时舌位要往前向中 e[ə] 靠拢并卷舌。下面是 o 变读成儿化韵的发音舌位图：

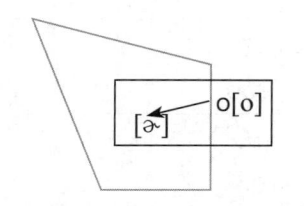

韵母 o 变读成儿化韵的发音舌位图

3. 读普通话水平测试中的儿化词

o 变读成儿化韵 or

| 1. 耳膜儿 ěrmór | 2. 粉末儿 fěnmòr | | | | |

第六节　普通话水平测试字、词语朗读模拟试题

普通话水平测试对字、词语有以下要求和严格的评分标准。

测试内容和要求	评分标准
一、单音节字词 1. 内容：100 个音节 2. 分数：10 分 3. 限时：3.5 分钟	1. 每读错一个字音，无论是声韵调哪个部分出现错误，扣 0.1 分。 2. 字音出现语音缺陷（语音不准确，包括方音），无论是声韵调的哪个部分，扣 0.05 分。
二、多音节词语 1. 内容：100 个音节 2. 分数：20 分 3. 限时：2.5 分钟	1. 每读错一个字音，无论是声韵调哪个部分出现错误，扣 0.2 分。 2. 字音出现语音缺陷（语音不准确，包括方音），无论是声韵调的哪个部分，扣 0.1 分。 3. 轻声、儿化、变调等词语中，如果轻声、儿化、变调等音节读音失误，只扣该音节的分数。其中第三声（上声）与第三声（上声）相连的词语变调失误，一般涉及两个音节，按照两个音节扣分。

该项先用普通话读 100 个单音节字词，目的是测查应试人读单音节字词时，声母、韵母、声调的标准程度；然后用普通话读多音节词语（共 100 个音节），目的是测查应试人读多音节词，包括轻声词、儿化词、声调变读的标准程度。

模拟试题一

1. 读单音节字词（100 个音节，共 10 分，限时 3.5 分钟。）

根 gēn	社 shè	道 dào	菜 cài	鞋 xié	雄 xióng	军 jūn	遮 zhē	醋 cù	香 xiāng
贫 pín	衰 shuāi	攥 zuàn	拯 zhěng	凝 níng	狐 hú	求 qiú	写 xiě	造 zào	枯 kū

深 shēn	黄 huáng	全 quán	秦 Qín	饶 ráo	互 hù	窘 jiǒng	借 jiè	森 sēn	画 huà
俊 jùn	年 nián	呼 hū	延 yán	袄 ǎo	幻 huàn	裙 qún	披 pī	陈 chén	货 huò
靠 kào	捎 shāo	虚 xū	随 suí	拱 gǒng	魂 hún	额 é	保 bǎo	枕 zhěn	科 kē
奏 zòu	腔 qiāng	初 chū	较 jiào	捏 niē	陷 xiàn	嘉 jiā	草 cǎo	轩 xuān	苦 kǔ
坡 pō	秋 qiū	毁 huǐ	舱 cāng	幸 xìng	扯 chě	罚 fá	刀 dāo	酸 suān	坑 kēng
瓢 piáo	蚩 chī	港 gǎng	金 jīn	学 xué	蛇 shé	究 jiū	沉 chén	喘 chuǎn	亨 hēng
村 cūn	证 zhèng	搅 jiǎo	徐 xú	季 jì	眉 méi	久 jiǔ	心 xīn	唱 chàng	恐 kǒng
搜 sōu	江 jiāng	斤 jīn	罕 hǎn	紧 jǐn	群 qún	美 měi	救 jiù	想 xiǎng	张 zhāng

2. 读多音节词语（100个音节，共20分，限时2.5分钟。）

暂时 zànshí	男女 nánnǚ	名牌儿 míngpáir	雏形 chúxíng	创造 chuàngzào
管理 guánlǐ	美艳 měiyàn	措施 cuòshī	浓烈 nónglìe	钱财 qiáncái
擅自 shànzì	荒谬 huāngmiù	旋转 xuánzhuǎn	妇女 fùnǚ	舍不得 shěbude
随身 suíshēn	揣测 chuǎicè	凝聚 níngjù	近郊 jìnjiāo	露馅儿 lòuxiànr
场所 chángsuǒ	梵文 Fànwén	找碴儿 zhǎochár	应酬 yìngchou	赞成 zànchéng
凑合 còuhe	猜测 cāicè	纠正 jiūzhèng	小瓮儿 xiǎowèngr	挥手 huīshǒu
喜欢 xǐhuan	战略 zhànlüè	矮个儿 ǎigèr	潜藏 qiáncáng	美满 méimǎn
温柔 wēnróu	侵蚀 qīnshí	拘束 jūshù	手册 shǒucè	催化剂 cuīhuàjì
揭示 jiēshì	海潮 hǎicháo	邮戳儿 yóuchuōr	舒服 shūfu	保险 báoxiǎn
嘱托 zhǔtuō	渴求 kěqiú	触目惊心 chùmù-jīngxīn		

模拟试题二

1. 读单音节字词（100个音节，共10分，限时3.5分钟。）

窄 zhǎi	品 pǐn	呈 chéng	楚 chǔ	粹 cuì	阁 gé	谷 gǔ	迫 pò	虾 xiā	原 yuán
凝 níng	侧 cè	纯 chún	纵 zòng	碎 suì	摔 shuāi	此 cǐ	君 jūn	热 rè	拙 zhuō
踪 zōng	倍 bèi	胜 shèng	澡 zǎo	匠 jiàng	悬 xuán	休 xiū	欣 xīn	万 wàn	座 zuò
贼 zéi	遍 biàn	逍 xiāo	爽 shuǎng	序 xù	抛 pāo	穴 xué	死 sǐ	慢 màn	孑 jié
攀 pān	滇 Diān	宙 zhòu	喷 zé	促 cù	唇 chún	贤 xián	渊 yuān	望 wàng	左 zuǒ
比 bǐ	概 gài	墙 qiáng	饰 shì	俏 qiào	伞 sǎn	形 xíng	然 rán	微 wēi	助 zhù
雀 què	缉 jī	僧 sēng	垂 chuí	悚 sǒng	盐 yán	文 wén	旅 lǚ	篇 piān	癌 ái
政 zhèng	速 sù	泄 xiè	设 shè	崇 chóng	颂 sòng	掩 yǎn	族 zú	帽 mào	悉 xī
刷 shuā	忍 rěn	酥 sū	因 yīn	墓 mù	脆 cuì	闻 wén	取 qǔ	赏 shǎng	晨 chén
即 jí	袖 xiù	擦 cā	夜 yè	永 yǒng	懑 mèn	聚 jù	运 yùn	完 wán	恤 xù

2. 读多音节词语（100个音节，共20分，限时2.5分钟。）

胡萝卜 húluóbo	狭窄 xiázhǎi	悬殊 xuánshū	母女 mǔnǚ	绳索 shéngsuǒ
疟疾 nüèji	着想 zhuóxiǎng	刺激 cìjī	甲板 jiǎbǎn	轻松 qīngsōng
能耐 néngnai	诊所 zhěnsuǒ	驱散 qūsàn	粗壮 cūzhuàng	出色 chūsè
集装箱 jízhuāngxiāng	恼怒 nǎonù	琐事 suǒshì	上司 shàngsi	垫底儿 diàndǐr
寻找 xúnzhǎo	曾经 céngjīng	墨水儿 mòshuǐr	准则 zhǔnzé	存储 cúnchǔ
失散 shīsàn	流淌 liútǎng	牵涉 qiānshè	重组 chóngzǔ	暖和 nuǎnhuo

深邃 shēnsuì	恰似 qiàsì	沼泽 zhǎozé	贫穷 pínqióng	侍从 shìcóng
预兆 yùzhào	稳妥 wéntuǒ	蛋黄儿 dànhuángr	喧嚣 xuānxiāo	歼灭 jiānmiè
舷窗 xiánchuāng	细腻 xìnì	接触 jiēchù	尊重 zūnzhòng	爽朗 shuánglǎng
便宜 piányi	赶趟儿 gǎntàngr	此起彼伏 cíqí-bǐfú		

模拟试题三

1. 读单音节字词（100个音节，共10分，限时3.5分钟。）

馨 xīn	珊 shān	窟 kū	穹 qióng	善 shàn	岭 lǐng	匀 yún	崖 yá	讲 jiǎng	获 huò
茕 qióng	满 mǎn	盘 pán	剪 jiǎn	就 jiù	抽 chōu	蒸 zhēng	粥 zhōu	滑 huá	备 bèi
遂 suì	前 qián	瞧 qiáo	信 xìn	尊 zūn	筹 chóu	粉 fěn	捉 zhuō	患 huàn	逼 bī
锐 ruì	超 chāo	秀 xiù	邻 lín	循 xún	竹 zhú	竟 jìng	坐 zuò	灰 huī	步 bù
般 bān	斩 zhǎn	楼 lóu	撑 chēng	政 zhèng	罚 fá	矮 ǎi	避 bì	卸 xiè	路 lù
缠 chán	潮 cháo	收 shōu	声 shēng	租 zū	策 cè	敛 liǎn	建 jiàn	赌 dǔ	普 pǔ
展 zhǎn	酒 jiǔ	串 chuàn	福 fú	塌 tā	耳 ěr	浓 nóng	续 xù	努 nǔ	茂 mào
洗 Xiǎn	走 zǒu	穿 chuān	淤 yū	贴 tiē	粒 lì	摔 shuāi	密 mì	伸 shēn	亲 qīn
绽 zhàn	存 cún	程 chéng	修 xiū	损 sǔn	青 qīng	导 dǎo	疮 chuāng	双 shuāng	内 nèi
窖 jiào	衿 jīn	船 chuán	北 běi	丢 diū	吸 xī	救 jiù	伤 shāng	箱 xiāng	瑟 sè

2. 读多音节词语（100个音节，共20分，限时2.5分钟。）

兴旺 xīngwàng	手足 shǒuzú	颜色 yánsè	凤愿 sùyuàn	急速 jísù
商量 shāngliang	蕴藏 yùncáng	减少 jiánshǎo	擦拭 cāshì	扫帚 sàozhou

手枪 shǒuqiāng	亏损 kuīsǔn	黄昏 huánghūn	节省 jiéshěng	小伙儿 xiáohuǒr
锣鼓 luógǔ	嫩绿 nènlǜ	焚毁 fénhuǐ	恋爱 liàn'ài	珍藏 zhēncáng
世俗 shìsú	佛经 fójīng	谬论 miùlùn	慈善 císhàn	赠送 zèngsòng
积存 jīcún	象征 xiàngzhēng	正在 zhèngzài	思量 sīliang	不利 búlì
抓阄儿 zhuājiūr	唱腔 chàngqiāng	水草 shuǐcǎo	雄姿 xióngzī	草率 cǎoshuài
包袱 bāofu	勉强 miǎnqiǎng	追溯 zhuīsù	戳穿 chuōchuān	解除 jiěchú
累赘 léizhui	疾驰 jíchí	镶嵌 xiāngqiàn	看不起 kànbuqǐ	牙签儿 yáqiānr
普查 pǔchá	古兰经 Gǔlánjīng	举足轻重 jǔzú-qīngzhòng		

模拟试题四

1. 读单音节字词（100个音节，共10分，限时3.5分钟。）

选 xuǎn	卵 luǎn	阔 kuò	枪 qiāng	伴 bàn	剖 pōu	澈 chè	掌 zhǎng	砍 kǎn	抖 dǒu
准 zhǔn	雕 diāo	疚 jiù	酿 niàng	杉 shān	桩 zhuāng	染 rǎn	脍 kuài	赴 fù	吹 chuī
象 xiàng	滑 huá	刊 kān	锤 chuí	昏 hūn	虑 lǜ	匣 xiá	雷 léi	踩 cǎi	康 kāng
抓 zhuā	欧 ōu	炯 jiǒng	赛 sài	雪 xuě	史 shǐ	母 mǔ	办 bàn	类 lèi	武 wǔ
酱 jiàng	悔 huǐ	充 chōng	县 xiàn	软 ruǎn	亡 wáng	雏 chú	瞒 mán	偏 piān	趣 qù
扔 rēng	歪 wāi	闯 chuǎng	缘 yuán	味 wèi	控 kòng	殇 shāng	瘦 shòu	遵 zūn	章 zhāng
畔 pàn	承 chéng	型 xíng	轶 yì	孙 sūn	怨 yuàn	男 nán	美 xiàn	绒 róng	恳 kěn
缔 dì	翠 cuì	宴 yàn	遗 yí	丸 wán	梳 shū	箭 jiàn	津 jīn	寸 cùn	突 tū
剔 tī	详 xiáng	席 xí	优 yōu	云 yún	婉 wǎn	扣 kòu	咒 zhòu	燃 rán	讯 xùn

梭	坠	顺	井	购	倾	颈	撞	疮	霜
suō	zhuì	shùn	jǐng	gòu	qīng	jǐng	zhuàng	chuāng	shuāng

2. 读多音节词语（100个音节，共20分，限时2.5分钟。）

开窍儿 kāiqiàor	卷尺 juánchǐ	战略 zhànlüè	跌落 diēluò	沉醉 chénzuì
亲自 qīnzì	钥匙 yàoshi	稀少 xīshǎo	勤俭 qínjiǎn	结实 jiēshi
旅馆 lǚguǎn	质量 zhìliàng	虐待 nüèdài	不禁 bùjīn	姿势 zīshì
疏忽 shūhu	蜷缩 quánsuō	装载 zhuāngzài	赎罪 shú zuì	连年 liánnián
宣传 xuānchuán	利索 lìsuo	针灸 zhēnjiǔ	马匹 mǎpǐ	脊梁 jǐliang
处决 chǔjué	详情 xiángqíng	传送 chuánsòng	训斥 xùnchì	闪光 shǎnguāng
焦灼 jiāozhuó	逊色 xùnsè	环境 huánjìng	辗转 zhǎnzhuǎn	假设 jiǎshè
就职 jiùzhí	胸腔 xiōngqiāng	虔诚 qiánchéng	起诉 qǐsù	小曲儿 xiǎoqǔr
作美 zuòměi	奶牛 nǎiniú	斥责 chìzé	坚持 jiānchí	牛仔裤 niúzǎikù
小伙儿 xiǎohuǒr	录像机 lùxiàngjī	前仆后继 qiánpū-hòujì		

第二章　普通话词语的选择判断

测试内容和要求	评分标准
1. 内容： （1）词语判断 （2）量词、名词搭配判断 （3）语法（语序或表达形式）判断 2. 分数：10 分 3. 限时：三个题限时 3 分钟。	1. 答题时，字音出现错误，每个字扣 0.1 分；如判断错误已经扣分，不再重复扣分。 2. 超时 1 分钟以内，扣 0.5 分。 3. 超时 1 分钟以上（含 1 分钟），扣 1 分。

第一节　普通话的词语

以下共有 950 个词语，都是从《普通话水平测试实施纲要》第三部分普通话与方言词语对照表中选出的普通话词语。读下列词语。

1. 按 àn	2. 暗中 ànzhōng	3. 凹 āo	4. 袄 ǎo	5. 拔 bá
6. 把儿 bàr	7. 爸爸 bàba	8. 掰 bāi	9. 白白地 báibái de	10. 白菜 báicài
11. 白天 báitiān	12. 板凳 bǎndèng	13. 半天 bàntiān	14. 半夜 bànyè	15. 帮忙 bāngmáng
16. 棒子 bàngzi	17. 傍晚 bàngwǎn	18. 包子 bāozi	19. 爆竹 bàozhú	20. 杯子 bēizi
21. 背 bēi	22. 北边 běibian	23. 北部 běibù	24. 背后 bèihòu	25. 背心 bèixīn
26. 本来 běnlái	27. 本子 běnzi	28. 笨 bèn	29. 笨蛋 bèndàn	30. 鼻孔 bíkǒng
31. 鼻涕 bíti	32. 鼻子 bízi	33. 必定 bìdìng	34. 边缘 biānyuán	35. 鞭子 biānzi
36. 便条 biàntiáo	37. 遍地 biàndì	38. 辫子 biànzi	39. 憋 biē	40. 别 bié
41. 别处 biéchù	42. 别的 bié de	43. 别人 biérén	44. 冰 bīng	45. 冰棍儿 bīnggùnr
46. 并非 bìngfēi	47. 并排 bìngpái	48. 病 bìng	49. 病人 bìngrén	50. 菠菜 bōcài
51. 伯父 bófù	52. 伯母 bómǔ	53. 脖子 bózi	54. 不必 búbì	55. 不便 búbiàn

56. 不错 búcuò	57. 不但 búdàn	58. 不当 búdàng	59. 不对 búduì	60. 不够 búgòu
61. 不顾 búgù	62. 不过 búguò	63. 不料 búliào	64. 不论 búlùn	65. 不怕 bú pà
66. 不像话 búxiànghuà	67. 不幸 búxìng	68. 不要 búyào	69. 不要紧 búyàojǐn	70. 不用 búyòng
71. 不至于 búzhìyú	72. 不住 búzhù	73. 不安 bù'ān	74. 不曾 bùcéng	75. 不服 bùfú
76. 不敢当 bùgǎndāng	77. 不管 bùguǎn	78. 不光 bùguāng	79. 不好意思 bù hǎoyìsi	80. 不合 bùhé
81. 不及 bùjí	82. 不解 bù jiě	83. 不禁 bùjīn	84. 不仅 bùjǐn	85. 不久 bùjiǔ
86. 不觉 bùjué	87. 不堪 bùkān	88. 不可 bùkě	89. 不良 bùliáng	90. 不满 bùmǎn
91. 不免 bùmiǎn	92. 不平 bùpíng	93. 不然 bùrán	94. 不容 bùróng	95. 不如 bùrú
96. 不少 bù shǎo	97. 不时 bùshí	98. 不停 bù tíng	99. 不同 bù tóng	100. 不想 bùxiǎng
101. 不行 bùxíng	102. 不许 bùxǔ	103. 不宜 bùyí	104. 不怎么样 bù zěnmeyàng	105. 不止 bùzhǐ
106. 不只 bùzhǐ	107. 不足 bùzú	108. 蚕 cán	109. 惭愧 cánkuì	110. 苍白 cāngbái
111. 苍蝇 cāngying	112. 藏 cáng	113. 厕所 cèsuǒ	114. 插秧 chāyāng	115. 茶叶 cháyè
116. 刹那 chànà	117. 差不多 chàbuduō	118. 差点儿 chàdiǎnr	119. 馋 chán	120. 蝉 chán
121. 颤抖 chàndǒu	122. 常 cháng	123. 常常 chángcháng	124. 钞票 chāopiào	125. 吵嘴 cháozuǐ
126. 吵架 chǎojià	127. 尘土 chéntǔ	128. 沉淀 chéndiàn	129. 衬衫 chènshān	130. 成天 chéngtiān
131. 诚心 chéngxīn	132. 乘客 chéngkè	133. 吃惊 chījīng	134. 吃力 chīlì	135. 迟疑 chíyí
136. 尺子 chǐzi	137. 翅膀 chìbǎng	138. 抽屉 chōuti	139. 绸子 chóuzi	140. 出洋相 chū yángxiàng
141. 出租汽车 chūzū qìchē	142. 初期 chūqī	143. 除了 chúle	144. 除夕 chúxī	145. 厨房 chúfáng
146. 厨师 chúshī	147. 处处 chùchù	148. 窗户 chuānghu	149. 窗口 chuāngkǒu	150. 窗帘 chuānglián

151. 床单 chuángdān	152. 吹牛 chuīniú	153. 炊事员 chuīshìyuán	154. 磁铁 cítiě	155. 此地 cǐdì
156. 此刻 cǐkè	157. 从前 cóngqián	158. 从未 cóng wèi	159. 从小 cóngxiǎo	160. 凑巧 còuqiǎo
161. 翠绿 cuìlǜ	162. 村子 cūnzi	163. 搓 cuō	164. 打扰 dárǎo	165. 打败 dǎbài
166. 打架 dǎjià	167. 打量 dǎliang	168. 大便 dàbiàn	169. 大哥 dàgē	170. 大伙儿 dàhuǒr
171. 大姐 dàjiě	172. 大妈 dàmā	173. 大拇指 dàmúzhǐ	174. 大娘 dàniáng	175. 大人 dàrén
176. 大婶儿 dàshěnr	177. 大事 dàshì	178. 大叔 dàshū	179. 大雁 dàyàn	180. 大衣 dàyī
181. 袋子 dàizi	182. 胆量 dǎnliàng	183. 胆子 dǎnzi	184. 但是 dànshì	185. 担子 dànzi
186. 当初 dāngchū	187. 当今 dāngjīn	188. 当中 dāngzhōng	189. 刀子 dāozi	190. 倒闭 dǎobì
191. 倒霉 dǎoméi	192. 到处 dàochù	193. 灯泡儿 dēngpàor	194. 凳子 dèngzi	195. 低劣 dīliè
196. 笛子 dízi	197. 底下 dǐxia	198. 地板 dìbǎn	199. 地下 dìxià	200. 弟弟 dìdi
201. 颠倒 diāndǎo	202. 点头 diǎntóu	203. 电池 diànchí	204. 掉 diào	205. 跌 diē
206. 钉子 dīngzi	207. 顶端 dǐngduān	208. 丢 diū	209. 丢人 diūrén	210. 东边 dōngbian
211. 东西 dōngxi	212. 冬瓜 dōngguā	213. 动手 dòngshǒu	214. 洞 dòng	215. 兜儿 dōur
216. 豆子 dòuzi	217. 肚子 dùzi	218. 渡口 dùkǒu	219. 对不起 duìbuqǐ	220. 对联 duìlián
221. 蹲 dūn	222. 多亏 duōkuī	223. 多么 duōme	224. 多少 duōshao	225. 哆嗦 duōsuo
226. 躲 duǒ	227. 躲藏 duǒcáng	228. 蛾子 ézi	229. 额头 étóu	230. 恶心 ěxin
231. 饿 è	232. 儿女 érnǚ	233. 儿童 értóng	234. 儿子 érzi	235. 耳朵 ěrduo
236. 发抖 fādǒu	237. 发火 fāhuǒ	238. 发誓 fāshì	239. 帆船 fānchuán	240. 反正 fǎnzhèng
241. 返回 fǎnhuí	242. 方才 fāngcái	243. 房东 fángdōng	244. 房子 fángzi	245. 房租 fángzū

246. 仿佛 fǎngfú	247. 飞快 fēikuài	248. 非常 fēicháng	249. 肥皂 féizào	250. 诽谤 fěibàng
251. 费力 fèilì	252. 粉末 fěnmò	253. 风筝 fēngzheng	254. 疯子 fēngzi	255. 蜂 fēng
256. 缝 féng	257. 否则 fǒuzé	258. 夫妻 fūqī	259. 父母 fùmǔ	260. 父亲 fùqīn
261. 付款 fù kuǎn	262. 妇女 fùnǚ	263. 覆盖 fùgài	264. 干净 gānjìng	265. 甘蔗 gānzhe
266. 赶紧 gánjǐn	267. 赶快 gǎnkuài	268. 赶忙 gǎnmáng	269. 干活儿 gànhuór	270. 干吗 gànmá
271. 刚 gāng	272. 刚才 gāngcái	273. 刚刚 gānggāng	274. 高低 gāodī	275. 高粱 gāoliang
276. 告诉 gàosu	277. 疙瘩 gēda	278. 哥哥 gēge	279. 胳膊 gēbo	280. 鸽子 gēzi
281. 隔壁 gébì	282. 各自 gèzì	283. 跟随 gēnsuí	284. 跟头 gēntou	285. 更 gèng
286. 更加 gèngjiā	287. 工具 gōngjù	288. 公公 gōnggong	289. 共 gòng	290. 共计 gòngjì
291. 钩子 gōuzi	292. 姑姑 gūgu	293. 姑娘 gūniang	294. 故意 gùyì	295. 顾不得 gù bu dé
296. 顾客 gùkè	297. 拐弯 guǎiwān	298. 怪不得 guàibude	299. 光棍儿 guānggùnr	300. 闺女 guīnü
301. 柜台 guìtái	302. 柜子 guìzi	303. 锅 guō	304. 果树 guǒshù	305. 过后 guòhòu
306. 过去 guòqu	307. 过失 guòshī	308. 还是 háishi	309. 孩子 háizi	310. 害羞 hàixiū
311. 汉字 hànzi	312. 好久 háojiǔ	313. 毫不 háo bù	314. 好多 hǎoduō	315. 好好儿 hǎohāor
316. 好看 hǎokàn	317. 好玩儿 hǎowánr	318. 好像 hǎoxiàng	319. 好些 hǎoxiē	320. 好样儿的 hǎoyàngrde
321. 好在 hǎozài	322. 喝 hē	323. 合伙 héhuǒ	324. 黑人 hēirén	325. 黑夜 hēiyè
326. 恨不得 hènbude	327. 喉咙 hóulóng	328. 猴子 hóuzi	329. 后背 hòubèi	330. 后悔 hòuhuǐ
331. 胡同儿 hútòngr	332. 胡子 húzi	333. 蝴蝶 húdié	334. 花生 huāshēng	335. 怀孕 huáiyùn
336. 还 huán	337. 缓缓 huánhuǎn	338. 黄昏 huánghūn	339. 黄金 huángjīn	340. 蝗虫 huángchóng

341. 灰尘 huīchén	342. 回避 huíbì	343. 回来 huílai	344. 回去 huíqu	345. 回头 huítóu
346. 火柴 huǒchái	347. 伙伴 huǒbàn	348. 几乎 jīhū	349. 饥饿 jī'è	350. 给予 jíyǔ
351. 嫉妒 jídù	352. 脊梁 jǐliang	353. 家畜 jiāchù	354. 家伙 jiāhuo	355. 家具 jiājù
356. 家人 jiārén	357. 假若 jiǎruò	358. 坚实 jiānshí	359. 坚硬 jiānyìng	360. 监狱 jiānyù
361. 剪刀 jiǎndāo	362. 渐渐 jiànjiàn	363. 将要 jiāngyào	364. 交谈 jiāotán	365. 焦急 jiāojí
366. 嚼 jiáo	367. 角落 jiǎoluò	368. 脚印 jiǎoyìn	369. 叫作 jiàozuò	370. 轿车 jiàochē
371. 结实 jiēshi	372. 接连 jiēlián	373. 洁白 jiébái	374. 姐姐 jiějie	375. 今天 jīntiān
376. 金鱼 jīnyú	377. 尽快 jǐnkuài	378. 进来 jìnlai	379. 近来 jìnlái	380. 经常 jīngcháng
381. 惊人 jīngrén	382. 精子 jīngzǐ	383. 警察 jǐngchá	384. 静悄悄 jìngqiāoqiāo	385. 镜子 jìngzi
386. 就是说 jiù shì shuō	387. 舅舅 jiùjiu	388. 舅母 jiùmu	389. 橘子 júzi	390. 咀嚼 jǔjué
391. 据说 jùshuō	392. 锯 jù	393. 决不 jué bù	394. 均匀 jūnyún	395. 菌 jūn
396. 开水 kāishuǐ	397. 开玩笑 kāi wánxiào	398. 看 kàn	399. 看不起 kànbuqǐ	400. 看见 kànjiàn
401. 看样子 kàn yàngzi	402. 看作 kànzuò	403. 可口 kěkǒu	404. 可巧 kěqiǎo	405. 可以 kéyǐ
406. 可爱 kě'ài	407. 可是 kěshì	408. 可恶 kěwù	409. 渴 kě	410. 客人 kèren
411. 恐怕 kǒngpà	412. 空隙 kòngxì	413. 口袋 kǒudai	414. 跨 kuà	415. 筷子 kuàizi
416. 垃圾 lājī	417. 喇叭 lǎba	418. 来不及 láibují	419. 来得及 láidejí	420. 来年 láinián
421. 篮子 lánzi	422. 浪费 làngfèi	423. 老板 lǎobǎn	424. 老鼠 lǎoshǔ	425. 老大妈 lǎodàmā
426. 老大爷 lǎodàye	427. 老汉 lǎohàn	428. 老人家 lǎorenjia	429. 老太太 lǎotàitai	430. 老头子 lǎotóuzi
431. 泪水 lèishuǐ	432. 累 lèi	433. 梨 lí	434. 黎明 límíng	435. 篱笆 líba

436. 里边 lǐbian	437. 里面 lǐmiàn	438. 力气 lìqi	439. 历来 lìlái	440. 厉害 lìhai
441. 栗子 lìzi	442. 俩 liǎ	443. 连忙 liánmáng	444. 连年 liánnián	445. 连续 liánxù
446. 镰刀 liándāo	447. 恋爱 liàn'ài	448. 两口子 liǎngkǒuzi	449. 凉水 liángshuǐ	450. 两边 liǎngbiān
451. 两旁 liǎngpáng	452. 聊 liáo	453. 聊天儿 liáotiānr	454. 邻居 línjū	455. 凌晨 língchén
456. 零碎 língsuì	457. 流氓 liúmáng	458. 聋 lóng	459. 路口 lùkǒu	460. 路上 lùshang
461. 萝卜 luóbo	462. 抹布 mābù	463. 妈妈 māma	464. 蚂蚁 máyǐ	465. 麻雀 máquè
466. 马铃薯 mǎlíngshǔ	467. 馒头 mántou	468. 忙 máng	469. 盲人 mángrén	470. 毛巾 máojīn
471. 毛线 máoxiàn	472. 毛衣 máoyī	473. 帽子 màozi	474. 没错 méi cuò	475. 没关系 méi guānxi
476. 没什么 méi shénme	477. 没事 méishì	478. 没说的 méishuōde	479. 没意思 méi yìsi	480. 没用 méi yòng
481. 没有 méiyǒu	482. 没辙 méizhé	483. 眉 méi	484. 妹妹 mèimei	485. 迷失 míshī
486. 谜 mí	487. 谜语 míyǔ	488. 棉衣 miányī	489. 面前 miànqián	490. 明年 míngnián
491. 明天 míngtiān	492. 命运 mìngyùn	493. 蘑菇 mógu	494. 模样 múyàng	495. 母亲 mǔqīn
496. 木材 mùcái	497. 木匠 mùjiàng	498. 哪里 nǎli	499. 哪 nǎ	500. 哪个 nǎge
501. 哪儿 nǎr	502. 哪些 nǎxiē	503. 那 nà	504. 那边 nà biān	505. 那个 nàge
506. 那里 nàli	507. 那么 nàme	508. 那儿 nàr	509. 那时 nàshí	510. 那些 nàxiē
511. 那样 nàyàng	512. 纳闷儿 nàmènr	513. 奶奶 nǎinai	514. 男人 nánrén	515. 南边 nánbian
516. 难过 nánguò	517. 难堪 nánkān	518. 难看 nánkàn	519. 恼火 nǎohuǒ	520. 脑袋 nǎodai
521. 脑子 nǎozi	522. 闹着玩儿 nàozhe wánr	523. 内心 nèixīn	524. 能干 nénggàn	525. 能够 nénggòu
526. 泥土 nítǔ	527. 你 nǐ	528. 你们 nǐmen	529. 拧 nǐng	530. 纽扣 niǔkòu

531. 农民 nóngmín	532. 女子 nǚzǐ	533. 女儿 nǚ'ér	534. 女人 nǚrén	535. 女性 nǚxìng
536. 女婿 nǚxu	537. 暖 nuǎn	538. 暖和 nuǎnhuo	539. 偶尔 ǒu'ěr	540. 拍照 pāizhào
541. 牌子 páizi	542. 旁边 pángbiān	543. 胖子 pàngzi	544. 抛 pāo	545. 抛弃 pāoqì
546. 泡沫 pàomò	547. 碰钉子 pèng dīngzi	548. 疲倦 píjuàn	549. 屁股 pìgu	550. 片刻 piànkè
551. 骗 piàn	552. 拼搏 pīnbó	553. 拼命 pīnmìng	554. 乒乓球 pīngpāngqiú	555. 平常 píngcháng
556. 平日 píngrì	557. 瓶子 píngzi	558. 婆婆 pópo	559. 仆人 púrén	560. 葡萄 pútao
561. 妻子 qīzi	562. 凄凉 qīliáng	563. 漆黑 qīhēi	564. 旗子 qízi	565. 起初 qǐchū
566. 起来 qǐlai	567. 汽油 qìyóu	568. 恰好 qiàhǎo	569. 前面 qiánmiàn	570. 前年 qiánnián
571. 前天 qiántiān	572. 前头 qiántou	573. 强盗 qiángdào	574. 悄悄 qiāoqiāo	575. 敲 qiāo
576. 茄子 qiézi	577. 勤俭 qínjiǎn	578. 勤劳 qínláo	579. 青年 qīngnián	580. 青蛙 qīngwā
581. 轻视 qīngshì	582. 清晨 qīngchén	583. 清洁 qīngjié	584. 蜻蜓 qīngtíng	585. 穷人 qióngrén
586. 渠道 qúdào	587. 去年 qùnián	588. 全部 quánbù	589. 全都 quándōu	590. 拳头 quántou
591. 然而 rán'ér	592. 热闹 rènao	593. 热水瓶 rèshuǐpíng	594. 人家 rénjia	595. 人们 rénmen
596. 忍不住 rěn bu zhù	597. 仍旧 réngjiù	598. 仍然 réngrán	599. 日子 rìzi	600. 容易 róngyì
601. 柔软 róuruǎn	602. 如此 rúcǐ	603. 如何 rúhé	604. 如今 rújīn	605. 撒谎 sāhuǎng
606. 撒 sǎ	607. 腮 sāi	608. 塞 sāi	609. 散步 sànbù	610. 桑树 sāngshù
611. 嗓子 sǎngzi	612. 丧失 sàngshī	613. 嫂子 sǎozi	614. 杀 shā	615. 杀害 shāhài
616. 沙土 shātǔ	617. 沙子 shāzi	618. 傻子 shǎzi	619. 筛子 shāizi	620. 山谷 shāngǔ
621. 闪 shǎn	622. 闪电 shǎndiàn	623. 闪烁 shǎnshuò	624. 扇子 shànzi	625. 商标 shāngbiāo

626. 商店 shāngdiàn	627. 商人 shāngrén	628. 上边 shàngbian	629. 上空 shàngkōng	630. 上面 shàngmiàn
631. 上述 shàngshù	632. 上午 shàngwǔ	633. 勺子 sháozi	634. 少量 shǎoliàng	635. 少年 shàonián
636. 少女 shàonǚ	637. 舌头 shétou	638. 蛇 shé	639. 舍不得 shěbude	640. 摄影 shèyǐng
641. 身材 shēncái	642. 深夜 shēnyè	643. 什么 shénme	644. 婶子 shěnzi	645. 生病 shēngbìng
646. 生怕 shēngpà	647. 生气 shēngqì	648. 生前 shēngqián	649. 牲畜 shēngchù	650. 牲口 shēngkou
651. 绳子 shéngzi	652. 剩余 shèngyú	653. 尸体 shītǐ	654. 失掉 shīdiào	655. 失去 shīqù
656. 施肥 shīféi	657. 时常 shícháng	658. 时而 shí'ér	659. 时髦 shímáo	660. 食堂 shítáng
661. 使劲 shǐjìn	662. 式样 shìyàng	663. 事情 shìqing	664. 是否 shìfǒu	665. 适宜 shìyí
666. 收拾 shōushi	667. 手指 shóuzhǐ	668. 首领 shóulǐng	669. 手臂 shǒubì	670. 手绢 shǒujuàn
671. 手套 shǒutào	672. 售货 shòu huò	673. 书包 shūbāo	674. 叔叔 shūshu	675. 梳子 shūzi
676. 疏忽 shūhu	677. 竖 shù	678. 刷子 shuāzi	679. 耍 shuǎ	680. 摔 shuāi
681. 谁 shuí	682. 水泥 shuǐní	683. 睡觉 shuìjiào	684. 睡眠 shuìmián	685. 瞬间 shùnjiān
686. 说不定 shuōbudìng	687. 说话 shuōhuà	688. 说谎 shuōhuǎng	689. 四处 sìchù	690. 似乎 sìhū
691. 饲养 sìyǎng	692. 蒜 suàn	693. 随便 suíbiàn	694. 随后 suíhòu	695. 穗 suì
696. 孙女 sūnnǚ	697. 孙子 sūnzi	698. 索性 suǒxìng	699. 他 tā	700. 他们 tāmen
701. 他人 tārén	702. 她 tā	703. 她们 tāmen	704. 台阶 táijiē	705. 抬头 táitóu
706. 太阳 tàiyáng	707. 谈话 tánhuà	708. 糖果 tángguǒ	709. 倘若 tǎngruò	710. 烫 tàng
711. 淘气 táoqì	712. 讨厌 tǎoyàn	713. 特地 tèdì	714. 特意 tèyì	715. 蹄子 tízi
716. 田间 tiánjiān	717. 调皮 tiáopí	718. 通常 tōngcháng	719. 通红 tōnghóng	720. 同伴 tóngbàn

721. 同年 tóngnián	722. 同屋 tóngwū	723. 童年 tóngnián	724. 头发 tóufa	725. 头脑 tóunǎo
726. 徒弟 túdì	727. 土豆 tǔdòu	728. 兔子 tùzi	729. 推 tuī	730. 腿 tuǐ
731. 脱落 tuōluò	732. 唾沫 tuòmo	733. 娃娃 wáwa	734. 歪 wāi	735. 外边 wàibian
736. 外衣 wàiyī	737. 外祖母 wàizúmǔ	738. 外祖父 wàizǔfù	739. 豌豆 wāndòu	740. 玩具 wánjù
741. 玩儿 wánr	742. 玩笑 wánxiào	743. 晚饭 wǎnfàn	744. 晚上 wǎnshang	745. 往常 wǎngcháng
746. 往年 wǎngnián	747. 忘 wàng	748. 忘记 wàngjì	749. 微小 wēixiǎo	750. 围巾 wéijīn
751. 为何 wèihé	752. 为了 wèile	753. 未必 wèibì	754. 未曾 wèicéng	755. 温暖 wēnnuǎn
756. 蚊子 wéizi	757. 吻 wěn	758. 我们 wǒmen	759. 乌鸦 wūyā	760. 无可奈何 wúkěnàihé
761. 无数 wúshù	762. 午饭 wǔfàn	763. 勿 wù	764. 雾 wù	765. 西红柿 xīhóngshì
766. 西面 xīmiàn	767. 吸烟 xī yān	768. 熄灭 xīmiè	769. 膝盖 xīgài	770. 洗澡 xízǎo
771. 媳妇 xífu	772. 喜鹊 xǐquè	773. 细小 xìxiǎo	774. 虾 xiā	775. 下来 xiàlai
776. 下面 xiàmiàn	777. 下午 xiàwǔ	778. 夏天 xiàtiān	779. 先前 xiānqián	780. 掀起 xiānqǐ
781. 鲜红 xiānhóng	782. 现在 xiànzài	783. 馅儿 xiànr	784. 相继 xiāngjì	785. 相连 xiānglián
786. 香肠 xiāngcháng	787. 香蕉 xiāngjiāo	788. 香味儿 xiāngwèir	789. 香烟 xiāngyān	790. 香皂 xiāngzào
791. 想 xiǎng	792. 向来 xiànglái	793. 像样 xiàngyàng	794. 橡胶 xiàngjiāo	795. 橡皮 xiàngpí
796. 小伙子 xiáohuǒzi	797. 小孩儿 xiǎoháir	798. 小朋友 xiǎopéngyǒu	799. 小时候 xiǎoshíhou	800. 小子 xiǎozi
801. 斜 xié	802. 蟹 xiè	803. 心底 xīndǐ	804. 心里 xīnli	805. 心头 xīntóu
806. 新郎 xīnláng	807. 信封 xìnfēng	808. 星星 xīngxing	809. 行人 xíngrén	810. 幸好 xìnghǎo
811. 幸亏 xìngkuī	812. 幸运 xìngyùn	813. 兄弟 xiōngdi	814. 袖子 xiùzi	815. 徐徐 xúxú

816. 许多 xǔduō	817. 絮叨 xùdao	818. 旋转 xuánzhuǎn	819. 学生 xuésheng	820. 学徒 xuétú
821. 雪白 xuěbái	822. 寻 xún	823. 迅速 xùnsù	824. 牙刷 yáshuā	825. 烟囱 yāncōng
826. 烟卷儿 yānjuǎnr	827. 炎热 yánrè	828. 颜色 yánsè	829. 眼睛 yǎnjing	830. 眼泪 yǎnlèi
831. 眼力 yǎnlì	832. 厌恶 yànwù	833. 阳光 yángguāng	834. 样子 yàngzi	835. 要不 yàobù
836. 要好 yàohǎo	837. 要么 yàome	838. 要命 yàomìng	839. 要是 yàoshi	840. 耀眼 yàoyǎn
841. 也许 yéxǔ	842. 爷爷 yéye	843. 叶子 yèzi	844. 夜间 yèjiān	845. 夜里 yèli
846. 夜晚 yèwǎn	847. 衣裳 yīshang	848. 依旧 yījiù	849. 依然 yīrán	850. 一辈子 yíbèizi
851. 一定 yídìng	852. 一度 yídù	853. 一共 yígòng	854. 一贯 yíguàn	855. 一会儿 yíhuìr
856. 一下儿 yíxiàr	857. 一向 yíxiàng	858. 以往 yǐwǎng	859. 遗失 yíshī	860. 已经 yǐjīng
861. 一边 yìbiān	862. 一点儿 yìdiǎnr	863. 一旁 yìpáng	864. 一生 yìshēng	865. 一些 yìxiē
866. 饮水 yǐn shuǐ	867. 婴儿 yīng'ér	868. 鹰 yīng	869. 影子 yǐngzi	870. 拥挤 yōngjǐ
871. 用不着 yòng bu zháo	872. 有点儿 yóudiǎnr	873. 犹如 yóurú	874. 有时 yǒushí	875. 有些 yǒuxiē
876. 又 yòu	877. 右边 yòubian	878. 幼儿 yòu'ér	879. 玉米 yùmǐ	880. 浴室 yùshì
881. 遇见 yùjiàn	882. 元宵 yuánxiāo	883. 月初 yuèchū	884. 匀 yún	885. 运气 yùnqi
886. 砸 zá	887. 在 zài	888. 在家 zàijiā	889. 咱 zán	890. 咱们 zánmen
891. 脏 zāng	892. 糟糕 zāogāo	893. 早晚 záowǎn	894. 早晨 zǎochen	895. 早饭 zǎofàn
896. 早上 zǎoshang	897. 贼 zéi	898. 怎么 zěnme	899. 怎么样 zěnmeyàng	900. 怎样 zěnyàng
901. 眨 zhǎ	902. 站 zhàn	903. 丈夫 zhàngfu	904. 着凉 zháoliáng	905. 照片 zhàopiàn
906. 照相 zhàoxiàng	907. 照相机 zhàoxiàngjī	908. 这 zhè	909. 这边 zhè biān	910. 这个 zhège

911. 这里 zhèli	912. 这么 zhème	913. 这儿 zhèr	914. 这些 zhèxiē	915. 这样 zhèyàng
916. 针灸 zhēnjiǔ	917. 争吵 zhēngchǎo	918. 整个 zhěnggè	919. 整洁 zhěngjié	920. 整天 zhěng tiān
921. 正好 zhènghǎo	922. 正巧 zhèngqiǎo	923. 正在 zhèngzài	924. 芝麻 zhīma	925. 知道 zhīdào
926. 蜘蛛 zhīzhū	927. 侄子 zhízi	928. 指甲 zhǐjia	929. 指头 zhǐtou	930. 至此 zhìcǐ
931. 至今 zhìjīn	932. 中途 zhōngtú	933. 中午 zhōngwǔ	934. 终身 zhōngshēn	935. 竹子 zhúzi
936. 砖 zhuān	937. 子女 zǐnǚ	938. 子孙 zǐsūn	939. 自己 zìjǐ	940. 自行 zìxíng
941. 自行车 zìxíngchē	942. 足球 zúqiú	943. 祖母 zúmǔ	944. 祖父 zǔfù	945. 嘴巴 zuǐba
946. 嘴唇 zuǐchún	947. 昨天 zuótiān	948. 左边 zuǒbian	949. 做客 zuòkè	950. 做梦 zuòmèng

第二节　普通话词语与方言词语的对照

下面前六组对照中普通话的 34 个词语都是从《普通话水平测试实施纲要》第三部分普通话与方言词语对照表中选出的词语。

一、普通话与上海话的词语对照

读下列普通话词语：

	普通话	上海话		普通话	上海话
1	白天（báitiān）	日里向	2	傍晚（bàngwǎn）	夜快/夜快头/黄昏头
3	差点儿（chàdiǎnr）	差一眼/推板一眼	4	除夕（chúxī）	年三十夜
5	父母（fùmǔ）	爷娘	6	父亲（fùqīn）	爷
7	故意（gùyì）	特为	8	缓缓（huǎnhuǎn）	慢慢叫
9	聊天儿（liáotiānr）	讲张	10	没关系（méi guānxi）	呒没关系
11	没事（méi shì）	呒没事体	12	那儿（nàr）	哀面搭/哀面
13	男人（nánrén）	男个	14	你们（nǐmen）	㑚
15	去年（qùnián）	旧年/旧年子/去年子	16	上午（shàngwǔ）	上半日
17	说不定（shuōbudìng）	说勿定/讲勿定	18	特意（tèyì）	特为/特诚

19	为何（wèihé）	为怎么样	20	膝盖（xīgài）	脚馒头
21	吸烟（xī yān）	吃香烟	22	媳妇（xífu）	新妇
23	下午（xiàwǔ）	下半日	24	香皂（xiāngzào）	香肥皂
25	小时候（xiǎoshíhou）	小辰光	26	小孩儿（xiǎohái r）	小囡/小人
27	一点儿（yìdiǎnr）	一眼眼	28	有点儿（yóudiǎnr）	有一眼
29	这里（zhèli）	个搭/跌搭块	30	这么（zhème）	介/个能
31	这个（zhège）	跌个/个个	32	这些（zhèxiē）	个点/个眼/迭点/迭眼
33	这样（zhèyàng）	个能/个能样子/跌能/跌能样子	34	自行车（zìxíngchē）	脚踏车

二、普通话与厦门话的词语对照

读下列普通话词语：

	普通话	厦门话		普通话	厦门话
1	白天（báitiān）	日时	2	傍晚（bàngwǎn）	暗晡
3	差点儿（chàdiǎnr）	差淡薄	4	除夕（chúxī）	二九下昏
5	父母（fùmǔ）	爸母	6	父亲（fùqīn）	老爸
7	故意（gùyì）	刁故意	8	缓缓（huánhuǎn）	慢慢仔
9	聊天儿（liáotiānr）	化古	10	没关系（méi guānxi）	无要紧
11	没事（méi shì）	无事济	12	那儿（nàr）	许位
13	男人（nánrén）	大夫侬	14	你们（nǐmen）	恁
15	去年（qùnián）	旧年	16	上午（shàngwǔ）	上半日
17	说不定（shuōbudìng）	呣讲得	18	特意（tèyì）	超故意
19	为何（wèihé）	为怎样	20	膝盖（xīgài）	骹头坞
21	吸烟（xī yān）	食熏	22	媳妇（xífu）	新妇
23	下午（xiàwǔ）	下晡	24	香皂（xiāngzào）	芳雪文
25	小时候（xiǎoshíhou）	细汉时	26	小孩儿（xiǎohái r）	细囝/囝仔
27	一点儿（yìdiǎnr）	蜀点仔	28	有点儿（yóudiǎnr）	有淡薄
29	这里（zhèli）	即搭	30	这么（zhème）	者呢
31	这个（zhège）	即个	32	这些（zhèxiē）	又者
33	这样（zhèyàng）	即款/安呢	34	自行车（zìxíngchē）	骹踏车

三、普通话与广州话的词语对照

读下列普通话词语：

	普通话	广州话		普通话	广州话
1	白天（báitiān）	日头	2	傍晚（bàngwǎn）	挨晚

3	差点儿（chàdiǎnr）	差啲	4	除夕（chúxī）	年卅晚
5	父母（fùmǔ）	老豆老母	6	父亲（fùqīn）	老豆
7	故意（gùyì）	特登/专登	8	缓缓（huánhuǎn）	慢慢仔/缓缓仔
9	聊天儿（liáotiānr）	倾偈/打牙较	10	没关系（méi guānxi）	唔要紧/唔紧要
11	没事（méi shì）	无事	12	那儿（nàr）	吤度
13	男人（nánrén）	男仔	14	你们（nǐmen）	你哋
15	去年（qùnián）	旧年	16	上午（shàngwǔ）	上昼
17	说不定（shuōbudìng）	讲唔定/话唔定	18	特意（tèyì）	特登
19	为何（wèihé）	为乜嘢/点解	20	膝盖（xīgài）	膝头哥
21	吸烟（xī yān）	食烟	22	媳妇（xífu）	心抱
23	下午（xiàwǔ）	下昼	24	香皂（xiāngzào）	香枧
25	小时候（xiǎoshíhou）	细个时	26	小孩儿（xiǎoháir）	细蚊仔/细佬
27	一点儿（yìdiǎnr）	一啲多	28	有点儿（yóudiǎnr）	有啲多
29	这里（zhèli）	呢处	30	这么（zhème）	咁
31	这个（zhège）	呢	32	这些（zhèxiē）	呢啲
33	这样（zhèyàng）	咁样	34	自行车（zìxíngchē）	单车

四、普通话与南昌话的词语对照

读下列普通话词语：

	普通话	南昌话		普通话	南昌话
1	白天（báitiān）	日上	2	傍晚（bàngwǎn）	挨夜边子
3	差点儿（chàdiǎnr）	差滴子	4	除夕（chúxī）	三十夜里
5	父母（fùmǔ）	爷娘	6	父亲（fùqīn）	爷
7	故意（gùyì）	特事	8	缓缓（huánhuǎn）	缓缓子
9	聊天儿（liáotiānr）	谈驳	10	没关系（méi guānxi）	冒关系
11	没事（méi shì）	冒有事	12	那儿（nàr）	许里
13	男人（nánrén）	男个	14	你们（nǐmen）	尔人
15	去年（qùnián）	旧年	16	上午（shàngwǔ）	上昼/上间里
17	说不定（shuōbudìng）	话不定	18	特意（tèyì）	特事
19	为何（wèihé）	为什里	20	膝盖（xīgài）	虱头
21	吸烟（xī yān）	吃烟	22	媳妇（xífu）	新妇
23	下午（xiàwǔ）	下昼/下间里	24	香皂（xiāngzào）	香肥皂
25	小时候（xiǎoshíhou）	细大子	26	小孩儿（xiǎoháir）	细人子
27	一点儿（yìdiǎnr）	一滴子	28	有点儿（yóudiǎnr）	有滴子
29	这里（zhèli）	个里	30	这么（zhème）	个样

| 31 | 这个（zhège） | 个只 | 32 | 这些（zhèxiē） | 个些 |
| 33 | 这样（zhèyàng） | 个样 | 34 | 自行车（zìxíngchē） | 脚踏车 |

五、普通话与长沙话的词语对照

读下列普通话词语：

	普通话	长沙话		普通话	长沙话
1	白天（báitiān）	日里	2	傍晚（bàngwǎn）	断黑 / 煞黑 / 晚边子
3	差点儿（chàdiǎnr）	差点咖子	4	除夕（chúxī）	三十夜间子
5	父母（fùmǔ）	爷娘	6	父亲（fùqīn）	爷老子 / 爹爹
7	故意（gùyì）	罢是	8	缓缓（huánhuǎn）	慢慢子
9	聊天儿（liáotiānr）	扯粟壳 / 扯经	10	没关系（méi guānxi）	现话得
11	没事（méi shì）	冇事	12	那儿（nàr）	那块子
13	男人（nánrén）	男人家	14	你们（nǐmen）	毭
15	去年（qùnián）	去年子	16	上午（shàngwǔ）	上昼
17	说不定（shuōbudìng）	讲不死 / 讲不定	18	特意（tèyì）	罢是 / 特事
19	为何（wèihé）	为么子	20	膝盖（xīgài）	膝头骨 / 髂膝骨
21	吸烟（xī yān）	吃烟	22	媳妇（xífu）	媳妇妹子
23	下午（xiàwǔ）	下昼	24	香皂（xiāngzào）	香肥皂
25	小时候（xiǎoshíhou）	细时候	26	小孩儿（xiǎoháir）	细伢子
27	一点儿（yìdiǎnr）	一点咖子 / 一滴咖子	28	有点儿（yóudiǎnr）	有点咖子
29	这里（zhèli）	咯里	30	这么（zhème）	咯
31	这个（zhège）	咯里	32	这些（zhèxiē）	咯些
33	这样（zhèyàng）	咯样	34	自行车（zìxíngchē）	单车 / 线车

六、普通话与梅州话的词语对照

读下列普通话词语：

	普通话	梅州话		普通话	梅州话
1	白天（báitiān）	日辰头	2	傍晚（bàngwǎn）	临暗晡 / 临断夜 / 临夜
3	差点儿（chàdiǎnr）	差一滴 / 差滴	4	除夕（chúxī）	年三十夜晡
5	父母（fùmǔ）	爷娘	6	父亲（fùqīn）	阿爸 / 阿伯
7	故意（gùyì）	断故意	8	缓缓（huánhuǎn）	闹闹欸
9	聊天儿（liáotiānr）	打牙告	10	没关系（méi guānxi）	么相干
11	没事（méi shì）	么事	12	那儿（nàr）	个欸

13	男人（nánrén）	男欸人 / 男子人	14	你们（nǐmen）	你等人
15	去年（qùnián）	旧年欸	16	上午（shàngwǔ）	上昼
17	说不定（shuōbudìng）	讲唔定 / 话唔定	18	特意（tèyì）	特钉
19	为何（wèihé）	做脉个	20	膝盖（xīgài）	膝头
21	吸烟（xī yān）	食烟	22	媳妇（xífu）	心舅
23	下午（xiàwǔ）	下昼	24	香皂（xiāngzào）	香枧
25	小时候（xiǎoshíhou）	细时候	26	小孩儿（xiǎoháir）	细人欸 / 细腻欸
27	一点儿（yìdiǎnr）	一滴欸	28	有点儿（yóudiǎnr）	有滴
29	这里（zhèli）	吓欸	30	这么（zhème）	唉 / 唉样 / 唉欸
31	这个（zhège）	吓只 / 吓个	32	这些（zhèxiē）	吓兜
33	这样（zhèyàng）	唉欸 / 吓唉欸 / 唉样 / 吓唉样 / 唉样欸 / 吓唉样欸	34	自行车（zìxíngchē）	脚车 / 单车

七、普通话与山东话的词语对照

1. 下面19个普通话的词语与上面34个词语中的部分相同

读下列普通话词语：

	普通话	山东话		普通话	山东话
1	白天（báitiān）	白夜 / 白家 / 白日 / 白下	2	傍晚（bàngwǎn）	擦黑 / 合黑 / 挨黑 / 傍晚天儿
3	差点儿（chàdiǎnr）	差一忽忽 / 差没点儿	4	除夕（chúxī）	年除日 / 年下
5	父母（fùmǔ）	爹娘	6	父亲（fùqīn）	达 / 爷 / 达达
7	故意（gùyì）	特为地 / 特为意儿地 / 处心 / 净意	8	聊天儿（liáotiānr）	拉呱 / 拉闲片儿 / 扯闲 / 闲说话片儿 / 闲拉呱儿 / 闲砸牙
9	没关系（méi guānxi）	没啥 / 没有事儿 / 不碍事	10	那儿（nàr）	捏场儿 / 那窝儿 / 那窝里 / 那合儿
11	你们（nǐmen）	你这伙 / 恁 / 倷捏些儿	12	去年（qùnián）	年时 / 头年 / 上年
13	说不定（shuōbudìng）	当不了 / 碍不着 / 巧喽 / 挡不住	14	膝盖（xīgài）	拨拉盖儿 / 格拉拜 / 波膝盖
15	吸烟（xī yān）	吃烟 / 逮烟	16	媳妇（xífu）	妇子
17	香皂（xiāngzào）	胰子	18	这里（zhèli）	这场儿 / 这窝儿 / 这窝里 / 这合儿
19	自行车（zìxíngchē）	洋车 / 脚踏车 / 骑车子 / 自行车子			

2. 下面15个词语与上面34个词语不同，选自钱曾仪《山东人学习普通话指南》

读下列普通话词语：

	普通话	山东话		普通话	山东话
1	不错（búcuò）	不孬/不糙/不瓢	2	不听话（bù tīng huà）	驴
3	好（hǎo）	赛/奥	4	母亲（mǔqīn）	娘/娘娘
5	男孩儿（nánháir）	小小儿/小斯/小人/小人儿	6	女孩儿（nǚháir）	小妮儿/小嫚儿/小妮子/妮子/妮儿/小闺女子儿
7	勤快（qínkuai）	下力	8	清楚（qīngchu）	清亮
9	容易（róngyì）	稀松	10	上午（shàngwǔ）	头午/半头晌/晌午
11	顽皮（wánpí）	皮脸/不省心	12	晚饭（wǎnfàn）	后晌饭/晚晌饭/下晚饭/夜饭/喝汤/黑饭
13	午饭（wǔfàn）	晌午饭/晌饭/晌晚饭	14	下午（xiàwǔ）	过午/过午儿/下半晌
15	早饭（zǎofàn）	早晨饭/朝饭/清早饭/清起饭			

第三节 普通话词语的选择判断模拟试题

测试内容	评分标准
词语选择判断每套有10组题，共2.5分。	判断错误：每组扣0.25分。

该项测试的目的是测查应试人使用普通话词语的规范程度。下面有四套模拟试题，这些普通话与方言的词语在意义上是相对应的，但说法上却不相同或很不相同，需要应试人判断并读出每组中的一个普通话词语。

一、试题

模拟试题一（共10组词语）

选择判断并读出每组中的一个普通话词语

1	辰头	日上	白天	日头	日时	日里向
2	年三十夜	除夕	二九下昏	年卅晚	三十夜里	年除日
3	断故意	年三十夜晡	刁故意	故意	专登	特事
4	缓缓	慢慢叫	慢慢仔	缓缓子	闹闹欻	缓缓仔
5	讲张	化古	打牙告	谈驮	扯经	聊天儿

6	旧年	旧年子	去年	去年子	旧年欸	年时
7	特登	特意	罢是	特钉	特事	超故意
8	做脉个	点解	为什里	为么子	为何	为怎样
9	这个	吓只	吓个	个只	呢	咯只
10	先头	从前	往摆	从来冒	旧底	就阵时

模拟试题二（共10组词语）

选择判断并读出每组中的一个普通话词语

1	临暗晡	傍晚	挨夜边子	挨晚	断黑	夜快
2	毛伢子	细佳哥	幼儿	细人子	细人欸	小小囡
3	没关系	不碍事	么相干	冒关系	唔要紧	现话得
4	尔人	你等人	你这伙	你们	你哋	恁
5	咁样	个样	哎欸	咯样	个能	这样
6	一点咖子	一滴欸	一滴子	一眼眼	一点儿	一啲
7	苏虾仔	毛毛它	婴儿	啊伢欸	冒牙子	小毛头
8	细人子	小孩儿	细人欸	细伢子	细蚊仔	小囡
9	差点儿	差一眼	差淡薄	差滴子	差点咖子	差一滴
10	冰棍儿	冰糕	棒冰	霜条	雪条	雪枝

模拟试题三（共10组词语）

选择判断并读出每组中的一个普通话词语

1	这么	哎	个能	咁	咯	个样
2	细人欸	娃娃	小囡	细蚊仔	细伢子	细人子
3	阿爸	老爸	父亲	老豆	达达	阿伯
4	话唔定	碍不着	讲不定	说不定	讲勿定	冒关系
5	脚踏车	单车	线车	洋车	自行车	脚车
6	旧年子	年时	旧年	旧年欸	去年子	去年
7	有点儿	有点咖子	有淡薄	有一眼	有滴	有滴子
8	那块子	捏场儿	那儿	许位	个欸	许里
9	下间里	下午	下昼	下半日	下半晌	下晡
10	清早晨	一黑早	天光边子	黎明	天朦光	天光早

模拟试题四（共10组词语）

选择判断并读出每组中的一个普通话词语

1	波拉盖儿	膝头哥	脚馒头	膝盖	膝头	膝头骨
2	没事	冒有事	么事	冇事	无事	无事济

3	男仔	男人	男人家	男子人	男个	大夫侬
4	吃烟	食烟	吸烟	逮烟	吃香烟	食重
5	新妇	新抱	媳妇妹子	妇子	媳妇	新舅
6	这场儿	咯边	呢处	这里	个搭	个里
7	半头晌	上午	上昼	顶昼	上间里	上半日
8	小时候	细时候	小辰光	细个时	细大子	
9	胰子	香肥皂	香枧	芳雪文	香皂	
10	吹大炮	吹牛三	车大炮	吹牛	吹牛逼	戳口

二、答案

模拟试题一

1. 白天（báitiān）　　2. 除夕（chúxī）　　3. 故意（gùyì）

4. 缓缓（huǎnhuǎn）　5. 聊天儿（liáotiānr）　6. 去年（qùnián）

7. 特意（tèyì）　　　8. 为何（wèihé）　　9. 这个（zhège）

10. 从前（cóngqián）

模拟试题二

1. 傍晚（bàngwǎn）　　2. 幼儿（yòu'ér）　　3. 没关系（méi guānxi）

4. 你们（nǐmen）　　5. 这样（zhèyàng）　　6. 一点儿（yìdiǎnr）

7. 婴儿（yīng'ér）　　8. 小孩儿（xiǎoháir）　9. 差点儿（chàdiǎnr）

10. 冰棍儿（bīnggùnr）

模拟试题三

1. 这么（zhème）　　2. 娃娃（wáwa）　　3. 父亲（fùqīn）

4. 说不定（shuōbudìng）　5. 自行车（zìxíngchē）　6. 去年（qùnián）

7. 有点儿（yóudiǎnr）　8. 那儿（nàr）　　9. 下午（xiàwǔ）

10. 黎明（límíng）

模拟试题四

1. 膝盖（xīgài）　　2. 没事（méi shì）　　3. 男人（nánrén）

4. 吸烟（xī yān）　　5. 媳妇（xífu）　　6. 这里（zhèli）

7. 上午（shàngwǔ）　8. 小时候（xiǎshíhou）　9. 香皂（xiāngzào）

10. 吹牛（chuīniú）

第三章　普通话量词、名词搭配的选择判断

第一节　普通话量词、名词的搭配

《普通话水平测试实施纲要》第四部分中的《普通话水平测试用普通话常见量词、名词搭配表》列出了45个普通话常见的量词及其搭配的名词。

读数词"一"与45个普通话常见量词及名词组成的数量名短语（下面所标的是变调）：

一、"一"在第一声的量词前读第四声"yì"

1. 一支（yì zhī）

一支笔　　（yì zhī bǐ）	一支蜡烛（yì zhī làzhú）
一支军队（yì zhī jūnduì）	一支歌　　（yì zhī gē）
一支手枪（yì zhī shǒuqiāng）	

2. 一颗（yì kē）

一颗星星（yì kē xīngxing）	一颗牙齿（yì kē yáchǐ）
一颗子弹（yì kē zǐdàn）	一颗图钉（yì kē túdīng）
一颗卫星（yì kē wèixīng）	一颗糖　　（yì kē táng）
一颗珍珠（yì kē zhēnzhū）	

3. 一只（yì zhī）

一只兔子（yì zhī tùzi）	一只狗　　（yì zhī gǒu）
一只羊　　（yì zhī yáng）	一只骆驼（yì zhī luòtuo）
一只老虎（yì zhī lǎohǔ）	一只蚊子（yì zhī wénzi）
一只苍蝇（yì zhī cāngying）	一只蜻蜓（yì zhī qīngtíng）
一只蝴蝶（yì zhī húdié）	一只眼睛（yì zhī yǎnjing）
一只手　　（yì zhī shǒu）	一只脚　　（yì zhī jiǎo）
一只鞋　　（yì zhī xié）	一只袜子（yì zhī wàzi）
一只船　　（yì zhī chuán）	一只游艇（yì zhī yóutǐng）

4. 一张（yì zhāng）

一张报纸（yì zhāng bàozhǐ）	一张图画（yì zhāng túhuà）
一张相片（yì zhāng xiàngpiàn）	一张邮票（yì zhāng yóupiào）
一张光盘（yì zhāng guāngpán）	一张脸　　（yì zhāng liǎn）
一张嘴　　（yì zhāng zuǐ）	一张网　　（yì zhāng wǎng）
一张弓　　（yì zhāng gōng）	一张床　　（yì zhāng chuáng）
一张桌子（yì zhāng zhuōzi）	

5. 一家（yì jiā）

一家人家 （yì jiā rénjiā）	一家亲戚 （yì jiā qīnqi）
一家工厂 （yì jiā gōngchǎng）	一家公司 （yì jiā gōngsī）
一家饭店 （yì jiā fàndiàn）	一家银行 （yì jiā yínháng）
一家超市 （yì jiā chāoshì）	一家医院 （yì jiā yīyuàn）

6. 一根（yì gēn）

一根葱 （yì gēn cōng）	一根头发 （yì gēn tóufa）
一根羽毛 （yì gēn yǔmáo）	一根冰棍儿 （yì gēn bīnggùnr）
一根针 （yì gēn zhēn）	一根绳子 （yì gēn shéngzi）
一根项链 （yì gēn xiàngliàn）	一根黄瓜 （yì gēn huángguā）

7. 一滴（yì dī）

一滴汗水 （yì dī hànshuǐ）	一滴血 （yì dī xiě）
一滴油 （yì dī yóu）	一滴眼泪 （yì dī yǎnlèi）

8. 一间（yì jiān）

一间屋子 （yì jiān wūzi）	一间卧室 （yì jiān wòshì）
一间仓库 （yì jiān cāngkù）	

9. 一棵（yì kē）

一棵树 （yì kē shù）	一棵草 （yì kē cǎo）
一棵葱 （yì kē cōng）	一棵白菜 （yì kē báicài）

10. 一双（yì shuāng）

一双手 （yì shuāng shǒu）	一双眼睛 （yì shuāng yǎnjing）
一双鞋 （yì shuāng xié）	一双袜子 （yì shuāng wàzi）
一双筷子 （yì shuāng kuàizi）	

二、"一"在第二声的量词前读第四声"yì"

1. 一场（yì cháng）

一场雨 （yì cháng yǔ）	一场雪 （yì cháng xuě）
一场冰雹 （yì cháng bīngbáo）	一场大风 （yì cháng dàfēng）
一场病 （yì cháng bìng）	一场官司 （yì cháng guānsi）

2. 一台（yì tái）

一台计算机 （yì tái jìsuànjī）	一台设备 （yì tái shèbèi）
一台摄像机 （yì tái shèxiàngjī）	一台演出 （yì tái yǎnchū）

| 一台话剧 （yì tái huàjù） | 一台节目 （yì tái jiémù） |

3. 一幅（yì fú）

一幅布 （yì fú bù）	一幅被面 （yì fú bèimiàn）
一幅彩旗 （yì fú cǎiqí）	一幅图画 （yì fú túhuà）
一幅相片 （yì fú xiàngpiàn）	

4. 一节（yì jié）

一节甘蔗 （yì jié gānzhe）	一节藕 （yì jié ǒu）
一节电池 （yì jié diànchí）	一节车厢 （yì jié chēxiāng）
一节课 （yì jié kè）	

5. 一条（yì tiáo）

一条绳子 （yì tiáo shéngzi）	一条项链 （yì tiáo xiàngliàn）
一条辫子 （yì tiáo biànzi）	一条裤子 （yì tiáo kùzi）
一条毛巾 （yì tiáo máojīn）	一条手绢儿 （yì tiáo shǒujuànr）
一条肥皂 （yì tiáo féizào）	一条船 （yì tiáo chuán）
一条游艇 （yì tiáo yóutǐng）	一条蛇 （yì tiáo shé）
一条鱼 （yì tiáo yú）	一条河 （yì tiáo hé）
一条瀑布 （yì tiáo pùbù）	一条道路 （yì tiáo dàolù）
一条伤痕 （yì tiáo shānghén）	一条新闻 （yì tiáo xīnwén）

6. 一门（yì mén）

一门课 （yì mén kè）	一门课程 （yì mén kèchéng）
一门技能 （yì mén jìnéng）	一门考试 （yì mén kǎoshì）
一门亲戚 （yì mén qīnqi）	一门婚姻 （yì mén hūnyīn）
一门大炮 （yì mén dàpào）	

7. 一头（yì tóu）

| 一头牛 （yì tóu niú） | 一头驴 （yì tóu lú） |
| 一头猪 （yì tóu zhū） | 一头蒜 （yì tóu suàn） |

8. 一名（yì míng）

| 一名教师 （yì míng jiàoshī） | 一名医生 （yì míng yīshēng） |
| 一名犯人 （yì míng fànrén） | |

9. 一盘（yì pán）

| 一盘磨 （yì pán mò） | 一盘磁带 （yì pán cídài） |
| 一盘录像带 （yì pán lùxiàngdài） | |

三、"一"在第三声的量词前读第四声"yì"

1. 一把（yì bǎ）

一把尺子　（yì bá chǐzi）	一把扫帚　（yì bǎ sàozhou）
一把椅子　（yì bá yǐzi）	一把锁　　（yì bá suǒ）
一把钥匙　（yì bǎ yàoshi）	一把伞　　（yì bá sǎn）
一把茶壶　（yì bǎ cháhú）	一把扇子　（yì bǎ shànzi）
一把提琴　（yì bǎ tíqín）	

2. 一口（yì kǒu）

一口人　（yì kǒu rén）	一口锅　　（yì kǒu guō）
一口缸　（yì kǒu gāng）	一口钟　　（yì kǒu zhōng）
一口井　（yì kóu jǐng）	一口宝剑　（yì kóu bǎojiàn）

3. 一本（yì běn）

一本书　　（yì běn shū）	一本著作　（yì běn zhùzuò）
一本字典　（yì běn zìdiǎn）	一本杂志　（yì běn zázhì）
一本账　　（yì běn zhàng）	

4. 一场（yì chǎng）

一场电影　（yì chǎng diànyǐng）	一场演出　（yì cháng yǎnchū）
一场话剧　（yì chǎng huàjù）	一场比赛　（yì cháng bǐsài）
一场考试　（yì cháng kǎoshì）	

5. 一顶（yì dǐng）

一顶伞　　（yì díng sǎn）	一顶轿子　（yì dǐng jiàozi）
一顶帽子　（yì dǐng màozi）	一顶蚊帐　（yì dǐng wénzhàng）
一顶帐篷　（yì dǐng zhàngpeng）	

6. 一朵（yì duǒ）

一朵花　　（yì duǒ huā）	一朵云　（yì duǒ yún）
一朵蘑菇　（yì duǒ mógu）	

7. 一匹（yì pǐ）

一匹马　　（yì pí mǎ）	一匹布　（yì pǐ bù）
一匹绸缎　（yì pǐ chóuduàn）	

8. 一所（yì suǒ）

一所学校　（yì suǒ xuéxiào）	一所医院　（yì suǒ yīyuàn）
一所房子　（yì suǒ fángzi）	

四、"一"在第四声的量词前读第二声"yí"

1. 一部（yí bù）

一部著作（yí bù zhùzuò）	一部字典（yí bù zìdiǎn）
一部电影（yí bù diànyǐng）	一部电视剧（yí bù diànshìjù）

2. 一对（yí duì）

一对夫妻（yí duì fūqī）	一对翅膀（yí duì chìbǎng）
一对枕头（yí duì zhěntou）	一对沙发（yí duì shāfā）

3. 一副（yí fù）

一副对联（yí fù duìlián）	一副手套（yí fù shǒutào）
一副眼镜（yí fù yǎnjìng）	一副球拍（yí fù qiúpāi）
一副担架（yí fù dānjià）	一副扑克牌（yí fù pūkèpái）
一副围棋（yí fù wéiqí）	

4. 一件（yí jiàn）

一件行李（yí jiàn xíngli）	一件大衣（yí jiàn dàyī）
一件衬衣（yí jiàn chènyī）	一件毛衣（yí jiàn máoyī）
一件衣服（yí jiàn yīfu）	一件事（yí jiàn shì）
一件家具（yí jiàn jiājù）	

5. 一片（yí piàn）

一片树叶（yí piàn shùyè）	一片药片（yí piàn yàopiàn）
一片肉（yí piàn ròu）	一片阴凉（yí piàn yīnliáng）
一片阳光（yí piàn yángguāng）	一片云（yí piàn yún）

6. 一位（yí wèi）

一位客人（yí wèi kèrén）	一位朋友（yí wèi péngyou）
一位作家（yí wèi zuòjiā）	一位长辈（yí wèi zhǎngbèi）

7. 一块（yí kuài）

一块糖（yí kuài táng）	一块橡皮（yí kuài xiàngpí）
一块石头（yí kuài shítou）	一块砖（yí kuài zhuān）
一块肥皂（yí kuài féizào）	一块手表（yí kuài shóubiǎo）
一块肉（yí kuài ròu）	一块蛋糕（yí kuài dàngāo）
一块手绢儿（yí kuài shǒujuànr）	一块布（yí kuài bù）
一块绸缎（yí kuài chóuduàn）	一块地（yí kuài dì）
一块石碑（yí kuài shíbēi）	

8. 一个（yí gè）

一个饺子 （yí gè jiǎozi）	一个馒头 （yí gè mántou）
一个玩具 （yí gè wánjù）	一个皮球 （yí gè píqiú）
一个太阳 （yí gè tàiyáng）	一个月亮 （yí gè yuèliang）
一个白天 （yí gè báitiān）	一个上午 （yí gè shàngwǔ）
一个国家 （yí gè guójiā）	一个社会 （yí gè shèhuì）
一个故事 （yí gè gùshi）	

9. 一份（yí fèn）

一份午餐 （yí fèn wǔcān）	一份报纸 （yí fèn bàozhǐ）
一份杂志 （yí fèn zázhì）	

10. 一架（yí jià）

一架飞机 （yí jià fēijī）	一架钢琴 （yí jià gāngqín）
一架摄像机 （yí jià shèxiàngjī）	

11. 一辆（yí liàng）

一辆汽车 （yí liàng qìchē）	一辆自行车 （yí liàng zìxíngchē）
一辆三轮车 （yí liàng sānlúnchē）	一辆摩托车 （yí liàng mótuōchē）

12. 一面（yí miàn）

一面镜子 （yí miàn jìngzi）	一面彩旗 （yí miàn cǎiqí）
一面锣 （yí miàn luó）	一面鼓 （yí miàn gǔ）

13. 一粒（yí lì）

一粒米 （yí lì mǐ）	一粒种子 （yí lì zhǒngzi）

14. 一扇（yí shàn）

一扇门 （yí shàn mén）	一扇窗户 （yí shàn chuānghu）

15. 一套（yí tào）

一套衣服 （yí tào yīfu）	一套西装 （yí tào xīzhuāng）
一套房子 （yí tào fángzi）	一套家具 （yí tào jiājù）
一套沙发 （yí tào shāfā）	一套餐具 （yí tào cānjù）
一套邮票 （yí tào yóupiào）	一套设备 （yí tào shèbèi）
一套节目 （yí tào jiémù）	一套试题 （yí tào shìtí）

16. 一项（yí xiàng）

一项措施 （yí xiàng cuòshī）	一项制度 （yí xiàng zhìdù）
一项工作 （yí xiàng gōngzuò）	一项任务 （yí xiàng rènwù）

| 一项技术 （yí xiàng jìshù） | 一项运动 （yí xiàng yùndòng） |
| 一项比赛 （yí xiàng bǐsài） | |

17. 一道（yí dào）

一道闪电 （yí dào shǎndiàn）	一道伤痕 （yí dào shānghén）
一道门　　（yí dào mén）	一道命令 （yí dào mìnglìng）
一道试题 （yí dào shìtí）	一道菜　　（yí dào cài）

18. 一座（yí zuò）

一座山　　（yí zuò shān）	一座岛屿 （yí zuò dǎoyǔ）
一座城市 （yí zuò chéngshì）	一座雕塑 （yí zuò diāosù）
一座大钟 （yí zuò dà zhōng）	

第二节　普通话量词、名词搭配的选择判断模拟试题

测试内容	评分标准
量词、名词搭配选择判断每套有10组。共5分。	量词、名词搭配错误：每组扣0.5分。

该项测试的目的是测查应试人使用普通话量词、名词搭配的规范程度。下面有四套模拟试题，这些普通话的量词、名词的搭配与方言不同，需要应试人判断并读出普通话量词、名词与数词"一"搭配的短语。

一、试题

模拟试题一

读出以下普通话量词、名词与数词"一"搭配的短语

数　　词	一
6个量词	扇　　把　　只　　家　　支　　条
10个名词	门　银行　军队　梳子　绳子　钥匙　胡同儿　铅笔　诊所　窗户

模拟试题二

读出以下普通话量词、名词与数词"一"搭配的短语

数　　词	一								
6个量词	颗		滴		项	对		副	架
10个名词	珍珠	水	夫妻	飞机	手套	眼泪	钢琴	围棋	牙齿 翅膀

模拟试题三

读出以下普通话量词、名词与数词"一"搭配的短语

数　　词	一								
6个量词	部		口		粒	顶		根	道
10个名词	大钟	轿子	种子	闪电	竹竿	井	帐篷	子弹	筷子 命令

模拟试题四

读出以下普通话量词、名词与数词"一"搭配的短语

数　　词	一								
6个量词	片		名		节	面		盘	条
10个名词	电池	阴凉	磁带	甘蔗	伤痕	镜子	阳光	手绢儿	磨 墙

二、答案

模拟试题一

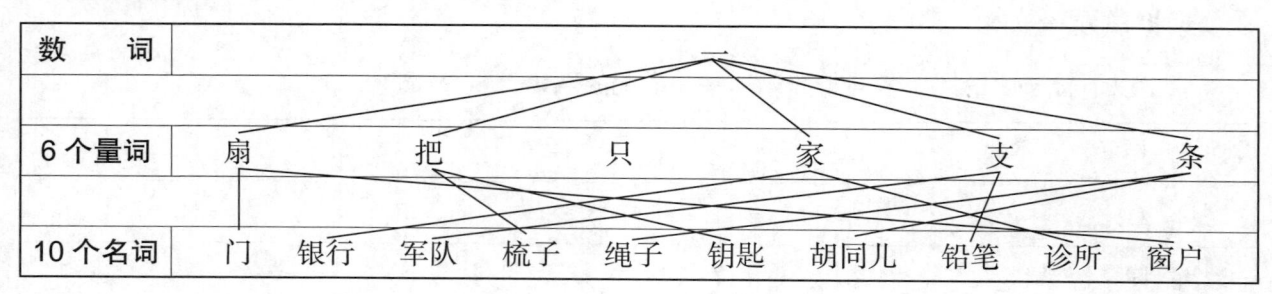

数　　词	一								
6个量词	扇		把		只	家		支	条
10个名词	门	银行	军队	梳子	绳子	钥匙	胡同儿	铅笔	诊所 窗户

1. 一扇门（yí shàn mén）　　　　2. 一扇窗户（yí shàn chuānghu）

3. 一把梳子（yì bǎ shūzi）　　　　4. 一把钥匙（yì bǎ yàoshi）

5. 一家银行（yì jiā yínháng）　　　6. 一家诊所（yì jiā zhěnsuǒ）

7. 一支军队（yì zhī jūnduì）　　　　8. 一支铅笔（yì zhī qiānbǐ）

9. 一条绳子（yì tiáo shéngzi）　　　10. 一条胡同儿（yì tiáo hútòngr）

模拟试题二

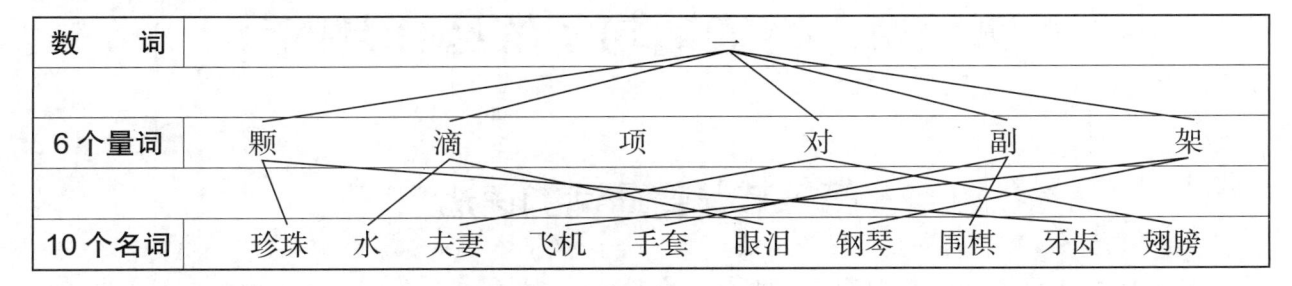

数　　词	一
6个量词	颗　　滴　　项　　对　　副　　架
10个名词	珍珠　水　夫妻　飞机　手套　眼泪　钢琴　围棋　牙齿　翅膀

1. 一颗珍珠（yì kē zhēnzhū）
2. 一颗牙齿（yì kē yáchǐ）
3. 一滴水（yì dī shuǐ）
4. 一滴眼泪（yì dī yǎnlèi）
5. 一对夫妻（yí duì fūqī）
6. 一对翅膀（yí duì chìbǎng）
7. 一副手套（yí fù shǒutào）
8. 一副围棋（yí fù wéiqí）
9. 一架飞机（yí jià fēijī）
10. 一架钢琴（yí jià gāngqín）

模拟试题三

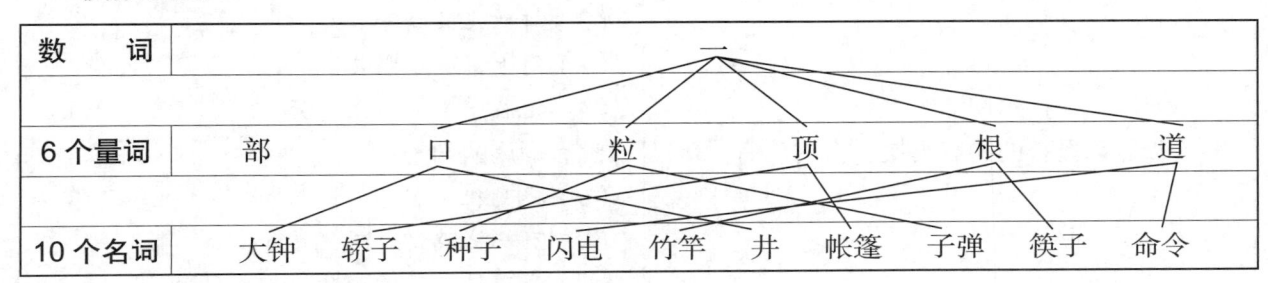

数　　词	一
6个量词	部　　口　　粒　　顶　　根　　道
10个名词	大钟　轿子　种子　闪电　竹竿　井　帐篷　子弹　筷子　命令

1. 一口大钟（yì kǒu dà zhōng）
2. 一口井（yì kóu jǐng）
3. 一粒种子（yí lì zhǒngzi）
4. 一粒子弹（yí lì zǐdàn）
5. 一顶轿子（yì dǐng jiàozi）
6. 一顶帐篷（yì dǐng zhàngpeng）
7. 一根竹竿（yì gēn zhúgān）
8. 一根筷子（yì gēn kuàizi）
9. 一道闪电（yí dào shǎndiàn）
10. 一道命令（yí dào mìnglìng）

模拟试题四

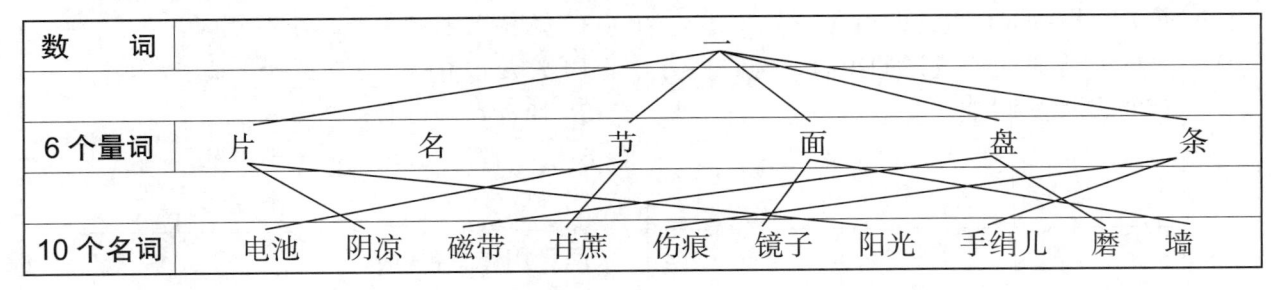

数　　词	一
6个量词	片　　名　　节　　面　　盘　　条
10个名词	电池　阴凉　磁带　甘蔗　伤痕　镜子　阳光　手绢儿　磨　墙

1. 一片阴凉（yí piàn yīnliáng）
2. 一片阳光（yí piàn yángguāng）
3. 一节电池（yì jié diànchí）
4. 一节甘蔗（yì jié gānzhe）
5. 一面镜子（yí miàn jìngzi）
6. 一面墙（yí miàn qiáng）
7. 一盘磁带（yì pán cídài）
8. 一盘磨（yì pán mò）
9. 一条伤痕（yì tiáo shānghén）
10. 一条手绢儿（yì tiáo shǒujuànr）

第四章　普通话句子的选择判断

第一节　普通话的语法

下表左侧的 34 个语法点和右侧的普通话句子选自《普通话水平测试实施纲要》中普通话与方言常见语法差异对照表（括号内的语句为作者自编）。

读普通话的句子：

语　法	普通话的句子（语序或表达形式）
1	词尾：-子、-儿 普通话里有的词有词尾，有的没有。	有词尾的句子： （1）我买了一顶帽子、一条裤子。 （2）灯丝儿又断了。 （3）门上有一个眼儿。 （4）把瓶子上的盖儿拧开。 没有词尾的句子： （5）腿变粗了。 （6）有一窝鸡都让狐狸吃了。 （7）我捉住了它的小腿，把它带回去。 （8）我就这样度过了童年。
2	指示代词：这（近指） 普通话的"这"指比较近的人或事物。	（1）这只笔是谁的？ （2）这朵花真好看。 （3）（这是我妹妹。）
3	数量：指数词与量词的组合。 这些是普通话数量词的组合，与一些方言的表示法不同。	（1）他今年二十一岁。 （2）我有一百一十八块钱。 （3）这些大米有一千三百公斤。 （4）这座山有一千九百五十米高。 （5）距离考试还有一个多月。 （6）我们写作业用了一个半小时。 （7）他审阅了二百一十三个方案。
4	二与两：在普通话中"两"一般只做基数词；"二"除了做基数词，还可做序数词，如"二层"是第二层楼的意思。	"两"用作基数词： （1）两人世界。 （2）（现在是）下午两点多。 （3）他大约要两三个月才能回来。 "二"既可做基数词，也可做序数词： （4）还有二两油。 （5）（比赛结果）二比二。 （6）我家住在二层。（序数词）

	语　法	普通话的句子（语序或表达形式）
5	给：表示交付。 普通话里的"给"是"交付、给予"的意思。	（1）把书给他。 （2）给我一本书。
6	能：表示善于。 普通话里的"能"有"善于"的意思。	（1）他很能说。 （2）（他能歌善舞。）
7	能：表示可以。 普通话里的"能"还有"可以"的意思。	（1）这凳子能坐三个人。 （2）你能走吗？能走。 （3）这条裤子你能穿。 （4）开了刀，他笑都不能笑。 （5）能看，不能摸。 （6）路太滑，我不能开快车。 （7）他能听懂。
8	来、去：普通话里的"来""去"在动词前，表示要做某事；在动词后，表示动作的趋向。	（1）我去问问他。（我来问问他。） （2）我正要吃饭去。
9	起来：普通话里的"起来"在动词后面表趋向。	（1）下起雨来了。 （2）说起话来没个完。
10	形容词重叠：普通话里的形容词可以重叠，有的形容词重叠后要加"的"。	（1）他的手洗得白白的。（他的手洗得很白。） （2）他的手冰冷冷的。 （3）（他的眼睛）血红血红的。 （4）（今天的饭菜）香喷喷的。 （5）（我是）清清白白（的）。 （6）（他）认认真真（地写作业）。 （7）（孩子）高高兴兴（地跑了）。 （8）（她）大大方方（地去见公婆）。 （9）（他是个）普普通通（的人）。
11	程度副词：太、非常、很 普通话里的"太""非常""很"可以直接放在形容词前。	（1）菜太老了，不能吃了。 （2）冬天北方非常冷。 （3）他非常可爱。
12	范围副词：都 普通话里的"都"放在动词前。	（1）你们都出去。 （2）（你把这些书）都收起来。
13	否定副词：不 普通话里的"不"用在动词、形容词前表示否定。	（1）他手表丢了找不到。 （2）你去，我不去。 （3）不，他不是这样唱的。 （4）这菜不咸。 （5）他不回家。 （6）妈妈说红的花多半不香。 （7）他脑子不笨。

(续表)

	语　法	普通话的句子（语序或表达形式）
14	介词：被 普通话里常用介词"被"引进动作的施事，构成"被"字句，表示被动。口语中也用"让""叫"代替"被"。	（1）书被弟弟撕坏了。 （2）我的书被别人借走了。 （3）我们被他骂了一顿。 （4）别让他跑了。 （5）（小偷叫警察带走了。）
15	介词：从、在、到、向、往 普通话常用介词"从"表示动作的起始点；用介词"在""到"构成介词短语做状语或补语；"向"表示动作的方向、目标或对象；"往"表示方向。	（1）从杭州出发。 （2）面包掉在地上了。 （3）（你）把花放到窗台上吧。 （4）（我向老师借了一本书。） （5）你往东走，我往西走。
16	动态助词：着、了、过 普通话里的"着"附着在动词或表示程度的形容词后，表示动作在进行或状态在持续；"了"附着在动词或形容词后，表示动作或变化已经完成；"过"附着在动词、形容词后，表示动作完成或曾经发生这样的动作，曾经具有这样的状态。	（1）我带着钱呢。 （2）（你的手可要轻着点儿。） （3）今天走了五十里路。 （4）（水位已经低了两厘米。） （5）听说玛利亚到过长城。
17	结构助词：的、地 普通话里的"的"是定语的标志，用在名词前；"地"是状语的标志，用在动词或形容词前。	（1）这是你的字典。 （2）我们慢慢地走。
18	语气词：嘛、呢、呀、吧、啊 普通话里的语气词用在句尾，表示陈述、疑问、祈使、感叹等语气。	（1）先坐下，你别慌嘛。（祈使） （2）姐姐看孩子呢。（陈述） （3）你忙什么呀？（疑问） （4）（走吧！）（祈使） （5）（多美的大草原啊！）（感叹）
19	前缀与后缀：老-、小-，-家、-化 普通话里的前缀少，后缀多。	（1）（老王今天不在家。） （2）（小王是我的好朋友。） （3）（他是作家。） （4）（路两旁全都绿化了。）
20	动不动、形不形： 这是普通话里肯定加否定的选择疑问句式。	（1）你看不看电影？ （2）你去不去逛街？ （3）你们来过没来过？ （4）你有没有钱？ （5）天黑没黑？
21	会不会、能不能： 这是普通话里肯定加否定的选择疑问句式。	（1）这种舞你会不会跳？ （2）（你会不会说英语？） （3）这东西能不能吃？

（续表）

	语　法	普通话的句子（语序或表达形式）
22	不知道、不认得（识）： 普通话的这种用法一些方言有不同的表示法。	（1）这件事我<u>不知道</u>。 （2）这个人我<u>不认得（识）</u>。
23	动 + 宾 + 补、动 + 补 + 宾： 普通话的这种用法一些方言有不同的表示法。	（1）我想<u>看他一下</u>。 （2）我<u>比（打、跑）得过他</u>。 （3）我<u>比（打、跑）不过他</u>。
24	双宾语： 普通话里的双宾句式动词后的"人"是间接宾语，"人"后面的宾语是直接宾语。	（1）我<u>给他三斤苹果</u>。 （2）（她）<u>送我一件衣服</u>。
25	状 + 动 / 形： 普通话的副词放在动词、形容词的前面做状语。	（1）别客气，你<u>先走</u>（去、洗、说、看、睡、吃）。 （2）上海<u>快到</u>了。 （3）你<u>再吃</u>一碗。 （4）他们<u>还没扫</u>干净。 （5）这朵花儿<u>很红</u>。
26	状 + 动 + 补： 普通话里"多""少"可用在动词前做状语，也可以用在动词、形容词后做补语。	（1）<u>多用</u>一点儿时间来陪孩子。 （2）你<u>多吃</u>一点儿。 （3）（这件衣服<u>便宜多了</u>。） （4）（今天<u>吃多了</u>，现在肚子有些不舒服。）
27	动 / 形 + 补： 普通话的这种句式一些方言有不同的表示法。	（1）衣服<u>叫他弄脏了</u>。 （2）这本书<u>给他弄丢了</u>。 （3）（他）把桌子<u>搬开了</u>。 （4）天气<u>热得很</u>。 （5）他<u>累得满头大汗</u>。
28	够 + 形、动 + 清楚 + 了： 普通话里的这两种句式表示动作或状态达到一定程度。	（1）（今天的）菜<u>够咸了</u>。 （2）我<u>听清楚了</u>。
29	动 + 得 / 不 + 了： 普通话表示可能或不可能的句式，一些方言有不同的表示法。	（1）你们<u>来得了来不了</u>？ （2）你<u>躲得了</u>和尚<u>躲不了</u>庙。 （3）妹妹只<u>吃得了</u>半碗饭。 （4）这件事现在还<u>定不了</u>。 （5）没有准备，我<u>发不了</u>言。 （6）这稿子明天<u>写得完</u>吗？
30	比较句： 普通话里表示比较时用"A+ 比 +B+ 比较语"句式。否定式为"A+ 没有 / 不 / 不会 + 比 +B+ 比较语"或"A+ 不如 / 没有 +B+ 比较语"。	（1）牛<u>比猪大得多</u>。 （2）我唱歌<u>比他好</u>。 （3）我一米六，你一米八，<u>我没有你高</u>。 （4）<u>一天更比一天好</u>。 （5）哥哥长得<u>不比我高</u>。

（续表）

	语　法	普通话的句子（语序或表达形式）
30		（6）全班没有比他再聪明的了。 （7）这件衣服不如那件漂亮。 （8）他不会比你差。
31	"把"字句： 普通里有一种用介词"把"将动词后的宾语提到动词前，表示对事物或现象处置的句式，叫"把"字句。	（1）我们把他抓起来。 （2）我把他拉上去。 （3）我把他推到地上。 （4）他把我关在门外了。
32	并列关系复句： 这是指两分句分别说明或描写几件事或一件事的几方面。分句间要用关联词语。	（1）咱们一边吃饭，一边说话。 （2）（他既是我的老师，也是我的朋友。）
33	取舍关系复句： 这是选择复句中的一种，两分句分别表示不同的事物，说话者已经决定二选一。分句间要用关联词语。	（1）宁肯我去，也不能叫你去。（我去） （2）（与其你去，还不如我去更好。）（我去）
34	假设关系复句： 这是指一个分句假设一种情况，另一个分句说明假设的情况实现了就会出现的结果。分句间要用关联词语。	（1）如果不是因为姐姐扶着我，我就跌倒在那儿了。 （2）如果不是因为你，妈妈就不来了。 （3）如果不是因为你碰它，盘子能打碎吗？

第二节　普通话与部分方言的语法差异和对照

一、普通话与部分方言的语法差异

下面31个语法点选自《普通话水平测试实施纲要》中第四部分的普通话与方言常见语法差异对照表。

1. 读下面的普通话句子

	普通话	方　言	
1	我买了一顶帽子、一条裤子。 Wó mǎile yì dǐng màozi, yì tiáo kùzi.	我买了一顶帽的、一条裤的。 我买了一顶帽儿、一条裤儿。	说明：方言中"词尾"的用法与普通话的不同
2	有一窝鸡都让狐狸吃了。 Yǒu yì wō jī dōu ràng húli chī le.	有一窝鸡都让狐的吃了。 有一窝鸡都让狐子给吃了。	
3	把瓶子上的盖儿拧开。 Bǎ píngzi shang de gàir nǐngkāi.	把瓶瓶上的盖盖拧开。	

2. 读下面的普通话句子

	普通话	方言	
1	这支笔是谁的？ Zhè zhī bǐ shì shéi de?	支笔是谁的？	说明：方言中没有普通话的"这"
2	这朵花真好看。 Zhè duǒ huā zhēn hǎokàn.	朵花真好看。	

3. 读下面的普通话句子

	普通话	方言	
1	这座山有一千九百五十米高。 Zhè zuò shān yǒu yìqiān jiúbǎi wǔshí mǐ gāo.	这座山有千九五米高。 这座山有一千九五米高。	说明：方言中"数量"的用法与普通话的不同
2	我们写作业用了一个半小时。 Wǒmen xiě zuòyè yòngle yí gè bàn xiǎoshí.	我们写作业用了一点半钟。 我们写作业用了点半钟。	

4. 读下面的普通话句子

	普通话	方言	
1	他大约要两三个月才能回来。 Tā dàyuē yào liǎng-sān gè yuè cái néng huílai.	他大约要二三个月才能回来。	说明：方言中"二"和"两"的用法与普通话的不同
2	下午两点多。 Xiàwǔ liáng diǎn duō.	下午二点多。	
3	我家住在二层。 Wǒ jiā zhù zài èr céng.	我家住在两层。	

5. 读下面的普通话句子

	普通话	方言	
1	把书给他。 Bǎ shū gěi tā.	把书把给他。 把书把他。	说明：方言中"给"的用法与普通话不同
2	给我一本书。 Géi wǒ yì běn shū.	拿一本书到我。	

6. 读下面的普通话句子

	普通话	方言	
1	他很不会说话。 Tā hěn bú huì shuō huà.	他很不能说话。	说明：方言中"能（善于）"的用法与普通话的不同

7. 读下面的普通话句子

	普通话	方　言	
1	这凳子能坐三个人。 Zhè dèngzi néng zuò sān gè rén.	这凳子坐得三个人。 这凳子会坐得三个人。 这凳子会坐三个人。	说明：方言中"能（可以）"的用法与普通话的不同
2	他能听得懂。 Tā néng tīng de dǒng.	他会听得来。 他听会来。 他能听得知。 他晓得听。	

8. 读下面的普通话句子

	普通话	方　言	
1	我正要吃饭去。 Wǒ zhèng yào chī fàn qu. 我正要去吃饭。 Wǒ zhèng yào qù chī fàn.	我来去吃饭。	说明：方言中"来、去"的用法与普通话的不同

9. 读下面的普通话句子

	普通话	方　言	
1	说起话来没个完。 Shuōqǐ huà lái méi gè wán.	说话起来没个完。	说明：方言中"起来"的用法与普通话的不同
2	下起雨来了。 Xiàqǐ yǔ lái le.	下雨开了。	

10. 读下面的普通话句子

	普通话	方　言	
1	他的手洗得很白。 Tā de shǒu xǐ de hěn bái.	他的手洗得白白。 他的手洗得白白白。	说明：方言中形容词重叠的用法与普通话的不同
2	他穿着淡红色衣服。 Tā chuānzhe dànhóngsè yīfu. 他穿着浅红色衣服。 Tā chuānzhe qiǎnhóngsè yīfu.	他穿着红红的衣服。	

11. 读下面的普通话句子

	普通话	方　言	
1	冬天北方非常冷。 Dōngtiān běifāng fēicháng lěng.	冬天北方过冷。 冬天北方老冷。 冬天北方异冷。	说明：方言中程度副词的用法与普通话的不同

（续表）

	普通话	方　言	
2	我太紧张了。 Wǒ tài jǐnzhāng le.	我过紧张了。 我忒紧张了。 我太过紧张了。	说明：方言中程度副词的用法与普通话的不同

12. 读下面的普通话句子

	普通话	方　言	
1	你们都出去。 Nǐmen dōu chūqu. 你们全出去。 Nǐmen quán chūqu. 你们全都出去。 Nǐmen quándōu chūqu.	你们出出去。	说明：方言中范围副词的用法与普通话的不同
2	都收起来。 Dōu shōu qilai.	收收起来。	

13. 读下面的普通话句子

	普通话	方　言	
1	你去，我不去。 Nǐ qù, wǒ bú qù.	你去，我没有去。	说明：方言中否定副词"不"的用法与普通话的不同
2	我吃不到荔枝。 Wǒ chī bu dào lìzhī.	我吃没有荔枝。	

14. 读下面的普通话句子

	普通话	方　言	
1	我的书被别人借走了。 Wǒ de shū bèi biérén jièzǒu le.	我的书遭别人借走啰。 我的书拿给别人借走了。	说明：方言中介词"被"的用法与普通话的不同
2	我们被他骂了一顿。 Wǒmen bèi tā màle yí dùn.	我们遭他骂了一顿。 我们招他骂了一顿。	

15. 读下面的普通话句子

	普通话	方　言	
1	从杭州出发。 Cóng Hángzhōu chūfā.	对杭州出发。 起杭州出发。	说明：方言中介词"从、在、到、向、往"的用法与普通话的不同

	普通话	方　言	
2	面包掉在地上了。 Miànbāo diào zài dì shang le.	面包掉<u>咧</u>地上了。 面包掉<u>撂</u>地上了。	说明：方言中介词"从、在、到、向、往"的用法与普通话的不同
3	把花放到窗台上吧。 Bǎ huā fàng dào chuāngtái shang ba.	把花放<u>咧</u>窗台上吧。 把花放<u>撂</u>窗台上吧。	
4	向老师借书。 Xiàng lǎoshī jiè shū.	<u>给</u>老师借书。	
5	你往东走，我往西走。 Nǐ wǎng dōng zǒu, wǒ wǎng xī zǒu.	你<u>去</u>东走，我<u>去</u>西走。	

16. 读下面的普通话句子

	普通话	方　言	
1	我带着钱呢。 Wǒ dàizhe qián ne.	我带<u>得有</u>钱。	说明：方言中动态助词"着、了、过"的用法与普通话的不同
2	给你留了包子。 Géi nǐ liúle bāozi.	给你留<u>得有</u>包子。	
3	这件事我说过。 Zhè jiàn shì wǒ shuōguo.	这件事我<u>有</u>说。 这件事我<u>有</u>说过。	

17. 读下面的普通话句子

	普通话	方　言	
1	这是你的字典。 Zhè shì nǐ de zìdiǎn.	这是你<u>葛</u>字典。	说明：方言中结构助词"的、地"的用法与普通话的不同
2	我们慢慢地走。 Wǒmen mànmàn de zǒu.	我们慢慢<u>子</u>走。	

18. 读下面的普通话句子

	普通话	方　言	
1	先坐下，你别慌嘛。 Xiān zuòxia, nǐ bié huāng ma.	先坐下，你别慌<u>吵</u>。 先坐下，你不慌<u>着</u>。	说明：方言中语气词的用法与普通话的不同
2	姐姐看孩子呢。 Jiějie kān háizi ne.	姐姐看孩子<u>的嘞</u>。 姐姐看孩子<u>的哩</u>。	

19. 读下面的普通话句子

	普通话	方　言	
1	开了一朵红花。 Kāile yì duǒ hóng huā.	开了一<u>圪</u>朵红花。	说明：方言中用前缀的方法，普通话里没有

（续表）

	普通话	方言	
2	溅了一地水。 Jiànle yí dì shuǐ.	不溅了一地水。	说明：方言中用前缀的方法，普通话里没有

20. 读下面的普通话句子

	普通话	方言	
1	你看不看电影？ Nǐ kàn bu kàn diànyǐng?	你是不看电影？	说明：方言中"动不动、形不形"句式与普通话的不同
2	这菊花香不香？ Zhè júhuā xiāng bu xiāng?	这菊花香香？	

21. 读下面的普通话句子

	普通话	方言	
1	这种舞你会不会跳？ Zhè zhǒng wǔ nǐ huì bu huì tiào? 你会跳这种舞吗？ Nǐ huì tiào zhè zhǒng wǔ ma? 这种舞你会跳不会跳？ Zhè zhǒng wǔ nǐ huì tiào bú huì tiào?	这种舞你跳得来跳不来？ 你跳得来这起舞不？ 这种舞你跳得来不？	说明：方言中"会不会、能不能"用法与普通话的不同
2	这东西能不能吃？ Zhè dōngxi néng bu néng chī? 这东西能吃不能吃？ Zhè dōngxi néng chī bù néng chī?	这东西吃得不？	

22. 读下面的普通话句子

	普通话	方言	
1	这件事我不知道。 Zhè jiàn shì wǒ bù zhīdao.	这件事我知不道。 这件事我晓不得。	说明：方言中"不知道、不认得"用法与普通话的不同
2	这个人我不认得。 Zhège rén wǒ bú rènde.	这个人我认不到。 这个人我不会认得到。	

23. 读下面的普通话句子

	普通话	方言	
1	我想看他一下。 Wó xiǎng kàn tā yíxià.	我想看他下子。	说明：方言中"动+宾+补、动+补+宾"句式与普通话的不同
2	我说（比、打、跑）得过他。 Wǒ shuō (bǐ、dǎ、pǎo) de guò tā.	我说（比、打、跑）他得过。 我说（比、打、跑）得他过。	

24. 读下面的普通话句子

	普通话	方言	
1	我给他三斤苹果。 Wó gěi tā sān jīn píngguǒ.	我给三斤苹果他。 我苹果给他三斤。 我给三斤苹果给他。 我苹果三斤给他。	说明：方言中双宾语句式与普通话的不同

25. 读下面的普通话句子

	普通话	方言	
1	注意，少喝点儿酒对身体有好处。 Zhùyì, shǎo hē diánr jiǔ duì shēntǐ yóu hǎochù.	注意，喝少点儿酒对身体有好处。	说明：方言中"状+动/形"句式与普通话的不同
2	他们还没扫干净。 Tāmen hái méi sǎo gānjìng.	他们扫还没干净。	

26. 读下面的普通话句子

	普通话	方言	
1	天气热得很。 Tiānqì rè de hěn.	天热得太太。 天热得来来。	说明：方言中"形/动+补"句式与普通话的不同
2	把桌子搬开了。 Bǎ zhuōzi bānkāi le.	把桌子搬转了。	

27. 读下面的普通话句子

	普通话	方言	
1	菜够咸了。 Cài gòu xián le.	菜有咸。	说明：方言中"够+形、动+清楚了"句式与普通话的不同
2	我听清楚了。 Wǒ tīng qīngchu le.	我听有。	

28. 读下面的普通话句子

	普通话	方言	
1	牛比猪大很多。 Niú bǐ zhū dà hěn duō.	牛大过猪很多。	说明：方言中的比较句与普通话的不同
2	我不如他。 Wǒ bùrú tā.	我不值他。 我没有他有料。	

29. 读下面的普通话句子

	普通话	方言	
1	我把他拉上去。 Wó bǎ tā lā shangqu.	我拉他上去。 我拉上他去。	说明：方言中的"把"字句与普通话的不同

(续表)

	普通话	方言	
2	他把我关在门外了。 Tā bǎ wǒ guān zài mén wài le.	他关我门外了。	说明：方言中的"把"字句与普通话的不同

30. 读下面的普通话句子

	普通话	方言	
1	宁肯我去，也不能叫你去。 Nìngkěn wǒ qù, yě bù néng jiào nǐ qù.	能我去，也不能叫你去。 就算我去，也不能叫你去。 就是我去，也不能叫你去。 情愿我去，也不能叫你去。	说明：方言中取舍关系复句和关联词语与普通话的不同

31. 读下面的普通话句子

	普通话	方言	
1	如果不是因为你，妈妈就不来了。 Rúguǒ bú shì yīnwèi nǐ, māma jiù bù lái le.	不着你，妈妈就不来了。	说明：方言中假设关系复句和关联词语与普通话的不同

二、普通话与部分方言的对照

1. 普通话与广州话的对照

广州话选自曾子凡的《广州话·普通话口语词对译手册》。

读普通话的句子：

	普通话	广州话
1	让我先休息一下吧。 Ràng wǒ xiān xiūxi yíxià ba.	听我休吓息先喇。
2	他到办公室去。 Tā dào bàngōngshì qù.	他去写字楼。
3	他大概一个月就回来。 Tā dàgài yí gè yuè jiù huílai.	他一个月度就返。
4	他能吃一碗多。 Tā néng chī yì wǎn duō.	他食得一碗有多。
5	人多人少不要紧。 Rén duō rén shǎo bú yàojǐn.	多人少人唔紧要。
6	这么着急就先走吧。 Zhème zháo jí jiù xiān zǒu ba.	咁急就行先喇。
7	整天洗澡还是感到热。 Zhěng tiān xí zǎo háishi gǎndào rè.	成日冲凉都仲系热。

（续表）

	普通话	广州话
8	你的衣服穿起来真是样儿。 Nǐ de yīfu chuān qilai zhēn shì yàngr.	你件衫真係有型有款。
9	三点前赶回来。 Sān diǎn qián gǎn huilai.	三点前返唔切。
10	一天到晚没有一点儿空儿。 Yìtiān-dàowǎn méiyǒu yìdiǎnr kòngr.	一日到黑周身唔得闲。

2. 普通话与福建话的对照

福建话选自何耿丰、黄景湖的《福建人怎样学习普通话》。

读普通话的句子：

	普通话	福建话
1	她一分钟能不能打一百五十个字？ Tā yì fēnzhōng néng bu néng dǎ yìbǎi wǔshí gè zì?	她一分钟会不会打一百五十字？
2	给我一本书。 Gěi wǒ yì běn shū.	一本书给我。
3	田里水够了，不要再放水了。 Tián li shuǐ gòu le, búyào zài fàng shuǐ le.	田里水够了，不敢再放水。
4	他看书认真。 Tā kàn shū rènzhēn.	他看书有认真。
5	我买得到，你买不到。 Wó mǎi de dào, ní mǎi bu dào.	我买有，你买没有。
6	哥哥边吃饭边说笑话不好。 Gēge biān chī fàn biān shuō xiàohua bù hǎo.	哥哥㑑吃饭㑑讲笑话不好。
7	他昨天被蛇咬了。 Tā zuótiān bèi shé yǎo le.	他昨天乞蛇咬了。
8	把他抓来。 Bǎ tā zhuālái.	给他抓来。
9	他们两人一样高。 Tāmen liǎng rén yíyàng gāo.	他们两人平平高。
10	这架机器非常新。 Zhè jià jīqì fēicháng xīn.	这架机器新新。

3. 普通话与山东话的对照

山东话选自钱曾怡的《山东人学习普通话指南》。

读普通话的句子：

	普通话	山东话
1	吃了饭就走。 Chīle fàn jiù zǒu.	吃儿饭就走。
2	你在家干什么呢？ Nǐ zàijiā gàn shénme ne?	你在家干么儿来？
3	他聪明不聪明？ Tā cōngming bù cōngming?	他聪聪明？
4	好好儿走，小心摔倒了。 Hǎohāor zǒu, xiǎoxīn shuāidǎo le.	好好走，看摔倒了可。
5	变了质的东西吃不得。 Biànle zhì de dōngxi chī bu de.	变儿质的东西不能吃。
6	掉在地上了。 Diào zài dì shang le.	掉地上了。
7	宁肯我去，也不能叫你去。 Nìngkén wǒ qù, yě bù néng jiào nǐ qù.	马非儿我去，也不能叫你去。
8	既然下雨了，你就不要去了。 Jìrán xià yǔ le, nǐ jiù búyào qù le.	自凡下雨了，你就不要去了。
9	把桌子擦擦。 Bǎ zhuōzi cāca.	来桌子擦擦。 败桌子擦擦。
10	他比你高。 Tā bí nǐ gāo.	他伴你高。

第三节 普通话句子的选择判断模拟试题

测试内容	评分标准
语序或表达判断每套题有 5 组，共 2.5 分。	判断错误：每组扣 0.5 分。

该项测试的目的是测查应试人使用普通话语法的规范程度。下面有六套模拟试题，这些普通话与方言不同，需要应试人判断并读出普通话的句子。

一、试题

模拟试题一

请选择判断并读出普通话的句子

1	A. 有一窝鸡都让狐狸吃了。	B. 有一窝鸡都让狐子吃了。
	C. 有一窝鸡都让狐的吃了。	

（续表）

2	A. 这座山有一千九五米高。	B. 这座山有一千九百五十米高。
	C. 这座山有千九五米高。	

3	A. 这凳子坐得三个人。	B. 这凳子会坐三个人。
	C. 这凳子能坐三个人。	D. 这凳子会坐得三个人。

4	A. 冬天北方过冷。	B. 冬天北方异冷。
	C. 冬天北方老冷。	D. 冬天北方非常冷。

5	A. 我的书遭别人借走了。	B. 我的书拿给别人借走了。
	C. 我的书被别人借走了。	

模拟试题二

请选择判断并读出普通话的句子

1	A. 这种舞你跳得来跳不来？	B. 这种舞你会不会跳？
	C. 你跳得来这起舞不？	D. 这种舞你跳得来不？

2	A. 我给他三斤苹果。	B. 我苹果给他三斤。
	C. 我苹果三斤给他。	D. 我给三斤苹果他。

3	A. 一本书给我。	B. 拿一本书到我。
	C. 给我一本书。	

4	A. 我把他拉上去。	B. 我拉上他去。
	C. 我拉他上去。	

5	A 情愿我去，也不能叫你去。	B. 就算我去，也不能叫你去。
	C. 就是我去，也不能叫你去。	D. 宁肯我去，也不能叫你去。
	E. 马非儿我去，也不能叫你去。	

模拟试题三

请选择判断并读出普通话的句子

1	A. 我买了一顶帽子、一条裤子。	B. 我买了一顶帽儿、一条裤儿。
	C. 我买了一顶帽的、一条裤的。	

2	A. 我们写作业用了一点半钟。	B. 我们写作业用了点半钟。
	C. 我们写作业用了一个半小时。	

3	A. 把书把给他。	B. 把书给他。
	C. 把书把他。	

4	A. 他能听得懂。	B. 他会听得懂。
	C. 他能听得知。	

5	A. 说话起来没个完。	B. 话说起来没个完。
	C. 说起话来没个完。	

模拟试题四

请选择判断并读出普通话的句子

1	A. 他的手洗得白白。	B. 他的手洗得白白白。
	C. 他的手洗得很白。	

2	A. 从杭州出发。	B. 起杭州出发。
	C. 对杭州出发。	

3	A. 把花放撂窗台上吧。	B. 把花放到窗台上吧。
	C. 把花放咧窗台上吧。	

4	A. 这件事我说过。	B. 这件事我有说过。
	C. 这件事我有说。	

5	A. 姐姐看孩子嘞。	B. 姐姐看孩子哩。
	C. 姐姐看孩子呢。	

模拟试题五

请选择判断并读出普通话的句子

1	A. 来桌子擦擦。	B. 败桌子擦擦。
	C. 把桌子擦擦。	

| 2 | A. 他们两人一样高。 | B. 他们两人平平高。 |

| 3 | A. 我买有，你买没有。 | B. 我买得到，你买不到。 |

| 4 | A. 他能吃一碗多。 | B. 他食得一碗有多。 |

| 5 | A. 这架机器新新。 | B. 这架机器非常新。 |

模拟试题六

请选择判断并读出普通话的句子

1	A. 成日冲凉都仲係热。	B. 整天洗澡还是感到热。
2	A. 他大概一个月就回来。	B. 他一个月度就返。
3	A. 多人少人唔要紧。	B. 人多人少不要紧。
4	A. 他昨天乞蛇咬了。	B. 他昨天被蛇咬了。
5	A. 你在家干什么呢？	B. 你在家干么儿来？

二、答案

模拟试题一

1. A. 有一窝鸡都让狐狸吃了。　　（Yǒu yì wō jī dōu ràng húli chī le.）
2. B. 这座山有一千九百五十米高。（Zhè zuò shān yǒu yìqiān jiúbǎi wǔshí mǐ gāo.）
3. C. 这凳子能坐三个人。　　　　（Zhè dèngzi néng zuò sān gè rén.）
4. D. 冬天北方非常冷。　　　　　（Dōngtiān běifāng fēicháng lěng.）
5. C. 我的书被别人借走了。　　　（Wǒ de shū bèi biérén jièzǒu le.）

模拟试题二

1. B. 这种舞你会不会跳？　　（Zhè zhóng wǔ nǐ huì bu huì tiào?）
2. A. 我给他三斤苹果。　　　（Wó gěi tā sān jīn píngguǒ.）
3. C. 给我一本书。　　　　　（Géi wǒ yì běn shū.）
4. A. 我把他拉上去。　　　　（Wó bǎ tā lā shangqu.）
5. D. 宁肯我去，也不能叫你去。（Nìngkén wǒ qù, yě bù néng jiào nǐ qù.）

模拟试题三

1. A. 我买了一顶帽子、一条裤子。　（Wó mǎile yì dǐng màozi, yì tiáo kùzi.）
2. C. 我们写作业用了一个半小时。　（Wǒmen xiě zuòyè yòngle yí gè bàn xiǎoshí.）
3. B. 把书给他。　　　　　　　　　（Bǎ shū gěi tā.）
4. A. 他能听得懂。　　　　　　　　（Tā néng tīng de dǒng.）
5. C. 说起话来没个完。　　　　　　（Shuōqǐ huà lái méi gè wán.）

模拟试题四

1. C. 他的手洗得很白。　　（Tā de shǒu xǐ de hěn bái.）
2. A. 从杭州出发。　　　　（Cóng Hángzhōu chūfā.）
3. B. 把花放到窗台上吧。　（Bǎ huā fàng dào chuāngtái shàng ba.）

4. A. 这件事我说过。　　　　　　　　（Zhè jiàn shì wǒ shuōguo.）
5. C. 姐姐看孩子呢。　　　　　　　　（Jiějie kān háizi ne.）

模拟试题五

1. C. 把桌子擦擦。　　　　　　　　　（Bǎ zhuōzi cāca.）
2. A. 他们两人一样高。　　　　　　　（Tāmen liǎng rén yíyàng gāo.）
3. B. 我买得到，你买不到。　　　　　（Wó mǎi de dào, ní mǎi bu dào.）
4. A. 他能吃一碗多。　　　　　　　　（Tā néng chī yì wǎn duō.）
5. B. 这架机器非常新。　　　　　　　（Zhè jià jīqì fēicháng xīn.）

模拟试题六

1. B. 整天洗澡还是感到热。　　　　　（Zhěng tiān xí zǎo háishi gǎndào rè.）
2. A. 他大概一个月就回来。　　　　　（Tā dàgài yí gè yuè jiù huílai.）
3. B. 人多人少不要紧。　　　　　　　（Rén duō rén shǎo bú yàojǐn.）
4. B. 他昨天被蛇咬了。　　　　　　　（Tā zuótiān bèi shé yǎo le.）
5. A. 你在家干什么呢？　　　　　　　（Nǐ zài jiā gàn shénme ne?）

第五章　朗读短文

　　这是普通话水平测试的第四项，要求应试人从《普通话水平测试用朗读作品》中选取一篇朗读，限时4分钟，以测查应试人使用普通话朗读书面作品的水平。本项测试在测查应试人声母、韵母、声调读音标准程度的同时，重点测查连读音变、停连、语调以及流畅程度。

　　本部分的测试要求和评分标准如下：

测试要求		评分标准
1. 朗读短文，即朗读1篇短文，篇幅为400字。 2. 限时4分钟，超时扣1分。	字音评分	每错一个音节，扣0.1分。 漏读一个音节，扣0.1分。 增读一个音节，扣0.1分。
	分项评分	声母或韵母系统性缺陷，视程度扣0.5分、1分。 语调偏误，视程度扣0.5分、1分、2分。 停连不当，视程度扣0.5分、1分、2分。 朗读不流畅（包括回读），视程度扣0.5分、1分、2分。

作品1号

一、读词语

（一）第二声相连的词语

1. 绝无（jué wú）	2. 绝无横斜（jué wú héng xié）	3. 成为（chéngwéi）
4. 白杨树（báiyángshù）	5. 然而（rán'ér）	6. 盘旋（pánxuán）
7. 平凡（píngfán）	8. 农民（nóngmín）	

（二）第四声相连的词语

1. 像是（xiàng shì）	2. 向上（xiàng shàng）	3. 片片（piànpiàn）
4. 这就是（zhè jiù shì）	5. 但是（dànshì）	6. 却是（què shì）
7. 大地（dàdì）		

（三）第三声相连的词语

1. 所有（suóyǒu）	2. 紧紧（jínjǐn）	3. 只有（zhíyǒu）
4. 也许（yéxǔ）	5. 女子（nǔzǐ）	

（四）"一、不"与词语相连

1. 一种（yì zhǒng）	2. 一株（yì zhū）	3. 一排（yì pái）
4. 一律（yílǜ）	5. 一丈（yí zhàng）	6. 一束（yí shù）

1. 不用（búyòng）	2. 不折不挠（bùzhé-bùnáo）	3. 不是（bú shì）
4. 不美丽（bù měilì）	5. 不缺乏（bù quēfá）	6. 不想到（bù xiǎngdào）
7. 不屈（bùqū）	8. 不联想（bù liánxiǎng）	

（五）轻声词语

1. 似的（shìde）	2. 叶子（yèzi）	3. 保持着（bǎochízhe）
4. 对抗着（duìkàngzhe）	5. 那么（nàme）	6. 算不得（suànbude）
7. 高原上（gāoyuán shang）	8. 这么（zhème）	9. 觉得（juéde）
10. 象征了（xiàngzhēngle）		

（六）儿化词语

| 1. 一点儿（yìdiǎnr） | | |

二、读句子

注意："/"表示停顿的位置，从单斜线到三斜线表示停顿的时间依次变长。下同。

它 / 没有 / 婆娑 的 姿态，// 没有 / 屈曲 盘旋 的 虬枝，// 也许 / 你要 说 / 它不
Tā méiyǒu pósuō de zītài, méiyǒu qūqū pánxuán de qiúzhī, yéxǔ nǐ yào shuō tā bù

美丽，// ——如果 / 美 是 专指 "婆娑" 或 "横 斜 逸出" 之类 而言，// 那么 /
měilì, ——Rúguǒ měi shì zhuān zhǐ "pósuō" huò "héng xié yìchū" zhī lèi ér yán, nàme,

白杨树 / 算不得 / 树 中 的 好女子；// 但是 / 它 却 是 伟岸，// 正直，// 朴质，//
báiyángshù suànbude shù zhōng de hǎo nǚzǐ; dànshì tā què shì wěi'àn, zhèngzhí, pǔzhì,

严肃，// 也不 缺乏 温和，// 更 不用 提 / 它 的 坚强 不屈与 挺拔，// 它是 / 树
yánsù, yě bù quēfá wēnhé, gèng búyòng tí tā de jiānqiáng bùqū yú tǐngbá, tā shì shù

中 的 伟丈夫！///
zhōng de wěizhàngfū!

三、读作品 1 号

那是 力争 上游 的一种 树，笔直的干，笔直的枝。它的干呢，
Nà shì lìzhēng shàngyóu de yì zhǒng shù, bǐzhí de gàn, bǐzhí de zhī. Tā de gàn ne,

通常 是 丈 把 高，像 是 加以 人工 似的，一 丈 以内, 绝无 旁枝；它
tōngcháng shì zhàng bǎ gāo, xiàng shì jiāyǐ réngōng shìde, yí zhàng yǐnèi, jué wú pángzhī; tā

所有 的 丫枝呢，一律 向 上，而且 紧紧 靠拢，也 像 是 加以 人工 似的，
suóyǒu de yāzhī ne, yílǜ xiàng shàng, érqiě jǐnjǐn kàolǒng, yě xiàng shì jiāyǐ réngōng shìde,

成为一束,绝无横斜逸出;它的宽大的叶子也是片片向上,几乎没有斜生的,更不用说倒垂了;它的皮,光滑而有银色的晕圈,微微泛出淡青色。这是虽在北方的风雪的压迫下却保持着倔强挺立的一种树!哪怕只有碗来粗细罢,它却努力向上发展,高到丈许,两丈,参天耸立,不折不挠,对抗着西北风。

　　这就是白杨树,西北极普通的一种树,然而决不是平凡的树!

　　它没有婆娑的姿态,没有屈曲盘旋的虬枝,也许你要说它不美丽,——如果美是专指"婆娑"或"横斜逸出"之类而言,那么,白杨树算不得树中的好女子;但是它却是伟岸,正直,朴质,严肃,也不缺乏温和,更不用提它的坚强不屈与挺拔,它是树中的伟丈夫!当你在积雪初融的高原上走过,看见平坦的大地上傲然挺立这么一株或一排白杨树,难道你就只觉得树只是树,难道你就不想到它的朴质,严肃,坚强不屈,至少也象征了北方的农民;难道你竟一点儿也不联想到,在敌后的广大土//地上,……

节选自茅盾《白杨礼赞》

作品 2 号

一、读词语

（一）第二声相连的词语

| 1. 同龄（tónglíng） | 2. 同时（tóngshí） | 3. 农民（nóngmín） |

（二）第四声相连的词语

| 1. 受雇（shòu gù） | 2. 店铺（diànpù） | 3. 踏步（tàbù） | 4. 待遇（dàiyù） |
| 5. 现在（xiànzài） | 6. 汇报（huìbào） | 7. 坐到（zuòdào） | 8. 质量（zhìliàng） |

（三）第三声相连的词语

| 1. 小伙子（xiáohuǒzi） | 2. 老板（láobǎn） | 3. 只有（zhíyǒu） |

（四）"一、不"与词语相连

1. 一家（yì jiā）	2. 一段（yí duàn）	3. 一天（yìtiān）
4. 一边（yìbiān）	5. 一下儿（yíxiàr）	6. 一个（yí gè）
7. 一车（yì chē）	8. 一共（yígòng）	9. 一句（yí jù）

| 1. 不满意（bù mǎnyì） | 2. 不公正（bù gōngzhèng） | 3. 不要（búyào） |
| 4. 不错（búcuò） | | |

（五）轻声词语

1. 薪水（xīnshui）	2. 发牢骚了（fā láosao le）	3. 听着（tīngzhe）
4. 抱怨（bàoyuan）	5. 心里（xīnli）	6. 盘算着（pánsuanzhe）
7. 清楚（qīngchu）	8. 先生（xiānsheng）	9. 集市上（jíshì shang）
10. 看看（kànkan）	11. 早上（zǎoshang）	12. 什么（shénme）
13. 多少（duōshao）	14. 帽子（màozi）	15. 告诉（gàosu）
16. 回来了（huílai le）	17. 口袋（kǒudai）	18. 公道（gōngdao）
19. 他们铺子（tāmen pùzi）	20. 小伙子（xiáohuǒzi）	

（六）儿化词语

| 1. 一下儿（yíxiàr） | | |

二、读句子

土豆　质量／很　不错，∥他／带　回来一个／让　老板／看看。∥这个　农民／一个
Tǔdòu zhìliàng hěn búcuò, tā dài huilai yí gè ràng láobǎn kànkan. Zhège nóngmín yí gè

钟头　　以后/还会　弄来　几箱　西红柿，//据他看/价格　非常　　公道。//昨天
zhōngtóu yǐhòu hái huì nónglái jǐ xiāng xīhóngshì, jù tā kàn jiàgé fēicháng gōngdao. Zuótiān

他们　铺子的　西红柿/卖　得　很　快，//库存　已经　不　多了。///
tāmen pùzi de xīhóngshì mài de hěn kuài, kùcún yǐjīng bù duō le.

三、读作品 2 号

两　个　同龄　的　年轻人　　同时　受雇于 一家 店铺，并且 拿 同样 的
Liǎng gè tónglíng de niánqīngrén tóngshí shòu gù yú yì jiā diànpù, bìngqiě ná tóngyàng de

薪水。
xīnshui.

可是 一段　时间　后，叫 阿诺德 的那个 小伙子　　青云直上，而那个 叫
Kěshì yí duàn shíjiān hòu, jiào Ānuòdé de nàge xiáohuǒzi qīngyún-zhíshàng, ér nàge jiào

布鲁诺 的 小伙子 却　仍 在 原地 踏步。布鲁诺 很 不 满意 老板 的 不　公正
Bùlǔnuò de xiáohuǒzi què réng zài yuándì tàbù. Bùlǔnuò hěn bù mǎnyì lǎobǎn de bù gōngzhèng

待遇。终于 有 一天 他 到 老板 那儿 发牢骚 了。老板 一边　耐心 地 听着 他的
dàiyù. Zhōngyú yǒu yìtiān tā dào lǎobǎn nàr fā láosao le. Lǎobǎn yìbiān nàixīn de tīngzhe tā de

抱怨，　一边 在 心里　盘算着　　怎样　　向 他 解释 清楚 他 和 阿诺德 之间 的
bàoyuan, yìbiān zài xīnli pánsuanzhe zěnyàng xiàng tā jiěshì qīngchu tā hé Ānuòdé zhī jiān de

差别。
chābié.

"布鲁诺　先生，"　老板 开 口 说　话 了，"您　现在　到 集市 上　去 一下儿，
"Bùlǔnuò xiānsheng," Lǎobǎn kāi kǒu shuō huà le, "nín xiànzài dào jíshì shang qù yíxiàr,

看看　今天　早上　有　什么 卖的。"
kànkan jīntiān zǎoshang yǒu shénme mài de."

布鲁诺　从 集市 上　回来　向　老板　汇报 说，今早 集市 上　只有 一个
Bùlǔnuò cóng jíshì shang huílai xiàng lǎobǎn huìbào shuō, jīn zǎo jíshì shang zhí yǒu yí gè

农民　拉了一车　土豆在卖。
nóngmín lāle yì chē tǔdòu zài mài.

"有　多少？" 老板　问。
"Yǒu duōshao?" Lǎobǎn wèn.

布鲁诺 赶快 戴上 帽子又 跑到 集上，然后 回来 告诉 老板 一共
Bùlǔnuò gǎnkuài dàishang màozi yòu pǎodào jí shang, ránhòu huílai gàosu lǎobǎn yígòng

四十 袋 土豆。
sìshí dài tǔdòu.

"价格 是 多少？"
"Jiàgé shì duōshao?"

布鲁诺 又 第三 次 跑到 集 上 问来了 价格。
Bùlǔnuò yòu dì-sān cì pǎodào jí shang wènláile jiàgé.

"好 吧，"老板 对 他 说，"现在 请 您 坐到 这把椅子上 一句话也
"Hǎo ba," Lǎobǎn duì tā shuō, "xiànzài qǐng nín zuòdào zhè bǎ yǐzi shang yí jù huà yě

不要 说， 看看 阿诺德 怎么 说。"
búyào shuō, kànkan Ānuòdé zěnme shuō."

阿诺德 很 快 就 从 集市 上 回来了。向 老板 汇报 说 到 现在 为止
Ānuòdé hěn kuài jiù cóng jíshì shang huílai le. Xiàng lǎobǎn huìbào shuō dào xiànzài wéizhǐ

只有一个 农民 在卖 土豆,一共 四十 口袋, 价格是 多少 多少； 土豆
zhǐ yǒu yí gè nóngmín zài mài tǔdòu, yígòng sìshí kǒudai, jiàgé shì duōshao duōshao; tǔdòu

质量 很 不错,他 带回来一个 让 老板 看看。这个 农民 一个 钟头 以后
zhìliàng hěn búcuò, tā dài huilai yí gè ràng lǎobǎn kànkan. Zhège nóngmín yí gè zhōngtóu yǐhòu

还会 弄来几箱 西红柿,据他看 价格非常 公道。 昨天 他们 铺子 的
hái huì nònglái jǐ xiāng xīhóngshì, jù tā kàn jiàgé fēicháng gōngdao. Zuótiān tāmen pùzi de

西红柿 卖得很 快，库存 已经 不//多了。……
xīhóngshì mài de hěn kuài, kùcún yǐjīng bù//duō le…

节选 自 张 健鹏、 胡 足青 主编《故事 时代》 中 《差别》
Jiéxuǎn zì Zhāng Jiànpéng, Hú Zúqīng zhǔbiān《Gùshi Shídài》zhōng《Chābié》

作品 3 号

一、读词语

（一）第二声相连的词语

| 1. 常常（chángcháng） | 2. 门前（mén qián） | 3. 时节（shíjié） |
| 4. 时时（shíshí） | 5. 原来（yuánlái） | |

（二）第四声相连的词语

1. 那块（nà kuài）	2. 卧在（wò zài）	3. 占地面（zhàn dìmiàn）
4. 那样（nàyàng）	5. 细腻（xìnì）	6. 刻字（kè zì）
7. 庇覆（bìfù）	8. 上下（shàngxià）	9. 竟锈上了（jìng xiùshangle）
10. 咒骂（zhòumà）	11. 路过（lùguò）	

（三）第三声相连的词语

1. 黑黝黝（hēiyóuyǒu）	2. 可以（kéyǐ）	3. 也讨厌起（yé tǎoyàn qǐ）
4. 只好（zhíhǎo）	5. 使我们（shí wǒmen）	

（四）"一、不"与词语相连

1. 一日（yí rì）	2. 一个（yí gè）	3. 一块（yí kuài）
4. 一件（yí jiàn）	5. 一躺（yì tǎng）	

1. 不去（bú qù）	2. 不像（bú xiàng）	3. 不再（bú zài）
4. 不足（bùzú）	5. 不久（bùjiǔ）	

（五）轻声词语

1. 那里（nàli）	2. 似的（shìde）	3. 时候（shíhou）
4. 在这里的（zài zhèli de）	5. 摊了麦子（tānle màizi）	6. 奶奶（nǎinai）
7. 静静地（jìngjìng de）	8. 慢慢地（mànmàn de）	9. 做孩子的（zuò háizi de）
10. 力气（lìqi）	11. 村子里（cūnzi li）	12. 石头（shítou）
13. 落下来（luò xialai）	14. 了不起（liǎobuqǐ）	15. 东西（dōngxi）
16. 是天上的啊（shì tiānshàng de ya）		

二、读句子

它／不 像 汉白玉／那样 的 细腻，∥可以／刻字雕 花，∥也不像 大 青石／
Tā bú xiàng hànbáiyù nàyàng de xìnì, kéyǐ kè zì diāo huā, yě bú xiàng dà qīngshí

那样 的 光滑，∥可以 供 来／浣 纱 捶布。∥∥它／静静 地／卧在 那里，∥院
nàyàng de guānghuá, kéyǐ gōng lái huàn shā chuí bù. Tā jìngjìng de wò zài nàli, yuàn

边 的 槐荫／ 没有 庇覆它，∥花儿 也不再／在 它 身边／ 生长。∥ 荒草／ 便
biān de huáiyīn méiyǒu bìfù tā, huā'ér yě bú zài zài tā shēnbiān shēngzhǎng. Huāngcǎo biàn

繁衍 出来，∥枝蔓／ 上下，∥ 慢慢 地，／它／竟 锈上了／绿苔、黑 斑。∥∥
fányǎn chulai, zhīmàn shàngxià, mànmàn de, tā jìng xiùshangle lǜ tái, hēi bān.

三、读作品3号

我常常遗憾我家门前那块丑石:它黑黝黝地卧在那里,牛似的模样;谁也不知道是什么时候留在这里的,谁也不去理会它。只是麦收时节,门前摊了麦子,奶奶总是说:这块丑石,多占地面呀,抽空把它搬走吧。

它不像汉白玉那样的细腻,可以刻字雕花,也不像大青石那样的光滑,可以供来浣纱捶布。它静静地卧在那里,院边的槐荫没有庇覆它,花儿也不再在它身边生长。荒草便繁衍出来,枝蔓上下,慢慢地,它竟锈上了绿苔、黑斑。我们这些做孩子的,也讨厌起它来,曾合伙要搬走它,但力气又不足;虽时时咒骂它,嫌弃它,也无可奈何,只好任它留在那里了。

终有一日,村子里来了一个天文学家。他在我家门前路过,突然发现了这块石头,眼光立即就拉直了。他再没有离开,就住了下来;以后又来了好些人,都说这是一块陨石,从天上落下来已经有二三百年了,是一件了不起的东西。不久便来了车,小心翼翼地将它运走了。

这 使 我们 都 很 惊奇，这 又 怪 又 丑 的 石头，原来 是 天上 的 啊！
Zhè shǐ wǒmen dōu hěn jīngqí, zhè yòu guài yòu chǒu de shítou, yuánlái shì tiānshàng de ya!

它 补过 天，在 天上 发过 热、闪过 光，我们 的 先祖 或许 仰望过 它，
Tā bǔguo tiān, zài tiānshang fāguo rè, shǎnguo guāng, wǒmen de xiānzǔ huòxǔ yǎngwàngguo tā,

它 给了 他们 光明、 向往、 憧憬；而 它 落 下来 了，在 污土 里，荒草 里，一
tā gěile tāmen guāngmíng, xiàngwǎng, chōngjǐng; ér tā luò xialai le, zài wū tǔ li, huāngcǎo li, yì

躺 就//是 几百 年 了！……
tǎng jiù//shì jǐbǎi nián le!…

节选 自贾 平凹 《丑 石》
Jiéxuǎn zì Jiǎ Píngwā《Chǒu Shí》

作品 4 号

一、读词语

（一）第二声相连的词语

1. 行人（xíngrén）	2. 难题（nántí）	3. 而言（ér yán）
4. 如何（rúhé）	5. 舒舒服服（shūshūfúfú）	6. 门铃（ménlíng）
7. 房门（fángmén）		

（二）第四声相连的词语

1. 去看电影（qù kàn diànyǐng）	2. 最后（zuìhòu）	3. 过路（guòlù）
4. 正是（zhèng shì）	5. 例外（lìwài）	6. 重要（zhòngyào）
7. 建议（jiànyì）	8. 二是（èr shì）	9. 利用（lìyòng）
10. 送报员（sòngbàoyuán）	11. 特制（tèzhì）	12. 看报纸（kàn bàozhǐ）

（三）第三声相连的词语

1. 只有（zhí yǒu）	2. 破产史（pòchánshǐ）	3. 你想（ní xiǎng）

（四）"一、不"与词语相连

1. 一天（yìtiān）	2. 一种（yì zhǒng）	3. 一个（yí gè）
4. 一美元（yì měiyuán）		

1. 不会（bú huì）	2. 不停（bù tíng）

（五）轻声词语

1. 时候（shíhou）	2. 他的（tā de）	3. 爸爸（bàba）
4. 妈妈（māma）	5. 给了（gěile）	6. 知道的（zhīdao de）
7. 东西上（dōngxi shang）	8. 孩子（háizi）	9. 事情（shìqing）
10. 人们（rénmen）	11. 什么（shénme）	12. 这个（zhège）
13. 父亲（fùqin）	14. 篱笆（líba）	15. 管子里（guǎnzi li）
16. 塞进来（sāi jinlai）	17. 穿着（chuānzhe）	18. 冒着（màozhe）
19. 麻烦（máfan）	20. 主意（zhǔyi）	21. 早上（zǎoshang）
22. 他们（tāmen）	23. 底下（dǐxia）	

（六）儿化词语

1. 汽水儿（qìshuǐr）		

二、读句子

美国 的 送报员 / 总是 把 报纸 / 从 花园 篱笆的 / 一个 特制的 管子里 /
Měiguó de sòngbàoyuán zǒngshì bǎ bàozhǐ cóng huāyuán líba de yí gè tèzhì de guǎnzi li

塞 进来。// 假如 / 你 想 穿着 睡衣 / 舒舒服服 地 / 吃 早饭 和 看 报纸，// 就 必须 /
sāi jinlai. Jiǎrú nǐ xiǎng chuānzhe shuìyī shūshūfúfú de chī zǎofàn hé kàn bàozhǐ, jiù bìxū

离开 温暖 的 房间，// 冒着 寒风，// 到 花园 去取。///
líkāi wēnnuǎn de fángjiān, màozhe hánfēng, dào huāyuán qù qǔ.

三、读作品4号

在 达瑞 八岁 的 时候，有 一天 他 想 去 看 电影。因为 没有 钱，他
Zài Dáruì bā suì de shíhou, yǒu yìtiān tā xiǎng qù kàn diànyǐng. Yīnwei méiyǒu qián, tā

想 是 向 爸妈 要 钱，还是 自己 挣 钱。最后 他 选择了 后者。他 自己
xiǎng shì xiàng bà mā yào qián, háishi zìjǐ zhèng qián. Zuìhòu tā xuǎnzéle hòuzhě. Tā zìjǐ

调制了 一 种 汽水儿，向 过路 的 行人 出售。可 那时 正 是 寒冷 的
tiáozhìle yì zhǒng qìshuǐr, xiàng guòlù de xíngrén chūshòu. Kě nàshí zhèng shì hánlěng de

冬天， 没有 人 买，只有 两个 人 例外——他的 爸爸 和 妈妈。
dōngtiān, méiyǒu rén mǎi, zhǐ yǒu liǎng gè rén lìwài——tā de bàba hé māma.

他 偶然 有 一个 和 非常 成功 的 商人 谈话 的 机会。当 他 对
Tā ǒurán yǒu yí gè hé fēicháng chénggōng de shāngrén tánhuà de jīhuì. Dāng tā duì

商人　　讲述了自己的"破产史"后，商人　给了他两个　重要　的建议：
shāngrén jiǎngshùle zìjǐ de "pòchánshǐ" hòu, shāngrén gěile tā liǎng gè zhòngyào de jiànyì:

一是　尝试　为别人　解决一个　难题，二是把　精力　集中　在你　知道的、你会
Yī shì chángshì wèi biérén jiějué yí gè nántí, èr shì bǎ jīnglì jízhōng zài nǐ zhīdao de, nǐ huì

的和你　拥有　的东西　上。
de hé nǐ yōngyǒu de dōngxi shang.

　　这　两个建议很　关键。因为　对于一个八岁　的孩子而言，他不会做的
Zhè liǎng gè jiànyì hěn guānjiàn. Yīnwei duìyú yí gè bā suì de háizi ér yán, tā bú huì zuò de

事情　很多。于是他　穿过　大街　小巷，不停地思考：人们　会有　什么
shìqing hěn duō. Yúshì tā chuānguò dàjiē xiǎoxiàng, bù tíng de sīkǎo: Rénmen huì yǒu shénme

难题，他又　如何　利用　这个　机会？
nántí, tā yòu rúhé lìyòng zhège jīhuì?

　　一天，吃早饭时父亲　让　达瑞去取报纸。美国　的　送报员　总是把
Yìtiān, chī zǎofàn shí fùqin ràng Dáruì qù qǔ bàozhǐ. Měiguó de sòngbàoyuán zǒngshì bǎ

报纸　从　花园　篱笆　的一个特制的　管子里塞　进来。假如你想　穿着　睡衣
bàozhǐ cóng huāyuán líba de yí gè tèzhì de guǎnzi li sāi jinlai. Jiǎrú nǐ xiǎng chuānzhe shuìyī

舒舒服服　地吃　早饭和看　报纸，就必须离开　温暖　的房间，冒着　寒风，
shūshūfúfú de chī zǎofàn hé kàn bàozhǐ, jiù bìxū líkāi wēnnuǎn de fángjiān, màozhe hánfēng,

到　花园　去取。虽然　路短，但　十分　麻烦。
dào huāyuán qù qǔ. Suīrán lù duǎn, dàn shífēn máfan.

　　当　达瑞为父亲取报纸的时候，一个主意　诞生了。当天他就按响
Dāng Dáruì wèi fùqin qǔ bàozhǐ de shíhou, yí gè zhǔyi dànshēng le. Dàngtiān tā jiù ànxiǎng

邻居的门铃，对他们说，每个月　只需付给他一美元，他就每天　早上
línjū de ménlíng, duì tāmen shuō, měi gè yuè zhǐ xū fù gěi tā yì měiyuán, tā jiù měi tiān zǎoshang

把报纸塞到他们的房门　底下。大多数人都同意了，很快他有//了
bǎ bàozhǐ sāidào tāmen de fángmén dǐxia. Dàduōshù rén dōu tóngyì le, hěn kuài tā yǒu//le

七十多个顾客。……
qīshí duō gè gùkè…

　　　　　　　　　　　节选　自[德] 博多·舍费尔《达瑞的故事》，刘志明译
Jiéxuǎn zì [Dé] Bóduō Shěfèi'ěr《Dáruì De Gùshi》, Liú Zhìmíng yì

作品 5 号

一、读词语

（一）第二声相连的词语

| 1. 纷纷扬扬（fēnfēnyángyáng） | 2. 彤云（tóngyún） | 3. 河流（héliú） |
| 4. 毛茸茸（máoróngróng） | | |

（二）第四声相连的词语

1. 这是（zhè shì）	2. 大片（dà piàn）	3. 密布（mìbù）
4. 地面（dìmiàn）	5. 万籁俱寂（wànlài-jùjì）	6. 簌簌（sùsù）
7. 树木（shùmù）	8. 厚厚（hòuhòu）	9. 粉妆玉砌（fěnzhuāng-yùqì）
10. 世界（shìjiè）	11. 沉甸甸（chéndiàndiàn）	12. 玉屑（yùxiè）
13. 震落（zhènluò）	14. 渗进（shènjìn）	

（三）第三声相连的词语

| 1. 偶尔（óu'ěr） | 2. 整整（zhéngzhěng） | 3. 脚底下（jiáo dǐxia） |
| 4. 可以（kéyǐ） | | |

（四）"一、不"与词语相连

1. 一声（yì shēng）	2. 一夜（yí yè）	3. 一看（yí kàn）
4. 一层（yì céng）	5. 一道道（yí dàodào）	6. 一尺（yì chǐ）
7. 一群群（yì qúnqún）	8. 一句（yí jù）	9. 一部分（yí bùfen）

| 1. 不久（bùjiǔ） | 2. 不断（búduàn） | 3. 不是（bú shì） |

（五）轻声词语

1. 伴着（bànzhe）	2. 下来（xiàlai）	3. 地面上（dìmiàn shang）
4. 到了夜里（dàole yèli）	5. 早晨（zǎochen）	6. 太阳（tàiyang）
7. 出来了（chūlai le）	8. 罩上了（zhàoshangle）	9. 叶子（yèzi）
10. 摇晃（yáohuang）	11. 落下来（luò xialai）	12. 似的（shìde）
13. 映着（yìngzhe）	14. 孩子（háizi）	15. 这个（zhège）
16. 部分（bùfen）		

（六）儿化词语

| 1. 一阵儿（yízhènr） | 2. 一会儿（yíhuìr） | 3. 银条儿（yíntiáor） |
| 4. 雪球儿（xuěqiúr） | 5. 雪末儿（xuěmòr） | |

二、读句子

1. 冬天 的 山村，/到了夜里/就 万籁俱寂，// 只 听 得/雪花/簌簌 地 不断/
Dōngtiān de shāncūn, dàole yèli jiù wànlài-jùjì, zhǐ tīng de xuěhuā sùsù de búduàn

往 下落，//树木 的 枯枝/被 雪 压 断 了，//偶尔/咯吱 一 声 响。///
wǎng xià luò, shùmù de kūzhī bèi xuě yāduàn le, óu'ěr gēzhī yì shēng xiǎng.

2. 落光了 叶子的 柳树 上/ 挂满了/ 毛茸茸 亮晶晶 的 银条儿；//而/
Luòguāngle yèzi de liǔshù shang guàmǎnle máoróngróng liàngjīngjīng de yíntiáor; ér

那些 冬 夏 常 青 的/松树 和 柏树 上，// 则/挂满了/ 蓬松松
nàxiē dōng xià cháng qīng de sōngshù hé bǎishù shang, zé guàmǎnle péngsōngsōng

沉甸甸 的 雪球儿。///
chéndiàndiàn de xuěqiúr.

3. 寒冬/ 大雪，// 可以/冻死/一 部分 越冬 的 害虫；// 融化了 的 水/ 渗进/
Hándōng dàxuě, kéyǐ dòngsǐ yí bùfen yuèdōng de hàichóng; rónghuàle de shuǐ shènjìn

土层 深处，//又 能 供应/ 庄稼 生长 的 需要。///
tǔcéng shēnchù, yòu néng gōngyìng zhuāngjia shēngzhǎng de xūyào.

三、读作品 5 号

这 是 入 冬 以来，胶东 半岛 上 第一 场 雪。
Zhè shì rù dōng yǐlái, Jiāodōng Bàndǎo shang dì-yī cháng xuě.

雪 纷纷扬扬， 下 得 很 大。开始 还 伴着 一阵儿 小雨，不久 就 只见 大
Xuě fēnfēnyángyáng, xià de hěn dà. Kāishǐ hái bànzhe yízhènr xiáoyǔ, bùjiǔ jiù zhǐ jiàn dà

片 大 片的 雪花，从 彤云 密布 的 天空 中 飘落 下来。地面 上
piàn dà piàn de xuěhuā, cóng tóngyún mìbù de tiānkōng zhōng piāoluò xialai. Dìmiàn shang

一会儿 就 白 了。冬天 的 山村， 到了 夜里就 万籁俱寂，只 听得 雪花 簌簌地
yíhuìr jiù bái le. Dōngtiān de shāncūn, dàole yèli jiù wànlài-jùjì, zhǐ tīng de xuěhuā sùsù de

不断 往 下落，树木 的 枯枝 被 雪 压断 了，偶尔 咯吱 一 声 响。
búduàn wǎng xià luò, shùmù de kūzhī bèi xuě yāduàn le, óu'ěr gēzhī yì shēng xiǎng.

大雪 整整 下了 一夜。今天 早晨， 天 放 晴 了，太阳 出来 了。推开
Dàxuě zhěngzhěng xiàle yí yè. Jīntiān zǎochen, tiān fàng qíng le, tàiyang chūlai le. Tuīkāi

门一看，嗬！好大的雪啊！山川、河流、树木、房屋，全都罩上了一层厚厚的雪，万里江山，变成了粉妆玉砌的世界。落光了叶子的柳树上挂满了毛茸茸亮晶晶的银条儿；而那些冬夏常青的松树和柏树上，则挂满了蓬松松沉甸甸的雪球儿。一阵风吹来，树枝轻轻地摇晃，美丽的银条儿和雪球儿簌簌地落下来，玉屑似的雪末儿随风飘扬，映着清晨的阳光，显出一道道五光十色的彩虹。

大街上的积雪足有一尺多深，人踩上去，脚底下发出咯吱咯吱的响声。一群群孩子在雪地里堆雪人，掷雪球儿。那欢乐的叫喊声，把树枝上的雪都震落下来了。

俗话说，"瑞雪兆丰年"。这个话有充分的科学根据，并不是一句迷信的成语。寒冬大雪，可以冻死一部分越冬的害虫；融化了的水渗进土层深处，又能供应 // 庄稼生长的需要。……

节选自峻青《第一场雪》

作品6号

一、读词语

（一）第二声相连的词语

1. 幸福人（xìngfú rén）	2. 人人（rénrén）	3. 然而（rán'ér）
4. 无形间（wúxíng jiān）	5. 虫鱼（chóng-yú）	6. 学得（xuédé）
7. 人格（réngé）		

（二）第四声相连的词语

1. 世界（shìjiè）	2. 浩瀚（hàohàn）	3. 进入（jìnrù）
4. 这样（zhèyàng）	5. 上溯（shàngsù）	6. 重要（zhòngyào）
7. 著述（zhùshù）	8. 智慧（zhìhuì）	9. 正气歌（Zhèngqì Gē）

（三）第三声相连的词语

| 1. 我想（wó xiǎng） | 2. 也许（yéxǔ） | 3. 可以（kéyǐ） |
| 4. 远古（yuángǔ） | 5. 饱览（báolǎn） | |

（四）"一、不"与词语相连

| 1. 一个（yí gè） | 2. 一生（yìshēng） | 3. 一份（yí fèn） |
| 4. 一些（yìxiē） | | |

| 1. 不幸（búxìng） |

（五）轻声词语

| 1. 除了（chúle） | 2. 多么（duōme） | 3. 他们的（tāmen de） |
| 4. 人们（rénmen） | 5. 知识（zhīshi） | |

二、读句子

人们/ 从 读书/ 学 做人，// 从 那些 往哲 先贤 /以及/ 当代 才俊 的
Rénmen cóng dú shū xué zuòrén, cóng nàxiē wǎngzhé xiānxián yǐjí dāngdài cáijùn de

著述 中/ 学得 他们 的人格。/// 人们/ 从 《论语》 中/ 学得 智慧 的思考，/
zhùshù zhōng xuédé tāmen de réngé. Rénmen cóng 《Lúnyǔ》zhōng xuédé zhìhuì de sīkǎo,

从 《史记》 中 /学得 严肃 的历史 精神，// 从 《正气 歌》 中 /学得 人格的
cóng 《Shǐjì》zhōng xuédé yánsù de lìshǐ jīngshén, cóng 《Zhèngqì Gē》zhōng xuédé réngé de

刚烈，// 从 马克思 / 学得 人世 的 激情，//……
gāngliè, cóng Mǎkèsī xuédé rénshì de jīqíng,…

三、读作品6号

我常想读书人是世间幸福人，因为他除了拥有现实的世界
Wǒ cháng xiǎng dúshūrén shì shìjiān xìngfú rén, yīnwei tā chúle yōngyǒu xiànshí de shìjiè

之外，还拥有另一个更为浩瀚也更为丰富的世界。现实的世界
zhī wài, hái yōngyǒu lìng yí gè gèng wéi hàohàn yě gèng wéi fēngfù de shìjiè. Xiànshí de shìjiè

是人人都有的，而后一个世界却为读书人所独有。由此我想，那些
shì rénrén dōu yǒu de, ér hòu yí gè shìjiè què wéi dúshūrén suǒ dú yǒu. Yóu cǐ wǒ xiǎng, nàxiē

失去或不能阅读的人是多么地不幸，他们的丧失是不可补偿的。
shīqù huò bù néng yuèdú de rén shì duōme de búxìng, tāmen de sàngshī shì bùkě bǔcháng de.

世间有诸多的不平等，财富的不平等，权力的不平等，而阅读
Shìjiān yǒu zhūduō de bù píngděng, cáifù de bù píngděng, quánlì de bù píngděng, ér yuèdú

能力的拥有或丧失却体现为精神的不平等。
nénglì de yōngyǒu huò sàngshī què tǐxiàn wéi jīngshén de bù píngděng.

一个人的一生，只能经历自己拥有的那一份欣悦，那一份苦难，
Yí gè rén de yìshēng, zhǐ néng jīnglì zìjǐ yōngyǒu de nà yí fèn xīnyuè, nà yí fèn kǔnàn,

也许再加上他亲自闻知的那一些关于自身以外的经历和经验。然而，
yéxǔ zài jiāshàng tā qīnzì wén zhī de nà yìxiē guānyú zìshēn yǐwài de jīnglì hé jīngyàn. Rán'ér,

人们通过阅读，却能进入不同时空的诸多他人的世界。这样，
rénmen tōngguò yuèdú, què néng jìnrù bù tóng shíkōng de zhūduō tārén de shìjiè. Zhèyàng,

具有阅读能力的人，无形间获得了超越有限生命的无限
jùyǒu yuèdú nénglì de rén, wúxíng jiān huòdéle chāoyuè yǒuxiàn shēngmìng de wúxiàn

可能性。阅读不仅使他多识了草木虫鱼之名，而且可以上溯远古
kěnéngxìng. Yuèdú bùjǐn shǐ tā duō shíle cǎo-mù-chóng-yú zhī míng, érqiě kěyǐ shàngsù yuángǔ

下及未来，饱览存在的与非存在的奇风异俗。
xià jí wèilái, bǎolǎn cúnzài de yǔ fēicúnzài de qífēng-yìsú.

更为重要的是，读书加惠于人们的不仅是知识的增广，而且
Gèng wéi zhòngyào de shì, dú shū jiā huì yú rénmen de bùjǐn shì zhīshi de zēngguǎng, érqiě

还在于 精神 的 感化 与 陶冶。人们 从 读书 学 做人，从那些 往哲
hái zàiyú jīngshén de gǎnhuà yǔ táoyě. Rénmen cóng dú shū xué zuòrén, cóng nàxiē wǎngzhé

先贤 以及 当代 才俊 的 著述 中 学得 他们 的 人格。人们 从《论语》
xiānxián yǐjí dāngdài cáijùn de zhùshù zhōng xuédé tāmen de réngé. Rénmen cóng《Lúnyǔ》

中 学得 智慧 的 思考，从《史记》 中 学得 严肃 的 历史 精神，从《正气
zhōng xuédé zhìhuì de sīkǎo, cóng《Shǐjì》zhōng xuédé yánsù de lìshǐ jīngshén, cóng《Zhèngqì

歌》中 学得 人格 的 刚烈，从 马克思 学得 人世 // 的 激情，……
Gē》zhōng xuédé réngé de gāngliè, cóng Mǎkèsī xuédé rénshì // de jīqíng,…

节选 自 谢冕《读书人 是 幸福 人》
Jiéxuǎn zì Xiè Miǎn《Dúshūrén Shì Xìngfú Rén》

作品 7 号

一、读词语

（一）第二声相连的词语

| 1. 门旁（mén páng） | 2. 毫无（háo wú） | 3. 平时（píngshí） |
| 4. 还没有（hái méiyǒu） | 5. 回答（huídá） | 6. 原来（yuánlái） |

（二）第四声相连的词语

1. 要借钱（yào jiè qián）	2. 意义（yìyì）	3. 睡觉（shuì jiào）
4. 默默（mòmò）	5. 被弄皱（bèi nòngzhòu）	6. 慢慢（mànmàn）
7. 现在（xiànzài）	8. 凑够（còugòu）	

（三）第三声相连的词语

1. 很晚（hén wǎn）	2. 有点儿（yóudiǎnr）	3. 可以（kéyǐ）
4. 与你（yú nǐ）	5. 你只是（ní zhǐshì）	6. 给我（géi wǒ）
7. 我每天（wó měi tiān）	8. 很想买（hén xiáng mǎi）	9. 很少（hén shǎo）
10. 你已经（ní yǐjīng）		

（四）"一、不"与词语相连

| 1. 一天（yìtiān） | 2. 一个（yí gè） | 3. 一小时（yì xiǎoshí） |
| 4. 一定（yídìng） | 5. 一些（yìxiē） | |

| 1. 不够（bú gòu） | | |

（五）轻声词语

1. 爸爸（bàba）	2. 儿子（érzi）	3. 等着（děngzhe）
4. 什么（shénme）	5. 多少（duōshao）	6. 父亲（fùqin）
7. 知道（zhīdao）	8. 告诉（gàosu）	9. 接着（jiēzhe）
10. 想想（xiángxiang）	11. 那么（nàme）	12. 小孩子的（xiǎoháizi de）
13. 关上（guānshang）	14. 坐下来（zuò xialai）	15. 谢谢（xièxie）
16. 枕头（zhěntou）	17. 数着（shǔzhe）	

（六）儿化词语

1. 有点儿（yóudiǎnr）	2. 小孩儿（xiǎohár）	3. 好好儿（hǎohāor）
4. 玩儿（wánr）	5. 发火儿（fā huǒr）	

二、读句子

如果／你 只是 要 借钱／去买／毫无意义的玩具／的话，／／给我／回到 你的
Rúguǒ nǐ zhǐshì yào jiè qián qù mǎi háo wú yìyì de wánjù dehuà, géi wǒ huídào nǐ de

房间／ 睡 觉去。／／／好好儿 想想 为 什么／你会 那么 自私。／／／我 每天／
fángjiān shuì jiào qù. Hǎohāor xiángxiang wèi shénme nǐ huì nàme zìsī. Wó měi tiān

辛苦 工作，／／没 时间／和你玩儿／小孩子 的 游戏。／／／
xīnkǔ gōngzuò, méi shíjiān hé nǐ wánr xiǎoháizi de yóuxì.

三、读作品7号

一天，爸爸下 班 回到 家已经 很 晚了，他很累也有点儿烦，他发现五
Yìtiān, bàba xià bān huídào jiā yǐjīng hén wǎn le, tā hěn lèi yě yóudiǎnr fán, tā fāxiàn wǔ

岁 的儿子靠在门 旁 正 等着他。
suì de érzi kào zài mén páng zhèng děngzhe tā.

"爸，我可以问 您一个 问题 吗？"
"Bà, wǒ kéyǐ wèn nín yí gè wèntí ma?"

"什么 问题？""爸，您 一 小时 可以 赚 多少 钱？""这与你无关，你
"Shénme wèntí?" "Bà, nín yì xiǎoshí kéyǐ zhuàn duōshao qián?" "Zhè yú nǐ wúguān, nǐ

为 什么 问 这个问题？"父亲 生 气地 说。
wèi shénme wèn zhège wèntí?" Fùqin shēng qì de shuō.

"我只是想知道,请告诉我,您一小时赚多少钱?"小孩儿
"Wǒ zhǐshì xiǎng zhīdao, qǐng gàosu wǒ, nín yì xiǎoshí zhuàn duōshao qián?" Xiǎoháir

哀求道。"假如你一定要知道的话,我一小时赚二十美金。"
āiqiú dào. "Jiǎrú nǐ yídìng yào zhīdao dehuà, wǒ yì xiǎoshí zhuàn èrshí měijīn."

"哦。"小孩儿低下了头,接着又说,"爸,可以借我十美金吗?"父亲发怒
"Ò." Xiǎoháir dīxiàle tóu, jiēzhe yòu shuō, "Bà, kéyǐ jiè wǒ shí měijīn ma?" Fùqin fā nù

了:"如果你只是要借钱去买毫无意义的玩具的话,给我回到你的
le: "Rúguǒ nǐ zhǐshì yào jiè qián qù mǎi háo wú yìyì de wánjù dehuà, géi wǒ huídào nǐ de

房间睡觉去。好好儿想想为什么你会那么自私。我每天辛苦
fángjiān shuì jiào qù. Hǎohāor xiángxiang wèi shénme nǐ huì nàme zìsī. Wó měi tiān xīnkǔ

工作,没时间和你玩儿小孩子的游戏。"
gōngzuò, méi shíjiān hé nǐ wánr xiǎoháizi de yóuxì."

小孩儿默默地回到自己的房间关上门。
Xiǎoháir mòmò de huídào zìjǐ de fángjiān guānshang mén.

父亲坐下来还在生气。后来,他平静下来了。心想他可能对孩子
Fùqin zuò xialai hái zài shēng qì. Hòulái, tā píngjìng xialai le. Xīn xiǎng tā kěnéng duì háizi

太凶了——或许孩子真的很想买什么东西,再说他平时很少
tài xiōng le——huòxǔ háizi zhēn de hén xiáng mǎi shénme dōngxi, zàishuō tā píngshí hén shǎo

要过钱。
yàoguo qián.

父亲走进孩子的房间:"你睡了吗?""爸,还没有,我还醒着。"孩子回答。
Fùqin zǒujìn háizi de fángjiān: "Nǐ shuì le ma?" "Bà, hái méiyǒu, wǒ hái xǐngzhe." Háizi huídá.

"我刚才可能对你太凶了,"父亲说,"我不应该发那么大的
"Wǒ gāngcái kěnéng duì nǐ tài xiōng le," Fùqin shuō, "wǒ bù yīnggāi fā nàme dà de

火儿——这是你要的十美金。""爸,谢谢您。"孩子高兴地从枕头下拿出
huǒr——zhè shì nǐ yào de shí měijīn." "Bà, xièxie nín." Háizi gāoxìng de cóng zhěntou xià náchū

一些被弄皱的钞票,慢慢地数着。
yìxiē bèi nòngzhòu de chāopiào, mànmàn de shǔzhe.

"为什么你已经有钱了还要?"父亲不解地问。
"Wèi shénme nǐ yǐjīng yǒu qián le hái yào?" Fùqin bù jiě de wèn.

"因为 原来 不够，但 现在 凑够 了。"孩子 回答，"爸，我 现在 有 // 二十
"Yīnwèi yuánlái búgòu, dàn xiànzài còugòu le." Háizi huídá, "Bà, wǒ xiànzài yǒu//èrshí

美金 了,……
měijīn le,…

节选 自 唐 继柳 编译《二十 美金 的 价值》
Jiéxuǎn zì Táng Jìliǔ biānyì 《Èrshí Měijīn De Jiàzhí》

作品 8 号

一、读词语

（一）第二声相连的词语

1. 从前（cóngqián）	2. 密密麻麻（mìmìmámá）	3. 三年前（sān nián qián）
4. 然而（rán'ér）	5. 常常（chángcháng）	6. 柔和（róuhé）
7. 英国人（Yīngguórén）		

（二）第四声相连的词语

1. 月夜（yuèyè）	2. 最爱看（zuì ài kàn）	3. 密密麻麻（mìmìmámá）
4. 就会忘记（jiù huì wàngjì）	5. 便看见（biàn kànjiàn）	6. 静寂（jìngjì）
7. 密布（mìbù）	8. 正在（zhèngzài）	9. 就是（jiù shì）
10. 在动（zài dòng）	11. 梦幻（mènghuàn）	12. 在对我（zài duì wǒ）
13. 现在（xiànzài）		

（三）第三声相连的词语

1. 我也（wó yě）	2. 每晚（méi wǎn）	3. 我打开（wó dǎkāi）
4. 肉眼里（ròuyán li）	5. 使我们（shí wǒmen）	6. 我把（wó bǎ）
7. 我躺在（wó tǎng zài）	8. 我好像（wó hǎoxiàng）	9. 我仿佛（wó fǎngfú）
10. 眨眼（zhá yǎn）	11. 指给我（zhí géi wǒ）	12. 用手指着（yòng shóu zhǐzhe）

（四）"一、不"与词语相连

1. 一切（yíqiè）	2. 一道（yí dào）	3. 一个（yí gè）
4. 一片（yí piàn）	5. 一些（yìxiē）	6. 一样（yíyàng）
7. 一夜（yí yè）		

1. 不在（bú zài）		

（五）轻声词语

1. 时候（shíhou）	2. 望着（wàngzhe）	3. 母亲（mǔqin）
4. 怀里（huái li）	5. 似的（shìde）	6. 地方（dìfang）
7. 觉得（juéde）	8. 认得（rènde）	9. 星星（xīngxing）
10. 朋友（péngyou）	11. 海上（hǎi shang）	12. 悬着（xuánzhe）
13. 眼睛（yǎnjing）	14. 模糊了（móhu le）	15. 认识（rènshi）
16. 微笑着（wēixiàozhe）	17. 沉睡着（chénshuìzhe）	18. 小孩子（xiǎoháizi）
19. 指着（zhǐzhe）		

二、读句子

有一夜，// 那个 / 在 哥伦波 / 上 船 的 英国人 / 指给我看 / 天上 的
Yǒu yí yè, nàge zài Gēlúnbō shàng chuán de Yīngguórén zhǐ géi wǒ kàn tiānshang de

巨人。///
jùrén.

三、读作品 8 号

我 爱 月夜，但 我 也 爱 星天。从前 在 家乡 七八月 的 夜晚 在 庭院
Wǒ ài yuèyè, dàn wó yě ài xīngtiān. Cóngqián zài jiāxiāng Qī-Bāyuè de yèwǎn zài tíngyuàn

里 纳凉 的 时候，我 最爱看 天上 密密麻麻 的 繁星。望着 星天，我 就
li nàliáng de shíhou, wǒ zuì ài kàn tiānshang mìmìmámá de fánxīng. Wàngzhe xīngtiān, wǒ jiù

会 忘记 一切，仿佛 回到了 母亲 的 怀里 似的。
huì wàngjì yíqiè, fǎngfú huídàole mǔqin de huái li shìde.

三 年 前 在 南京 我 住 的 地方 有 一 道 后门，每 晚 我 打开 后门，
Sān nián qián zài Nánjīng wǒ zhù de dìfang yǒu yí dào hòumén, méi wǎn wǒ dǎkāi hòumén,

便 看见 一个 静寂 的 夜。下面 是 一片 菜园，上面 是 星群 密布 的
biàn kànjiàn yí ge jìngjì de yè. Xiàmiàn shì yí piàn càiyuán, shàngmiàn shì xīngqún mìbù de

蓝天。星光 在 我们 的 肉眼 里虽然 微小，然而 它 使 我们 觉得 光明
lántiān. Xīngguāng zài wǒmen de ròuyǎn li suīrán wēixiǎo, rán'ér tā shǐ wǒmen juéde guāngmíng

无处不在。那 时候 我 正在 读 一些 天文学 的 书，也 认得 一些 星星，
wúchù-búzài. Nà shíhou wǒ zhèngzài dú yìxiē tiānwénxué de shū, yě rènde yìxiē xīngxing,

好像它们就是我的朋友，它们常常在和我谈话一样。

如今在海上，每晚和繁星相对，我把它们认得很熟了。我躺在舱面上，仰望天空。深蓝色的天空里悬着无数半明半昧的星。船在动，星也在动，它们是这样低，真是摇摇欲坠呢！渐渐地我的眼睛模糊了，我好像看见无数萤火虫在我的周围飞舞。海上的夜是柔和的，是静寂的，是梦幻的。我望着许多认识的星，我仿佛看见它们在对我眨眼，我仿佛听见它们在小声说话。这时我忘记了一切。在星的怀抱中我微笑着，我沉睡着。我觉得自己是一个小孩子，现在睡在母亲的怀里了。

有一夜，那个在哥伦波上船的英国人指给我看天上的巨人。他用手指着：//……

节选自巴金《繁星》

作品 9 号

一、读词语

（一）第二声相连的词语

| 1. 长长的（chángcháng de） | 2. 童年（tóngnián） | 3. 儿时（érshí） |
| 4. 蝴蝶（húdié） | 5. 闻名（wénmíng） | 6. 年年（niánnián） |

（二）第四声相连的词语

1. 假日（jiàrì）	2. 看见（kànjiàn）	3. 在放风筝（zài fàng fēngzheng）
4. 用细纱线（yòng xì shāxiàn）	5. 再用（zài yòng）	6. 艳丽（yànlì）
7. 韵味（yùnwèi）	8. 左邻右舍（zuǒlín-yòushè）	9. 去要（qù yào）
10. 乐意（lèyì）	11. 这位（zhè wèi）	12. 那线头儿（nà xiàntóur）
13. 在故乡（zài gùxiāng）		

（三）第三声相连的词语

1. 恍恍惚惚（huánghuǎnghūhū）	2. 彩笔（cáibǐ）	3. 尽管（jínguǎn）

（四）"一、不"与词语相连

1. 一根（yì gēn）	2. 一叶（yí yè）	3. 一吹（yì chuī）
4. 一直（yìzhí）		

1. 不卖钱（bú mài qián）	2. 不过（búguò）	3. 不忘（bú wàng）

（五）轻声词语

1. 河滩上（hétān shang）	2. 转转（zhuànzhuan）	3. 风筝（fēngzheng）
4. 地上（dì shang）	5. 糊上（húshang）	6. 叔叔（shūshu）
7. 增添了（zēngtiānle）	8. 我们（wǒmen）	9. 孩子们（háizimen）

（六）儿化词语

1. 一头儿（yì tóur）	2. 美人儿（měirénr）	3. 胡同儿（hútòngr）
4. 线头儿（xiàntóur）		

二、读句子

1. 一 根根／ 长长 的 引线，∥一头儿／系在 天上，∥一头儿／系在地上，∥
   Yì gēngēn chángcháng de yǐnxiàn, yì tóur jì zài tiānshàng, yì tóur jì zài dì shang,

孩子 同 风筝／都 在 天 与 地 之 间／悠荡，∥连 心／也 被 悠荡 得／
háizi tóng fēngzheng dōu zài tiān yǔ dì zhī jiān yōudàng, lián xīn yě bèi yōudàng de

恍恍惚惚 了，∥好像／又 回到了 童年。∥／
huánghuǎnghūhū le, hǎoxiàng yòu huídàole tóngnián.

2. 儿时 放 的 风筝，∥大多／是自己的 长辈 或家人 编扎的，∥几根／
   Érshí fàng de fēngzheng, dàduō shì zìjǐ de zhǎngbèi huò jiārén biānzā de, jǐ gēn

削 得 很 薄 的 篾，// 用 细 纱线 / 扎成 各 种 鸟 兽 的 造型，// 糊上
xiāo de hěn báo de miè, yòng xì shāxiàn zāchéng gè zhǒng niǎo shòu de zàoxíng, húshang

雪白 的 纸片，// 再 用 彩笔 / 勾勒 出 面孔 与 翅膀 的 图案。///
xuěbái de zhǐpiàn, zài yòng cǎibǐ gōulè chū miànkǒng yǔ chìbǎng de tú'àn.

3. 他 扎 的 风筝 / 不只 / 体形 好看，// 色彩 艳丽，// 放飞 得 高远，// 还在
   Tā zā de fēngzheng bùzhǐ tǐxíng hǎokàn, sècǎi yànlì, fàngfēi de gāoyuǎn, hái zài

风筝 上 / 绷 一叶 / 用 蒲苇 削成 的 膜片，// 经 风 一 吹，// 发出
fēngzheng shang bēng yí yè yòng púwěi xiāochéng de mópiàn, jīng fēng yì chuī, fāchū

"嗡嗡" 的 声响，// 仿佛 是 / 风筝 的 歌唱，// 在 蓝天 下 播扬，// 给
"wēngwēng" de shēngxiǎng, fǎngfú shì fēngzheng de gēchàng, zài lántiān xià bōyáng, gěi

开阔 的 天地 / 增添了 / 无尽 的 韵味，// 给 驰荡 的 童心 / 带来 几 分 疯狂。///
kāikuò de tiāndì zēngtiānle wújìn de yùnwèi, gěi chídàng de tóngxīn dàilái jǐ fēn fēngkuáng.

4. 我们 那条 胡同儿 的 / 左邻右舍 的 孩子们 / 放 的 风筝 / 几乎 / 都 是
   Wǒmen nà tiáo hútòngr de zuǒlín-yòushè de háizimen fàng de fēngzheng jīhū dōu shì

叔叔 编扎 的。///
shūshu biānzā de.

5. 谁 / 上 门 去要，// 就 给 谁，// 他 乐意 自己 贴 钱 / 买 材料。///
   Shéi shàng mén qù yào, jiù gěi shéi, tā lèyì zìjǐ tiē qián mǎi cáiliào.

6. 尽管 / 飘荡 游弋，// 经 沐 风雨，// 可 那 线头儿 / 一直 在 故乡 和 亲人 手
   Jǐnguǎn piāodàng yóuyì, jīng mù fēngyǔ, kě nà xiàntóur yìzhí zài gùxiāng hé qīnrén shǒu

中 / 牵着，// ……
zhōng qiānzhe, …

三、读作品9号

假日 到 河滩 上 转转， 看见 许多 孩子 在 放 风筝。 一 根根
Jiàrì dào hétān shang zhuànzhuan, kànjiàn xǔduō háizi zài fàng fēngzheng. Yì gēngēn

长长 的 引线，一头儿 系 在 天上，一头儿 系 在 地 上， 孩子 同 风筝
chángcháng de yǐnxiàn, yì tóur jì zài tiānshàng, yì tóur jì zài dì shang, háizi tóng fēngzheng

都 在 天 与 地 之 间 悠荡， 连 心 也 被 悠荡 得 恍恍惚惚 了， 好像 又
dōu zài tiān yǔ dì zhī jiān yōudàng, lián xīn yě bèi yōudàng de huǎnghuǎnghūhū le, hǎoxiàng yòu

回到了 童年。
huí dào le tóngnián.

儿时 放的 风筝，大多是自己的 长辈 或家人 编扎的，几根 削得
Érshí fàng de fēngzheng, dàduō shì zìjǐ de zhǎngbèi huò jiārén biānzā de, jǐ gēn xiāo de

很 薄 的 篾，用细纱线 扎成 各种 鸟兽 的 造型，糊上 雪白的
hěn báo de miè, yòng xì shāxiàn zāchéng gè zhǒng niǎo shòu de zàoxíng, húshang xuěbái de

纸片，再用 彩笔勾勒 出 面孔 与 翅膀 的图案。通常 扎得最多的
zhǐpiàn, zài yòng cǎibǐ gōulè chū miànkǒng yǔ chìbǎng de tú'àn. Tōngcháng zā de zuì duō de

是 "老雕" "美人儿" "花蝴蝶" 等。
shì "lǎodiāo" "měirénr" "huā húdié" děng.

我们 家前院 就有位 叔叔，擅扎 风筝， 远近 闻名。他扎的
Wǒmen jiā qiányuàn jiù yǒu wèi shūshu, shàn zā fēngzheng, yuǎnjìn wénmíng. Tā zā de

风筝 不只体形 好看，色彩艳丽，放飞得高远，还在 风筝 上 绷一
fēngzheng bùzhǐ tǐxíng hǎokàn, sècǎi yànlì, fàngfēi de gāoyuǎn, hái zài fēngzheng shang bēng yí

叶用 蒲苇 削成 的膜片，经风一吹，发出 "嗡嗡" 的 声响， 仿佛
yè yòng púwěi xiāochéng de mópiàn, jīng fēng yì chuī, fāchū "wēngwēng" de shēngxiǎng, fǎngfú

是 风筝 的 歌唱，在 蓝天 下 播扬，给 开阔 的 天地 增添了 无尽 的
shì fēngzheng de gēchàng, zài lántiān xià bōyáng, gěi kāikuò de tiāndì zēngtiānle wújìn de

韵味，给 驰荡 的 童心 带来 几分 疯狂。
yùnwèi, gěi chídàng de tóngxīn dàilái jǐ fēn fēngkuáng.

我们 那条 胡同儿的 左邻右舍 的 孩子们 放的 风筝 几乎都是
Wǒmen nà tiáo hútòngr de zuǒlín-yòushè de háizimen fàng de fēngzheng jīhū dōu shì

叔叔 编扎的。他的 风筝 不卖钱，谁上 门去要，就给谁，他乐意
shūshu biānzā de. Tā de fēngzheng bú mài qián, shéi shàng mén qù yào, jiù gěi shéi, tā lèyì

自己贴钱 买 材料。
zìjǐ tiē qián mǎi cáiliào.

后来，这位 叔叔 去了海外，放 风筝 也渐与孩子们 远离了。不过
Hòulái, zhè wèi shūshu qùle hǎiwài, fàng fēngzheng yě jiàn yǔ háizimen yuǎnlí le. Búguò

年年 叔叔 给 家乡 写信，总 不 忘 提起儿时 的 放 风筝。 香港
niánnián shūshu gěi jiāxiāng xiě xìn, zǒng bú wàng tíqǐ érshí de fàng fēngzheng. Xiānggǎng

回归 之后，他在家信 中 说道，他这只被 故乡 放飞 到海外 的
huíguī zhīhòu, tā zài jiāxìn zhōng shuōdào, tā zhè zhī bèi gùxiāng fàngfēi dào hǎiwài de

风筝， 尽管 飘荡 游弋，经 沐 风雨，可那线头儿 一直在 故乡 和//亲人
fēngzheng, jǐnguǎn piāodàng yóuyì, jīng mù fēngyǔ, kě nà xiàntóur yìzhí zài gùxiāng hé//qīnrén

手 中 牵着，……
shǒu zhōng qiānzhe,…

节选 自李 恒瑞 《风筝 畅想曲》
Jiéxuǎn zì Lǐ Héngruì《Fēngzheng Chàngxiángqǔ》

作品 10 号

一、读词语

（一）第二声相连的词语

| 1. 赔偿（péicháng） | 2. 忙于（mángyú） | |

（二）第四声相连的词语

1. 错事（cuò shì）	2. 愿意（yuànyì）	3. 卸货（xiè huò）
4. 运动场（yùndòngchǎng）	5. 那空位是（nà kòngwèi shì）	6. 这是（zhè shì）
7. 布置（bùzhì）	8. 照相册（zhàoxiàngcè）	9. 照片（zhàopiàn）
10. 念大学（niàn dàxué）		

（三）第三声相连的词语

1. 使我们（shí wǒmen）	2. 把我们（bá wǒmen）	3. 要我把（yào wó bǎ）
4. 我只是（wó zhǐ shì）	5. 你以为（ní yǐwéi）	6. 我马上（wó mǎshàng）
7. 所有（suóyǒu）		

（四）"一、不"与词语相连

| 1. 一家（yì jiā） | 2. 一次（yí cì） | 3. 一块（yí kuài） |
| 4. 一直（yìzhí） | 5. 一起（yìqǐ） | |

| 1. 不大（bú dà） | | |

（五）轻声词语

| 1. 懂得（dǒngde） | 2. 做过的（zuòguo de） | 3. 偷了（tōule） |
| 4. 回去（huíqu） | 5. 告诉（gàosu） | 6. 偷来的（tōulai de） |

7. 妈妈（māma）	8. 明白（míngbai）	9. 孩子（háizi）
10. 跌断了（diēduànle）	11. 抱着（bàozhe）	12. 他们（tāmen）
13. 听了（tīngle）	14. 什么（shénme）	15. 会上（huì shang）
16. 显得（xiǎnde）	17. 插着（chāzhe）	18. 推过来（tuī guolai）
19. 人们（rénmen）	20. 爸爸（bàba）	21. 样子（yàngzi）
22. 晓得（xiǎode）	23. 忙着（mángzhe）	24. 别人（biéren）
25. 记得（jìde）	26. 时候（shíhou）	27. 爬上（páshang）

（六）儿化词语

1. 给他点儿（gěi tā diǎnr）		

二、读句子

1. 使 我们 一家人 / 融洽 相处 的 / 是 我 妈。///
   Shǐ wǒmen yì jiā rén róngqià xiāngchǔ de shì wǒ mā.

2. 说 / 我 愿意 替他 / 拆 箱 卸 货 / 作为 赔偿。///
   Shuō wǒ yuànyì tì tā chāi xiāng xiè huò zuòwéi péicháng.

3. 我 在 运动场 打 秋千 / 跌断了 腿, //……
   Wǒ zài yùndòngchǎng dǎ qiūqiān diēduànle tuǐ, …

4. 爸 / 把 汽车 / 停 在 急诊室 门口, // 他们 叫 他驶开, // 说 那 空位 / 是 留
   Bà bǎ qìchē tíng zài jízhěnshì ménkǒu, tāmen jiào tā shǐkāi, shuō nà kòngwèi shì liú

给 紧急 车辆 停放 的。///
gěi jǐnjí chēliàng tíngfàng de.

5. 他 / 只是 / 忙于 吹 气球, // 布置 餐桌, // 做 杂务。/// 把 插着 蜡烛 的
   Tā zhǐshì mángyú chuī qìqiú, bùzhì cānzhuō, zuò záwù. Bǎ chāzhe làzhú de

蛋糕 / 推过来 / 让 我 吹 的, / 是 我 妈。///
dàngāo tuī guolai ràng wǒ chuī de, shì wǒ mā.

6. 我 / 摔倒 之后, // 妈 跑 过来 / 扶我, //……
   Wǒ shuāidǎo zhīhòu, mā pǎo guolai fú wǒ, …

三、读作品 10 号

爸不 懂得 怎样 表达 爱, 使 我们 一家人 融洽 相处 的是 我妈。
Bà bù dǒngde zěnyàng biǎodá ài, shǐ wǒmen yì jiā rén róngqià xiāngchǔ de shì wǒ mā.

他 只是 每天 上 班 下班，而 妈 则 把 我们 做过 的 错事 开列 清单，
Tā zhǐshì měi tiān shàng bān xià bān, ér mā zé bǎ wǒmen zuòguo de cuò shì kāiliè qīngdān,

然后 由 他来 责骂 我们。
ránòu yóu tā lái zémà wǒmen.

　　有 一次 我 偷了一块 糖果，他 要 我 把 它 送 回去，告诉 卖 糖 的 说
　　Yǒu yí cì wǒ tōule yí kuài tángguǒ, tā yào wǒ bǎ tā sòng huiqu, gàosu mài táng de shuō

是 我 偷来 的，说 我 愿意 替 他 拆 箱 卸 货 作为 赔偿。但 妈妈 却
shì wǒ tōulai de, shuō wǒ yuànyì tì tā chāi xiāng xiè huò zuòwéi péicháng. Dàn māma què

明白 我 只 是 个 孩子。
míngbai wǒ zhǐ shì gè háizi.

　　我 在 运动场 打 秋千 跌断了 腿，在 前往 医院 途 中 一直 抱着
　　Wǒ zài yùndòngchǎng dǎ qiūqiān diēduànle tuǐ, zài qiánwǎng yīyuàn tú zhōng yìzhí bàozhe

我 的，是 我 妈。爸 把 汽车 停 在 急诊室 门口，他们 叫 他 驶开，说 那
wǒ de, shì wǒ mā. Bà bǎ qìchē tíng zài jízhěnshì ménkǒu, tāmen jiào tā shǐkāi, shuō nà

空位 是 留给 紧急 车辆 停放 的。爸 听了 便 叫嚷 道："你 以为 这 是
kòngwèi shì liú gěi jǐnjí chēliàng tíngfàng de. Bà tīngle biàn jiàorǎng dào: "Nǐ yǐwéi zhè shì

什么 车？旅游车？"
shénme chē? Lǚyóuchē?"

　　在 我 生日会 上，爸 总是 显得 有些 不大 相称。他 只是 忙于 吹
　　Zài wǒ shēngrìhuì shang, bà zǒngshì xiǎnde yǒuxiē bú dà xiāngchèn. Tā zhǐshì mángyú chuī

气球，布置 餐桌，做 杂务。把 插着 蜡烛 的 蛋糕 推过来 让 我 吹 的，是 我 妈。
qìqiú, bùzhì cānzhuō, zuò záwù. Bǎ chāzhe làzhú de dàngāo tuī guolai ràng wǒ chuī de, shì wǒ mā.

　　我 翻阅 照相册 时，人们 总是 问："你 爸爸 是 什么 样子 的？" 天
　　Wǒ fānyuè zhàoxiàngcè shí, rénmen zǒngshì wèn: "Nǐ bàba shì shénme yàngzi de?" Tiān

晓得！他 老是 忙着 替别人 拍照。妈 和 我 笑容可掬 地 一起 拍 的 照片，
xiǎode! Tā lǎoshì mángzhe tì biéren pāi zhào. Mā hé wǒ xiàoróng-kějū de yìqǐ pāi de zhàopiàn,

多 得 不可胜数。
duō de bùkě-shèngshǔ.

　　我 记得 妈 有 一次 叫 他 教 我 骑 自行车。我 叫 他 别 放 手，但 他 却 说
　　Wǒ jìde mā yǒu yí cì jiào tā jiāo wǒ qí zìxíngchē. Wǒ jiào tā bié fàng shǒu, dàn tā què shuō

是　应该　放手　的　时候了。我　摔倒　之后，妈跑　过来扶我，爸却挥　手
shì yīnggāi fàng shǒu de shíhou le. Wǒ shuāidǎo zhīhòu, mā pǎo guòlai fú wǒ, bà què huī shǒu

要　她　走开。我　当时　生　气极了，决心　要　给他点儿　颜色　看。于是我　马上
yào tā zǒukāi. Wǒ dāngshí shēng qì jí le, juéxīn yào gěi tā diǎnr yánsè kàn. Yúshì wǒ mǎshàng

爬上　自行车，而且　自己　骑给他看。他　只是　微笑。
páshang zìxíngchē, érqiě zìjǐ qí gěi tā kàn. Tā zhǐshì wēixiào.

我　念　大学　时，所有　的家信　都　是妈写的。他//除了寄　支票　外，……
Wǒ niàn dàxué shí, suóyǒu de jiāxìn dōu shì mā xiě de. Tā//chúle jì zhīpiào wài, ……

节选　自［美］艾尔玛·邦贝克《父亲的爱》
Jiéxuǎn zì [Měi] Ài'ěrmǎ Bāngbèikè《Fùqin De Ài》

作品 11 号

一、读词语

（一）第二声相连的词语

1. 足球（zúqiú）	2. 由于（yóuyú）	3. 时时（shíshí）
4. 球员（qiúyuán）	5. 频繁（pínfán）	6. 国籍（guójí）
7. 完全（wánquán）	8. 然而（rán'ér）	9. 回国（huí guó）
10. 国旗（guóqí）	11. 男儿（nán'ér）	

（二）第四声相连的词语

1. 大问题（dà wèntí）	2. 盘踞在（pánjù zài）	3. 世界杯（shìjièbēi）
4. 巨大（jùdà）	5. 魅力（mèilì）	6. 概念（gàiniàn）
7. 但未必（dàn wèibì）	8. 现代社会（xiàndài shèhuì）	9. 事事（shìshì）
10. 界限（jièxiàn）	11. 正在（zhèngzài）	12. 快速世界化（kuàisù shìjièhuà）
13. 效力（xiàolì）	14. 俱乐部（jùlèbù）	15. 大赛（dàsài）
16. 大变（dà biàn）	17. 挚爱（zhì'ài）	18. 立刻（lìkè）
19. 热血（rèxuè）	20. 对抗（duìkàng）	

（三）第三声相连的词语

1. 我脑袋（wó nǎodai）	2. 往往（wángwǎng）	3. 血管里（xuèguán li）

（四）"一、不"与词语相连

1. 一个（yí gè）	2. 一直（yìzhí）	3. 一种（yì zhǒng）

| 4. 一场（yì chǎng） | | |

| 1. 不那么（bú nàme） | 2. 不论（búlùn） | |

（五）轻声词语

1. 脑袋里（nǎodai li）	2. 怎么（zěnme）	3. 什么（shénme）
4. 东西（dōngxi）	5. 得到了（dédàole）	6. 地球上的（dìqiú shang de）
7. 变得（biàn de）	8. 那么（nàme）	9. 球员们（qiúyuánmen）
10. 他们（tāmen）	11. 到了（dàole）	12. 穿上（chuānshang）
13. 起来（qǐlai）		

二、读句子

1. 一个 大 问题／一直 盘踞 在 我 脑袋 里：∥……
   Yí gè dà wèntí yìzhí pánjù zài wǒ nǎodai li:…

2. 是 由于 一 种／无上 崇高 的 精神 情感——国家 荣誉感！∥
   Shì yóuyú yì zhǒng wúshàng chónggāo de jīngshén qínggǎn——guójiā róngyùgǎn!

3. 这 国家 概念／就 变 得 有血有肉，∥……
   Zhè guójiā gàiniàn jiù biàn de yǒuxuè-yǒuròu,…

4. 科技 昌达，／信息 快捷，∥……
   Kējì chāngdá, xìnxī kuàijié,…

5. 国家 的 界限／似乎 也 不 那么 清晰 了。∥∥
   Guójiā de jièxiàn sìhū yě bú nàme qīngxī le.

6. 他们 比赛 时 的 激情 中／完全 没有 爱国 主义 的 因子。∥∥
   Tāmen bǐsài shí de jīqíng zhōng wánquán méiyǒu àiguó zhǔyì de yīnzǐ.

7. 一 种 血缘 情感／开始 在 全身 的 血管 里／燃烧 起来，∥而且／立刻 热血 沸腾。∥∥
   Yì zhǒng xuèyuán qínggǎn kāishǐ zài quánshēn de xuèguǎn li ránshāo qilai, érqiě lìkè rèxuè fèiténg.

8. 国家 间／经常 发生 对抗，∥好 男儿／戎装 卫国。∥∥
   Guójiā jiān jīngcháng fāshēng duìkàng, hǎo nán'ér róngzhuāng wèiguó.

9. 国家 的 荣誉／往往 需要／以自己的 生命／去 换取。∥∥
   Guójiā de róngyù wǎngwǎng xūyào yǐ zìjǐ de shēngmìng qù huànqǔ.

三、读作品 11 号

一个大问题一直盘踞在我脑袋里：

世界杯怎么会有如此巨大的吸引力？除去足球本身的魅力之外，还有什么超乎其上而更伟大的东西？

近来观看世界杯，忽然从中得到了答案：是由于一种无上崇高的精神情感——国家荣誉感！

地球上的人都会有国家的概念，但未必时时都有国家的感情。往往人到异国，思念家乡，心怀故国，这国家概念就变得有血有肉，爱国之情来得非常具体。而现代社会，科技昌达，信息快捷，事事上网，世界真是太小太小，国家的界限似乎也不那么清晰了。再说足球正在快速世界化，平日里各国球员频繁转会，往来随意，致使越来越多的国家联赛都具有国际的因素。球员们不论国籍，只效力于自己的俱乐部，他们比赛时的激情中完全没有爱国主义的因子。

然而，到了世界杯大赛，天下大变。各国球员都回国效力，穿上与光荣的国旗同样色彩的服装。在每一场比赛前，还高唱国歌以宣誓对自己祖国的挚爱与忠诚。一种血缘情感开始在

全身 的 血管 里 燃烧 起来,而且立刻 热血 沸腾。
quánshēn de xuèguǎn li ránshāo qilai, érqiě lìkè rèxuè fèiténg.

在 历史 时代,国家 间 经常 发生 对抗,好 男儿 戎装 卫国。
Zài lìshǐ shídài, guójiā jiān jīngcháng fāshēng duìkàng, hǎo nán'ér róngzhuāng wèiguó.

国家 的 荣誉 往往 需要以自己的 生命 去 // 换取。……
Guójiā de róngyù wǎngwǎng xūyào yǐ zìjǐ de shēngmìng qù//huànqǔ…

节选 自 冯 骥才《国家 荣誉感》
Jiéxuǎn zì Féng Jìcái《Guójiā Róngyùgǎn》

作品 12 号

一、读词语

（一）第二声相连的词语

| 1. 橘红色（júhóngsè） | 2. 排排（páipái） | 3. 尤其（yóuqí） |
| 4. 软绵绵（ruǎnmiánmián） | | |

（二）第四声相连的词语

1. 更要（gèng yào）	2. 映照（yìngzhào）	3. 又红又亮（yòu hóng yòu liàng）
4. 就像（jiù xiàng）	5. 片片（piànpiàn）	6. 霍霍（huòhuò）
7. 渐渐（jiànjiàn）	8. 又变为（yòu biànwéi）	9. 最后（zuìhòu）
10. 簌簌（sùsù）	11. 在这（zài zhè）	12. 是那么（shì nàme）
13. 在那里（zài nàli）	14. 放射（fàngshè）	15. 注目（zhùmù）
16. 夜色（yèsè）	17. 各处（gè chù）	18. 次第（cìdì）
19. 倒映（dàoyìng）	20. 晃动（huàngdòng）	21. 密布（mìbù）
22. 煞是（shà shì）	23. 慢慢（mànmàn）	

（三）第三声相连的词语

| 1. 涌起（yóngqǐ） | 2. 只有（zhí yǒu） | 3. 海港（háigǎng） |
| 4. 海水（háishuǐ） | | |

（四）"一"与词语相连

| 1. 一片（yí piàn） | 2. 一排（yì pái） | 3. 一切（yíqiè） |
| 4. 一盏（yì zhǎn） | 5. 一串（yí chuàn） | |

(五)轻声词语

1. 燃烧着(ránshāozhe)	2. 染成了(rǎnchéngle)	3. 活动的(huódòng de)
4. 时候(shíhou)	5. 浪峰上的(làngfēng shang de)	6. 闪烁着(shǎnshuòzhe)
7. 滚动着(gǔndòngzhe)	8. 涌了过来(yǒngle guòlai)	9. 下去了(xiàqu le)
10. 变成了(biànchéngle)	11. 消失了的(xiāoshīle de)	12. 显得(xiǎnde)
13. 高而远了的(gāo ér yuǎn le de)	14. 天幕上(tiānmù shang)	15. 那么(nàme)
16. 那里(nàli)	17. 放射着(fàngshèzhe)	18. 真的(zhēn de)
19. 亮了起来(liàngle qǐlai)	20. 山坡上的(shānpō shang de)	21. 海面上(hǎimiàn shang)
22. 随着(suízhe)	23. 流动着的(liúdòngzhe de)	24. 苍穹里的(cāngqióng li de)
25. 踏着(tàzhe)	26. 沿着(yánzhe)	27. 抚摸着(fǔmōzhe)

二、读句子

1. 西方 的 天空,// 还 燃烧着 / 一 片 橘红色 的 晚霞。///
   Xīfāng de tiānkōng, hái ránshāozhe yí piàn júhóngsè de wǎnxiá.

2. 大海,// 也被 这 霞光 / 染成了 红色,// 而且 / 比 天空 的 景色 / 更 要 壮观。///
   Dàhǎi, yě bèi zhè xiáguāng rǎnchéngle hóngsè, érqiě bǐ tiānkōng de jǐngsè gèng yào zhuàngguān.

3. 每 当 一排排 波浪 / 涌起 的 时候,// 那 映照 在 浪峰 上 的 霞光,// 又 红又 亮,// 简直就 像 / 一 片片 / 霍霍 燃烧着 的 火焰,// 闪烁着,// 消失 了。///
   Měi dāng yì páipái bōlàng yǒngqǐ de shíhou, nà yìngzhào zài làngfēng shang de xiáguāng, yòu hóng yòu liàng, jiǎnzhí jiù xiàng yí piànpiàn huòhuò ránshāozhe de huǒyàn, shǎnshuòzhe, xiāoshī le.

4. 那 突然 显得 高而远了的 天空,// 则 呈现 出 / 一 片 肃穆的 神色。///
   Nà tūrán xiǎnde gāo ér yuǎn le de tiānkōng, zé chéngxiàn chū yí piàn sùmù de shénsè.

5. 整个 广漠 的 天幕 上 / 只有 它 在 那里 / 放射着 令 人 注目 的
   Zhěnggè guǎngmò de tiānmù shang zhǐ yǒu tā zài nàli fàngshèzhe lìng rén zhùmù de

光辉，// 活像一盏/悬挂在高空的明灯。///
guānghuī, huóxiàng yì zhǎn xuánguà zài gāokōng de míngdēng.

6. 尤其是/围绕在海港周围山坡上的/那一片灯光，//……
Yóuqí shì wéirào zài hǎigǎng zhōuwéi shānpō shang de nà yí piàn dēngguāng,…

7. 随着波浪，// 晃动着，// 闪烁着，//……
Suízhe bōlàng, huàngdòngzhe, shǎnshuòzhe,…

8. 我踏着软绵绵的沙滩，//……
Wǒ tàzhe ruǎnmiánmián de shātān,…

三、读作品 12 号

夕阳落山不久，西方的天空，还燃烧着一片橘红色的晚霞。
Xīyáng luò shān bùjiǔ, xīfāng de tiānkōng, hái ránshāozhe yí piàn júhóngsè de wǎnxiá.

大海，也被这霞光染成了红色，而且比天空的景色更要壮观。
Dàhǎi, yě bèi zhè xiáguāng rǎnchéngle hóngsè, érqiě bǐ tiānkōng de jǐngsè gèng yào zhuàngguān.

因为它是活动的，每当一排排波浪涌起的时候，那映照在浪峰
Yīnwèi tā shì huódòng de, měi dāng yì páipái bōlàng yǒngqǐ de shíhou, nà yìngzhào zài làngfēng

上的霞光，又红又亮，简直就像一片片霍霍燃烧着的火焰，
shang de xiáguāng, yòu hóng yòu liàng, jiǎnzhí jiù xiàng yí piànpiàn huòhuò ránshāozhe de huǒyàn,

闪烁着，消失了。而后面的一排，又闪烁着，滚动着，涌了过来。
shǎnshuòzhe, xiāoshī le. Ér hòumiàn de yì pái, yòu shǎnshuòzhe, gǔndòngzhe, yǒngle guòlai.

天空的霞光渐渐地淡下去了，深红的颜色变成了绯红，
Tiānkōng de xiáguāng jiànjiàn de dàn xiaqu le, shēnhóng de yánsè biànchéngle fēihóng,

绯红又变为浅红。最后，当这一切红光都消失了的时候，那
fēihóng yòu biànwéi qiǎnhóng. Zuìhòu, dāng zhè yíqiè hóngguāng dōu xiāoshīle de shíhou, nà

突然显得高而远了的天空，则呈现出一片肃穆的神色。最早
tūrán xiǎnde gāo ér yuǎn le de tiānkōng, zé chéngxiàn chū yí piàn sùmù de shénsè. Zuì zǎo

出现的启明星，在这蓝色的天幕上闪烁起来了。它是那么大，
chūxiàn de qǐmíngxīng, zài zhè lánsè de tiānmù shang shǎnshuò qilai le. Tā shì nàme dà,

那么亮，整个广漠的天幕上只有它在那里放射着令人注目的
nàme liàng, zhěnggè guǎngmò de tiānmù shang zhǐ yǒu tā zài nàli fàngshèzhe lìng rén zhùmù de

光辉,活像一盏悬挂在高空的明灯。

夜色加浓,苍空中的"明灯"越来越多了。而城市各处的真的灯火也次第亮了起来,尤其是围绕在海港周围山坡上的那一片灯光,从半空倒映在乌蓝的海面上,随着波浪,晃动着,闪烁着,像一串流动着的珍珠,和那一片片密布在苍穹里的星斗互相辉映,煞是好看。

在这幽美的夜色中,我踏着软绵绵的沙滩,沿着海边,慢慢地向前走去。海水,轻轻地抚摸着细软的沙滩,发出温柔的//唰唰声……

节选自峻青《海滨仲夏夜》

作品13号

一、读词语

(一)第二声相连的词语

| 1. 成为(chéngwéi) | 2. 摇篮(yáolán) | |

(二)第四声相连的词语

1. 性质(xìngzhì)	2. 孕育(yùnyù)	3. 重要(zhòngyào)
4. 动物(dòngwù)	5. 新陈代谢(xīnchén-dàixiè)	6. 系列(xìliè)
7. 脆弱(cuìruò)	8. 更是(gèng shì)	9. 氯化钠(lǜhuànà)
10. 氯化钾(lǜhuàjiǎ)	11. 费力(fèi lì)	12. 浩大(hàodà)

13. 夏季烈日曝晒（xiàjì lièrì pùshài）	14. 变化（biànhuà）	15. 巨大（jùdà）
16. 就像是（jiù xiàng shì）	17. 但是（dànshì）	18. 紫外线（zǐwàixiàn）
19. 又为（yòu wèi）	20. 必要（bìyào）	

（三）第三声相连的词语

1. 溶解氧（róngjiéyǎng）	2. 可以（kéyǐ）	

（四）"一、不"与词语相连

1. 一些（yìxiē）	2. 一系列（yíxìliè）	3. 一种（yì zhǒng）
4. 一切（yíqiè）		

1. 不是（bú shì）	2. 不会（bú huì）	3. 毫不费力（háo bú fèi lì）

（五）轻声词语

1. 海洋里（hǎiyáng li）	2. 我们（wǒmen）	3. 知道（zhīdao）
4. 部分（bùfen）	5. 提供了（tígōngle）	

二、读句子

1. 海洋 的 物理 和 化学 性质，// 使它 成为 / 孕育 原始 生命 的
   Hǎiyáng de wùlǐ hé huàxué xìngzhì, shǐ tā chéngwéi yùnyù yuánshǐ shēngmìng de

摇篮。///
yáolán.

2. 没有它，// 体内的一系列 生理 和 生物 化学 反应 / 就无法 进行，// ……
   Méiyǒu tā, tǐnèi de yíxìliè shēnglǐ hé shēngwù huàxué fǎnyìng jiù wúfǎ jìnxíng,…

3. 海洋 中 / 含有 许多 / 生命 所必需的无机盐，// 如 / 氯化钠、/ 氯化钾、/
   Hǎiyáng zhōng hányǒu xǔduō shēngmìng suǒ bìxū de wújīyán, rú lùhuànà, lùhuàjiǎ,

碳酸盐、/ 磷酸盐，// 还 有 溶解氧，// ……
tànsuānyán, línsuānyán, hái yǒu róngjiéyǎng,…

4. 任凭 / 夏季 烈日曝晒，// 冬季 寒风 扫荡，// 它的 温度 变化 / 却 比较 小。///
   Rènpíng xiàjì lièrì pùshài, dōngjì hánfēng sǎodàng, tā de wēndù biànhuà què bǐjiào xiǎo.

5. 阳光 / 虽然 为 生命 所必需，// 但是 / 阳光 中 的 紫外线 / 却
   Yángguāng suīrán wéi shēngmìng suǒ bìxū, dànshì yángguāng zhōng de zǐwàixiàn què

有 扼杀 原始 生命 的 危险。///
yǒu èshā yuánshǐ shēngmìng de wēixiǎn.

三、读作品13号

生命在海洋里诞生决不是偶然的,海洋的物理和化学性质,使它成为孕育原始生命的摇篮。

我们知道,水是生物的重要组成部分,许多动物组织的含水量在百分之八十以上,而一些海洋生物的含水量高达百分之九十五。水是新陈代谢的重要媒介,没有它,体内的一系列生理和生物化学反应就无法进行,生命也就停止。因此,在短时期内动物缺水要比缺少食物更加危险。水对今天的生命是如此重要,它对脆弱的原始生命,更是举足轻重了。生命在海洋里诞生,就不会有缺水之忧。

水是一种良好的溶剂。海洋中含有许多生命所必需的无机盐,如氯化钠、氯化钾、碳酸盐、磷酸盐,还有溶解氧,原始生命可以毫不费力地从中吸取它所需要的元素。

水具有很高的热容量,加之海洋浩大,任凭夏季烈日曝晒,冬季寒风扫荡,它的温度变化却比较小。因此,巨大的海洋就像是天然的"温箱",是孕育原始生命的温床。

阳光虽然为生命所必需，但是阳光中的紫外线却有扼杀原始生命的危险。水能有效地吸收紫外线，因而又为原始生命提供了天然的"屏障"。

这一切都是原始生命得以产生和发展的必要条件。//……

节选自童裳亮《海洋与生命》

作品14号

一、读词语

（一）第二声相连的词语

1. 排除（páichú）	2. 如何（rúhé）	3. 童年（tóngnián）
4. 着急（zháo jí）		

（二）第四声相连的词语

1. 去世（qùshì）	2. 断断续续（duànduànxùxù）	3. 事物（shìwù）
4. 现在（xiànzài）	5. 像外祖母（xiàng wàizúmǔ）	6. 日历（rìlì）
7. 光阴似箭（guāngyīn sì jiàn）	8. 日月（rìyuè）	9. 更让我（gèng ràng wǒ）
10. 看到（kàndào）	11. 快落山了（kuài luò shān le）	12. 更快（gèng kuài）

（三）第三声相连的词语

1. 外祖母（wàizúmǔ）	2. 很久（hén jiǔ）	3. 永远（yóngyuǎn）
4. 所有（suóyǒu）	5. 给我（géi wǒ）	6. 使我（shí wǒ）
7. 让我感到（ràng wó gǎndào）	8. 也比（yé bǐ）	9. 心眼儿里（xīnyánr li）

（四）"一、不"与词语相连

1. 一样（yíyàng）	2. 一天（yìtiān）	3. 一个（yí gè）
4. 一页（yí yè）	5. 一寸（yí cùn）	6. 一种（yì zhǒng）

1. 不会（bú huì）		

（五）轻声词语

1. 时候（shíhou）	2. 操场上（cāochǎng shang）	3. 跑着（pǎozhe）
4. 地上（dì shang）	5. 草坪上（cǎopíng shang）	6. 日子（rìzi）
7. 爸爸（bàba）	8. 妈妈（māma）	9. 知道（zhīdao）
10. 他们（tāmen）	11. 睡着了（shuìzháo le）	12. 回来了（huílai le）
13. 什么（shénme）	14. 回来呢（huílai ne）	15. 问着（wènzhe）
16. 时间里的（shíjiān li de）	17. 过去（guòqu）	18. 这么（zhème）
19. 课本上的（kèběn shang de）	20. 撕去（sīqu）	21. 心里（xīnli）
22. 觉得（juéde）	23. 说不出（shuōbuchū）	24. 那么（nàme）
25. 太阳（tàiyang）	26. 回去（huíqu）	

（六）儿化词语

| 1. 一圈儿（yì quānr） | 2. 心眼儿（xīnyǎnr） | |

二、读句子

1.每天／在 学校 的 操场 上／一圈儿 又 一圈儿 地／跑着，／／跑 得 累倒
　Měi tiān zài xuéxiào de cāochǎng shang yì quānr yòu yì quānr de pǎozhe, pǎo de lèidǎo

在 地 上，／／扑在 草坪 上／痛哭。///
zài dì shang, pū zài cǎopíng shang tòngkū.

2.这 谜语／比 课本 上 的／"日历挂在 墙壁，／一天 撕去 一页，／使 我 心里
　Zhè míyǔ bǐ kèběn shang de "rìlì guà zài qiángbì, yìtiān sīqu yí yè, shǐ wǒ xīnli

着 急"／／和／"一寸 光阴 一寸金，／寸金难买寸 光阴"／还 让 我 感到
zháo jí" hé "yí cùn guāngyīn yí cùn jīn, cùn jīn nán mǎi cùn guāngyīn" hái ràng wǒ gǎndào

可怕；／／也比／作文本 上 的／"光阴 似箭，／日月 如梭"／更 让 我 觉得／有
kěpà; yě bǐ zuòwénběn shang de "guāngyīn sì jiàn, rìyuè rú suō" gèng ràng wǒ juéde yǒu

一 种 说不出 的 滋味。///
yì zhǒng shuōbuchū de zīwèi.

三、读作品 14 号

读 小学 的 时候，我 的 外祖母 去世了。外祖母 生前 最 疼爱 我，我
Dú xiǎoxué de shíhou, wǒ de wàizúmǔ qùshì le. Wàizúmǔ shēngqián zuì téng'ài wǒ, wǒ

无法 排除 自己 的 忧伤，每天 在 学校 的 操场 上 一圈儿 又 一圈儿 地
wúfǎ páichú zìjǐ de yōushāng, měi tiān zài xuéxiào de cāochǎng shang yì quānr yòu yì quānr de

跑着，跑得累倒在地上，扑在草坪上痛哭。
pǎozhe, pǎo de lèidǎo zài dì shang, pū zài cǎopíng shang tòngkū.

那哀痛的日子，断断续续地持续了很久，爸爸妈妈也不知道如何安慰
Nà āitòng de rìzi, duànduànxùxù de chíxùle hén jiǔ, bàba māma yě bù zhīdào rúhé ānwèi

我。他们知道与其骗我说外祖母睡着了，还不如对我说实话：外祖母
wǒ. Tāmen zhīdao yǔqí piàn wǒ shuō wàizúmǔ shuìzháo le, hái bùrú duì wǒ shuō shíhuà: Wàizúmǔ

永远不会回来了。
yóngyuǎn bú huì huílai le.

"什么是永远不会回来呢？"我问着。
"Shénme shì yóngyuǎn bú huì huílai ne?" Wǒ wènzhe.

"所有时间里的事物，都永远不会回来。你的昨天过去，它就
"Suóyǒu shíjiān li de shìwù, dōu yóngyuǎn bú huì huílai. Nǐ de zuótiān guòqu, tā jiù

永远变成昨天，你不能再回到昨天。爸爸以前和你一样小，
yóngyuǎn biànchéng zuótiān, nǐ bù néng zài huídào zuótiān. Bàba yǐqián hé nǐ yíyàng xiǎo,

现在也不能回到你这么小的童年了；有一天你会长大，你会像
xiànzài yě bù néng huídào nǐ zhème xiǎo de tóngnián le; yǒu yìtiān nǐ huì zhǎngdà, nǐ huì xiàng

外祖母一样老；有一天你度过了你的时间，就永远不会回来了。"爸爸说。
wàizúmǔ yíyàng lǎo; yǒu yìtiān nǐ dùguòle nǐ de shíjiān, jiù yóngyuǎn bú huì huílai le." Bàba shuō.

爸爸等于给我一个谜语，这谜语比课本上的"日历挂在墙壁，一天
Bàba děngyú géi wǒ yí gè míyǔ, zhè míyǔ bǐ kèběn shang de "rìlì guà zài qiángbì, yìtiān

撕去一页，使我心里着急"和"一寸光阴一寸金，寸金难买寸光阴"
sīqu yí yè, shí wǒ xīnli zháo jí" hé "yí cùn guāngyīn yí cùn jīn, cùn jīn nán mǎi cùn guāngyīn"

还让我感到可怕；也比作文本上的"光阴似箭，日月如梭"更让
hái ràng wǒ gǎndào kěpà; yé bǐ zuòwénběn shang de "guāngyīn sì jiàn, rìyuè rú suō" gèng ràng

我觉得有一种说不出的滋味。
wǒ juéde yǒu yì zhǒng shuōbuchū de zīwèi.

时间过得那么飞快，使我的小心眼儿里不只是着急，还有悲伤。
Shíjiān guò de nàme fēikuài, shí wǒ de xiǎo xīnyánr li bù zhǐshì zháo jí, hái yǒu bēishāng.

有一天我放学回家，看到太阳快落山了，就下决心说："我要比
Yǒu yìtiān wǒ fàng xué huí jiā, kàndào tàiyang kuài luò shān le, jiù xià juéxīn shuō: "Wǒ yào bǐ

太阳　更　快地回家。"我　狂奔　回去，站在 庭院 前 喘 气的 时候，
tàiyang gèng kuài de huí jiā." Wǒ kuángbēn huíqu, zhàn zài tíngyuàn qián chuǎn qì de shíhou,

看到　太阳 // 还　露着　半边　脸，……
kàndào tàiyang // hái lòuzhe bànbiān liǎn,…

节选 自（台湾）林　清玄 《和　时间　赛跑》
Jiéxuǎn zì（Táiwān）Lín Qīngxuán《Hé Shíjiān Sàipǎo》

作品 15 号

一、读词语

（一）第二声相连的词语

1. 常常（chángcháng）	2. 文言文（wényánwén）	3. 毫无（háo wú）
4. 回答（huídá）	5. 同学（tóngxué）	6. 文言（wényán）
7. 服从（fúcóng）		

（二）第四声相连的词语

1. 任教授（rèn jiàoshòu）	2. 姓魏（xìng Wèi）	3. 废话（fèihuà）
4. 电报（diànbào）	5. 用字（yòng zì）	6. 变亮（biànliàng）
7. 复电（fùdiàn）	8. 究竟是（jiūjìng shì）	9. 立刻（lìkè）
10. 报告（bàogào）	11. 数目（shùmù）	12. 这样（zhèyàng）
13. 胜任（shèngrèn）	14. 这份（zhè fèn）	

（三）第三声相连的词语

| 1. 引起（yínqǐ） | 2. 只喜欢（zhí xǐhuan） | 3. 请我（qíng wǒ） |
| 4. 也很省字（yé hén shěng zì） | 5. 举手（jú shǒu） | |

（四）"一、不"与词语相连

| 1. 一些（yìxiē） | 2. 一次（yí cì） | 3. 一位（yí wèi） |
| 4. 一个（yí gè） | 5. 一份（yí fèn） | |

| 1. 不去（bú qù） | 2. 不错（búcuò） |

（五）轻声词语

1. 学生（xuésheng）	2. 时候（shíhou）	3. 站了起来（zhànle qǐlai）
4. 先生（xiānsheng）	5. 微笑着（wēixiàozhe）	6. 朋友（péngyou）
7. 同学们（tóngxuémen）	8. 意思（yìsi）	9. 看看（kànkan）

10. 还是（háishi）	11. 写了起来（xiěle qǐlai）	12. 过去（guòqu）
13. 挑了（tiāole）	14. 学问（xuéwen）	15. 这个（zhège）
16. 用了（yòngle）	17. 干不了（gàn bu liǎo）	18. 谢谢（xièxie）

二、读句子

1. 讲课时／他 常常 对 白话文 大加 称赞，／／引起 一些 只 喜欢
   Jiǎng kè shí tā chángcháng duì báihuàwén dà jiā chēngzàn, yǐnqǐ yìxiē zhí xǐhuan

文言文／而不喜欢 白话文 的 学生 的 不满。／／／
wényánwén ér bù xǐhuan báihuàwén de xuésheng de bùmǎn.

2. 胡适／又 解释 说：／"干 不 了"／就 有／才疏学浅、／恐 难 胜任 的
   Hú Shì yòu jiěshì shuō: "Gàn bu liǎo" jiù yǒu cáishū-xuéqiǎn, kǒng nán shèngrèn de

意思。／／／
yìsi.

三、读作品 15 号

三十 年代 初，胡适 在 北京 大学 任 教授。讲课时他 常常 对
Sānshí niándài chū, Hú Shì zài Běijīng Dàxué rèn jiàoshòu. Jiǎng kè shí tā chángcháng duì

白话文 大加 称赞，引起 一些 只 喜欢 文言文 而 不 喜欢 白话文 的
báihuàwén dà jiā chēngzàn, yǐnqǐ yìxiē zhí xǐhuan wényánwén ér bù xǐhuan báihuàwén de

学生 的 不满。
xuésheng de bùmǎn.

一次，胡适 正 讲 得 得意的 时候，一位 姓 魏 的 学生 突然 站了
Yí cì, Hú Shì zhèng jiǎng de déyì de shíhou, yí wèi xìng Wèi de xuésheng tūrán zhànle

起来，生 气地 问："胡 先生，难道 说 白话文 就 毫无 缺点 吗？"胡适
qǐlai, shēng qì de wèn: "Hú xiānsheng, nándào shuō báihuàwén jiù háo wú quēdiǎn ma?" Hú Shì

微笑着 回答 说："没有。"那位 学生 更加 激动 了："肯定 有！白话文
wēixiàozhe huídá shuō: "Méiyǒu." Nà wèi xuésheng gèngjiā jīdòng le: "Kěndìng yǒu! Báihuàwén

废话 太多，打 电报 用 字多，花 钱多。"胡适 的 目光 顿时 变亮 了，
fèihuà tài duō, dǎ diànbào yòng zì duō, huā qián duō." Hú Shì de mùguāng dùnshí biànliàng le,

轻 声 地解释 说："不 一定 吧！前 几天 有 位 朋友 给我 打来 电报，
qīng shēng de jiěshì shuō: "Bù yídìng ba! Qián jǐ tiān yǒu wèi péngyou gěi wǒ dǎlái diànbào,

请 我 去 政府 部门 工作，我 决定 不去，就 回 电 拒绝了。复电 是 用
qǐng wǒ qù zhèngfǔ bùmén gōngzuò, wǒ juédìng bú qù, jiù huí diàn jùjué le. Fùdiàn shì yòng

白话 写的，看来 也 很 省 字。请 同学们 根据 我 这个 意思，用 文言文
báihuà xiě de, kànlái yě hěn shěng zì. Qǐng tóngxuémen gēnjù wǒ zhège yìsi, yòng wényánwén

写一个 回电，看看 究竟 是 白话文 省 字，还是 文言文 省 字。"胡
xiě yí ge huídiàn, kànkan jiūjìng shì báihuàwén shěng zì, háishi wényánwén shěng zì." Hú

教授 刚 说完， 同学们 立刻 认真 地 写了 起来。
jiàoshòu gāng shuōwán, tóngxuémen lìkè rènzhēn de xiěle qǐlai.

十五 分钟 过去，胡适 让 同学 举 手，报告 用 字 的 数目，然后
Shíwǔ fēnzhōng guòqu, Hú Shì ràng tóngxué jú shǒu, bàogào yòng zì de shùmù, ránhòu

挑了一份 用 字 最 少 的 文言 电报稿， 电文 是 这样 写 的：
tiāole yí fèn yòng zì zuì shǎo de wényán diànbàogǎo, diànwén shì zhèyàng xiě de:

"才疏学浅， 恐 难 胜任， 不堪 从命。" 白话文 的 意思 是： 学问
"Cáishū-xuéqiǎn, kǒng nán shèngrèn, bùkān cóngmìng." Báihuàwén de yìsi shì: Xuéwen

不深，恐怕 很 难 担任 这个 工作，不 能 服从 安排。
bù shēn, kǒngpà hěn nán dānrèn zhège gōngzuò, bù néng fúcóng ānpái.

胡适 说，这份 写得 确实 不错，仅 用了 十二 个 字。但 我 的 白话
Hú Shì shuō, zhè fèn xiě de quèshí búcuò, jǐn yòngle shí'èr gè zì. Dàn wǒ de báihuà

电报 却 只 用了 五个字：
diànbào què zhǐ yòngle wǔ gè zì:

"干 不 了，谢谢！"
"Gàn bu liǎo, xièxie!"

胡适 又 解释 说："干 不 了" 就 有 才疏学浅、 恐 难 胜任 的 意思；
Hú Shì yòu jiěshì shuō: "Gàn bu liǎo" jiù yǒu cáishū-xuéqiǎn, kǒng nán shèngrèn de yìsi;

"谢谢"既// 对 朋友 的 介绍 表示 感谢，……
"xièxie" jì// duì péngyou de jièshào biǎoshì gǎnxiè,…

节选 自 陈 灼 主编 《实用 汉语 中级 教程》 （上） 中
Jiéxuǎn zì Chén Zhuó zhǔbiān 《Shíyòng Hànyǔ Zhōngjí Jiàochéng》(shàng) zhōng

《胡 适 的 白话 电报》
《Hú Shì De Báihuà Diànbào》

作品 16 号

一、读词语

（一）第二声相连的词语

1. 不以为然（bùyǐwéirán）	2. 朦胧（ménglóng）	3. 明明（míngmíng）
4. 其实（qíshí）	5. 悬崖（xuányá）	6. 茫茫（mángmáng）
7. 河流（héliú）	8. 仍然（réngrán）	9. 然而（rán'ér）

（二）第四声相连的词语

1. 西伯利亚（Xībólìyà）	2. 蓦地（mòdì）	3. 就在（jiù zài）
4. 就到（jiù dào）	5. 过夜（guò yè）	6. 夜色（yèsè）
7. 在那儿（zài nàr）	8. 一个个（yí gègè）	9. 现在（xiànzài）
10. 峭壁（qiàobì）		

（三）第三声相连的词语

1. 很久以前（hén jiú yǐqián）	2. 划起桨来（huáqí jiǎng lái）	3. 闪闪（shánshǎn）
4. 有许多（yóu xǔduō）	5. 咫尺（zhíchǐ）	6. 使我（shí wǒ）

（四）"一、不"与词语相连

1. 一个（yí gè）	2. 一条（yì tiáo）	3. 一星（yì xīng）
4. 一闪（yì shǎn）	5. 一眼（yì yǎn）	6. 一看（yí kàn）
7. 一人（yì rén）		

1. 不过（búguò）		

（五）轻声词语

1. 河上（hé shang）	2. 地方（dìfang）	3. 远着呢（yuǎn zhene）
4. 就到了（jiù dào le）	5. 他的话（tā de huà）	6. 因为（yīnwei）
7. 事实上（shìshí shang）	8. 我们（wǒmen）	9. 划了（huále）
10. 前头（qiántou）	11. 这么（zhème）	12. 那么（nàme）
13. 还是（háishi）	14. 流着（liúzhe）	

（六）儿化词语

1. 在那儿（zài nàr）		

二、读句子

1. 我/泛舟 在西伯利亚/一条 阴森森 的 河 上。///
   Wǒ fànzhōu zài Xībólìyà yì tiáo yīnsēnsēn de hé shang.

2. 船 到一个 转弯 处，//只见 前面/黑黢黢的 山峰 下面/一星
   Chuán dào yí gè zhuǎnwān chù, zhǐ jiàn qiánmiàn hēiqūqū de shānfēng xiàmian yì xīng

   火光 /蓦地一 闪。///
   huǒguāng mòdì yì shǎn.

3. 船夫/扭头/朝 身 后 的 火光/ 望了一眼，//……
   Chuánfū niǔ tóu cháo shēn hòu de huǒguāng wàngle yì yǎn, …

4. 无论 是/这 条 被 悬崖 峭壁 的 阴影/ 笼罩 的/漆黑的河流，//还是/那
   Wúlùn shì zhè tiáo bèi xuányá qiàobì de yīnyǐng lǒngzhào de qīhēi de héliú, háishi nà

   一 星 明亮 的 火光，// 都 经常 浮现 在/我 的 脑际，//在 这 以前/和/在
   yì xīng míngliàng de huǒguāng, dōu jīngcháng fúxiàn zài wǒ de nǎojì, zài zhè yǐqián hé zài

   这 以后，//曾 有/许多 火光，//似乎/近 在 咫尺，//不止 使 我一人/心驰
   zhè yǐhòu, céng yǒu xǔduō huǒguāng, sìhū jìn zài zhǐchǐ, bùzhǐ shǐ wǒ yì rén xīnchí-

   神往。///
   -shénwǎng.

5. 然而，// 火光 啊/……毕竟/……毕竟/就在 前头！///
   Rán'ér, huǒguāng nga… bìjìng… bìjìng jiù zài qiántóu!…

三、读作品 16 号

很 久 以前，在 一个 漆黑 的 秋天 的 夜晚，我 泛舟 在 西伯利亚一条
Hén jiǔ yǐqián, zài yí gè qīhēi de qiūtiān de yèwǎn, wǒ fànzhōu zài Xībólìyà yì tiáo

阴森森 的 河上。 船 到一个 转弯 处，只见 前面 黑黢黢 的 山峰
yīnsēnsēn de hé shang. Chuán dào yí gè zhuǎnwān chù, zhǐ jiàn qiánmiàn hēiqūqū de shānfēng

下面 一星 火光 蓦地一 闪。
xiàmian yì xīng huǒguāng mòdì yì shǎn.

火光 又 明 又 亮， 好像 就在 眼前……
Huǒguāng yòu míng yòu liàng, hǎoxiàng jiù zài yǎnqián…

"好啦，谢天谢地！"我高兴地说，"马上就到过夜的地方啦！"
"Hǎo la, xiètiān-xièdì!" Wǒ gāoxìng de shuō, "Mǎshàng jiù dào guò yè de dìfang la!"

船夫扭头朝身后的火光望了一眼，又不以为然地划起桨来。
Chuánfū niǔ tóu cháo shēn hòu de huǒguāng wàngle yì yǎn, yòu bùyǐwéirán de huáqǐ jiǎng lái.

"远着呢！"
"Yuǎn zhene!"

我不相信他的话，因为火光冲破朦胧的夜色，明明在那儿
Wǒ bù xiāngxìn tā de huà, yīnwei huǒguāng chōngpò ménglóng de yèsè, míngmíng zài nàr

闪烁。不过船夫是对的，事实上，火光的确还远着呢。
shǎnshuò. Búguò chuánfū shì duì de, shìshí shang, huǒguāng díquè hái yuǎn zhene.

这些黑夜的火光的特点是：驱散黑暗，闪闪发亮，近在眼前，
Zhèxiē hēiyè de huǒguāng de tèdiǎn shì: Qūsàn hēi'àn, shánshǎn fā liàng, jìn zài yǎnqián,

令人神往。乍一看，再划几下就到了……其实却还远着呢！……
lìng rén shénwǎng. Zhà yí kàn, zài huá jǐ xià jiù dào le… Qíshí què hái yuǎn zhene!…

我们在漆黑如墨的河上又划了很久。一个个峡谷和悬崖，迎面
Wǒmen zài qīhēi rú mò de hé shang yòu huále hěn jiǔ. Yí gègè xiágǔ hé xuányá, yíngmiàn

驶来，又向后移去，仿佛消失在茫茫的远方，而火光却依然
shǐlái, yòu xiàng hòu yíqù, fǎngfú xiāoshī zài mángmáng de yuǎnfāng, ér huǒguāng què yīrán

停在前头，闪闪发亮，令人神往——依然是这么近，又依然是
tíng zài qiántou, shánshǎn fā liàng, lìng rén shénwǎng——yīrán shì zhème jìn, yòu yīrán shì

那么远……
nàme yuǎn…

现在，无论是这条被悬崖峭壁的阴影笼罩的漆黑的河流，还是
Xiànzài, wúlùn shì zhè tiáo bèi xuányá qiàobì de yīnyǐng lǒngzhào de qīhēi de héliú, háishi

那一星明亮的火光，都经常浮现在我的脑际，在这以前和在
nà yì xīng míngliàng de huǒguāng, dōu jīngcháng fúxiàn zài wǒ de nǎojì, zài zhè yǐqián hé zài

这以后，曾有许多火光，似乎近在咫尺，不止使我一人心驰神往。
zhè yǐhòu, céng yǒu xǔduō huǒguāng, sìhū jìn zài zhǐchǐ, bùzhǐ shǐ wǒ yì rén xīnchí-shénwǎng.

可是生活之河却仍然在那阴森森的两岸之间流着，而火光也
Kěshì shēnghuó zhī hé què réngrán zài nà yīnsēnsēn de liǎng'àn zhī jiān liúzhe, ér huǒguāng yě

依旧 非常 遥远。因此，必须加劲划 桨……
yījiù fēicháng yáoyuǎn. Yīncǐ, bìxū jiā jìn huá jiǎng…

然而， 火光 啊……毕竟……毕竟 就//在 前头！……
Rán'ér, huǒguāng nga… bìjìng … bìjìng jiù//zài qiántou!…

节选 自[俄]柯罗连科 《火光》， 张 铁夫译
Jiéxuǎn zì [É] Kēluóliánkē《Huǒguāng》, Zhāng Tiěfū yì

作品 17 号

一、读词语

（一）第二声相连的词语

| 1. 由伦敦（yóu Lúndūn） | 2. 摇篮（yáolán） | 3. 着急（zháo jí） |

（二）第四声相连的词语

1. 住惯（zhùguàn）	2. 要是（yàoshì）	3. 是怪事（shì guàishì）
4. 在热带（zài rèdài）	5. 害怕（hài pà）	6. 设若（shèruò）
7. 这是（zhè shì）	8. 境界（jìngjiè）	9. 好像是（hǎoxiàng shì）
10. 看到（kàndào）	11. 就是（jiùshì）	12. 这样（zhèyàng）
13. 最妙（zuì miào）		

（三）第三声相连的词语

1. 永远（yóngyuǎn）	2. 有点儿（yóudiǎnr）	3. 有水（yóu shuǐ）
4. 只等（zhí děng）	5. 理想（líxiǎng）	6. 只有北边（zhíyóu běibian）
7. 准保暖和（zhúnbáo nuǎnhuo）	8. 想起（xiángqǐ）	9. 也许（yéxǔ）
10. 小雪（xiáoxuě）		

（四）"一、不"与词语相连

| 1. 一个（yí gè） | 2. 一圈（yì quān） | 3. 一看（yí kàn） |
| 4. 一时（yìshí） | | |

| 1. 不动（bú dòng） | | |

（五）轻声词语

1. 觉得（juéde）	2. 回来（huílai）	3. 看得见（kàn de jiàn）
4. 地方（dìfang）	5. 那么（nàme）	6. 算不了（suàn bu liǎo）
7. 闭上眼睛（bìshang yǎnjing）	8. 天底下（tiān dǐxia）	9. 暖和（nuǎnhuo）

10. 睡着（shuìzhe）	11. 它们（tāmen）	12. 是不是（shì bu shì）
13. 围了个（wéile gè）	14. 北边（běibian）	15. 缺着（quēzhe）
16. 摇篮里（yáolán li）	17. 你们（nǐmen）	18. 真的（zhēn de）
19. 人们（rénmen）	20. 面上（miàn shang）	21. 有了（yǒule）
22. 山上（shān shang）	23. 是春天了吧（shì chūntiān le ba）	24. 夜里（yèli）
25. 绿起来了吧（lǜ qilai le ba）	26. 因为（yīnwei）	27. 干什么（gàn shénme）
28. 别的呢（bié de ne）		

（六）儿化词语

| 1. 圈儿（quānr） | 2. 这点儿（zhè diǎnr） | 3. 下点儿（xià diǎnr） |
| 4. 树尖儿（shùjiānr） | | |

二、读句子

1. 响亮 的 天气，// 反 有点儿 / 叫 人 害怕。///
　Xiǎngliàng de tiānqì, fǎn yóudiǎnr jiào rén hài pà.

2. 在 北方 的 冬天，// 而 / 能 有 温晴 的 天气，// 济南 / 真 得 算 个 宝地。///
　Zài běifāng de dōngtiān, ér néng yǒu wēnqíng de tiānqì, Jǐnán zhēn děi suàn gè bǎodì.

3. 请 / 闭上 眼睛 想：//……
　Qǐng bìshang yǎnjing xiǎng:…

4. 小山 / 把 济南 / 围了 个 圈儿，// 只有 北边 / 缺着 点儿 口儿。///
　Xiǎoshān bǎ Jǐnán wéile gè quānr, zhíyǒu běibian quēzhe diánr kǒur.

5. 济南的 人们 / 在 冬天 / 是 / 面 上 含 笑 的。///
　Jǐnán de rénmen zài dōngtiān shì miàn shang hán xiào de.

6. 最 妙 的 是 / 下 点儿 小雪 呀。///
　Zuì miào de shì xià diǎnr xiáoxuě ya.

7. 树尖儿 上 / 顶着 / 一髻儿 白 花，//……
　Shùjiānr shang dǐngzhe yí jìr bái huā,…

三、读作品17号

对于 一 个 在 北平 住惯 的 人，像 我，冬天 要是 不 刮 风，便 觉得
Duìyú yí gè zài Běipíng zhùguàn de rén, xiàng wǒ, dōngtiān yàoshì bù guā fēng, biàn juéde

是 奇迹；济南 的 冬天 是 没有 风声 的。对于 一个 刚 由 伦敦 回来 的
shì qíjì; Jǐnán de dōngtiān shì méiyǒu fēngshēng de. Duìyú yí gè gāng yóu Lúndūn huílai de

人，像 我，冬天 要 能 看 得见 日光，便 觉得 是 怪事；济南 的 冬天
rén, xiàng wǒ, dōngtiān yào néng kàn de jiàn rìguāng, biàn juéde shì guàishì; Jǐnán de dōngtiān

是 响晴 的。自然，在 热带 的 地方，日光 永远 是 那么 毒，响亮 的 天气，
shì xiǎngqíng de. Zìrán, zài rèdài de dìfang, rìguāng yóngyuǎn shì nàme dú, xiǎngliàng de tiānqì,

反 有点儿 叫 人 害怕。可是，在 北方 的 冬天，而 能 有 温晴 的 天气，
fǎn yóudiǎnr jiào rén hài pà. Kěshì, zài běifāng de dōngtiān, ér néng yǒu wēnqíng de tiānqì,

济南 真 得 算 个 宝地。
Jǐnán zhēn děi suàn gè bǎodì.

  设若 单单 是 有 阳光，那 也 算 不了 出奇。请 闭上 眼睛 想：
  Shèruò dāndān shì yǒu yángguāng, nà yě suàn bu liǎo chūqí. Qǐng bìshang yǎnjing xiǎng:

一个 老城，有 山 有 水，全 在 天 底下 晒着 阳光，暖和 安适 地
Yí gè lǎochéng, yǒu shān yóu shuǐ, quán zài tiān dǐxia shàizhe yángguāng, nuǎnhuo ānshì de

睡着，只 等 春风 来把 它们 唤醒，这 是不是 理想 的 境界？小山 把
shuìzhe, zhí děng chūnfēng lái bǎ tāmen huànxǐng, zhè shì bu shì lǐxiǎng de jìngjiè? Xiǎoshān bǎ

济南 围了个 圈儿，只有 北边 缺着 点儿 口儿。这 一 圈儿 小山 在 冬天
Jǐnán wéile gè quānr, zhíyǒu běibian quēzhe diánr kǒur. Zhè yì quānr xiǎoshān zài dōngtiān

特别 可爱，好像 是 把 济南 放 在 一个 小 摇篮里，它们 安静 不 动 地 低
tèbié kě'ài, hǎoxiàng shì bǎ Jǐnán fàng zài yí gè xiǎo yáolán li, tāmen ānjìng bú dòng de dī

声 地 说："你们 放 心 吧，这儿 准保 暖和。" 真 的，济南 的 人们 在
shēng de shuō: "Nǐmen fàng xīn ba, zhèr zhúnbǎo nuǎnhuo." Zhēn de, Jǐnán de rénmen zài

冬 天 是 面 上 含 笑 的。他们 一 看 那些 小山，心 中 便 觉得 有了
dōngtiān shì miàn shang hán xiào de. Tāmen yí kàn nàxiē xiǎoshān, xīn zhōng biàn juéde yǒule

着落，有了 依靠。他们 由 天上 看到 山上，便 不知不觉 地 想起：
zhuóluò, yǒule yīkào. Tāmen yóu tiānshàng kàndào shān shang, biàn bùzhī-bùjué de xiángqǐ:

明天 也许就是 春天 了吧？这样 的 温暖，今天 夜里 山草 也许 就绿
Míngtiān yéxǔ jiù shì chūntiān le ba? Zhèyàng de wēnnuǎn, jīntiān yèli shāncǎo yéxǔ jiù lǜ

起来 了吧？就是 这点儿 幻想 不 能 一时 实现，他们 也 并 不 着急，因为
qilai le ba? Jiùshì zhè diǎnr huànxiǎng bù néng yìshí shíxiàn, tāmen yě bìng bù zháo jí, yīnwei

这样　慈善　的　冬天，干　什么　还　希望　别的　呢！
zhèyàng císhàn de dōngtiān, gàn shénme hái xīwàng bié de ne!

最　妙　的　是下点儿　小雪　呀。看吧，山　上　的　矮松　越发　的　青黑，
Zuì miào de shì xià diǎnr xiáoxuě ya. Kàn ba, shān shang de ǎi sōng yuèfā de qīnghēi,

树尖儿　上　顶//着一髻儿　白　花……
shùjiānr shang dǐng//zhe yí jìr bái huā…

节选　自老　舍《济南　的　冬天》
Jiéxuǎn zì Lǎo Shě《Jǐnán De Dōngtiān》

作品 18 号

一、读词语

（一）第二声相连的词语

1. 石桥（shíqiáo）	2. 长桥（cháng qiáo）	3. 长虹（cháng hóng）
4. 雄浑（xiónghún）	5. 南来（nán lái）	6. 儿时（érshí）

（二）第四声相连的词语

1. 日丽（rì lì）	2. 泻地（xiè dì）	3. 印下（yìnxià）
4. 串串（chuànchuàn）	5. 那是（nà shì）	6. 兑现（duìxiàn）
7. 岁月（suìyuè）	8. 看到（kàndào）	9. 座座（zuòzuò）
10. 便是（biàn shì）	11. 去看望（qù kànwàng）	12. 熠熠（yìyì）
13. 蜕变（tuìbiàn）	14. 进步（jìnbù）	15. 透露（tòulù）
16. 富裕（fùyù）	17. 蓦地（mòdì）	

（三）第三声相连的词语

1. 美好（méihǎo）	2. 献给小桥（xiàn géi xiǎoqiáo）	3. 总涌动（zóng yǒngdòng）
4. 北往（béi wǎng）		

（四）"一"与词语相连

1. 一条（yì tiáo）	2. 一弯（yì wān）	3. 一把（yì bǎ）
4. 一根（yì gēn）	5. 一道（yí dào）	

（五）轻声词语

1. 为了（wèile）	2. 割刈着（gēyìzhe）	3. 扁担（biǎndan）
4. 挑起了（tiāoqǐle）	5. 带着（dàizhe）	6. 浴着（yùzhe）

7. 合奏着（hézòuzhe）	8. 传递了（chuándìle）	9. 消息（xiāoxi）
10. 躲起来（duó qilai）		

二、读句子

1. 不管 是/鸡鸣 晓月，//日丽中 天，//还是/月华 泻地，//小桥 / 都
Bùguǎn shì jī míng xiǎo yuè, rì lì zhōng tiān, háishi yuèhuá xiè dì, xiǎoqiáo dōu
印下 / 串串 足迹，//……
yìnxià chuànchuàn zújì, …

2. 那是 乡亲 /为了 追求/多 棱 的 希望，//……
Nà shì xiāngqīn wèile zhuīqiú duō léng de xīwàng, …

3. 不时 露出/舒心 的 笑容。///
Bùshí lùchū shūxīn de xiàoróng.

4. 你 是一把/ 闪亮 的 镰刀，//割刈着/ 欢笑 的 花果；//你 是一根 /
Nǐ shì yì bǎ shǎnliàng de liándāo, gēyìzhe huānxiào de huāguǒ; nǐ shì yì gēn
晃悠悠 的 扁担，//……
huàngyōuyōu de biǎndan, …

5. 心 中 / 总 涌动着/ 故乡 的 河水，//……
Xīn zhōng zóng yǒngdòngzhe gùxiāng de héshuǐ, …

6. 增添了 /赤 橙 黄 绿 青 蓝 紫。///
Zēngtiānle chì-chéng-huáng-lǜ-qīng-lán-zǐ.

7. 第一 紧要 的 /便 是/去 看望 小桥。///
Dì-yī jǐnyào de biàn shì qù kànwàng xiǎoqiáo.

8. 汽车 的 呼啸、/摩托 的 笛音、/自行车 的 丁零，// 合奏着 进行 交响乐；//……
Qìchē de hūxiào, mótuō de díyīn, zìxíngchē de dīnglíng, hézòuzhe jìnxíng jiāoxiǎngyuè; …

9. 透露了 /家乡 富裕的 声音。///
Tòulùle jiāxiāng fùyù de shēngyīn.

三、读作品 18 号

纯朴 的 家乡 村 边 有一条河，曲曲弯弯，河 中 架一弯 石桥，弓
Chúnpǔ de jiāxiāng cūn biān yǒu yì tiáo hé, qūqūwānwān, hé zhōng jià yì wān shíqiáo, gōng

样的小桥横跨两岸。
yàng de xiǎoqiáo héng kuà liǎng'àn.

每天，不管是鸡鸣晓月，日丽中天，还是月华泻地，小桥都印下串串足迹，洒落串串汗珠。那是乡亲为了追求多棱的希望，兑现美好的遐想。弯弯小桥，不时荡过轻吟低唱，不时露出舒心的笑容。
Měi tiān, bùguǎn shì jī míng xiǎo yuè, rì lì zhōng tiān, háishi yuèhuá xiè dì, xiǎoqiáo dōu yìnxià chuànchuàn zújì, sǎluò chuànchuàn hànzhū. Nà shì xiāngqīn wèile zhuīqiú duō léng de xīwàng, duìxiàn méihǎo de xiáxiǎng. Wānwān xiǎoqiáo, bùshí dàngguo qīngyín-dīchàng, bùshí lùchū shūxīn de xiàoróng.

因而，我稚小的心灵，曾将心声献给小桥：你是一弯银色的新月，给人间普照光辉；你是一把闪亮的镰刀，割刈着欢笑的花果；你是一根晃悠悠的扁担，挑起了彩色的明天！哦，小桥走进我的梦中。
Yīn'ér, wǒ zhìxiǎo de xīnlíng, céng jiāng xīnshēng xiàn gěi xiǎoqiáo: Nǐ shì yì wān yínsè de xīnyuè, gěi rénjiān pǔzhào guānghuī; nǐ shì yì bǎ shǎnliàng de liándāo, gēyìzhe huānxiào de huāguǒ; nǐ shì yì gēn huàngyōuyōu de biǎndan, tiāoqǐle cǎisè de míngtiān! Ò, xiǎoqiáo zǒujìn wǒ de mèng zhōng.

我在漂泊他乡的岁月，心中总涌动着故乡的河水，梦中总看到弓样的小桥。当我访南疆探北国，眼帘闯进座座雄伟的长桥时，我的梦变得丰满了，增添了赤橙黄绿青蓝紫。
Wǒ zài piāobó tāxiāng de suìyuè, xīn zhōng zǒng yǒngdòngzhe gùxiāng de héshuǐ, mèng zhōng zǒng kàndào gōng yàng de xiǎoqiáo. Dāng wǒ fǎng nánjiāng tàn běiguó, yǎnlián chuǎngjìn zuòzuò xióngwěi de cháng qiáo shí, wǒ de mèng biàn de fēngmǎn le, zēngtiānle chì-chéng-huáng-lǜ-qīng-lán-zǐ.

三十多年过去，我带着满头霜花回到故乡，第一紧要的便是去看望小桥。
Sānshí duō nián guòqu, wǒ dàizhe mǎn tóu shuānghuā huídào gùxiāng, dì-yī jǐnyào de biàn shì qù kànwàng xiǎoqiáo.

啊！小桥 呢？它 躲 起来了？河 中 一 道 长 虹，浴着 朝霞 熠熠
À! Xiǎoqiáo ne? Tā duǒ qǐlai le? Hé zhōng yí dào cháng hóng, yùzhe zhāoxiá yìyì

闪光。 哦，雄浑 的 大 桥 敞开 胸怀，汽车 的 呼啸、摩托 的 笛音、
shǎnguāng. Ò, xiónghún de dà qiáo chǎngkāi xiōnghuái, qìchē de hūxiào, mótuō de díyīn,

自行车 的 丁零， 合奏着 进行 交响乐；南来的 钢筋、花布，北 往 的 柑
zìxíngchē de dīnglíng, hézòuzhe jìnxíng jiāoxiǎngyuè; nán lái de gāngjīn, huābù, běi wǎng de gān

橙、 家禽，绘出 交流 欢悦 图……
chéng, jiāqín, huìchū jiāoliú huānyuè tú…

啊！蜕变 的 桥， 传递了 家乡 进步 的 消息，透露了 家乡 富裕 的 声音。
À! Tuìbiàn de qiáo, chuándìle jiāxiāng jìnbù de xiāoxi, tòulùle jiāxiāng fùyù de shēngyīn.

时代 的 春风， 美好 的 追求，我 蓦地 记起 儿时 唱 //给 小桥 的 歌……
Shídài de chūnfēng, méihǎo de zhuīqiú, wǒ mòdì jìqǐ érshí chàng //gěi xiǎoqiáo de gē…

节选 自 郑 莹 《家乡 的 桥》
Jiéxuǎn zì Zhèng Yíng《Jiāxiāng De Qiáo》

作品 19 号

一、读词语

（一）第二声相连的词语

| 1. 多年前（duō nián qián） | 2. 为人（wéirén） | 3. 云集（yúnjí） |
| 4. 无疑（wúyí） | | |

（二）第四声相连的词语

1. 建筑（jiànzhù）	2. 设计（shèjì）	3. 受命（shòumìng）
4. 市政府（shìzhèngfǔ）	5. 运用（yùnyòng）	6. 自信（zìxìn）
7. 会另找（huì lìng zhǎo）	8. 妙计（miàojì）	9. 并未（bìng wèi）
10. 秘密（mìmì）	11. 世界（shìjiè）	12. 世纪（shìjì）
13. 特意（tèyì）	14. 对外（duì wài）	

（三）第三声相连的词语

| 1. 足以保证（zúyí bǎozhèng） | 2. 惹恼（rěnǎo） | 3. 苦恼（kúnǎo） |
| 4. 景点（jíngdiǎn） | 5. 引导（yíndǎo） | |

（四）"一、不"与词语相连

1. 一根（yì gēn）	2. 一年（yì nián）	3. 一段（yí duàn）
4. 一条（yì tiáo）	5. 一个（yí gè）	6. 一名（yì míng）

1. 不过（búguò）	2. 不是（bú shì）	

（五）轻声词语

1. 知识（zhīshi）	2. 柱子（zhùzi）	3. 固执（gùzhi）
4. 送上（sòngshang）	5. 大厅里（dàtīng li）	6. 增加了（zēngjiāle）
7. 装装样子（zhuāngzhuang yàngzi）	8. 过去了（guòqu le）	9. 这个（zhège）
10. 消息（xiāoxi）	11. 人们（rénmen）	

二、读句子

1. 三百多年前，//建筑设计师莱伊恩/受命设计了/英国温泽
Sānbǎi duō nián qián, jiànzhù shèjìshī Láiyī'ēn shòumìng shèjìle Yīngguó Wēnzé

市政府大厅。///他/运用工程力学的知识，//依据自己多年的实践，//
shìzhèngfǔ dàtīng. Tā yùnyòng gōngchéng lìxué de zhīshi, yījù zìjǐ duō nián de shíjiàn,

巧妙地设计了/只用一根柱子支撑的/大厅天花板。///
qiǎomiào de shèjìle zhǐ yòng yì gēn zhùzi zhīchēng de dàtīng tiānhuābǎn.

2. 市政府权威人士/进行工程验收时，//却说/只用一根
Shìzhèngfǔ quánwēi rénshì jìnxíng gōngchéng yànshōu shí, què shuō zhǐ yòng yì gēn

柱子支撑天花板/太危险，//……
zhùzi zhīchēng tiānhuābǎn tài wēixiǎn,……

3. 他的"固执"/惹恼了/市政官员，//……
Tā de "gùzhi" rěnǎole shìzhèng guānyuán,……

4. 他/在大厅里/增加了四根柱子，//不过这些柱子/并未与天花板
Tā zài dàtīng li zēngjiāle sì gēn zhùzi, búguò zhèxiē zhùzi bìng wèi yǔ tiānhuābǎn

接触，//只不过是/装装样子。///
jiēchù, zhǐ búguò shì zhuāngzhuang yàngzi.

5. 世界各国的/建筑专家和游客/云集，//……
Shìjiè gè guó de jiànzhù zhuānjiā hé yóukè yúnjí,……

6. 旨在/引导人们/崇尚和相信科学。///
Zhǐ zài yǐndǎo rénmen chóngshàng hé xiāngxìn kēxué.

三、读作品19号

　　三百多年前，建筑设计师莱伊恩受命设计了英国温泽市政府大厅。他运用工程力学的知识，依据自己多年的实践，巧妙地设计了只用一根柱子支撑的大厅天花板。一年以后，市政府权威人士进行工程验收时，却说只用一根柱子支撑天花板太危险，要求莱伊恩再多加几根柱子。

　　莱伊恩自信只要一根坚固的柱子足以保证大厅安全，他的"固执"惹恼了市政官员，险些被送上法庭。他非常苦恼，坚持自己原先的主张吧，市政官员肯定会另找人修改设计；不坚持吧，又有悖自己为人的准则。矛盾了很长一段时间，莱伊恩终于想出了一条妙计，他在大厅里增加了四根柱子，不过这些柱子并未与天花板接触，只不过是装装样子。

　　三百多年过去了，这个秘密始终没有被人发现。直到前两年，市政府准备修缮大厅的天花板，才发现莱伊恩当年的"弄虚作假"。消息传出后，世界各国的建筑专家和游客云集，当地政府对此也不加掩饰，在新世纪到来之际，特意将大厅作为一个旅游景点对外开放，旨在引导人们崇尚和相信科学。
duì wài kāifàng, zhǐ zài yǐndǎo rénmen chóngshàng hé xiāngxìn kēxué.

作为一名建筑师，莱伊恩并不是最出色的。但作为一个人，他
Zuòwéi yì míng jiànzhùshī, Láiyī'ēn bìng bú shì zuì chūsè de. Dàn zuòwéi yí gè rén, tā

无疑非常伟大，这种//伟大表现在他始终恪守着自己的原则,……
wúyí fēicháng wěidà, zhè zhǒng//wěidà biǎoxiàn zài tā shǐzhōng kèshǒuzhe zìjǐ de yuánzé,…

节选自游宇明《坚守你的高贵》
Jiéxuǎn zì Yóu Yǔmíng《Jiānshǒu Nǐ De Gāoguì》

作品 20 号

一、读词语

（一）第二声相连的词语

1. 传言（chuányán）	2. 成为（chéngwéi）	3. 河床（héchuáng）
4. 弗雷特（Fúléitè）	5. 没人（méi rén）	6. 埋头（máitóu）
7. 绿茸茸（lùróngróng）		

（二）第四声相连的词语

1. 散步（sàn bù）	2. 四面（sìmiàn）	3. 借助（jièzhù）
4. 另外（lìngwài）	5. 在这里（zài zhèli）	6. 继续（jìxù）
7. 就是（jiù shì）	8. 附近（fùjìn）	9. 默默（mòmò）
10. 这块（zhè kuài）	11. 看见（kànjiàn）	12. 六个月后（liù gè yuè hòu）

（三）第三声相连的词语

1. 只好（zhíhǎo）	2. 也有（yé yǒu）	3. 已把（yǐ bǎ）
4. 所有（suóyǒu）	5. 小草（xiáocǎo）	6. 忽有所悟（hū yóu suǒ wù）
7. 可以（kéyǐ）		

（四）"一"与词语相连

1. 一些（yìxiē）	2. 一无所得（yìwúsuǒdé）	3. 一员（yì yuán）
4. 一块（yí kuài）	5. 一丁点儿（yìdīngdiǎnr）	6. 一下（yí xià）
7. 一样（yíyàng）	8. 一层（yì céng）	9. 一定（yídìng）

（五）轻声词语

| 1. 金子（jīnzi） | 2. 这里（zhèli） | 3. 他们（tāmen） |

4. 因为（yīnwei）	5. 买了（mǎile）	6. 为了（wèile）
7. 土地上（tǔdì shang）	8. 坑坑洼洼（kēngkengwāwā）	9. 晚上（wǎnshang）
10. 看上去（kàn shangqu）	11. 镇上（zhèn shang）	

（六）儿化词语

| 1. 一丁点儿（yìdīngdiǎnr） | 2. 这儿（zhèr） |

二、读句子

1. 彼得·弗雷特 / 就是 其中 一员。///
   Bǐdé Fúléitè jiù shì qízhōng yì yuán.

2. 就 在 / 他 即将 离去 的 / 前 一个 晚上，// 天 / 下起了 倾盆 大雨，// 并且 一
   Jiù zài tā jíjiāng líqù de qián yí gè wǎnshang, tiān xiàqǐle qīngpén dàyǔ, bìngqiě yí

   下 / 就是 三 天 三 夜。///
   xià jiù shì sān tiān sān yè.

三、读作品 20 号

自从 传言 有 人 在 萨文 河畔 散步 时 无意 发现了 金子 后，这里 便
Zìcóng chuányán yǒu rén zài Sàwén hépàn sàn bù shí wúyì fāxiànle jīnzi hòu, zhèlǐ biàn

常 有来自 四面八方 的 淘金者。他们 都 想 成为 富翁，于是 寻遍了
cháng yǒu láizì sìmiàn-bāfāng de táojīnzhě. Tāmen dōu xiǎng chéngwéi fùwēng, yúshì xúnbiànle

整个 河床，还在 河床 上 挖出 很多大 坑，希望 借助 它们
zhěnggè héchuáng, hái zài héchuáng shang wāchū hěn duō dà kēng, xīwàng jièzhù tāmen

找到 更 多的金子。的确，有一些 人 找到 了，但 另外 一些 人 因为
zhǎodào gèng duō de jīnzi. Díquè, yǒu yìxiē rén zhǎodào le, dàn lìngwài yìxiē rén yīnwei

一无所得 而 只好 扫兴 归去。
yìwúsuǒdé ér zhǐhǎo sǎoxìng guīqù.

也 有 不甘心 落 空 的，便 驻扎 在 这里，继续 寻找。彼得·弗雷特 就 是
Yě yǒu bù gānxīn luò kōng de, biàn zhùzhā zài zhèlǐ, jìxù xúnzhǎo. Bǐdé Fúléitè jiù shì

其中 一员。他 在 河床 附近 买了 一块 没 人 要 的 土地，一个 人 默默 地
qízhōng yì yuán. Tā zài héchuáng fùjìn mǎile yí kuài méi rén yào de tǔdì, yí gè rén mòmò de

工作。他为了找金子，已把所有的钱都押在这块土地上。他埋头苦干了几个月，直到土地全变成了坑坑洼洼，他失望了——他翻遍了整块土地，但连一丁点儿金子都没看见。

六个月后，他连买面包的钱都没有了。于是他准备离开这儿到别处去谋生。

就在他即将离去的前一个晚上，天下起了倾盆大雨，并且一下就是三天三夜。雨终于停了，彼得走出小木屋，发现眼前的土地看上去好像和以前不一样：坑坑洼洼已被大水冲刷平整，松软的土地上长出一层绿茸茸的小草。

"这里没找到金子，"彼得忽有所悟地说，"但这土地很肥沃，我可以用来种花，并且拿到镇上去卖给那些富人，他们一定会买些花装扮他们华丽的客厅。//……

节选自陶猛译《金子》

作品 21 号

一、读词语

(一) 第二声相连的词语

| 1. 男孩子（nánháizi） | 2. 皮鞋（píxié） | 3. 石竹（shízhú） |

(二) 第四声相连的词语

| 1. 遇到（yùdào） | 2. 去路（qùlù） | 3. 众目睽睽（zhòngmù-kuíkuí） |
| 4. 注意（zhùyì） | 5. 形形色色（xíngxíngsèsè） | |

(三) 第三声相连的词语

| 1. 使我（shí wǒ） | 2. 整整齐齐（zhéngzhěngqíqí） | 3. 给我（géi wǒ） |
| 4. 小姐（xiáojiě） | 5. 几百（jíbǎi） | 6. 大大小小（dàdàxiáoxiǎo） |

(四) "一、不" 与词语相连

1. 一天（yìtiān）	2. 一连串（yìliánchuàn）	3. 一直（yìzhí）
4. 一次（yí cì）	5. 一样（yíyàng）	6. 一大束（yí dà shù）
7. 一些（yìxiē）	8. 一色（yísè）	9. 一两元（yì-liǎng yuán）
10. 一朵（yì duǒ）		

| 1. 毫不注意（háo bú zhùyì） | | |

(五) 轻声词语

1. 街上（jiē shang）	2. 谢谢（xièxie）	3. 他们（tāmen）
4. 穿得（chuān de）	5. 头上（tóu shang）	6. 戴着（dàizhe）
7. 写着（xiězhe）	8. 你们（nǐmen）	9. 这个（zhège）
10. 朋友（péngyou）	11. 坐着（zuòzhe）	12. 玫瑰（méigui）
13. 名字（míngzi）	14. 人们（rénmen）	

(六) 儿化词语

| 1. 一点儿（yìdiǎnr） | | |

二、读句子

1. 一连串 的 问题，// 使我 这个 / 有生以来 头 一次 / 在 众目睽睽 之下 /
Yìliánchuàn de wèntí, shí wǒ zhège yǒushēngyǐlái tóu yí cì zài zhòngmù-kuíkuí zhī xià

让别人擦鞋的异乡人,//从近乎狼狈的窘态中/解脱出来。///

2. 他们/满头银发,//身穿各种老式军装,//上面布满了/大大小小/形形色色的徽章、/奖章,//每人手捧一大束鲜花,//有水仙、/石竹、/玫瑰及叫不出名字的,//一色雪白。///

三、读作品21号

我在加拿大学习期间遇到过两次募捐,那情景至今使我难以忘怀。

一天,我在渥太华的街上被两个男孩子拦住去路。他们十来岁,穿得整整齐齐,每人头上戴着个做工精巧、色彩鲜艳的纸帽,上面写着"为帮助患小儿麻痹的伙伴募捐"。其中的一个,不由分说就坐在小凳上给我擦起皮鞋来,另一个则彬彬有礼地发问:"小姐,您是哪国人?喜欢渥太华吗?""小姐,在你们国家有没有小孩儿患小儿麻痹?谁给他们医疗费?"一连串的问题,使我这个有生以来头一次在众目睽睽之下让别人擦鞋的异乡人,从近乎狼狈的窘态中解脱出来。我们像朋友一样聊起天儿来……

几个月之后，也是在街上。一些十字路口处或车站坐着几位老人。他们满头银发，身穿各种老式军装，上面布满了大大小小形形色色的徽章、奖章，每人手捧一大束鲜花，有水仙、石竹、玫瑰及叫不出名字的，一色雪白。匆匆过往的行人纷纷止步，把钱投进这些老人身旁的白色木箱内，然后向他们微微鞠躬，从他们手中接过一朵花。我看了一会儿，有人投一两元，有人投几百元，还有人掏出支票填好后投进木箱。那些老军人毫不注意人们捐多少钱，一直不//停地向人们低声道谢……

节选自青白《捐诚》

作品22号

一、读词语

（一）第二声相连的词语

| 1. 盘旋（pánxuán） | 2. 结成（jiéchéng） | 3. 鹅黄（éhuáng） |
| 4. 淙淙（cóngcóng） | | |

（二）第四声相连的词语

1. 绿叶（lǜyè）	2. 世界（shìjiè）	3. 大陆（dàlù）
4. 绿色（lǜsè）	5. 落户（luòhù）	6. 塑料（sùliào）
7. 射进（shèjìn）	8. 奉献（fèngxiàn）	9. 浪漫（làngmàn）
10. 色调（sèdiào）		

（三）第三声相连的词语

1. 只有（zhíyǒu）	2. 小鸟（xiáoniǎo）	3. 水手（shuíshǒu）
4. 小嘴（xiáozuǐ）	5. 扁脚（biǎn jiǎo）	6. 给水（géi shuǐ）

（四）"一、不"与词语相连

1. 一片（yí piàn）	2. 一缕（yì lǚ）	3. 一粒（yí lì）
4. 一丝（yì sī）	5. 一阵（yízhèn）	6. 一塑料桶（yí sùliàotǒng）
7. 一声（yì shēng）	8. 一只（yì zhī）	9. 一束（yí shù）
10. 一层（yì céng）	11. 一样（yíyàng）	12. 一起（yìqǐ）

1. 爱不释手（àibúshìshǒu）		

（五）轻声词语

1. 人们（rénmen）	2. 乖乖地（guāiguāi de）	3. 鸭子（yāzi）
4. 水手们（shuíshǒumen）	5. 船上（chuán shang）	6. 艺术家们（yìshùjiāmen）
7. 他们（tāmen）	8. 唱啊唱（chàng nga chàng）	

（六）儿化词语

1. 圈儿（quānr）	2. 哪儿（nǎr）

二、读句子

1. 没有 / 一 片 绿叶，// 没有 / 一缕 炊烟，// 没有 / 一粒 泥土，// 没有 / 一丝 花香，//
Méiyǒu yí piàn lǜ yè, méiyǒu yì lǚ chuīyān, méiyǒu yí lì nítǔ, méiyǒu yì sī huā xiāng,

只 有 / 水 的 世界，// 云 的 海洋。///
zhí yǒu shuǐ de shìjiè, yún de hǎiyáng.

2. 清晨，// 当 第一束 阳光 / 射进 舷窗 时，// 它便 敞开 / 美丽的
Qīngchén, dāng dì-yī shù yángguāng shèjìn xiánchuāng shí, tā biàn chǎngkāi měilì de

歌喉，// 唱 啊 唱，// 嘤嘤 有 韵，// 宛如 春水 淙淙。///
gēhóu, chàng nga chàng, yīngyīng yǒu yùn, wǎnrú chūnshuǐ cóngcóng.

三、读作品22号

没有 一片 绿叶，没有 一缕 炊烟，没有 一粒 泥土，没有 一丝 花 香，只
Méiyǒu yí piàn lǜ yè, méiyǒu yì lǚ chuīyān, méiyǒu yí lì nítǔ, méiyǒu yì sī huā xiāng, zhí

有 水 的世界，云 的 海洋。
yǒu shuǐ de shìjiè, yún de hǎiyáng.

　　一阵 台风 袭过，一只 孤单 的 小鸟 无家可归，落到 被 卷到 洋里的
　　Yízhèn táifēng xíguò, yì zhī gūdān de xiáoniǎo wú jiā kě guī, luòdào bèi juǎndào yáng li de

木板 上，乘 流而下，姗姗 而来，近了，近了！……
mùbǎn shang, chéng liú ér xià, shānshān ér lái, jìn le, jìn le!…

　　忽然，小鸟 张开 翅膀，在 人们 头顶 盘旋了 几圈儿，"噗啦"一 声
　　Hūrán, xiáoniǎo zhāngkāi chìbǎng, zài rénmen tóudǐng pánxuánle jǐ quānr, "pūlā" yì shēng

落到了 船 上。许是累了？还是 发现了 "新 大陆"？
luòdàole chuán shang. Xǔ shì lèi le? Háishi fāxiànle "Xīn Dàlù"?

　　水手 撵它它不走，抓它，它 乖乖 地落在 掌心。可爱 的 小鸟 和
　　Shuǐshǒu niǎn tā tā bù zǒu, zhuā tā, tā guāiguāi de luò zài zhǎngxīn. Kě'ài de xiáoniǎo hé

善良 的 水手 结成了 朋友。
shànliáng de shuǐshǒu jiéchéngle péngyou.

　　瞧，它多美丽，娇巧 的小嘴，啄理着 绿色的 羽毛，鸭子样 的 扁脚，
　　Qiáo, tā duō měilì, jiāoqiǎo de xiáozuǐ, zhuólǐzhe lǜsè de yǔmáo, yāzi yàng de biǎn jiǎo,

呈现 出 春草 的 鹅黄。水手们 把它 带到 舱里，给它 "搭铺"，让 它
chéngxiàn chū chūncǎo de éhuáng. Shuǐshǒumen bǎ tā dàidào cāng li, gěi tā "dā pù", ràng tā

在 船 上 安家落户，每天，把 分到 的一 塑料桶 淡水 匀 给它喝，把从
zài chuán shang ānjiā-luòhù, měi tiān, bǎ fēndào de yí sùliàotǒng dànshuǐ yún gěi tā hē, bǎ cóng

祖国 带来的 鲜美 的 鱼肉 分 给它吃，天长日久，小鸟 和 水手 的 感情
zǔguó dàilái de xiānměi de yúròu fēn gěi tā chī, tiāncháng-rìjiǔ, xiáoniǎo hé shuǐshǒu de gǎnqíng

日趋笃厚。清晨，当 第一束 阳光 射进 舷窗 时，它便 敞开 美丽
rìqū dǔhòu. Qīngchén, dāng dì-yī shù yángguāng shèjìn xiánchuāng shí, tā biàn chǎngkāi měilì

的 歌喉，唱 啊唱，嘤嘤 有 韵，宛如 春水 淙淙。人类 给 它 以
de gēhóu, chàng nga chàng, yīngyīng yǒu yùn, wǎnrú chūnshuǐ cóngcóng. Rénlèi gěi tā yǐ

生命，它毫不 悭吝 地把自己的 艺术 青春 奉献 给了 哺育它 的 人。
shēngmìng, tā háo bù qiānlìn de bǎ zìjǐ de yìshù qīngchūn fèngxiàn gěi le bǔyù tā de rén.

　　可能 都 是 这样？艺术家们 的 青春 只会 献 给 尊敬 他们 的 人。
　　Kěnéng dōu shì zhèyàng? Yìshùjiāmen de qīngchūn zhǐ huì xiàn gěi zūnjìng tāmen de rén.

小鸟 给 远航 生活 蒙上了 一层 浪漫 色调。返航 时，
Xiǎoniǎo gěi yuǎnháng shēnghuó méngshàngle yì céng làngmàn sèdiào. Fǎnháng shí,

人们 爱不释手， 恋恋不舍 地想 把它 带到 异乡。可 小鸟 憔悴了，给
rénmen àibúshìshǒu, liànliàn-bùshě de xiǎng bǎ tā dàidào yìxiāng. Kě xiǎoniǎo qiáocuì le, gěi

水，不喝！喂 肉，不吃！ 油亮 的羽毛 失去了光泽。 是啊，我//们 有自己 的
shuǐ, bù hē! Wèi ròu, bù chī! Yóuliàng de yǔmáo shīqùle guāngzé. Shì ra, wǒ//men yǒu zìjǐ de

祖国，……
zǔguó,…

节选自王文杰《可爱的小鸟》
Jiéxuǎn zì Wáng Wénjié《Kě'ài De Xiǎoniǎo》

作品 23 号

一、读词语

（一）第二声相连的词语

1. 仍然（réngrán）	2. 十年（shí nián）	3. 贫穷（pínqióng）
4. 原则（yuánzé）		

（二）第四声相连的词语

1. 热气（rèqì）	2. 电话（diànhuà）	3. 怒气（nùqì）
4. 道歉（dào qiàn）	5. 最后（zuìhòu）	6. 宁愿（nìngyuàn）
7. 富裕（fùyù）	8. 救济（jiùjì）	

（三）第三声相连的词语

1. 满口（mánkǒu）	2. 所以（suóyǐ）

（四）"一、不"与词语相连

1. 一天（yìtiān）	2. 一片（yí piàn）	3. 一大早（yí dà zǎo）
4. 一样（yíyàng）		

1. 不但（búdàn）	2. 不让（bú ràng）	3. 不愿（bú yuàn）

（五）轻声词语

1. 晚上（wǎnshang）	2. 孩子（háizi）	3. 喷着（pēnzhe）
4. 车子（chēzi）	5. 停过（tíngguo）	6. 多么（duōme）

7. 犯得着（fàndezháo）	8. 时候（shíhou）	9. 挂上（guàshang）
10. 告诉（gàosu）	11. 老师们（lǎoshīmen）	12. 家里（jiāli）
13. 我们（wǒmen）		

二、读句子

1. 纽约 的 冬天 / 常 有 大 风雪，// 扑面 的 雪花 / 不但 令 人 / 难以
   Niǔyuē de dōngtiān cháng yǒu dà fēngxuě, pūmiàn de xuěhuā búdàn lìng rén nányǐ
   睁开 眼睛，// 甚至 呼吸 都 会 吸入 / 冰冷 的 雪花。///
   zhēngkāi yǎnjing, shènzhì hūxī dōu huì xīrù bīnglěng de xuěhuā.

2. 据统计，// 十 年 来 / 纽约 的 公立 小学 / 只 因为 超级 暴风雪 / 停过
   Jù tǒngjì, shí nián lái Niǔyuē de gōnglì xiǎoxué zhǐ yīnwei chāojí bàofēngxuě tíngguo
   七 次 课。///
   qī cì kè.

三、读作品 23 号

纽约 的 冬天 常 有 大 风雪，扑面 的 雪花 不但 令 人 难以
Niǔyuē de dōngtiān cháng yǒu dà fēngxuě, pūmiàn de xuěhuā búdàn lìng rén nányǐ
睁开 眼睛，甚至 呼吸 都 会 吸入 冰冷 的 雪花。有时 前 一天 晚上
zhēngkāi yǎnjing, shènzhì hūxī dōu huì xīrù bīnglěng de xuěhuā. Yǒushí qián yìtiān wǎnshang
还是 一 片 晴朗，第二 天 拉开 窗帘， 却 已经 积雪 盈 尺，连 门 都 推 不
háishi yí piàn qínglǎng, dì-èr tiān lākāi chuānglián, què yǐjīng jī xuě yíng chǐ, lián mén dōu tuī bu
开 了。
kāi le.

遇到 这样 的 情况，公司、商店 常 会 停止 上 班，学校 也
Yùdào zhèyàng de qíngkuàng, gōngsī, shāngdiàn cháng huì tíngzhǐ shàng bān, xuéxiào yě
通过 广播，宣布 停课。但 令 人 不 解 的 是，唯 有 公立 小学，仍然
tōngguò guǎngbō, xuānbù tíng kè. Dàn lìng rén bù jiě de shì, wéi yǒu gōnglì xiǎoxué, réngrán
开放。只 见 黄色 的 校车，艰难 地在路 边 接 孩子, 老师 则 一 大 早 就
kāifàng. Zhǐ jiàn huángsè de xiàochē, jiānnán de zài lù biān jiē háizi, lǎoshī zé yí dà zǎo jiù
口 中 喷着 热气，铲去 车子 前后 的 积雪，小心翼翼 地 开 车 去 学校。
kǒu zhōng pēnzhe rèqì, chǎnqù chēzi qiánhòu de jī xuě, xiǎoxīn-yìyì de kāi chē qù xuéxiào.

据统计，十年来纽约的公立小学只因为超级暴风雪停过七次课。这是多么令人惊讶的事。犯得着在大人都无须上班的时候让孩子去学校吗？小学的老师也太倒霉了吧？

于是，每逢大雪而小学不停课时，都有家长打电话去骂。妙的是，每个打电话的人，反应全一样——先是怒气冲冲地责问，然后满口道歉，最后笑容满面地挂上电话。原因是，学校告诉家长：

在纽约有许多百万富翁，但也有不少贫困的家庭。后者白天开不起暖气，供不起午餐，孩子的营养全靠学校里免费的中饭，甚至可以多拿些回家当晚餐。学校停课一天，穷孩子就受一天冻，挨一天饿，所以老师们宁愿自己苦一点儿，也不能停课。//……

节选自（台湾）刘墉《课不能停》

作品 24 号

一、读词语

（一）第二声相连的词语

1. 十年（shí nián）	2. 重游（chóng yóu）	3. 移植（yízhí）
4. 昂然（ángrán）	5. 成熟（chéngshú）	6. 累累（léiléi）
7. 结识（jiéshí）	8. 人民（rénmín）	

（二）第四声相连的词语

1. 注意（zhùyì）	2. 千变万化（qiānbiàn-wànhuà）	3. 这次（zhè cì）
4. 事物（shìwù）	5. 处处（chùchù）	6. 变化（biànhuà）
7. 寺内（sì nèi）	8. 各处（gè chù）	9. 翠绿（cuìlǜ）
10. 正在（zhèngzài）	11. 浪费（làngfèi）	12. 过去（guòqù）
13. 炮弹（pàodàn）	14. 盛况（shèngkuàng）	15. 例外（lìwài）

（三）第三声相连的词语

1. 朵朵（duóduǒ）	2. 转紫（zhuán zǐ）	3. 美好（méihǎo）

（四）"一、不"与词语相连

1. 一种（yì zhǒng）	2. 一瞬间（yí shùnjiān）	3. 一遍（yí biàn）
4. 一些（yìxiē）		

1. 不过（búguò）	2. 意想不到（yìxiǎng bú dào）	3. 禁不住（jīn bú zhù）
4. 不是（bú shì）	5. 不会（bú huì）	6. 不例外（bú lìwài）

（五）轻声词语

1. 人们（rénmen）	2. 历史上（lìshǐ shang）	3. 东西（dōngxi）
4. 那个（nàge）	5. 院子（yuànzi）	6. 显得（xiǎnde）
7. 日子（rìzi）	8. 朋友（péngyou）	9. 用得着（yòng de zháo）
10. 朋友们（péngyoumen）	11. 为了（wèile）	12. 熟悉（shúxi）

二、读句子

1. 就拿 奈良 的一个角落 / 来 说 吧，// 我 重 游了 / 为 之 感受 很 深
   Jiù ná Nàiliáng de yí gè jiǎoluò lái shuō ba, wǒ chóng yóule wèi zhī gǎnshòu hěn shēn

的 / 唐 招提 寺。///
de Táng Zhāotí Sì.

2. 在 存放 鉴真 遗像 的 / 那个 院子 里，// 几株 中国莲 昂然 挺立，//
   Zài cúnfàng Jiànzhēn yíxiàng de nàge yuànzi li, jǐ zhū zhōngguólián ángrán tǐnglì,

翠绿的 宽大 荷叶 / 正 迎风 而舞，// 显得 十分 愉快。///
cuìlǜ de kuāndà héyè zhèng yíngfēng ér wǔ, xiǎnde shífēn yúkuài.

3. 那还用 得 着 问 吗，// 朋友们 缅怀 过去，// 正 是 属望 未来。
   Nà hái yòng de zháo wèn ma, péngyoumen miǎnhuái guòqù, zhèng shì zhǔwàng wèilái.

／／／瞩目于 未来 的 人们／ 必将　获得 未来。／／／
Zhǔmù yú wèilái de rénmen bìjiāng huòdé wèilái.

三、读作品 24 号

十年，在历史上不过是一瞬间。只要稍加注意，人们就会发现：
Shí nián, zài lìshǐ shang búguò shì yí shùnjiān. Zhǐyào shāo jiā zhùyì, rénmen jiù huì fāxiàn:

在这一瞬间里，各种事物都悄悄经历了自己的千变万化。
Zài zhè yí shùnjiān li, gè zhǒng shìwù dōu qiāoqiāo jīnglìle zìjǐ de qiānbiàn-wànhuà.

这次重新访日，我处处感到亲切和熟悉，也在许多方面发觉了
Zhè cì chóngxīn fǎng Rì, wǒ chùchù gǎndào qīnqiè hé shúxi, yě zài xǔduō fāngmiàn fājuéle

日本的变化。就拿奈良的一个角落来说吧，我重游了为之感受
Rìběn de biànhuà. Jiù ná Nàiliáng de yí gè jiǎoluò lái shuō ba, wǒ chóng yóule wèi zhī gǎnshòu

很深的唐招提寺，在寺内各处匆匆走了一遍，庭院依旧，但
hěn shēn de Táng Zhāotí Sì, zài sì nèi gè chù cōngcōng zǒule yí biàn, tíngyuàn yījiù, dàn

意想不到还看到了一些新的东西。
yìxiǎng bú dào hái kàndàole yìxiē xīn de dōngxi.

其中之一，就是近几年从中国移植来的"友谊之莲"。
Qízhōng zhī yī, jiù shì jìn jǐ nián cóng Zhōngguó yízhí lái de "yǒuyì zhī lián".

在存放鉴真遗像的那个院子里，几株中国莲昂然挺立，翠绿
Zài cúnfàng Jiànzhēn yíxiàng de nàge yuànzi li, jǐ zhū zhōngguólián ángrán tǐnglì, cuìlǜ

的宽大荷叶正迎风而舞，显得十分愉快。开花的季节已过，荷花
de kuāndà héyè zhèng yíngfēng ér wǔ, xiǎnde shífēn yúkuài. Kāi huā de jìjié yǐ guò, héhuā

朵朵已变为莲蓬累累。莲子的颜色正在由青转紫，看来已经
duǒduǒ yǐ biànwéi liánpeng léiléi. Liánzǐ de yánsè zhèngzài yóu qīng zhuǎn zǐ, kànlái yǐjīng

成熟了。
chéngshú le.

我禁不住想："因"已转化为"果"。
Wǒ jīn bú zhù xiǎng: "Yīn" yǐ zhuǎnhuà wéi "guǒ".

中国的莲花开在日本，日本的樱花开在中国，这不是偶然。
Zhōngguó de liánhuā kāi zài Rìběn, Rìběn de yīnghuā kāi zài Zhōngguó, zhè bú shì ǒurán.

我 希望 这样 一 种 盛况 延续 不 衰。可能 有 人 不 欣赏 花，但
Wǒ xīwàng zhèyàng yì zhǒng shèngkuàng yánxù bù shuāi. Kěnéng yǒu rén bù xīnshǎng huā, dàn

绝 不会 有 人 欣赏 落在 自己 面前 的 炮弹。
jué bú huì yǒu rén xīnshǎng luò zài zìjǐ miànqián de pàodàn.

在 这些日子 里，我 看到了 不 少 多 年 不 见 的 老 朋友，又 结识了 一些
Zài zhèxiē rìzi li, wǒ kàndàole bù shǎo duō nián bú jiàn de lǎo péngyou, yòu jiéshíle yìxiē

新 朋友。大家 喜欢 涉及 的 话题 之 一，就 是 古 长安 和 古 奈良。那 还
xīn péngyou. Dàjiā xǐhuan shèjí de huàtí zhī yī, jiù shì gǔ Cháng'ān hé gǔ Nàiliáng. Nà hái

用 得 着 问 吗，朋友们 缅怀 过去，正 是 属望 未来。瞩目于 未来
yòng de zháo wèn ma, péngyoumen miǎnhuái guòqù, zhèng shì zhǔwàng wèilái. Zhǔmù yú wèilái

的 人们 必将 获得 未来。我 不 例外，也 希望 一 个 美好 的 未来。
de rénmen bìjiāng huòdé wèilái. Wǒ bú lìwài, yě xīwàng yí gè měihǎo de wèilái.

为 // 了 中日 人民 之 间 的 友谊，……
Wèi//le Zhōng-Rì rénmín zhī jiān de yǒuyì,…

节选 自 严 文井 《莲花 和 樱花》
Jiéxuǎn zì Yán Wénjǐng《Liánhuā Hé Yīnghuā》

作品 25 号

一、读词语

（一）第二声相连的词语

1. 离合（líhé）	2. 石窮门（shí qióngmén）	3. 着实（zhuóshí）
4. 裙幅（qúnfú）	5. 滑滑（huáhuá）	6. 明油（míngyóu）
7. 鹅黄（éhuáng）	8. 丛叠（cóngdié）	9. 无穷（wúqióng）
10. 其余（qíyú）	11. 秦淮河（Qínhuái Hé）	12. 如同（rútóng）

（二）第四声相连的词语

1. 绿色（lǜsè）	2. 瀑布（pùbù）	3. 但是（dànshì）
4. 那面（nà miàn）	5. 那样（nàyàng）	6. 碧玉（bìyù）
7. 绿壁（lǜ bì）	8. 绿叶（lǜ yè）	9. 太暗（tài àn）
10. 蕴蓄（yùnxù）		

（三）第三声相连的词语

| 1. 闪闪（shánshǎn） | 2. 比拟（bínǐ） |

（四）"一、不"与词语相连

| 1. 一碧（yí bì） | 2. 一张（yì zhāng） | 3. 一般（yìbān） |
| 4. 一块（yí kuài） | 5. 一色（yísè） | |

| 1. 看不透（kàn bú tòu） | | |

（五）轻声词语

1. 招引着（zhāoyǐnzhe）	2. 我们（wǒmen）	3. 揪着（jiūzhe）
4. 攀着（pānzhe）	5. 铺着（pūzhe）	6. 觉着（juézhe）
7. 厚积着（hòu jīzhe）	8. 皱缬着（zhòuxiézhe）	9. 拖着（tuōzhe）
10. 见过（jiànguo）	11. 底子（dǐzi）	12. 什么（shénme）
13. 似的（shìde）		

二、读句子

1. 她 松松 地 皱缬着，// 像 少妇 拖着 的 / 裙幅。///
   Tā sōngsōng de zhòuxiézhe, xiàng shàofù tuōzhe de qúnfú.

2. 她又 不 杂些 尘滓，// 宛然 一 块 / 温润 的 碧玉，// 只 清清 的 一色 / ——但
   Tā yòu bù zá xiē chénzǐ, wǎnrán yí kuài wēnrùn de bìyù, zhǐ qīngqīng de yísè ——dàn

你 却 看 不 透 她! ///
nǐ què kàn bú tòu tā!

3. 我 又 曾 见过 / 杭州 虎跑寺 近旁 / 高峻 而 深密 的"绿壁"，//……
   Wǒ yòu céng jiànguo Hángzhōu Hǔpáo Sì jìnpáng gāojùn ér shēnmì de "lǜ bì", ……

4. 可爱的，// 我 将 什么 / 来 比拟 你 呢？/// 我 怎么 比拟 得 出 呢？///
   Kě'ài de, wǒ jiāng shénme lái bǐnǐ nǐ ne? Wǒ zěnme bǐnǐ de chū ne?

5. 仿佛 / 蔚蓝 的 天 / 融了 一 块 在 里面 似的，// 这 才 这般 的 / 鲜润 啊。///
   Fǎngfú wèilán de tiān róngle yí kuài zài lǐmiàn shìde, zhè cái zhè bān de xiānrùn na.

三、读作品 25 号

梅雨 潭 闪闪 的 绿色 招引着 我们，我们 开始 追捉 她那 离合 的
Méiyǔ Tán shǎnshǎn de lǜsè zhāoyǐnzhe wǒmen, wǒmen kāishǐ zhuīzhuō tā nà líhé de

神光 了。揪着 草，攀着 乱石，小心 探身 下去，又 鞠 躬 过了 一 个 石
shénguāng le. Jiūzhe cǎo, pānzhe luàn shí, xiǎoxīn tàn shēn xiàqu, yòu jū gōng guòle yí gè shí

穹门，便到了汪汪一碧的潭边了。
qióngmén, biàn dàole wāngwāng yí bì de tán biān le.

瀑布在襟袖之间，但是我的心中已没有瀑布了。我的心随潭水
Pùbù zài jīnxiù zhī jiān, dànshì wǒ de xīn zhōng yǐ méiyǒu pùbù le. Wǒ de xīn suí tán shuǐ

的绿而摇荡。那醉人的绿呀！仿佛一张极大极大的荷叶铺着，满是奇异
de lǜ ér yáodàng. Nà zuìrén de lǜ ya! Fǎngfú yì zhāng jí dà jí dà de héyè pūzhe, mǎn shì qíyì

的绿呀。我想张开两臂抱住她，但这是怎样一个妄想啊。
de lǜ ya. Wó xiǎng zhāngkāi liǎng bì bàozhù tā, dàn zhè shì zěnyàng yí gè wàngxiǎng nga.

站在水边，望到那面，居然觉着有些远呢！这平铺着、厚
Zhàn zài shuǐ biān, wàngdào nà miàn, jūrán juézhe yǒuxiē yuǎn ne! Zhè píng pūzhe, hòu

积着的绿，着实可爱。她松松地皱缬着，像少妇拖着的裙幅；她滑滑
jīzhe de lǜ, zhuóshí kě'ài. Tā sōngsōng de zhòuxiézhe, xiàng shàofù tuōzhe de qúnfú; tā huáhuá

的明亮着，像涂了"明油"一般，有鸡蛋清那样软，那样嫩；她又不
de míngliàngzhe, xiàng túle "míngyóu" yìbān, yǒu jīdànqīng nàyàng ruǎn, nàyàng nèn; tā yòu bù

杂些尘滓，宛然一块温润的碧玉，只清清的一色——但你却看不透她！
zá xiē chénzǐ, wǎnrán yí kuài wēnrùn de bìyù, zhǐ qīngqīng de yísè——dàn nǐ què kàn bú tòu tā!

我曾见过北京什刹海拂地的绿杨，脱不了鹅黄的底子，似乎太
Wǒ céng jiànguo Běijīng Shíchàhǎi fú dì de lǜ yáng, tuō bù liǎo éhuáng de dǐzi, sìhū tài

淡了。我又曾见过杭州虎跑寺近旁高峻而深密的"绿壁"，
dàn le. Wǒ yòu céng jiànguo Hángzhōu Hǔpáo Sì jìnpáng gāojùn ér shēnmì de "lǜ bì",

丛叠着无穷的碧草与绿叶的，那又似乎太浓了。其余呢，西湖的波太
cóngdiézhe wúqióng de bì cǎo yǔ lǜ yè de, nà yòu sìhū tài nóng le. Qíyú ne, Xī Hú de bō tài

明了，秦淮河的又太暗了。可爱的，我将什么来比拟你呢？我怎么比拟
míng le, Qínhuái Hé de yòu tài àn le. Kě'ài de, wǒ jiāng shénme lái bíní nǐ ne? Wó zěnme bíní

得出呢？大约潭是很深的，故能蕴蓄着这样奇异的绿；仿佛蔚蓝的
de chū ne? Dàyuē tán shì hěn shēn de, gù néng yùnxùzhe zhèyàng qíyì de lǜ; fǎngfú wèilán de

天融了一块在里面似的，这才这般的鲜润啊。
tiān róngle yí kuài zài lǐmiàn shìde, zhè cái zhè bān de xiānrùn na.

那醉人的绿呀！我若能裁你以为带，我将赠给那轻盈的//
Nà zuìrén de lǜ ya! Wǒ ruò néng cái nǐ yǐ wéi dài, wǒ jiāng zèng gěi nà qīngyíng de//

舞女,……
wúnǚ,…

节选 自 朱 自清 《绿》
Jiéxuǎn zì Zhū Zìqīng《Lǜ》

作品 26 号

一、读词语

（一）第二声相连的词语

1. 难得（nándé）	2. 谁能（shéi néng）	3. 成熟（chéngshú）
4. 别人（biérén）		

（二）第四声相连的词语

1. 那样（nàyàng）	2. 嫩绿（nènlǜ）	3. 爱慕（àimù）
4. 立刻（lìkè）		

（三）第三声相连的词语

1. 买种（mái zhǒng）	2. 好几样（háojǐ yàng）	3. 可以（kéyǐ）
4. 矮矮（ái'ǎi）	5. 所以（suóyǐ）	6. 点点头（diándiǎn tóu）
7. 很有用（hén yǒu yòng）		

（四）"一、不"与词语相连

1. 一样（yí yàng）	2. 一见（yí jiàn）	

1. 不太好（bú tài hǎo）	2. 不像（bú xiàng）	3. 不是（bú shì）
4. 不要（búyào）		

（五）轻声词语

1. 我们（wǒmen）	2. 母亲（mǔqin）	3. 荒着（huāngzhe）
4. 你们（nǐmen）	5. 那么（nàme）	6. 出来（chūlai）
7. 父亲（fùqin）	8. 尝尝（chángchang）	9. 这个（zhège）
10. 晚上（wǎnshang）	11. 争着（zhēngzhe）	12. 答应（dāying）
13. 姐姐（jiějie）	14. 哥哥（gēge）	15. 便宜（piányi）
16. 喜欢（xǐhuan）	17. 桃子（táozi）	18. 枝头上（zhītóu shang）
19. 石榴（shíliu）	20. 地上（dì shang）	21. 东西（dōngxi）

（六）儿化词语

1. 味儿（wèir）

二、读句子

1. 母亲把花生做成了/好几样食品，//还吩咐就在后园的茅亭
Mǔqīn bǎ huāshēng zuòchéngle hǎojǐ yàng shípǐn, hái fēnfù jiù zài hòuyuán de máotíng
里/过这个节。///
li guò zhège jié.

2. 它的果实/埋在地里，//不像桃子、/石榴、/苹果那样，//把鲜红
Tā de guǒshí mái zài dì li, bú xiàng táozi, shíliu, píngguǒ nàyàng, bǎ xiānhóng
嫩绿的果实/高高地挂在枝头上，//使人一见就生爱慕之心。///
nènlǜ de guǒshí gāogāo de guà zài zhītóu shang, shǐ rén yí jiàn jiù shēng àimù zhī xīn.

3. 你们看它矮矮地/长在地上，//等到成熟了，//也不能立刻
Nǐmen kàn tā ǎi'ǎi de zhǎng zài dì shang, děngdào chéngshú le, yě bù néng lìkè
分辨出来/它有没有果实，//必须挖出来/才知道。///
fēnbiàn chulai tā yǒu méiyǒu guǒshí, bìxū wā chulai cái zhīdào.

三、读作品26号

我们家的后园有半亩空地，母亲说："让它荒着怪可惜的，
Wǒmen jiā de hòuyuán yǒu bàn mǔ kòngdì, mǔqīn shuō: "Ràng tā huāngzhe guài kěxī de,
你们那么爱吃花生，就开辟出来种花生吧。"我们姐弟几个都很
nǐmen nàme ài chī huāshēng, jiù kāipì chulai zhòng huāshēng ba." Wǒmen jiědì jǐ gè dōu hěn
高兴，买种，翻地，播种，浇水，没过几个月，居然收获了。
gāoxìng, mǎi zhǒng, fān dì, bō zhǒng, jiāo shuǐ, méi guò jǐ gè yuè, jūrán shōuhuò le.

母亲说："今晚我们过一个收获节，请你们父亲也来尝尝
Mǔqīn shuō: "Jīnwǎn wǒmen guò yí gè shōuhuòjié, qǐng nǐmen fùqīn yě lái chángchang
我们的新花生，好不好？"我们都说好。母亲把花生做成了
wǒmen de xīn huāshēng, hǎo bu hǎo?" Wǒmen dōu shuō hǎo. Mǔqīn bǎ huāshēng zuòchéngle
好几样食品，还吩咐就在后园的茅亭里过这个节。
hǎojǐ yàng shípǐn, hái fēnfù jiù zài hòuyuán de máotíng li guò zhège jié.

晚上　　　天色 不 太 好，可是 父亲 也 来 了，实在 很 难得。
Wǎnshang tiānsè bú tài hǎo, kěshì fùqin yě lái le, shízài hěn nándé.

父亲　说："你们 爱 吃　花生　吗？"
Fùqin shuō: "Nǐmen ài chī huāshēng ma?"

我们　　争着　答应："爱！"
Wǒmen zhēngzhe dāying: "Ài!"

"谁　能 把 花生　的 好处　说 出来？"
"Shéi néng bǎ huāshēng de hǎochù shuō chulai?"

姐姐　说："花生　的 味儿 美。"
Jiějie shuō: "Huāshēng de wèir měi."

哥哥　说："花生　可以 榨 油。"
Gēge shuō: "Huāshēng kéyǐ zhà yóu."

我 说："花生　的 价钱 便宜，谁 都 可以 买来 吃，都　喜欢 吃。这 就 是
Wǒ shuō: "Huāshēng de jiàqián piányi, shéi dōu kéyǐ mǎilái chī, dōu xǐhuan chī. Zhè jiù shì

它 的 好处。"
tā de hǎochù."

父亲 说："花生　的 好处 很 多，有 一 样 最 可贵：它 的 果实 埋 在 地
Fùqin shuō: "Huāshēng de hǎochù hěn duō, yǒu yí yàng zuì kěguì: Tā de guǒshí mái zài dì

里，不 像 桃子、石榴、苹果 那样，把 鲜红 嫩绿 的 果实 高高 地 挂 在
li, bú xiàng táozi, shíliu, píngguǒ nàyàng, bǎ xiānhóng nènlǜ de guǒshí gāogāo de guà zài

枝头　上，使 人 一 见 就 生 爱慕 之 心。你们 看 它 矮矮 地 长 在 地 上，
zhītóu shang, shǐ rén yí jiàn jiù shēng àimù zhī xīn. Nǐmen kàn tā ái'ǎi de zhǎng zài dì shang,

等到　成熟 了，也 不 能 立刻 分辨 出来 它 有 没有 果实，必须 挖 出来 才
děngdào chéngshú le, yě bù néng lìkè fēnbiàn chulai tā yǒu méiyǒu guǒshí, bìxū wā chulai cái

知道。"
zhīdào."

我们 都 说 是，母亲 也 点点 头。
Wǒmen dōu shuō shì, mǔqin yě diándiǎn tóu.

父亲 接下去 说："所以 你们 要 像 花生，它 虽然 不 好看，可是 很 有
Fùqin jiē xiàqu shuō: "Suóyǐ nǐmen yào xiàng huāshēng, tā suīrán bù hǎokàn, kěshì hěn yǒu

用，不是 外表 好看 而 没有 实用 的 东西。"
yòng, bú shì wàibiǎo hǎokàn ér méiyǒu shíyòng de dōngxi."

我 说："那么，人 要 做 有 用 的 人，不要 做 只 讲 体面，而 对 别人
Wǒ shuō: "Nàme, rén yào zuò yǒu yòng de rén, búyào zuò zhí jiǎng tǐmiàn, ér duì biérén

没有 好处 的 人 了。"//……
méiyǒu hǎochù de rén le." //…

节选 自 许 地山 《落花生》
Jiéxuǎn zì Xǔ Dìshān《Luòhuāshēng》

作品 27 号

一、读词语

（一）第二声相连的词语

| 1. 柔毛（róu máo） | 2. 无援（wúyuán） | 3. 潜行（qiánxíng） |
| 4. 然而（rán'ér） | | |

（二）第四声相连的词语

1. 放慢（fàngmàn）	2. 嗅到（xiùdào）	3. 望去（wàngqù）
4. 慢慢（mànmàn）	5. 靠近（kàojìn）	6. 附近（fùjìn）
7. 救护（jiùhù）	8. 战栗（zhànlì）	9. 见笑（jiànxiào）

（三）第三声相连的词语

| 1. 小小（xiáoxiǎo） | 2. 赶紧（gánjǐn） | 3. 狗嘴（góu zuǐ） |

（四）"一、不"与词语相连

| 1. 一只（yì zhī） | 2. 一棵（yì kē） | 3. 一颗（yì kē） |
| 4. 一种（yì zhǒng） | | |

| 1. 不要（búyào） | | |

（五）轻声词语

1. 沿着（yánzhe）	2. 走着（zǒuzhe）	3. 什么（shénme）
4. 顺着（shùnzhe）	5. 头上（tóu shang）	6. 生着（shēngzhe）
7. 地上（dì shang）	8. 树上（shù shang）	9. 倒竖着（dàoshùzhe）
10. 似的（shìde）	11. 接着（jiēzhe）	12. 张着（zhāngzhe）

13. 掩护着（yǎnhùzhe）	14. 变得（biànde）	15. 多么（duōme）
16. 怪物（guàiwu）	17. 力量（lìliang）	18. 站住（zhànzhu）
19. 怀着（huáizhe）		

（六）儿化词语

| 1. 鸟儿（niǎor） | | |

二、读句子

1. 我 顺着 林荫路/望去，//看见了一只/嘴 边 还带 黄色、/头 上 生着
   Wǒ shùnzhe línyīnlù wàngqù, kànjiànle yì zhī zuǐ biān hái dài huángsè, tóu shang shēngzhe

柔 毛 的/小 麻雀。///
róu máo de xiǎo máquè.

2. 忽然，//从 附近一棵树 上/飞下一只黑 胸脯 的/老麻雀，//像 一颗
   Hūrán, cóng fùjìn yì kē shù shang fēixià yì zhī hēi xiōngpú de lǎo máquè, xiàng yì kē

石子 似的/落到 狗 的 跟前。///
shízǐ shìde luòdào gǒu de gēnqián.

3. 但它 整个 小小 的身体/因 恐怖 而战栗着，//它/小小 的 声音/也
   Dàn tā zhěnggè xiǎoxiǎo de shēntǐ yīn kǒngbù ér zhànlìzhe, tā xiǎoxiǎo de shēngyīn yě

变得 /粗暴/嘶哑，//它在 牺牲 自己！///
biànde cūbào sīyǎ, tā zài xīshēng zìjǐ!

三、读作品27号

我 打猎归来，沿着 花园 的 林荫路 走着。狗 跑在 我 前边。
Wǒ dǎ liè guīlái, yánzhe huāyuán de línyīnlù zǒuzhe. Gǒu pǎo zài wǒ qiánbian.

突然，狗 放慢 脚步，蹑足潜行，好像 嗅到了 前边 有 什么 野物。
Tūrán, gǒu fàngmàn jiǎobù, nièzú-qiánxíng, hǎoxiàng xiùdàole qiánbian yǒu shénme yěwù.

我 顺着 林荫路 望去，看见了 一只 嘴边 还带 黄色、头 上 生着
Wǒ shùnzhe línyīnlù wàngqù, kànjiànle yì zhī zuǐ biān hái dài huángsè, tóu shang shēngzhe

柔 毛 的 小 麻雀。风 猛烈 地 吹打着 林荫路 上 的 白桦树，麻雀 从
róu máo de xiǎo máquè. Fēng měngliè de chuīdǎzhe línyīnlù shang de báihuàshù, máquè cóng

巢 里 跌落下来，呆呆 地伏在地 上，孤立 无援 地 张开 两 只 羽毛 还未
cháo li diēluò xialai, dāidāi de fú zài dì shang, gūlì wúyuán de zhāngkāi liǎng zhī yǔmáo hái wèi

丰满 的 小 翅膀。
fēngmǎn de xiǎo chìbǎng.

　　我 的 狗 慢慢 向 它 靠近。忽然, 从 附近一棵 树 上 飞下一只 黑
　　Wǒ de gǒu mànmàn xiàng tā kàojìn. Hūrán, cóng fùjìn yì kē shù shang fēixià yì zhī hēi

胸脯 的 老 麻雀, 像 一颗 石子 似的 落到 狗 的 跟前。老 麻雀 全身
xiōngpú de lǎo máquè, xiàng yì kē shízǐ shìde luòdào gǒu de gēnqián. Lǎo máquè quánshēn

倒竖着 羽毛, 惊恐 万状, 发出 绝望、凄惨 的 叫声, 接着 向 露出
dàoshùzhe yǔmáo, jīngkǒng wànzhuàng, fāchū juéwàng, qīcǎn de jiàoshēng, jiēzhe xiàng lòuchū

牙齿、大 张着 的 狗 嘴扑去。
yáchǐ, dà zhāngzhe de góu zuǐ pūqù.

　　老 麻雀 是 猛 扑下来 救护 幼雀 的。它 用 身体 掩护着 自己 的 幼儿……
　　Lǎo máquè shì měng pū xialai jiùhù yòuquè de. Tā yòng shēntǐ yǎnhùzhe zìjǐ de yòu'ér……

但 它 整个 小小 的 身体 因 恐怖 而 战栗着, 它 小小 的 声音 也 变得
Dàn tā zhěnggè xiáoxiǎo de shēntǐ yīn kǒngbù ér zhànlìzhe, tā xiáoxiǎo de shēngyīn yě biànde

粗暴 嘶哑, 它 在 牺牲 自己!
cūbào sīyǎ, tā zài xīshēng zìjǐ!

　　在 它 看来, 狗 该 是 个 多么 庞大 的 怪物 啊! 然而, 它 还是 不 能 站
　　Zài tā kànlái, gǒu gāi shì gè duōme pángdà de guàiwu a! Rán'ér, tā háishi bù néng zhàn

在自己 高高的、安全 的 树枝 上……一 种 比它的 理智 更 强烈 的 力量,
zài zìjǐ gāogāo de, ānquán de shùzhī shang… Yì zhǒng bǐ tā de lǐzhì gèng qiángliè de lìliang,

使 它 从 那儿扑下 身 来。
shǐ tā cóng nàr pūxià shēn lái.

　　我 的 狗 站住 了, 向 后 退了退……看来, 它 也 感到了 这 种 力量。
　　Wǒ de gǒu zhànzhu le, xiàng hòu tuìle tuì… Kànlái, tā yě gǎndàole zhè zhǒng lìliang.

　　我 赶紧 唤住 惊慌 失措 的 狗, 然后 我 怀着 崇敬 的 心情,
　　Wǒ gánjǐn huànzhù jīnghuāng shīcuò de gǒu, ránhòu wǒ huáizhe chóngjìng de xīnqíng,

走开 了。
zǒukāi le.

　　是 啊, 请 不要 见笑。我 崇敬 那 只 小小 的、英勇 的 鸟儿, 我
　　Shì ra, qǐng búyào jiànxiào. Wǒ chóngjìng nà zhī xiáoxiǎo de, yīngyǒng de niǎor, wǒ

崇敬 它那 种 爱的 冲动 和力量。
chóngjìng tā nà zhǒng ài de chōngdòng hé lìliang.

爱，我 想，比//死 和死的 恐惧 更 强大。……
Ài, wó xiǎng, bí// sǐ hé sǐ de kǒngjù gèng qiángdà…

节选 自[俄]屠格涅夫《麻雀》，巴 金译
Jiéxuǎn zì [É] Túgénièfū《Máquè》, Bā Jīn yì

作品 28 号

一、读词语

（一）第二声相连的词语

1. 从来（cónglái）	2. 迷人（mírén）	3. 传来（chuánlái）
4. 急忙（jímáng）	5. 成形（chéngxíng）	

（二）第四声相连的词语

1. 六岁（liù suì）	2. 废弃（fèiqì）	3. 夏季（xiàjì）
4. 地带（dìdài）	5. 散步（sàn bù）	6. 正在（zhèngzài）
7. 细看（xì kàn）		

（三）第三声相连的词语

1. 早已（zàoyǐ）	2. 点点头（diándiǎn tóu）	3. 你好（ní hǎo）
4. 我俩（wó liǎ）	5. 送给你（sòng géi nǐ）	

（四）"一、不"与词语相连

1. 一箭（yí jiàn）	2. 一群（yì qún）	3. 一条（yì tiáo）
4. 一定（yídìng）	5. 一棵（yì kē）	6. 一阵阵（yí zhènzhèn）
7. 一支（yì zhī）	8. 一下（yíxià）	9. 一位（yí wèi）

1. 找不到（zhǎo bú dào）	2. 不就是（bú jiù shì）

（五）轻声词语

1. 随着（suízhe）	2. 他们（tāmen）	3. 衣裤上（yīkù shang）
4. 家里（jiāli）	5. 盼着（pànzhe）	6. 想着（xiǎngzhe）
7. 背靠着（bèi kàozhe）	8. 坐着（zuòzhe）	9. 削着（xiāozhe）
10. 什么（shénme）	11. 先生（xiānsheng）	12. 嘴里（zuí li）

（六）儿化词语

1. 那儿（nàr）	2. 小家伙儿（xiǎojiāhuor）	3. 乡巴佬儿（xiāngbalǎor）
4. 小伙伴儿（xiáo huǒbànr）		

二、读句子

1. 像 只/无头 的 苍蝇，// 我 到处/乱 钻，// 衣裤 上/挂满了 芒刺。///
Xiàng zhī wú tóu de cāngying, wǒ dàochù luàn zuān, yīkù shang guàmǎnle mángcì.

2. 一条 小道 边 的 树桩 上/坐着一位 吹笛人，//手 里 还 正
Yì tiáo xiǎodào biān de shùzhuāng shang zuòzhe yí wèi chuī dí rén, shóu li hái zhèng
削着 什么。///走近细看，//他不就是/被大家 称为 "乡巴佬儿"的 卡廷
xiāozhe shénme. Zǒujìn xì kàn, tā bú jiù shì bèi dàjiā chēngwéi "xiāngbalǎor" de Kǎtíng
吗？///
ma?

3. 我俩/在一 阵阵/清脆 悦耳 的 笛音 中，//踏上了 归途……///
Wó liǎ zài yí zhènzhèn qīngcuì yuè'ěr de díyīn zhōng, tàshangle guītú…

三、读作品 28 号

那 年 我 六岁。离 我 家 仅 一 箭 之 遥 的 小 山坡 旁，有一个 早已
Nà nián wǒ liù suì. Lí wǒ jiā jǐn yí jiàn zhī yáo de xiǎo shānpō páng, yǒu yí gè zǎoyǐ

被 废弃 的 采石场， 双亲 从来 不 准 我 去 那儿，其实 那儿 风景 十分
bèi fèiqì de cǎishíchǎng, shuāngqīn cónglái bù zhǔn wǒ qù nàr, qíshí nàr fēngjǐng shífēn

迷人。
mírén.

一个 夏季 的 下午，我 随着一 群 小 伙伴儿 偷偷 上 那儿 去了。就 在 我们
Yí gè xiàjì de xiàwǔ, wǒ suízhe yì qún xiáo huǒbànr tōutōu shàng nàr qù le. Jiù zài wǒmen

穿越了 一条孤寂的小路 后，他们 却把我一个人留在 原地，然后 奔
chuānyuèle yì tiáo gūjì de xiǎolù hòu, tāmen què bǎ wǒ yí gè rén liú zài yuán dì, ránhòu bēn

向 "更 危险 的 地带"了。
xiàng "gèng wēixiǎn de dìdài" le.

等 他们 走后，我 惊慌 失措 地发现，再也找 不 到要 回家 的 那
Děng tāmen zǒu hòu, wǒ jīnghuāng shīcuò de fāxiàn, zài yě zhǎo bú dào yào huí jiā de nà

条 孤寂的 小道 了。像 只 无 头 的 苍蝇, 我 到处 乱 钻, 衣裤 上
tiáo gūjì de xiǎodào le. Xiàng zhī wú tóu de cāngying, wǒ dàochù luàn zuān, yīkù shang

挂满了 芒刺。 太阳 已经 落 山, 而 此时 此刻, 家里 一定 开始 吃 晚餐 了,
guàmǎnle mángcì. Tàiyang yǐjīng luò shān, ér cǐshí cǐkè, jiāli yídìng kāishǐ chī wǎncān le,

双亲 正 盼着 我 回家…… 想着 想着, 我 不由得 背 靠着 一 棵 树,
shuāngqīn zhèng pànzhe wǒ huí jiā… Xiǎngzhe xiǎngzhe, wǒ bùyóude bèi kàozhe yì kē shù,

伤心 地 呜呜 大 哭 起来……
shāngxīn de wūwū dà kū qilai…

　　突然, 不 远 处 传来了 声声 柳笛。我 像 找到了 救星, 急忙
　　Tūrán, bù yuǎn chù chuánláile shēngshēng liǔdí. Wǒ xiàng zhǎodàole jiùxīng, jímáng

循声 走去。一 条 小道 边 的 树桩 上 坐着 一 位 吹 笛 人, 手 里 还
xúnshēng zǒuqù. Yì tiáo xiǎodào biān de shùzhuāng shang zuòzhe yí wèi chuī dí rén, shǒu li hái

正 削着 什么。 走近 细 看, 他 不 就 是 被 大家 称为 "乡巴佬儿" 的 卡廷 吗?
zhèng xiāozhe shénme. Zǒujìn xì kàn, tā bú jiù shì bèi dàjiā chēngwéi "xiāngbalǎor" de Kǎtíng ma?

　　"你好, 小家伙儿。" 卡廷 说, "看 天气 多 美, 你 是 出来 散 步 的 吧?"
　　"Nǐ hǎo, xiǎojiāhuor." Kǎtíng shuō, "Kàn tiānqì duō měi, nǐ shì chūlai sàn bù de ba?"

　　我 怯生生 地 点点 头, 答道: "我 要 回 家 了。"
　　Wǒ qièshēngshēng de diándiǎn tóu, dádào: "Wǒ yào huí jiā le."

　　"请 耐心 等上 几 分钟。" 卡廷 说, "瞧, 我 正在 削 一 支 柳笛,
　　"Qǐng nàixīn děngshàng jǐ fēnzhōng." Kǎtíng shuō, "Qiáo, wǒ zhèngzài xiāo yì zhī liǔdí,

差不多 就 要 做好 了, 完工 后 就 送 给 你 吧!"
chàbuduō jiù yào zuòhǎo le, wángōng hòu jiù sòng gěi nǐ ba!"

　　卡廷 边 削 边 不时 把 尚 未 成形 的 柳笛 放 在 嘴 里 试 吹 一下。
　　Kǎtíng biān xiāo biān bùshí bǎ shàng wèi chéngxíng de liǔdí fàng zài zuǐ li shì chuī yíxià.

没 过 多 久, 一 支 柳笛 便 递到 我 手 中。我 俩 在 一 阵阵 清脆 悦耳
Méi guò duō jiǔ, yì zhī liǔdí biàn dìdào wǒ shǒu zhōng. Wǒ liǎ zài yí zhènzhèn qīngcuì yuè'ěr

的 笛音 // 中, 踏上了 归途……
de díyīn // zhōng, tàshangle guītú…

节选 自 唐 若水 译《迷途 笛音》
Jiéxuǎn zì Táng Ruòshuǐ yì《Mítú Díyīn》

作品 29 号

一、读词语

（一）第二声相连的词语

1. 无垠（wúyín）	2. 形成（xíngchéng）	3. 慈眉善目（címéi-shànmù）
4. 人民（rénmín）		

（二）第四声相连的词语

1. 浩瀚（hàohàn）	2. 就是（jiù shì）	3. 坐落（zuòluò）
4. 塑像（sùxiàng）	5. 壁画（bìhuà）	6. 四万（sìwàn）
7. 最大（zuì dà）	8. 个性（gèxìng）	9. 各异（gè yì）
10. 慈眉善目（címéi-shànmù）	11. 力士（lìshì）	12. 奏乐（zòu yuè）
13. 灿烂（cànlàn）		

（三）第三声相连的词语

1. 凛凛（línlǐn）	2. 舞蹈（wúdǎo）	3. 起舞（qíwǔ）
4. 勇猛（yóngměng）	5. 手掌（shóuzhǎng）	

（四）"一"与词语相连

1. 一片（yí piàn）	2. 一颗（yì kē）	3. 一千（yìqiān）
4. 一尊（yì zūn）	5. 一件（yí jiàn）	6. 一幅（yì fú）

（五）轻声词语

1. 绿洲里（lǜzhōu li）	2. 舒展着（shūzhǎnzhe）	3. 藏着（cángzhe）
4. 有的（yǒude）	5. 人们（rénmen）	6. 莫高窟里（Mògāo Kū li）
7. 那么（nàme）		

二、读句子

1. 莫高窟/是 我国 古代 无数 艺术 匠师/留给人类 的/珍贵 文化 遗产。///
Mògāo Kū shì wǒguó gǔdài wúshù yìshù jiàngshī liú gěi rénlèi de zhēnguì wénhuà yíchǎn.

2. 有 慈眉善目 的菩萨，// 有 威风 凛凛的 天王，// 还有 强壮
Yǒu címéi-shànmù de púsa, yǒu wēifēng línlǐn de tiānwáng, hái yǒu qiángzhuàng

勇猛 的 力士……///
yóngměng de lìshì…

3. 莫高 窟 壁画的 内容/丰富多彩，// 有的是 描绘 古代 劳动 人民 打
Mògāo Kū bìhuà de nèiróng fēngfù-duōcǎi, yǒude shì miáohuì gǔdài láodòng rénmín dǎ

猎、/捕鱼、/耕田、/收割 的 情景，// 有的是 描绘 人们 奏乐、/舞蹈、/演
liè, bǔ yú, gēng tián, shōugē de qíngjǐng, yǒude shì miáohuì rénmen zòu yuè, wúdǎo, yǎn

杂技的 场面，///……
zájì de chǎngmiàn, …

4. 壁画 上 的 飞天，// 有的 臂挎 花篮，// 采摘 鲜花；///……
Bìhuà shang de fēitiān, yǒude bì kuà huālán, cǎizhāi xiānhuā; …

三、读作品29号

在 浩瀚 无垠 的 沙漠里，有一 片 美丽 的 绿洲，绿洲里 藏着 一颗
Zài hàohàn wúyín de shāmò li, yǒu yí piàn měilì de lǜzhōu, lǜzhōu li cángzhe yì kē

闪光 的 珍珠。这颗 珍珠 就是 敦煌 莫高窟。它 坐落 在 我国
shǎnguāng de zhēnzhū. Zhè kē zhēnzhū jiù shì Dūnhuáng Mògāo Kū. Tā zuòluò zài wǒguó

甘肃 省 敦煌 市 三危 山 和 鸣沙 山 的 怀抱 中。
Gānsù Shěng Dūnhuáng Shì Sānwēi Shān hé Míngshā Shān de huáibào zhōng.

鸣沙 山 东麓 是 平均 高度 为 十七米 的崖壁。在 一千 六百 多 米
Míngshā Shān dōnglù shì píngjūn gāodù wéi shíqī mǐ de yábì. Zài yìqiān liùbǎi duō mǐ

长 的崖壁 上，凿 有 大小 洞窟 七百 余个，形成了 规模 宏伟 的
cháng de yábì shang, záo yǒu dàxiǎo dòngkū qībǎi yú gè, xíngchéngle guīmó hóngwěi de

石窟 群。其中 四百 九十二 个 洞窟 中，共 有 彩色 塑像 两千 一百
shíkū qún. Qízhōng sìbǎi jiǔshí'èr gè dòngkū zhōng, gòng yǒu cǎisè sùxiàng liǎngqiān yībǎi

余尊，各种 壁画 共 四万 五千 多 平方米。莫高 窟是 我国 古代 无数
yú zūn, gè zhǒng bìhuà gòng sìwàn wǔqiān duō píngfāngmǐ. Mògāo Kū shì wǒguó gǔdài wúshù

艺术 匠师 留给 人类 的 珍贵 文化 遗产。
yìshù jiàngshī liú gěi rénlèi de zhēnguì wénhuà yíchǎn.

莫高 窟 的彩塑，每一 尊 都 是 一件 精美 的 艺术品。最大 的有 九层
Mògāo Kū de cǎisù, měi yì zūn dōu shì yí jiàn jīngměi de yìshùpǐn. Zuì dà de yǒu jiǔ céng

楼 那么高，最 小 的 还不如 一个 手掌 大。这些 彩塑 个性 鲜明，神态
lóu nàme gāo, zuì xiǎo de hái bùrú yí gè shóuzhǎng dà. Zhèxiē cǎisù gèxìng xiānmíng, shéntài

各异。有 慈眉善目 的菩萨，有 威风 凛凛的 天王， 还 有 强壮
gè yì. Yǒu címéi-shànmù de púsa, yǒu wēifēng línlǐn de tiānwáng, hái yǒu qiángzhuàng

勇猛　　　的力士……
yóngměng de lìshì…

　　莫高窟壁画的内容丰富多彩，有的是描绘古代劳动人民打猎、
　　Mògāo Kū bìhuà de nèiróng fēngfù-duōcǎi, yǒude shì miáohuì gǔdài láodòng rénmín dǎ liè,

捕鱼、耕田、收割的情景，有的是描绘人们奏乐、舞蹈、演杂技的
bǔ yú, gēng tián, shōugē de qíngjǐng, yǒude shì miáohuì rénmen zòu yuè, wúdǎo, yǎn zájì de

场面，还有的是描绘大自然的美丽风光。
chǎngmiàn, hái yǒude shì miáohuì dàzìrán de měilì fēngguāng.

　　其中最引人注目的是飞天。壁画上的飞天，有的臂挎花篮，
　　Qízhōng zuì yǐn rén zhùmù de shì fēitiān. Bìhuà shang de fēitiān, yǒude bì kuà huālán,

采摘鲜花；有的反弹琵琶，轻拨银弦；有的倒悬身子，自天而降；
cǎizhāi xiānhuā; yǒude fǎn tán pípa, qīng bō yínxián; yǒude dào xuán shēnzi, zì tiān ér jiàng;

有的彩带飘拂，漫天遨游；有的舒展着双臂，翩翩起舞。看着这些
yǒude cǎidài piāofú, màntiān áoyóu; yǒude shūzhǎnzhe shuāng bì, piānpiān qǐwǔ. Kànzhe zhèxiē

精美动人的壁画，就像走进了//灿烂辉煌的艺术殿堂。……
jīngměi dòngrén de bìhuà, jiù xiàng zǒujìnle//cànlàn huīhuáng de yìshù diàntáng…

节选自小学《语文》第六册中《莫高窟》
Jiéxuǎn zì xiǎoxué《Yǔwén》dì-liù cè zhōng《Mògāo Kū》

作品 30 号

一、读词语

（一）第二声相连的词语

1. 其实（qíshí）	2. 徐来（xú lái）	3. 如同（rútóng）
4. 游人（yóurén）	5. 无言（wú yán）	

（二）第四声相连的词语

1. 富贵（fùguì）	2. 坠落（zhuìluò）	3. 绚丽（xuànlì）
4. 落地（luò dì）	5. 跨越（kuàyuè）	6. 最后（zuìhòu）
7. 精心动魄（jīngxīn-dòngpò）	8. 四月（Sìyuè）	9. 盛大（shèngdà）
10. 络绎不绝（luòyì-bùjué）	11. 就会（jiù huì）	

（三）第三声相连的词语

1. 所有（suóyǒu）	2. 整朵（zhéng duǒ）	3. 所以（suóyǐ）
4. 也许（yéxǔ）	5. 很久（hén jiǔ）	6. 苟且（góuqiě）
7. 天南海北（tiānnán-háiběi）		

（四）"一、不"与词语相连

1. 一次（yí cì）	2. 一阵（yízhèn）	3. 一地（yí dì）
4. 一只（yì zhī）	5. 一度（yí dù）	6. 一字（yí zì）
7. 一样（yíyàng）		

1. 不吝惜（bú lìnxī）	2. 不媚俗（bú mèisú）	3. 不会（bú huì）
4. 不拒绝（bú jùjué）		

（五）轻声词语

1. 低吟着（dī yínzhe）	2. 要么（yàome）	3. 为什么（wèi shénme）
4. 东西（dōngxi）	5. 多么（duōme）	6. 牡丹（mǔdan）

二、读句子

1. 一阵 清风 徐来，// 娇艳 鲜嫩 的 盛期 牡丹 / 忽然 整 朵 整 朵
　Yízhèn qīngfēng xú lái, jiāoyàn xiānnèn de shèngqī mǔdan hūrán zhéng duǒ zhéng duǒ
地 坠落，// 铺撒 一 地 / 绚丽 的 花瓣。///
de zhuìluò, pūsǎ yí dì xuànlì de huābàn.

2. 牡丹 没有 / 花谢 花 败 之时，// 要么 / 烁 于 枝头，// 要么 / 归于 泥土，// 它
　Mǔdan méiyǒu huā xiè huā bài zhī shí, yàome shuò yú zhītóu, yàome guīyú nítǔ, tā
跨越 委顿 / 和 衰老，// 由 青春 / 而 死亡，// 由 美丽 / 而 消遁。///
kuàyuè wěidùn hé shuāilǎo, yóu qīngchūn ér sǐwáng, yóu měilì ér xiāodùn.

3. 如果 / 它 再 被 贬谪 十次，// 也许 它 就 会 繁衍 出 十 个 / 洛阳 牡丹
　Rúguǒ tā zài bèi biǎnzhé shí cì, yéxǔ tā jiù huì fányǎn chū shí gè Luòyáng mǔdan
城。///
chéng.

三、读作品 30 号

其实 你 在 很 久 以前 并 不 喜欢 牡丹，因为 它 总 被 人 作为 富贵
Qíshí nǐ zài hén jiǔ yǐqián bìng bù xǐhuan mǔdan, yīnwei tā zǒng bèi rén zuòwéi fùguì

膜拜。后来你目睹了一次牡丹的落花，你相信所有的人都会为之感动：一阵清风徐来，娇艳鲜嫩的盛期牡丹忽然整朵整朵地坠落，铺撒一地绚丽的花瓣。那花瓣落地时依然鲜艳夺目，如同一只奉上祭坛的大鸟脱落的羽毛，低吟着壮烈的悲歌离去。

牡丹没有花谢花败之时，要么烁于枝头，要么归于泥土，它跨越委顿和衰老，由青春而死亡，由美丽而消遁。它虽美却不吝惜生命，即使告别也要展示给人最后一次的惊心动魄。

所以在这阴冷的四月里，奇迹不会发生。任凭游人扫兴和诅咒，牡丹依然安之若素。它不苟且、不俯就、不妥协、不媚俗，甘愿自己冷落自己。它遵循自己的花期自己的规律，它有权利为自己选择每年一度的盛大节日。它为什么不拒绝寒冷？

天南海北的看花人，依然络绎不绝地涌入洛阳城。人们不会因牡丹的拒绝而拒绝它的美。如果它再被贬谪十次，也许它就会繁衍出十个洛阳牡丹城。

于是你在无言的遗憾中感悟到，富贵与高贵只是一字之差。同人一样，花儿也是有灵性的，更有品位之高低。品位这东西为气为魂为//筋骨为神韵，……

节选自张抗抗《牡丹的拒绝》

作品31号

一、读词语

（一）第二声相连的词语

1. 调节（tiáojié）	2. 然而（rán'ér）	3. 由于（yóuyú）
4. 全球（quánqiú）	5. 循环（xúnhuán）	6. 从而（cóng'ér）
7. 同时（tóngshí）	8. 形成（xíngchéng）	

（二）第四声相连的词语

1. 作用（zuòyòng）	2. 测算（cèsuàn）	3. 孕育（yùnyù）
4. 大气（dàqì）	5. 四亿（sìyì）	6. 陆地（lùdì）
7. 慢慢（mànmàn）	8. 具备（jùbèi）	9. 大自然（dàzìrán）
10. 气候（qìhòu）	11. 变化（biànhuà）	12. 热浪（rèlàng）
13. 恶化（èhuà）	14. 调度室（diàodùshì）	15. 绿色（lǜsè）

（三）第三声相连的词语

1. 水土（shuítǔ）	2. 两百（liángbǎi）	3. 雨少（yú shǎo）	4. 很少（hén shǎo）
5. 主体（zhútǐ）	6. 减少（jiánshǎo）		

（四）"一"与词语相连

1. 一片（yí piàn）	2. 一种（yì zhǒng）	3. 一座（yí zuò）

（五）轻声词语

1. 山上（shān shang）	2. 除了（chúle）	3. 为了（wèile）
4. 这个（zhège）	5. 我们（wǒmen）	6. 使得（shǐde）

二、读句子

1. 据 专家 测算，// 一片 / 十万 亩 面积 的 森林，// 相当 于一个 / 两百
   Jù zhuānjiā cèsuàn, yí piàn shíwàn mǔ miànjī de sēnlín, xiāngdāng yú yí gè liǎngbǎi

万 立方米 的 水库，// 这 正如 / 农谚 所 说 的：// ……
wàn lìfāngmǐ de shuǐkù, zhè zhèng rú nóngyàn suǒ shuō de:…

2. 然而，// 由于 / 地球 上 的 燃烧物 增多，// 二氧化碳 的 排放量 /
   Rán'ér, yóuyú dìqiú shang de ránshāowù zēngduō, èryǎnghuàtàn de páifàngliàng

急剧 增加，// 使得 地球 生态 环境 / 急剧 恶化，// ……
jíjù zēngjiā, shǐde dìqiú shēngtài huánjìng jíjù èhuà,…

3. 主要 表现 为 / 全球 气候 变暖，// 水分 蒸发 加快，// 改变了 /
   Zhǔyào biǎoxiàn wéi quánqiú qìhòu biànnuǎn, shuǐfèn zhēngfā jiākuài, gǎibiànle

气流 的 循环，// 使 气候 变化 加剧，// 从而 引发 热浪、/ 飓风、/ 暴雨、/ 洪涝 及
qìliú de xúnhuán, shǐ qìhòu biànhuà jiājù, cóng'ér yǐnfā rèlàng, jùfēng, bàoyǔ, hónglào jí

干旱。///
gānhàn.

三、读作品 31 号

森林 涵养 水源，保持 水土，防止 水 旱 灾害 的 作用 非常 大。
Sēnlín hányǎng shuǐyuán, bǎochí shuǐtǔ, fángzhǐ shuǐ hàn zāihài de zuòyòng fēicháng dà.

据 专家 测算，一片 十万 亩 面积 的 森林，相当 于一个 两百 万
Jù zhuānjiā cèsuàn, yí piàn shíwàn mǔ miànjī de sēnlín, xiāngdāng yú yí gè liǎngbǎi wàn

立方米 的 水库，这 正如 农谚 所 说 的："山 上 多 栽树，等于 修
lìfāngmǐ de shuǐkù, zhè zhèng rú nóngyàn suǒ shuō de:"Shān shang duō zāi shù, děngyú xiū

水库。雨 多 它 能 吞，雨 少 它 能 吐。"
shuǐkù. Yǔ duō tā néng tūn, yǔ shǎo tā néng tǔ."

说起 森林 的 功劳，那 还 多 得 很。它 除了 为 人类 提供 木材 及 许多
Shuōqǐ sēnlín de gōngláo, nà hái duō de hěn. Tā chúle wèi rénlèi tígōng mùcái jí xǔduō

种 生产、 生活 的 原料 之外，在 维护 生态 环境 方面 也是
zhǒng shēngchǎn, shēnghuó de yuánliào zhī wài, zài wéihù shēngtài huánjìng fāngmiàn yě shì

功劳卓著，它用另一种"能吞能吐"的特殊功能孕育了人类。
gōngláo zhuózhù, tā yòng lìng yì zhǒng "néng tūn néng tǔ" de tèshū gōngnéng yùnyùle rénlèi.

因为地球在形成之初，大气中的二氧化碳含量很高，氧气很
Yīnwei dìqiú zài xíngchéng zhī chū, dàqì zhōng de èryǎnghuàtàn hánliàng hěn gāo, yǎngqì hěn

少，气温也高，生物是难以生存的。大约在四亿年之前，陆地才
shǎo, qìwēn yě gāo, shēngwù shì nányǐ shēngcún de. Dàyuē zài sìyì nián zhīqián, lùdì cái

产生了森林。森林慢慢将大气中的二氧化碳吸收，同时吐出
chǎnshēngle sēnlín. Sēnlín mànmàn jiāng dàqì zhōng de èryǎnghuàtàn xīshōu, tóngshí tǔchū

新鲜氧气，调节气温：这才具备了人类生存的条件，地球上才
xīnxiān yǎngqì, tiáojié qìwēn: Zhè cái jùbèile rénlèi shēngcún de tiáojiàn, dìqiú shang cái

最终有了人类。
zuìzhōng yǒule rénlèi.

　　森林，是地球生态系统的主体，是大自然的总调度室，是地球的绿色
　　Sēnlín, shì dìqiú shēngtài xìtǒng de zhǔtǐ, shì dàzìrán de zǒngdiàodùshì, shì dìqiú de lǜsè

之肺。森林维护地球生态环境的这种"能吞能吐"的特殊
zhī fèi. Sēnlín wéihù dìqiú shēngtài huánjìng de zhè zhǒng "néng tūn néng tǔ" de tèshū

功能是其他任何物体都不能取代的。然而，由于地球上的燃烧物
gōngnéng shì qítā rènhé wùtǐ dōu bù néng qǔdài de. Rán'ér, yóuyú dìqiú shang de ránshāowù

增多，二氧化碳的排放量急剧增加，使得地球生态环境急剧恶化，
zēngduō, èryǎnghuàtàn de páifàngliàng jíjù zēngjiā, shǐde dìqiú shēngtài huánjìng jíjù èhuà,

主要表现为全球气候变暖，水分蒸发加快，改变了气流的循环，
zhǔyào biǎoxiàn wéi quánqiú qìhòu biànnuǎn, shuǐfèn zhēngfā jiākuài, gǎibiànle qìliú de xúnhuán,

使气候变化加剧，从而引发热浪、飓风、暴雨、洪涝及干旱。
shǐ qìhòu biànhuà jiājù, cóng'ér yǐnfā rèlàng, jùfēng, bàoyǔ, hónglào jí gānhàn.

　　为了//使地球的这个"能吞能吐"的绿色之肺恢复健壮，……
　　Wèile//shǐ dìqiú de zhège "néng tūn néng tǔ" de lǜsè zhī fèi huīfù jiànzhuàng,…

节选自《中考语文课外阅读试题精选》中《"能吞能吐"的
Jiéxuǎn zì《Zhōngkǎo Yǔwén Kèwài Yuèdú Shìtí Jīngxuǎn》zhōng《"Néng Tūn Néng Tǔ" De

森林》
Sēnlín》

作品 32 号

一、读词语

（一）第二声相连的词语

1. 时节（shíjié）	2. 难得一见（nándé yí jiàn）	3. 极熟（jí shú）
4. 寻常（xúncháng）	5. 其实（qíshí）	6. 文学（wénxué）
7. 哲学（zhéxué）	8. 别人（biérén）	9. 流言（liúyán）
10. 犹如（yóurú）		

（二）第四声相连的词语

1. 却是（què shì）	2. 电话（diànhuà）	3. 酿制（niàngzhì）
4. 泡菜（pàocài）	5. 趣味性（qùwèixìng）	6. 细细碎碎（xìxìsuìsuì）
7. 渐渐（jiànjiàn）	8. 外在（wàizài）	9. 限制（xiànzhì）
10. 束缚（shùfù）	11. 意见（yìjiàn）	12. 放浪（fànglàng）
13. 恶作剧（èzuòjù）		

（三）第三声相连的词语

1. 偶尔（óu'ěr）	2. 简简单单（jiánjiǎndāndān）	3. 也好（yé hǎo）
4. 等等（déngděng）	5. 种种（zhóngzhǒng）	6. 苦口婆心（kúkǒu-póxīn）
7. 诋毁（díhuǐ）	8. 小米（xiáomǐ）	

（四）"一、不"与词语相连

1. 一见（yí jiàn）	2. 一锅（yì guō）	3. 一碟（yì dié）
4. 一盘（yì pán）	5. 一只（yì zhī）	6. 一种（yì zhǒng）
7. 一些（yìxiē）	8. 一下（yíxià）	9. 一次（yí cì）

| 1. 不像（bú xiàng） | 2. 不在乎（bú zàihu） |

（五）轻声词语

1. 朋友（péngyou）	2. 时候（shíhou）	3. 母亲（mǔqin）
4. 我们（wǒmen）	5. 这个（zhège）	6. 在乎（zàihu）
7. 舒坦（shūtan）	8. 老人家（lǎorenjia）	9. 懂得（dǒngde）
10. 差不多（chàbuduō）	11. 喜欢（xǐhuan）	

二、读句子

1. 说 也 奇怪，// 和 新 朋友 / 会谈 文学、/ 谈 哲学、/ 谈 人生 道理 /
Shuō yě qíguài, hé xīn péngyou huì tán wénxué, tán zhéxué, tán rénshēng dàolǐ

等等，// 和老朋友 / 却只话家常，// 柴米油盐，// 细细碎碎，// 种种琐事。///
déngděng, hé lǎo péngyou què zhǐ huà jiācháng, chái-mǐ-yóu-yán, xìxìsuìsuì, zhóngzhǒng suǒshì.

2. 年岁逐增，// 渐渐挣脱 / 外在的限制 / 与束缚，// ……
Niánsuì zhú zēng, jiànjiàn zhèngtuō wàizài de xiànzhì yǔ shùfù, ……

3. 偶尔，// 也能够纵容自己 / 放浪一下，// 并且有一种 / 恶作剧的窃喜。///
Óu'ěr, yě nénggòu zòngróng zìjǐ fànglàng yíxià, bìngqiě yǒu yì zhǒng èzuòjù de qièxǐ.

三、读作品 32 号

朋友即将远行。
Péngyou jíjiāng yuǎnxíng.

暮春时节，又邀了几位朋友在家小聚。虽然都是极熟的朋友，
Mùchūn shíjié, yòu yāole jǐ wèi péngyou zài jiā xiǎojù. Suīrán dōu shì jí shú de péngyou,

却是终年难得一见，偶尔电话里相遇，也无非是几句寻常话。一
què shì zhōngnián nándé yí jiàn, óu'ěr diànhuà li xiāng yù, yě wúfēi shì jǐ jù xúnchánghuà. Yì

锅小米稀饭，一碟大头菜，一盘自家酿制的泡菜，一只巷口买回的
guō xiáomǐ xīfàn, yì dié dàtóucài, yì pán zìjiā niàngzhì de pàocài, yì zhī xiàngkǒu mǎihuí de

烤鸭，简简单单，不像请客，倒像家人团聚。
kǎoyā, jiánjiǎndāndān, bú xiàng qǐng kè, dào xiàng jiārén tuánjù.

其实，友情也好，爱情也好，久而久之都会转化为亲情。
Qíshí, yǒuqíng yé hǎo, àiqíng yé hǎo, jiǔ'érjiǔzhī dōu huì zhuǎnhuà wéi qīnqíng.

说也奇怪，和新朋友会谈文学、谈哲学、谈人生道理等等，
Shuō yě qíguài, hé xīn péngyou huì tán wénxué, tán zhéxué, tán rénshēng dàolǐ déngděng,

和老朋友却只话家常，柴米油盐，细细碎碎，种种琐事。很多
hé lǎo péngyou què zhǐ huà jiācháng, chái-mǐ-yóu-yán, xìxìsuìsuì, zhóngzhǒng suǒshì. Hěn duō

时候，心灵的契合已经不需要太多的言语来表达。
shíhou, xīnlíng de qìhé yǐjīng bù xūyào tài duō de yányǔ lái biǎodá.

朋友新烫了个头，不敢回家见母亲，恐怕惊骇了老人家，却
Péngyou xīn tàngle gè tóu, bùgǎn huí jiā jiàn mǔqin, kǒngpà jīnghàile lǎorenjia, què

欢天喜地 来见 我们，老 朋友 颇能 以一 种 趣味性 的 眼光 欣赏
huāntiān-xǐdì lái jiàn wǒmen, lǎo péngyou pō néng yǐ yì zhǒng qùwèixìng de yǎnguāng xīnshǎng

这个 改变。
zhège gǎibiàn.

年少 的 时候，我们 差不多 都在 为 别人而活，为 苦口婆心 的 父母
Niánshào de shíhou, wǒmen chàbuduō dōu zài wèi biérén ér huó, wèi kǔkǒu-póxīn de fùmǔ

活，为 循循善诱 的 师长 活，为 许多 观念、许多 传统 的 约束力 而
huó, wèi xúnxún-shànyòu de shīzhǎng huó, wèi xǔduō guānniàn, xǔduō chuántǒng de yuēshùlì ér

活。年岁 逐增，渐渐 挣脱 外在的 限制 与 束缚，开始 懂得 为 自己活，
huó. Niánsuì zhú zēng, jiànjiàn zhèngtuō wàizài de xiànzhì yǔ shùfù, kāishǐ dǒngde wèi zìjǐ huó,

照 自己的 方式 做 一些 自己 喜欢 的 事，不在乎 别人 的 批评 意见，不在乎
zhào zìjǐ de fāngshì zuò yìxiē zìjǐ xǐhuan de shì, bú zàihu biérén de pīpíng yìjiàn, bú zàihu

别人 的 诋毁 流言，只 在乎那 一 份 随心所欲 的 舒坦 自然。偶尔，也 能够
biérén de dǐhuǐ liúyán, zhǐ zàihu nà yí fèn suíxīnsuǒyù de shūtǎn zìrán. Ǒu'ěr, yě nénggòu

纵容 自己 放浪 一下，并且 有一 种 恶作剧的 窃喜。
zòngróng zìjǐ fànglàng yíxià, bìngqiě yǒu yì zhǒng èzuòjù de qièxǐ.

就 让 生命 顺其自然， 水到渠成 吧，犹如 窗 前 的//乌桕，……
Jiù ràng shēngmìng shùn qí zìrán, shuǐdào-qúchéng ba, yóurú chuāng qián de //wūjiù,……

节选 自（台湾） 杏 林子《朋友 和其他》
Jiéxuǎn zì（Táiwān）Xìng Línzǐ《Péngyou Hé Qítā》

作品 33 号

一、读词语

（一）第四声相连的词语

1. 散步（sàn bù）	2. 外套（wàitào）	3. 现在（xiànzài）
4. 大块（dà kuài）	5. 大路（dàlù）	6. 重大（zhòngdà）
7. 但是（dànshì）	8. 望去（wàngqù）	9. 愿意（yuànyì）
10. 外面（wàimiàn）		

（二）第三声相连的词语

| 1. 走远（zóu yuǎn） | 2. 点点头（diándiǎn tóu） | 3. 早已（záoyǐ） |

| 4. 我想（wó xiǎng） | 5. 稳稳（wénwěn） | 6. 小脑瓜（xiáo nǎoguā） |

（三）"一、不"与词语相连

| 1. 一样（yíyàng） | 2. 一切（yíqiè） | 3. 一霎时（yíshàshí） |
| 4. 一处（yí chù） | 5. 一家人（yì jiā rén） | |

| 1. 不愿（bú yuàn） | 2. 不过（búguò） | |

（四）轻声词语

1. 我们（wǒmen）	2. 母亲（mǔqin）	3. 妻子（qīzi）
4. 儿子（érzi）	5. 出来（chūlai）	6. 小时候（xiǎoshíhou）
7. 觉得（juéde）	8. 铺着（pūzhe）	9. 有的（yǒude）
10. 树上（shù shang）	11. 起着（qǐzhe）	12. 想着（xiǎngzhe）
13. 东西（dōngxi）	14. 妈妈（māma）	15. 意思（yìsi）
16. 摸摸（mōmo）	17. 地方（dìfang）	

（五）儿化词语

| 1. 一点儿（yìdiǎnr） | | |

二、读句子

1. 她老了，// 身体 不好，// 走 远 一点儿 / 就 觉得 很 累。///
Tā lǎo le, shēntǐ bù hǎo, zóu yuǎn yìdiǎnr jiù juéde hěn lèi.

2. 她 现在 / 很 听 我 的 话，// 就 像 我 小时候 / 很 听 她 的 话 一样。///
Tā xiànzài hěn tīng wǒ de huà, jiù xiàng wǒ xiǎoshíhou hěn tīng tā de huà yíyàng.

3. 一霎时 / 我 感到了 / 责任 的 重大。/// 我 想 找 一个 / 两全 的 办法，//
Yíshàshí wó gǎndàole zérèn de zhòngdà. Wó xiǎng zhǎo yí gè liǎngquán de bànfǎ,

找 不 出；///……
zhǎo bù chū;…

4. 我 想 拆散 一家人，// 分成 两 路，// 各得其所，// 终 不 愿意。///
Wó xiǎng chāisàn yì jiā rén, fēnchéng liǎng lù, gèdé-qísuǒ, zhōng bú yuànyì.

5. 我 决定 / 委屈 儿子，// 因为 / 我 伴同 他 的 时日 还 长。///
Wǒ juédìng wěiqu érzi, yīnwei wǒ bàntóng tā de shírì hái cháng.

三、读作品33号

我们 在 田野 散步：我，我 的 母亲，我 的 妻子 和 儿子。
Wǒmen zài tiányě sàn bù: Wǒ, wǒ de mǔqin, wǒ de qīzi hé érzi.

母亲 本 不 愿 出来 的。她 老 了，身体 不 好，走 远 一点儿 就 觉得 很 累。
Mǔqin běn bú yuàn chūlai de. Tā lǎo le, shēntǐ bù hǎo, zóu yuǎn yìdiǎnr jiù juéde hěn lèi.

我 说，正 因为 如此，才 应该 多 走走。母亲 信服 地 点点 头，便 去 拿
Wǒ shuō, zhèng yīnwei rúcǐ, cái yīnggāi duō zóuzou. Mǔqin xìnfú de diǎndiǎn tóu, biàn qù ná

外套。她 现在 很 听 我 的 话，就 像 我 小时候 很 听 她 的 话 一样。
wàitào. Tā xiànzài hěn tīng wǒ de huà, jiù xiàng wǒ xiǎoshíhou hěn tīng tā de huà yíyàng.

这 南方 初春 的 田野，大 块 小 块 的 新绿 随意 地 铺着，有的 浓，
Zhè nánfāng chūchūn de tiányě, dà kuài xiǎo kuài de xīnlǜ suíyì de pūzhe, yǒude nóng,

有的 淡，树 上 的 嫩芽 也 密 了，田里 的 冬水 也 咕咕地 起着 水泡。这
yǒude dàn, shù shang de nènyá yě mì le, tián li de dōngshuǐ yě gūgū de qǐzhe shuǐpào. Zhè

一切 都 使 人 想着 一 样 东西——生命。
yíqiè dōu shǐ rén xiǎngzhe yí yàng dōngxi——shēngmìng.

我 和 母亲 走 在 前面，我 的 妻子 和 儿子 走 在 后面。小家伙 突然 叫
Wǒ hé mǔqin zǒu zài qiánmiàn, wǒ de qīzi hé érzi zǒu zài hòumiàn. Xiǎojiāhuo tūrán jiào

起来："前面 是 妈妈 和 儿子，后面 也 是 妈妈 和 儿子。"我们 都 笑 了。
qilai: "Qiánmiàn shì māma hé érzi, hòumiàn yě shì māma hé érzi." Wǒmen dōu xiào le.

后来 发生了 分歧：母亲 要 走 大路，大路 平顺；我 的 儿子 要 走 小路，
Hòulái fāshēngle fēnqí: Mǔqin yào zǒu dàlù, dàlù píngshùn; wǒ de érzi yào zóu xiǎolù,

小路 有意思。不过，一切 都 取决 于 我。我 的 母亲 老 了，她 早已 习惯 听从
xiǎolù yǒu yìsi. Búguò, yíqiè dōu qǔjué yú wǒ. Wǒ de mǔqin lǎo le, tā záoyǐ xíguàn tīngcóng

她 强壮 的 儿子；我 的 儿子 还 小，他 还 习惯 听从 他 高大 的 父亲；妻子
tā qiángzhuàng de érzi; wǒ de érzi hái xiǎo, tā hái xíguàn tīngcóng tā gāodà de fùqin; qīzi

呢，在 外面，她 总是 听 我 的。一霎时 我 感到了 责任 的 重大。我 想 找
ne, zài wàimiàn, tā zǒngshì tīng wǒ de. Yíshàshí wó gǎndàole zérèn de zhòngdà. Wó xiǎng zhǎo

一 个 两全 的 办法，找 不 出；我 想 拆散 一 家 人，分成 两 路，各得-
yí gè liǎngquán de bànfǎ, zhǎo bù chū; wó xiǎng chāisàn yì jiā rén, fēnchéng liǎng lù, gèdé-

其所，终不愿意。我决定委屈儿子，因为我伴同他的时日还长。我
-qísuǒ, zhōng bú yuànyì. Wǒ juédìng wěiqu érzi, yīnwei wǒ bàntóng tā de shírì hái cháng. Wǒ

说："走大路。"
shuō: "Zǒu dàlù."

但是母亲摸摸孙儿的小脑瓜，变了主意："还是走小路吧。"她的眼
Dànshì mǔqin mōmo sūn'ér de xiáo nǎoguā, biànle zhǔyi: "Háishi zóu xiǎolù ba." Tā de yǎn

随小路望去：那里有金色的菜花，两行整齐的桑树，//……
suí xiǎolù wàngqù: Nàli yǒu jīnsè de càihuā, liǎng háng zhěngqí de sāngshù, //…

节选自莫怀戚《散步》
Jiéxuǎn zì Mò Huáiqī《Sàn Bù》

作品 34 号

一、读词语

（一）第二声相连的词语

1. 然而（rán'ér）	2. 由于（yóuyú）	3. 形成（xíngchéng）
4. 急流（jíliú）	5. 从来（cónglái）	6. 怀疑（huáiyí）
7. 如何（rúhé）		

（二）第四声相连的词语

1. 地壳（dìqiào）	2. 地幔（dìmàn）	3. 裂缝（lièfèng）
4. 现象（xiànxiàng）	5. 便会（biàn huì）	6. 深奥莫测（shēn'ào mò cè）
7. 这样（zhèyàng）	8. 据测（jù cè）	9. 大量（dàliàng）
10. 灌入（guànrù）	11. 世纪（shìjì）	12. 秘密（mìmì）
13. 带色（dài sè）	14. 附近（fùjìn）	

（三）第三声相连的词语

1. 海水（háishuǐ）	2. 排山倒海（páishān-dáohǎi）

（四）"一、不"与词语相连

1. 一种（yì zhǒng）	2. 一些（yìxiē）	3. 一起（yìqǐ）
4. 一股（yì gǔ）	5. 一类（yí lèi）	6. 一支（yì zhī）

1. 不会（bú huì）	2. 不变（bú biàn）

（五）轻声词语

1. 我们（wǒmen）	2. 人们（rénmen）	3. 这个（zhège）
4. 他们（tāmen）	5. 随着（suízhe）	6. 接着（jiēzhe）
7. 为了（wèile）		

二、读句子

1. 它 位于／希腊 亚各斯 古城 的 海滨。///
   Tā wèiyú Xīlà Yàgèsī gǔchéng de hǎibīn.

2. 曾 有 人 怀疑，这个 "无底洞"，／会 不 会 就 像／石灰岩 地区 的 漏斗、／
   Céng yǒu rén huáiyí, zhège "wúdǐdòng", huì bu huì jiù xiàng shíhuīyán dìqū de lòudǒu,

   竖井、／ 落水洞 一类 的 地形。///
   shùjǐng, luòshuǐdòng yí lèi de dìxíng.

3. 然而／从 二十世纪／三十 年代 以来，//人们 就 做了 多 种 努力／企图
   Rán'ér cóng èrshí shìjì sānshí niándài yǐlái, rénmen jiù zuòle duō zhǒng nǔlì qǐtú

   寻找 它 的 出口，//却 都 是／枉费心机。///
   xúnzhǎo tā de chūkǒu, què dōu shì wǎngfèi-xīnjī.

4. 为了／揭开 这个秘密，//一九五八 年／美国 地理 学会／派出 一支 考察队，//
   Wèile jiēkāi zhège mìmì, yī jiǔ wǔ bā nián Měiguó Dìlǐ Xuéhuì pàichū yì zhī kǎocháduì,

   他们 把一 种／经久 不 变 的 带色 染料／溶解 在 海水 中，//观察／染料
   tāmen bǎ yì zhǒng jīngjiǔ bú biàn de dài sè rǎnliào róngjiě zài hǎishuǐ zhōng, guānchá rǎnliào

   是 如何／随着 海水／一起 沉 下去。
   shì rúhé suízhe hǎishuǐ yìqǐ chén xiaqu.

5. 难道 是／海水 量 太大／把 有色水 稀释 得太 淡，//以致／无法 发现？///
   Nándào shì hǎishuǐ liàng tài dà bǎ yǒusèshuǐ xīshì de tài dàn, yǐzhì wúfǎ fāxiàn?

三、读作品 34 号

地球 上 是否 真 的 存在 "无底洞"？ 按说 地球 是 圆 的，由 地壳、
Dìqiú shang shìfǒu zhēn de cúnzài "wúdǐdòng"? Ànshuō dìqiú shì yuán de, yóu dìqiào,

地幔 和地核 三 层 组成，真正 的 "无底洞" 是 不 应 存在 的，我们 所
dìmàn hé dìhé sān céng zǔchéng, zhēnzhèng de "wúdǐdòng" shì bù yīng cúnzài de, wǒmen suǒ

看到的各种山洞、裂口、裂缝，甚至火山口也都只是地壳浅部的一种现象。然而中国一些古籍却多次提到海外有个深奥莫测的无底洞。事实上地球上确实有这样一个"无底洞"。

它位于希腊亚各斯古城的海滨。由于濒临大海，大涨潮时，汹涌的海水便会排山倒海般地涌入洞中，形成一股湍湍的急流。据测，每天流入洞内的海水量达三万多吨。奇怪的是，如此大量的海水灌入洞中，却从来没有把洞灌满。曾有人怀疑，这个"无底洞"，会不会就像石灰岩地区的漏斗、竖井、落水洞一类的地形。然而从二十世纪三十年代以来，人们就做了多种努力企图寻找它的出口，却都是枉费心机。

为了揭开这个秘密，一九五八年美国地理学会派出一支考察队，他们把一种经久不变的带色染料溶解在海水中，观察染料是如何随着海水一起沉下去。接着又察看了附近海面以及岛上的各条河、湖，满怀希望地去寻找这种带颜色的水，结果令人失望。难道是海水量太大把有色水稀释得太淡，以致无法发现？//……

节选自罗伯特·罗威尔《神秘的"无底洞"》

作品 35 号

一、读词语

（一）第二声相连的词语

| 1. 完全（wánquán） | 2. 闲情（xiánqíng） | 3. 无名（wúmíng） |
| 4. 然而（rán'ér） | | |

（二）第四声相连的词语

1. 按照（ànzhào）	2. 愿望（yuànwàng）	3. 世界（shìjiè）
4. 印象（yìnxiàng）	5. 踏进（tàjìn）	6. 最后（zuìhòu）
7. 敬意（jìngyì）	8. 破坏（pòhuài）	9. 墓地（mùdì）
10. 禁锢（jìngù）	11. 树木（shùmù）	12. 飒飒（sàsà）
13. 覆盖（fùgài）	14. 恰恰（qiàqià）	15. 这座（zhè zuò）
16. 建造（jiànzào）		

（三）第三声相连的词语

| 1. 小小（xiáoxiǎo） | 2. 可以（kéyǐ） | 3. 所有（suóyǒu） |
| 4. 偶尔（óu'ěr） | | |

（四）"一、不"与词语相连

| 1. 一种（yì zhǒng） | 2. 一位（yí wèi） | |

| 1. 想象不到（xiǎngxiàng bú dào） | | |

（五）轻声词语

1. 成了（chéngle）	2. 这个（zhège）	3. 名字（míngzi）
4. 栅栏（zhàlan）	5. 东西（dōngxi）	6. 人们（rénmen）
7. 怀着（huáizhe）	8. 这里（zhèli）	9. 响着（xiǎngzhe）
10. 安放着（ānfàngzhe）	11. 日子（rìzi）	

（六）儿化词语

| 1. 坟头儿（féntóur） | 2. 这儿（zhèr） | |

二、读句子

1. 这 位／比 谁 都　感到／受 自 己 的　声 名　所累的伟人，∥却　像／偶尔
Zhè wèi　bǐ shéi dōu gǎndào shòu zìjǐ de shēngmíng suó lěi de wěirén, què xiàng ǒu'ěr

被 发现 的 流浪汉，// 不为 人 知 的 士兵，// 不留 名姓 地 / 被人 埋葬 了。///
bèi fāxiàn de liúlànghàn, bù wéi rén zhī de shìbīng, bù liú míngxìng de bèi rén máizàng le.

2. 这里，// 逼人 的 朴素 / 禁锢 住 任何 一 种 / 观赏 的 闲情，// 并且 / 不
Zhèlǐ, bī rén de pǔsù jìngù zhù rènhé yì zhǒng guānshǎng de xiánqíng, bìngqiě bù

容许 你 / 大声 说话。///
róngxǔ nǐ dà shēng shuō huà.

3. 风儿 俯临，// 在 这 座 无名者 之墓 的 树木 之 间 / 飒飒 响着，// 和暖
Fēng'ér fǔ lín, zài zhè zuò wúmíngzhě zhī mù de shùmù zhī jiān sàsà xiǎngzhe, hénuǎn

的 阳光 / 在 坟头儿 嬉戏。///
de yángguāng zài féntóur xīxì.

4. 然而，// 恰恰 是 这 座 / 不留 姓名 的 坟墓，// 比 所有 挖空心思 / 用
Rán'ér, qiàqià shì zhè zuò bù liú xìngmíng de fénmù, bǐ suǒyǒu wākōng-xīnsī yòng

大理石 / 和 奢华 装饰 建造 的 坟墓 / 更 扣人心弦。///
dàlǐshí hé shēhuá zhuāngshì jiànzào de fénmù gèng kòurénxīnxián.

三、读作品 35 号

我 在 俄国 见到 的 景物 再 没有 比 托尔斯泰 墓 更 宏伟、更 感人 的。
Wǒ zài Éguó jiàndào de jǐngwù zài méiyǒu bǐ Tuō'ěrsītài Mù gèng hóngwěi, gèng gǎnrén de.

完全 按照 托尔斯泰 的 愿望，他的 坟墓 成了 世间 最美的，给人
Wánquán ànzhào Tuō'ěrsītài de yuànwàng, tā de fénmù chéngle shìjiān zuì měi de, gěi rén

印象 最 深刻 的 坟墓。它 只 是 树林 中 的 一 个 小小 的 长方形 土丘，
yìnxiàng zuì shēnkè de fénmù. Tā zhǐ shì shùlín zhōng de yí ge xiáoxiǎo de chángfāngxíng tǔqiū,

上面 开满 鲜花 —— 没有 十字架，没有 墓碑，没有 墓志铭，连
shàngmiàn kāimǎn xiānhuā——méiyǒu shízìjià, méiyǒu mùbēi, méiyǒu mùzhìmíng, lián

托尔斯泰 这个 名字 也 没有。
Tuō'ěrsītài zhège míngzi yě méiyǒu.

这 位 比 谁 都 感到 受自己的 声名 所累的 伟人，却 像 偶尔 被
Zhè wèi bǐ shéi dōu gǎndào shòu zìjǐ de shēngmíng suǒ lěi de wěirén, què xiàng ǒu'ěr bèi

发现 的 流浪汉，不为 人 知 的 士兵，不留 名姓 地 被人 埋葬 了。谁 都
fāxiàn de liúlànghàn, bù wéi rén zhī de shìbīng, bù liú míngxìng de bèi rén máizàng le. Shéi dōu

可以 踏进 他 最后 的 安息地，围 在 四周 稀疏 的 木 栅栏 是 不 关闭 的——保护
kéyǐ tàjìn tā zuìhòu de ānxīdì, wéi zài sìzhōu xīshū de mù zhàlan shì bù guānbì de——bǎohù

列夫·托尔斯泰 得以 安息 的 没有 任何 别 的 东西，唯有 人们 的 敬意；而
Lièfū Tuō'ěrsītài déyǐ ānxī de méiyǒu rènhé bié de dōngxi, wéiyǒu rénmen de jìngyì; ér

通常， 人们 却 总是 怀着 好奇，去 破坏 伟人 墓地 的 宁静。
tōngcháng, rénmen què zǒngshì huáizhe hàoqí, qù pòhuài wěirén mùdì de níngjìng.

这里， 逼人 的 朴素 禁锢 住 任何 一 种 观赏 的 闲情， 并且 不 容许
Zhèli, bī rén de pǔsù jìngù zhù rènhé yì zhǒng guānshǎng de xiánqíng, bìngqiě bù róngxǔ

你 大 声 说话。风儿 俯临，在 这 座 无名者 之墓 的 树木 之 间 飒飒
nǐ dà shēng shuō huà. Fēng'ér fǔ lín, zài zhè zuò wúmíngzhě zhī mù de shùmù zhī jiān sàsà

响着， 和暖 的 阳光 在 坟头儿 嬉戏；冬天， 白雪 温柔 地 覆盖 这 片
xiǎngzhe, hénuǎn de yángguāng zài féntóur xīxì; dōngtiān, báixuě wēnróu de fùgài zhè piàn

幽暗 的 圭土地。无论 你 在 夏天 或 冬天 经过 这儿，你 都 想象 不 到，
yōu'àn de guītǔdì. Wúlùn nǐ zài xiàtiān huò dōngtiān jīngguò zhèr, nǐ dōu xiǎngxiàng bú dào,

这个 小小 的、隆起 的 长方体 里 安放着 一 位 当代 最 伟大 的 人物。
zhège xiáoxiǎo de, lóngqǐ de chángfāngtǐ li ānfàngzhe yí wèi dāngdài zuì wěidà de rénwù.

然而， 恰恰 是 这 座 不 留 姓名 的 坟墓，比 所有 挖空心思 用 大理石
Rán'ér, qiàqià shì zhè zuò bù liú xìngmíng de fénmù, bǐ suǒyǒu wākōng-xīnsī yòng dàlǐshí

和 奢华 装饰 建造 的 坟墓 更 扣人心弦。在 今天 这个 特殊 的 日子
hé shēhuá zhuāngshì jiànzào de fénmù gèng kòurénxīnxián. Zài jīntiān zhège tèshū de rìzi

里，//……
li, //…

节选 自 [奥] 茨威格 《世间 最美 的 坟墓》，张 厚仁 译
Jiéxuǎn zì [Ào] Cíwēigé 《Shìjiān Zuì Měi De Fénmù》, Zhāng Hòurén yì

作品 36 号

一、读词语

（一）第二声相连的词语

| 1. 园林（yuánlín） | 2. 回廊（huíláng） | 3. 才能（cái néng） |
| 4. 全园（quán yuán） | 5. 桥梁（qiáoliáng） | 6. 雷同（léitóng） |

| 7. 玲珑（línglóng） | | |

（二）第四声相连的词语

1. 建筑（jiànzhù）	2. 近代（jìndài）	3. 对称（duìchèn）
4. 故意（gùyì）	5. 设计（shèjì）	6. 阅历（yuèlì）
7. 忘却（wàngquè）	8. 艺术（yìshù）	9. 技术（jìshù）
10. 布置（bùzhì）	11. 各个（gègè）	12. 各色（gèsè）

（三）第三声相连的词语

| 1. 我想（wó xiǎng） | 2. 可以（kéyǐ） | 3. 往往（wángwǎng） |
| 4. 游览者（yóulánzhě） | 5. 很少（hén shǎo） | |

（四）"一、不"与词语相连

| 1. 一般（yìbān） | 2. 一道（yí dào） | 3. 一项（yí xiàng） |
| 4. 一座（yí zuò） | 5. 一幅（yì fú） | |

| 1. 不会（bú huì） | 2. 不是（bú shì） | |

（五）轻声词语

1. 左边（zuǒbian）	2. 右边（yòubian）	3. 东边（dōngbian）
4. 西边（xībian）	5. 部分（bùfen）	6. 似的（shìde）
7. 有了（yǒule）	8. 亭子（tíngzi）	9. 为什么（wèi shénme）
10. 比方（bǐfang）	11. 配合着（pèihézhe）	12. 竹子（zhúzi）
13. 在乎（zàihu）	14. 时候（shíhou）	15. 觉得（juéde）
16. 讲究（jiǎngjiu）	17. 宽敞（kuānchang）	18. 石头（shítou）

（六）儿化词语

| 1. 那儿（nàr） | | |

二、读句子

1. 苏州 园林/可 绝 不 讲究 对称，// 好像 故意 避免 似的。///
Sūzhōu yuánlín kě jué bù jiǎngjiu duìchèn, hǎoxiàng gùyì bìmiǎn shìde.

2. 苏州 园林 里/都 有 假山/和 池沼。///
Sūzhōu yuánlín li dōu yǒu jiǎshān hé chízhǎo.

3. 或者 是/ 重峦叠嶂，// 或者 是/几座 小山/ 配合着 竹子 花木，// 全
Huòzhě shì chóngluán-diézhàng, huòzhě shì jǐ zuò xiǎoshān pèihézhe zhúzi huāmù, quán

在乎/设计者和 匠师们/生平/多阅历,//胸中/有丘壑,//……
zàihu shèjìzhě hé jiàngshīmen shēngpíng duō yuèlì, xiōng zhōng yǒu qiūhè,…

4. 池沼或河道的边沿/很少砌齐整的石岸,//总是高低屈曲/任
Chízhǎo huò hédào de biānyán hén shǎo qì qízhěng de shí'àn, zǒngshì gāodī qūqū rèn

其自然。///
qí zìrán.

5. 池沼里养着金鱼/或各色鲤鱼,//……
Chízhǎo li yǎngzhe jīnyú huò gè sè lǐyú,…

三、读作品 36 号

我国的建筑,从古代的宫殿到近代的一般住房,绝大部分是
Wǒguó de jiànzhù, cóng gǔdài de gōngdiàn dào jìndài de yìbān zhùfáng, jué dà bùfen shì

对称的,左边怎么样,右边怎么样。苏州园林可绝不讲究对称,
duìchèn de, zuǒbian zěnmeyàng, yòubian zěnmeyàng. Sūzhōu yuánlín ké jué bù jiǎngjiu duìchèn,

好像故意避免似的。东边有了一个亭子或者一道回廊,西边决不
hǎoxiàng gùyì bìmiǎn shìde. Dōngbian yǒule yí gè tíngzi huòzhě yí dào huíláng, xībian jué bú

会来一个同样的亭子或者一道同样的回廊。这是为什么?我
huì lái yí gè tóngyàng de tíngzi huòzhě yí dào tóngyàng de huíláng. Zhè shì wèi shénme? Wó

想,用图画来比方,对称的建筑是图案画,不是美术画,而园林是
xiǎng, yòng túhuà lái bǐfang, duìchèn de jiànzhù shì tú'ànhuà, bú shì měishùhuà, ér yuánlín shì

美术画,美术画要求自然之趣,是不讲究对称的。
měishùhuà, měishùhuà yāoqiú zìrán zhī qù, shì bù jiǎngjiu duìchèn de.

苏州园林里都有假山和池沼。
Sūzhōu yuánlín li dōu yǒu jiǎshān hé chízhǎo.

假山的堆叠,可以说是一项艺术而不仅是技术。或者是重峦
Jiǎshān de duīdié, kéyǐ shuō shì yí xiàng yìshù ér bùjǐn shì jìshù. Huòzhě shì chóngluán-

叠嶂,或者是几座小山配合着竹子花木,全在乎设计者和匠师们
-diézhàng, huòzhě shì jǐ zuò xiǎoshān pèihézhe zhúzi huāmù, quán zàihu shèjìzhě hé jiàngshīmen

生平多阅历,胸中有丘壑,才能使游览者攀登的时候
shēngpíng duō yuèlì, xiōng zhōng yǒu qiūhè, cái néng shǐ yóulánzhě pāndēng de shíhou

忘却 苏州 城市，只觉得 身 在 山 间。

　　至于 池沼，大多 引用 活水。有些 园林 池沼 宽敞，就把 池沼 作为 全 园 的 中心，其他 景物 配合着 布置。水面 假如 成 河道 模样，往往 安排 桥梁。假如 安排 两 座 以上 的 桥梁，那 就 一 座 一 个 样，决 不 雷同。

　　池沼 或 河道 的 边沿 很 少 砌 齐整 的 石岸，总是 高低 屈曲 任 其 自然。还在那儿 布置 几 块 玲珑 的 石头，或者 种 些 花草。这 也 是 为了 取得 从 各个 角度 看 都 成 一 幅 画 的 效果。池沼 里 养着 金鱼 或 各色 鲤鱼，夏秋 季节 荷花 或 睡莲 开// 放，……

节选 自 叶 圣陶 《苏州 园林》

作品 37 号

一、读词语

（一）第二声相连的词语

| 1. 神情（shénqíng） | 2. 祥和（xiánghé） | 3. 回答（huídá） |
| 4. 咸宁（Xiánníng） | 5. 澄明（chéngmíng） | 6. 从容（cóngróng） |

（二）第四声相连的词语

1. 遇到（yùdào）	2. 破旧（pòjiù）	3. 面带（miàn dài）
4. 世界（shìjiè）	5. 就会（jiù huì）	6. 快乐（kuàilè）
7. 陷入（xiànrù）	8. 境地（jìngdì）	9. 赞叹（zàntàn）

10. 境界（jìngjiè）	11. 热爱（rè'ài）	12. 事物（shìwù）
13. 困境（kùnjìng）	14. 浸泡（jìnpào）	15. 向上（xiàngshàng）
16. 那样（nàyàng）	17. 这样（zhèyàng）	18. 气度（qìdù）

（三）第三声相连的词语

| 1. 访美（fáng Měi） | 2. 美好（méihǎo） | 3. 所以（suóyǐ） |
| 4. 影响（yíngxiǎng） | | |

（四）"一、不"与词语相连

1. 一位（yí wèi）	2. 一朵（yì duǒ）	3. 一切（yíqiè）
4. 一句（yí jù）	5. 一天（yìtiān）	6. 大吃一惊（dàchī-yìjīng）
7. 一种（yì zhǒng）		

| 1. 不在意（bú zàiyì） | 2. 不幸（búxìng） |

（五）轻声词语

| 1. 老太太（lǎotàitai） | 2. 脸上（liǎn shang） | 3. 这么（zhème） |
| 4. 为什么（wèi shénme） | 5. 看得开（kàn de kāi） | 6. 多么（duōme） |

二、读句子

1. 老太太／穿着 破旧，∥身体 虚弱，∥但脸 上 的 神情／却 是 那样／祥和 兴奋。∥∥
Lǎotàitai chuānzhuó pòjiù, shēntǐ xūruò, dàn liǎn shang de shénqíng què shì nàyàng xiánghé xīngfèn.

2. 耶稣在 星期五／被 钉上 十字架时，∥是 全 世界／最 糟糕 的 一天，∥可 三 天 后／就是 复活节。∥∥
Yēsū zài xīngqīwǔ bèi dìngshang shízìjià shí, shì quán shìjiè zuì zāogāo de yìtiān, kě sān tiān hòu jiù shì Fùhuó Jié.

3. 它把 烦恼和 痛苦 抛下，∥全力 去 收获 快乐。∥∥
Tā bǎ fánnǎo hé tòngkǔ pāoxià, quánlì qù shōuhuò kuàilè.

4. 身 陷 苦难／却 仍 为 荷花 的 盛开／欣喜 赞叹 不已，∥这 是 一 种／趋于 澄明 的 境界，∥一 种／旷达 洒脱的 胸襟，∥一 种／面临 磨难／
Shēn xiàn kǔnàn què réng wèi héhuā de shèngkāi xīnxǐ zàntàn bùyǐ, zhè shì yì zhǒng qūyú chéngmíng de jìngjiè, yì zhǒng kuàngdá sǎtuō de xiōngjīn, yì zhǒng miànlín mónàn

坦荡　从容　的气度。///

5.如果 把 自己 浸泡 在/积极、/乐观、/ 向上　的 心态　中，//快乐 必然 会 占据 /你的 每一天。///

三、读作品37号

一位 访 美 中国 女作家，在 纽约 遇到一位 卖花 的老太太。老太太穿着 破旧，身体 虚弱，但脸 上 的 神情 却是那样 祥和 兴奋。

女作家 挑了一朵花 说："看起来，你很 高兴。" 老太太 面带 微笑 地说："是的，一切 都 这么 美好，我为 什么 不 高兴 呢？""对 烦恼，你倒真 能 看 得 开。"女作家 又 说了一句。没 料到，老太太 的 回答 更 令女作家 大吃一惊："耶稣在 星期五 被 钉上 十字架时，是 全 世界 最 糟糕的一天，可三天 后 就是 复活 节。所以，当 我 遇到 不幸 时，就会 等待三 天，这样 一切 就 恢复　正常 了。"

"等待　三天"，多么 富于 哲理 的 话语，多么 乐观 的 生活　方式。它把烦恼 和 痛苦 抛下，全力 去 收获 快乐。

沈 从文 在"文革" 期间，陷入了 非人 的 境地。可他 毫 不在意，他在咸宁时给他的表侄、画家黄永玉写信说："这里的荷花真好,你若来……"身陷苦难却仍为荷花的盛开欣喜赞叹不已,这是一种趋于澄明的境界,一种旷达洒脱的胸襟,一种面临磨难坦荡从容的气度,一种对生活童子般的热爱和对美好事物无限向往的生命情感。

由此可见,影响一个人快乐的,有时并不是困境及磨难,而是一个人的心态。如果把自己浸泡在积极、乐观、向上的心态中,快乐必然会//占据你的每一天。……

节选自《态度创造快乐》

作品38号

一、读词语

（一）第二声相连的词语

1. 难得（nándé）	2. 层层叠叠（céngcéngdiédié）	3. 明朝（Míngcháo）
4. 腾腾（téngténg）	5. 时而（shí'ér）	6. 极其（jíqí）
7. 神情（shénqíng）		

（二）第四声相连的词语

1. 大戏（dàxì）	2. 画卷（huàjuàn）	3. 建筑（jiànzhù）
4. 慢慢（mànmàn）	5. 赞叹（zàntàn）	6. 继续（jìxù）
7. 露面（lòu miàn）	8. 对峙（duìzhì）	9. 细看（xì kàn）
10. 那样（nàyàng）	11. 奇形怪状（qíxíng-guàizhuàng）	

（三）第三声相连的词语

| 1. 可以（kéyǐ） | 2. 点染（diánrǎn） | 3. 吕祖殿（Lǚzǔ Diàn） |

（四）"一、不"与词语相连

1. 一出（yì chū）	2. 一路（yílù）	3. 一幅（yì fú）
4. 一层（yì céng）	5. 一叠（yì dié）	6. 一次（yí cì）
7. 一些（yìxiē）		

| 1. 不见（bú jiàn） | 2. 不是（bú shì） | 3. 不太（bú tài） |

（五）轻声词语

1. 显得（xiǎnde）	2. 同伴们（tóngbànmen）	3. 早晨（zǎochen）
4. 抱着（bàozhe）	5. 想头（xiǎngtou）	6. 点染着（diánrǎnzhe）
7. 觉得（juéde）	8. 塑着（sùzhe）	9. 活啦（huó la）
10. 对峙着（duìzhìzhe）	11. 那么（nàme）	12. 似的（shìde）
13. 看看（kànkan）	14. 听听（tīngting）	

（六）儿化词语

| 1. 味儿（wèir） | 2. 云彩丝儿（yúncaisīr） | 3. 有点儿（yóudiǎnr） |
| 4. 山根儿（shāngēnr） | 5. 这儿（zhèr） | |

二、读句子

1. 有人说：// 登 泰山 / 而看不到 日出，// 就像 一出大戏 / 没有 戏眼，//
   Yǒu rén shuō: Dēng Tài Shān ér kàn bú dào rìchū, jiù xiàng yì chū dàxì méiyǒu xìyǎn,

味儿 / 终究 有点儿 寡淡。///
wèir zhōngjiū yóudiǎnr guǎdàn.

2. 我去爬山那天，// 正 赶上 个 / 难得的 好天儿，// 万里 长空，//
   Wǒ qù pá shān nà tiān, zhèng gǎnshang gè nándé de hǎotiānr, wàn lǐ chángkōng,

云彩丝儿 都 不见。///
yúncaisīr dōu bú jiàn.

3. 一路从 山脚 / 往 上 爬，// 细看 山景，// 我觉得 / 挂在 眼前 的 / 不
   Yílù cóng shānjiǎo wǎng shàng pá, xì kàn shānjǐng, wǒ juéde guà zài yǎnqián de bú

是 五 岳 独尊的 泰山，//……
shì Wǔ Yuè dú zūn de Tài Shān, …

4. 在 画卷 中／最先 露出 的／是 山根儿 底那座 明朝 建筑／岱宗
　 Zài huàjuàn zhōng zuì xiān lòuchū de shì shāngēnr dǐ nà zuò Míngcháo jiànzhù Dàizōng

坊，∥ 慢慢 地便 现出 王母 池、／斗母 宫、／经石 峪。∥∥
Fāng, mànmàn de biàn xiànchū Wángmǔ Chí, Dóumǔ Gōng, Jīngshí Yù.

5. 山 是／一 层 比一 层 深，∥一 叠 比一 叠 奇，∥层层 叠叠，∥不 知还 会
　 Shān shì yì céng bǐ yì céng shēn, yì dié bǐ yì dié qí, céngcéngdiédié, bù zhī hái huì

有／多 深 多奇。∥∥
yǒu duō shēn duō qí.

6. 来到 这儿，∥你 不妨／权 当 一次／画里的写意 人物，……∥∥
　 Láidào zhèr, nǐ bùfáng quán dàng yí cì huà li de xiěyì rénwù,…

三、读作品 38 号

　　　泰 山 极顶 看 日出，历来 被 描绘 成 十分 壮观 的奇景。有 人
　　　Tài Shān jídǐng kàn rìchū, lìlái bèi miáohuì chéng shífēn zhuàngguān de qíjǐng. Yǒu rén

说：登 泰 山 而看 不 到 日出，就 像 一 出 大戏 没有 戏眼，味儿 终究
shuō: Dēng Tài Shān ér kàn bú dào rìchū, jiù xiàng yì chū dàxì méiyǒu xìyǎn, wèir zhōngjiū

有点儿 寡淡。
yóudiǎnr guǎdàn.

　　　我 去 爬 山 那天，正 赶上 个 难得 的 好天儿，万 里 长空，云彩丝儿
　　　Wǒ qù pá shān nà tiān, zhèng gǎnshang gè nándé de hǎotiānr, wàn lǐ chángkōng, yúncaisīr

都 不见。素常， 烟雾 腾腾 的 山头， 显得 眉目 分明。 同伴们 都
dōu bú jiàn. Sùcháng, yānwù téngténg de shāntóu, xiǎnde méimù fēnmíng. Tóngbànmen dōu

欣喜地说："明天 早晨 准可以 看见 日出了。"我 也是 抱着 这 种
xīnxǐ de shuō: "Míngtiān zǎochen zhǔn kéyǐ kànjiàn rìchū le." Wó yě shì bàozhe zhè zhǒng

想头， 爬上 山 去。
xiǎngtou, páshang shān qu.

　　　一路 从 山脚 往 上 爬，细看 山景，我 觉得 挂在 眼前 的不是
　　　Yílù cóng shānjiǎo wǎng shàng pá, xì kàn shānjǐng, wǒ juéde guà zài yǎnqián de bú shì

五岳 独尊的泰山，却 像 一幅 规模 惊人 的 青绿 山水画， 从 下面
Wǔ Yuè dú zūn de Tài Shān, què xiàng yì fú guīmó jīngrén de qīnglǜ shānshuǐhuà, cóng xiàmiàn

倒展开来。在画卷中最先露出的是山根儿底那座明朝建筑
dào zhǎn kāilái. Zài huàjuàn zhōng zuì xiān lòuchū de shì shāngēnr dǐ nà zuò Míngcháo jiànzhù

岱宗坊，慢慢地便现出王母池、斗母宫、经石峪。山是一
Dàizōng Fāng, mànmàn de biàn xiànchū Wángmǔ Chí、Dóumǔ Gōng、Jīngshí Yù. Shān shì yì

层比一层深，一叠比一叠奇，层层叠叠，不知还会有多深多奇。
céng bǐ yì céng shēn, yì dié bǐ yì dié qí, céngcéngdiédié, bù zhī hái huì yǒu duō shēn duō qí.

万山丛中，时而点染着极其工细的人物。王母池旁的吕祖殿
Wàn shān cóng zhōng, shí'ér diánrǎnzhe jíqí gōngxì de rénwù. Wángmǔ Chí páng de Lǚzǔ Diàn

里有不少尊明塑，塑着吕洞宾等一些人，姿态神情是那样有
li yǒu bù shǎo zūn míngsù, sùzhe Lǚ Dòngbīn děng yìxiē rén, zītài shénqíng shì nàyàng yǒu

生气，你看了，不禁会脱口赞叹说："活啦。"
shēngqì, nǐ kàn le, bùjīn huì tuōkǒu zàntàn shuō: "Huó la."

　　画卷继续展开，绿荫森森的柏洞露面不太久，便来到对松山。
　　Huàjuàn jìxù zhǎnkāi, lǜyīn sēnsēn de Bǎidòng lòu miàn bú tài jiǔ, biàn láidào Duìsōngshān.

两面奇峰对峙着，满山峰都是奇形怪状的老松，年纪怕
Liǎng miàn qífēng duìzhìzhe, mǎn shānfēng dōu shì qíxíng-guàizhuàng de lǎo sōng, niánjì pà

都有上千岁了，颜色竟那么浓，浓得好像要流下来似的。来到
dōu yǒu shàng qiān suì le, yánsè jìng nàme nóng, nóng de hǎoxiàng yào liú xialai shì de. Láidào

这儿，你不妨权当一次画里的写意人物，坐在路旁的对松亭里，
zhèr, nǐ bùfáng quán dàng yí cì huà li de xiěyì rénwù, zuò zài lù páng de Duìsōng Tíng li,

看看山色，听听流//水和松涛。……
kànkan shānsè, tīngting liú//shuǐ hé sōngtāo.…

节选自杨朔《泰山极顶》
Jiéxuǎn zì Yáng Shuò《Tài Shān Jídǐng》

作品 39 号

一、读词语

（一）第二声相连的词语

1. 同学（tóngxué）	2. 无疑（wúyí）	3. 顽皮（wánpí）
4. 如何（rúhé）	5. 行为（xíngwéi）	6. 随即（suíjí）

（二）第四声相连的词语

1. 教育（jiàoyù）	2. 看到（kàndào）	3. 见面（jiàn miàn）
4. 大大（dàdà）	5. 正确（zhèngquè）	6. 错误（cuòwù）

（三）第三声相连的词语

1. 奖给（jiáng gěi）	2. 你打我（nǐ dá wǒ）	3. 只可惜（zhí kěxī）
4. 只有（zhí yǒu）		

（四）"一、不"与词语相连

1. 一块（yí kuài）	2. 一见面（yí jiàn miàn）

1. 不让（bú ràng）	2. 不是（bú shì）

（五）轻声词语

1. 班上（bān shang）	2. 这个（zhège）	3. 学生（xuésheng）
4. 那么（nàme）	5. 他们（tāmen）	6. 欺负（qīfu）
7. 流着（liúzhe）	8. 我们（wǒmen）	9. 认识（rènshi）

二、读句子

1. 育才 小学 校长 陶 行知/在 校园 看到 学生 王 友/用
   Yùcái Xiǎoxué xiàozhǎng Táo Xíngzhī zài xiàoyuán kàndào xuésheng Wáng Yǒu yòng

泥块 砸自己班 上 的 同学，// 陶 行知/当即 喝止了他，//并 令他放学
níkuài zá zìjǐ bān shang de tóngxué, Táo Xíngzhī dāngjí hèzhǐle tā, bìng lìng tā fàng xué

后/到 校长室 去。///
hòu dào xiàozhǎngshì qù.

2. 王 友 更 惊疑了，// 他 眼睛/睁 得大大的。///
   Wáng Yǒu gèng jīngyí le, tā yǎnjing zhēng de dàdà de.

3. 我 调查过 了，// 你用 泥块/砸那些 男生，// 是 因为 他们/不 守 游戏
   Wǒ diàochaguo le, nǐ yòng níkuài zá nàxiē nánshēng, shì yīnwei tāmen bù shǒu yóuxì

规则，// 欺负 女生；/// 你砸 他们，// 说明 你很 正直/ 善良，// 且 有 批评
guīzé, qīfu nǚshēng; nǐ zá tāmen, shuōmíng nǐ hěn zhèngzhí shànliáng, qié yǒu pīpíng

不良 行为 的 勇气，// 应该 奖励 你啊！///
bùliáng xíngwéi de yǒngqì, yīnggāi jiǎnglì nǐ ya!

4. 王友 感动 极了，// 他 流着 眼泪 / 后悔 地 喊道：……///
   Wáng Yǒu gǎndòng jí le, tā liúzhe yǎnlèi hòuhuǐ de hǎndào:…

5. 为你 正确 地 认识 错误，// 我 再 奖 给你 / 一块 糖果，// 只 可惜 / 我 只
   Wèi nǐ zhèngquè de rènshi cuòwù, wǒ zài jiáng géi nǐ yí kuài tángguǒ, zhí kěxī wǒ zhí

有 这一 块 糖果 了。///
yǒu zhè yí kuài tángguǒ le.

三、读作品 39 号

育才 小学 校长 陶 行知 在 校园 看到 学生 王 友 用 泥块
Yùcái Xiǎoxué xiàozhǎng Táo Xíngzhī zài xiàoyuán kàndào xuésheng Wáng Yǒu yòng níkuài

砸 自己 班 上 的 同学，陶 行知 当即 喝止了他，并 令他 放 学 后 到
zá zìjǐ bān shang de tóngxué, Táo Xíngzhī dāngjí hèzhǐle tā, bìng lìng tā fàng xué hòu dào

校长室 去。无疑，陶 行知 是 要 好好儿 教育 这个 "顽皮" 的 学生。那么
xiàozhǎngshì qù. Wúyí, Táo Xíngzhī shì yào hǎohāor jiàoyù zhège "wánpí" de xuésheng. Nàme

他 是 如何 教育 的 呢？
tā shì rúhé jiàoyù de ne?

放 学 后，陶 行知 来到 校长室，王 友 已经 等 在 门口 准备
Fàng xué hòu, Táo Xíngzhī láidào xiàozhǎngshì, Wáng Yǒu yǐjīng děng zài ménkǒu zhǔnbèi

挨 训 了。可 一 见 面，陶 行知 却 掏出 一 块 糖果 送 给 王 友，并
ái xùn le. Kě yí jiàn miàn, Táo Xíngzhī què tāochū yí kuài tángguǒ sòng gěi Wáng Yǒu, bìng

说："这 是 奖 给 你 的，因为 你 按时 来到 这里，而 我 却 迟到 了。" 王 友
shuō: "Zhè shì jiáng géi nǐ de, yīnwei nǐ ànshí láidào zhèli, ér wǒ què chídào le." Wáng Yǒu

惊疑 地 接过 糖果。
jīngyí de jiēguo tángguǒ.

随后，陶 行知 又 掏出 一 块 糖果 放到 他 手 里，说："这 第二 块
Suíhòu, Táo Xíngzhī yòu tāochū yí kuài tángguǒ fàngdào tā shóu li, shuō: "Zhè dì-èr kuài

糖果 也 是 奖 给 你 的，因为 当 我 不 让 你 再 打 人 时，你 立即 就 住手 了，
tángguǒ yě shì jiáng géi nǐ de, yīnwei dāng wǒ bú ràng nǐ zài dǎ rén shí, nǐ lìjí jiù zhùshǒu le,

这 说明 你 很 尊重 我，我 应该 奖 你。" 王 友 更 惊疑 了，他 眼睛
zhè shuōmíng ní hěn zūnzhòng wǒ, wǒ yīnggāi jiáng nǐ." Wáng Yǒu gèng jīngyí le, tā yǎnjing

睁 得大大的。
zhēng de dàdà de.

　　陶 行知 又 掏出 第三 块 糖果 塞到 王 友 手里，说："我
Táo Xíngzhī yòu tāochū dì-sān kuài tángguǒ sāidào Wáng Yǒu shǒu li, shuō: "Wǒ
调查过 了，你用 泥块 砸那些 男生， 是 因为 他们 不 守 游戏 规则，欺负
diàocháguo le, nǐ yòng níkuài zá nàxiē nánshēng, shì yīnwei tāmen bù shǒu yóuxì guīzé, qīfu
女生； 你砸 他们， 说明 你很 正直 善良，且 有 批评 不良 行为 的
nǚshēng; nǐ zá tāmen, shuōmíng nǐ hěn zhèngzhí shànliáng, qiě yǒu pīpíng bùliáng xíngwéi de
勇气， 应该 奖励 你啊！" 王 友 感动 极了，他 流着 眼泪 后悔 地 喊道：
yǒngqì, yīnggāi jiǎnglì nǐ ya!" Wáng Yǒu gǎndòng jí le, tā liúzhe yǎnlèi hòuhuǐ de hǎndào:

"陶……陶 校长，你打我 两 下吧！我 砸的不是 坏人，而是 自己的 同学
"Táo… Táo xiàozhǎng, nǐ dǎ wǒ liǎng xià ba! Wǒ zá de bú shì huàirén, ér shì zìjǐ de tóngxué
啊……"
ya…"

　　陶 行知 满意 地 笑了，他 随即 掏出 第四 块 糖果 递给 王 友，说：
Táo Xíngzhī mǎnyì de xiào le, tā suíjí tāochū dì-sì kuài tángguǒ dì gěi Wáng Yǒu, shuō:
"为 你 正确 地 认识 错误，我再 奖 给你一 块 糖果， 只可惜 我只有 这
"Wèi nǐ zhèngquè de rènshi cuòwù, wǒ zài jiǎng gěi nǐ yí kuài tángguǒ, zhǐ kěxī wǒ zhǐ yǒu zhè
一 块 糖果了。我 的 糖果 // 没有 了，……
yí kuài tángguǒ le. Wǒ de tángguǒ//méiyǒu le,…

　　节选 自《教师 博览·百期 精华》 中 《陶 行知 的"四块 糖果"》
Jiéxuǎn zì《Jiàoshī Bólǎn · Bǎi Qī Jīnghuá》zhōng《Táo Xíngzhī De "Sì Kuài Tángguǒ"》

作品40号

一、读词语

（一）第二声相连的词语

1. 学习（xuéxí）	2. 来临（láilín）	3. 灵魂（línghún）
4. 时而（shí'ér）	5. 常常（chángcháng）	6. 原来（yuánlái）
7. 其实（qíshí）	8. 朦胧（ménglóng）	9. 平和（pínghé）
10. 水龙头（shuǐlóngtóu）		

（二）第四声相连的词语

1. 韵律（yùnlǜ）	2. 快意（kuàiyì）	3. 震颤（zhènchàn）
4. 训练（xùnliàn）	5. 就是（jiù shì）	6. 预报（yùbào）
7. 地震（dìzhèn）	8. 世界（shìjiè）	9. 万物（wànwù）
10. 信号弹（xìnhàodàn）	11. 静静（jìngjìng）	12. 那样（nàyàng）
13. 轰轰烈烈（hōnghōnglièliè）		

（三）第三声相连的词语

1. 可以（kéyǐ）	2. 很远（hén yuǎn）	3. 捡起（jiánqǐ）
4. 往往（wángwǎng）	5. 女友（núyǒu）	

（四）"一、不"与词语相连

1. 一对（yí duì）	2. 一种（yì zhǒng）	3. 一样（yíyàng）

1. 不断（búduàn）	2. 不像（bú xiàng）	3. 不要（búyào）
4. 不会（bú huì）		

（五）轻声词语

1. 耳朵（ěrduo）	2. 我们（wǒmen）	3. 人们（rénmen）
4. 地上（dì shang）	5. 见过（jiànguo）	6. 披着（pīzhe）
7. 时候（shíhou）	8. 忙着（mángzhe）	9. 什么（shénme）
10. 似的（shìde）	11. 露水（lùshui）	

二、读句子

1. 灵魂 的 快意/ 同 器官 的 舒适/ 像 一对 孪生 兄弟，// 时而/
Línghún de kuàiyì tóng qìguān de shūshì xiàng yí duì luánshēng xiōngdì, shí'ér

相傍相依，// 时而/ 南辕北辙。///
xiāngbàng-xiāngyī, shí'ér nányuán-běizhé.

2. 人们 喜爱 回味/ 幸福 的 标本，// 却 忽略它/披着 露水/ 散发 清香 的
Rénmen xǐ'ài huíwèi xìngfú de biāoběn, què hūlüè tā pīzhe lùshui sànfā qīngxiāng de

时刻。///
shíkè.

3. 那 时候/ 我们 往往 /步履 匆匆，// 瞻前顾后，//不知/ 在 忙着
Nà shíhou wǒmen wángwǎng bùlǚ cōngcōng, zhānqián-gùhòu, bù zhī zài mángzhe

什么。///
shénme.

4. 幸福/ 常常 是 朦胧 的，// 很 有 节制 地/ 向 我们/ 喷洒 甘霖。///
Xìngfú chángcháng shì ménglóng de, hén yǒu jiézhì de xiàng wǒmen pēnsǎ gānlín.

三、读作品40号

享受 幸福 是 需要 学习 的，当 它 即将 来临 的 时刻 需要 提醒。人 可以
Xiǎngshòu xìngfú shì xūyào xuéxí de, dāng tā jíjiāng láilín de shíkè xūyào tíxǐng. Rén kéyǐ

自然而然 地 学会 感官 的 享乐，却 无法 天生 地 掌握 幸福 的 韵律。
zìrán'érrán de xuéhuì gǎnguān de xiǎnglè, què wúfǎ tiānshēng de zhǎngwò xìngfú de yùnlǜ.

灵魂 的 快意 同 器官 的 舒适 像 一 对 孪生 兄弟，时而 相傍
Línghún de kuàiyì tóng qìguān de shūshì xiàng yí duì luánshēng xiōngdì, shí'ér xiāngbàng-

相依， 时而 南辕北辙。
-xiāngyī, shí'ér nányuán-běizhé.

幸福 是 一 种 心灵 的 震颤。它 像 会 倾听 音乐 的 耳朵 一样，
Xìngfú shì yì zhǒng xīnlíng de zhènchàn. Tā xiàng huì qīngtīng yīnyuè de ěrduo yíyàng,

需要 不断 地 训练。
xūyào búduàn de xùnliàn.

简而言之， 幸福 就是 没有 痛苦 的 时刻。它 出现 的 频率 并 不 像
Jiǎn'éryánzhī, xìngfú jiù shì méiyǒu tòngkǔ de shíkè. Tā chūxiàn de pínlǜ bìng bú xiàng

我们 想象 的 那样 少。人们 常常 只是 在 幸福 的 金 马车 已经
wǒmen xiǎngxiàng de nàyàng shǎo. Rénmen chángcháng zhǐshì zài xìngfú de jīn mǎchē yǐjīng

驶 过去 很 远 时，才 捡起 地 上 的 金 鬃毛 说，原来 我 见过 它。
shǐ guòqu hén yuǎn shí, cái jiánqǐ dì shang de jīn zōngmáo shuō, yuánlái wǒ jiànguo tā.

人们 喜爱 回味 幸福 的 标本，却 忽略 它 披着 露水 散发 清香 的 时刻。
Rénmen xǐ'ài huíwèi xìngfú de biāoběn, què hūluè tā pīzhe lùshui sànfā qīngxiāng de shíkè.

那 时候 我们 往往 步履 匆匆， 瞻前顾后，不 知 在 忙着 什么。
Nà shíhou wǒmen wángwǎng bùlǚ cōngcōng, zhānqián-gùhòu, bù zhī zài mángzhe shénme.

世上 有 预报 台风 的，有 预报 蝗灾 的，有 预报 瘟疫 的，有 预报
Shìshàng yǒu yùbào táifēng de, yǒu yùbào huángzāi de, yǒu yùbào wēnyì de, yǒu yùbào

地震 的。没有 人 预报 幸福。
dìzhèn de. Méiyǒu rén yùbào xìngfú.

其实 幸福 和世界 万物 一样，有它的 征兆。
Qíshí xìngfú hé shìjiè wànwù yíyàng, yǒu tā de zhēngzhào.

幸福 常常 是 朦胧 的，很 有 节制 地 向 我们 喷洒 甘霖。你
Xìngfú chángcháng shì ménglóng de, hěn yǒu jiézhì de xiàng wǒmen pēnsǎ gānlín. Nǐ

不要 总 希望 轰轰烈烈 的 幸福，它 多半 只是 悄悄 地 扑面 而来。你也
búyào zǒng xīwàng hōnghōnglièliè de xìngfú, tā duōbàn zhǐshì qiāoqiāo de pūmiàn ér lái. Nǐ yě

不要 企图把 水龙头 拧得更 大，那样 它会 很 快 地 流失。你需要 静静
búyào qǐtú bǎ shuǐlóngtóu nǐng de gèng dà, nàyàng tā huì hěn kuài de liúshī. Nǐ xūyào jìngjìng

地以 平和 之心，体验它的 真谛。
de yǐ pínghé zhī xīn, tǐyàn tā de zhēndì.

幸福 绝 大多数 是 朴素 的。它不会 像 信号弹 似的，在 很 高 的 天际
Xìngfú jué dàduōshù shì pǔsù de. Tā bú huì xiàng xìnhàodàn shìde, zài hěn gāo de tiānjì

闪烁 红色的 光芒。它披着本色的外衣，亲 // 切 温暖 地 包裹 起
shǎnshuò hóngsè de guāngmáng. Tā pīzhe běnsè de wàiyī, qīn // qiè wēnnuǎn de bāoguǒ qǐ

我们。……
wǒmen……

节选 自毕 淑敏 《提醒 幸福》
Jiéxuǎn zì Bì Shūmǐn 《Tíxǐng Xìngfú》

作品 41 号

一、读词语

（一）第二声相连的词语

| 1. 贫民窟（pínmínkū） | 2. 足球（zúqiú） | 3. 男孩子（nánháizi） |

（二）第四声相连的词语

1. 里约热内卢（Lǐyuērènèilú）	2. 训练场（xùnliànchǎng）	3. 空地（kòngdì）
4. 教练（jiàoliàn）	5. 圣诞树（shèngdànshù）	6. 这位（zhè wèi）
7. 第六届（dì-liù jiè）	8. 看见（kànjiàn）	

（三）第三声相连的词语

| 1. 水桶（shuǐtǒng） | | |

（四）"一"与词语相连

1. 一个（yí gè）	2. 一片（yí piàn）	3. 一天（yìtiān）
4. 一处（yí chù）	5. 一位（yí wèi）	6. 一把（yì bǎ）
7. 一座（yí zuò）		

（五）轻声词语

1. 孩子（háizi）	2. 喜欢（xǐhuan）	3. 什么（shénme）
4. 那么（nàme）	5. 妈妈（māma）	6. 我们（wǒmen）
7. 铲子（chǎnzi）	8. 时候（shíhou）	9. 买不起（mǎi bu qǐ）
10. 没有（méiyou）	11. 祈祷吧（qídǎo ba）	12. 准确地（zhǔnquè de）
13. 我们的（wǒmen de）	14. 踢得（tī de）	15. 跑了出去（pǎole chūqu）
16. 水塘里（shuǐtáng li）	17. 空地上（kòngdì shang）	

（六）儿化词语

1. 塑料盒儿（sùliàohér）	2. 椰子壳儿（yēzikér）	3. 男孩儿（nánháir）
4. 卖劲儿（màijìnr）	5. 脸蛋儿（liǎndànr）	6. 那么回事儿（nàme huí shìr）
7. 胡同儿（hútòngr）		

二、读句子

1. 在／里约热内卢 的／一个 贫民窟 里，／／ 有一个男孩子，／／他 非常 喜欢
   Zài Lǐyuērènèilú de yí gè pínmínkū li, // yǒu yí gè nánháizi, tā fēicháng xǐhuan

足球，／／可是 又 买 不 起，／……
zúqiú, kěshì yòu mǎi bu qǐ,……

2. 于是／就 踢 塑料盒儿，／／踢 汽水瓶，／／踢 从 垃圾箱里拣来 的／椰子壳儿。／／／他／
   Yúshì jiù tī sùliàohér, tī qìshuǐpíng, tī cóng lājīxiāng li jiǎnlái de yēzikér. Tā

在 胡同儿里踢，／／在 能 找到 的／任何一片 空地 上 踢。／／／
zài hútòngr li tī, zài néng zhǎodào de rènhé yí piàn kòngdì shang tī.

3. 他 发现／这个 男孩儿／踢得很 像 是 那么 回事儿，／／就 主动 提出／要
   Tā fāxiàn zhège nánháir tī de hěn xiàng shì nàme huí shìr, jiù zhǔdòng tíchū yào

送 给他／一个足球。／／／小 男孩儿／得到 足球 后／踢得 更 卖劲儿 了。／／／
sòng gěi tā yí gè zúqiú. Xiǎo nánháir dédào zúqiú hòu tī de gèng màijìnr le.

4. 孩子 抬起 / 满 是 汗珠 的 脸蛋儿, //……
　　Háizi táiqǐ mǎn shì hànzhū de liǎndànr,…

5. 三 年 后, // 这 位 十七 岁 的 男孩儿 / 在 第六 届 / 足球 锦标赛 上 / 独 进
　　Sān nián hòu, zhè wèi shíqī suì de nánháir zài dì-liù jiè zúqiú jǐnbiāosài shang dú jìn

二十一 球, // 为 巴西 第一 次 捧回了 金杯。///
èrshíyī qiú, wèi Bāxī dì-yī cì pěnghuíle jīnbēi.

三、读作品 41 号

在 里约热内卢 的一个 贫民窟 里, 有一个 男孩子, 他 非常 喜欢 足球, 可是
Zài Lǐyuērènèilú de yí gè pínmínkū li, yǒu yí gè nánháizi, tā fēicháng xǐhuan zúqiú, kěshì

又 买 不 起, 于是 就 踢 塑料盒儿, 踢 汽水瓶, 踢 从 垃圾箱 里 拣来 的 椰子壳儿。
yòu mǎi bu qǐ, yúshì jiù tī sùliàohér, tī qìshuǐpíng, tī cóng lājīxiāng li jiǎnlái de yēzikér.

他 在 胡同儿 里 踢, 在 能 找到 的 任何 一 片 空地 上 踢。
Tā zài hútòngr li tī, zài néng zhǎodào de rènhé yí piàn kòngdì shang tī.

有 一天, 当 他 在 一 处 干涸 的 水塘 里 猛 踢 一个 猪 膀胱 时, 被
Yǒu yìtiān, dāng tā zài yí chù gānhé de shuǐtáng li měng tī yí gè zhū pángguāng shí, bèi

一 位 足球 教练 看见 了。他 发现 这个 男孩儿 踢 得 很 像 是 那么 回 事儿, 就
yí wèi zúqiú jiàoliàn kànjiàn le. Tā fāxiàn zhège nánháir tī de hěn xiàng shì nàme huí shìr, jiù

主动 提出 要 送 给 他 一个 足球。小 男孩儿 得到 足球 后 踢 得 更 卖劲儿 了。
zhǔdòng tíchū yào sòng gěi tā yí gè zúqiú. Xiǎo nánháir dédào zúqiú hòu tī de gèng màijìnr le.

不久, 他 就 能 准确 地 把 球 踢进 远处 随意 摆放 的 一 个 水桶 里。
Bùjiǔ, tā jiù néng zhǔnquè de bǎ qiú tījìn yuǎnchù suíyì bǎifàng de yí gè shuǐtǒng li.

圣诞 节 到 了, 孩子 的 妈妈 说:"我们 没有 钱 买 圣诞 礼物 送
Shèngdàn Jié dào le, háizi de māma shuō: "Wǒmen méiyou qián mǎi shèngdàn lǐwù sòng

给 我们 的 恩人, 就 让 我们 为 他 祈祷 吧。"
gěi wǒmen de ēnrén, jiù ràng wǒmen wèi tā qídǎo ba."

小 男孩儿 跟随 妈妈 祈祷 完毕, 向 妈妈 要了 一 把 铲子 便 跑了 出去。
Xiǎo nánháir gēnsuí māma qídǎo wánbì, xiàng māma yàole yì bǎ chǎnzi biàn pǎole chūqu.

他 来到 一 座 别墅 前 的 花园 里, 开始 挖 坑。
Tā láidào yí zuò biéshù qián de huāyuán li, kāishǐ wā kēng.

就在他快要挖好坑的时候，从别墅里走出一个人来，问小孩儿在干什么，孩子抬起满是汗珠的脸蛋儿，说："教练，圣诞节到了，我没有礼物送给您，我愿给您的圣诞树挖一个树坑。"

教练把小男孩儿从树坑里拉上来，说，我今天得到了世界上最好的礼物，明天你就到我的训练场去吧。

三年后，这位十七岁的男孩儿在第六届足球锦标赛上独进二十一球，为巴西第一次捧回了金杯。一个原来不//为世人所知的名字……

节选自刘燕敏《天才的造就》

作品42号

一、读词语

（一）第二声相连的词语

| 1. 从来（cónglái） | 2. 然而（rán'ér） | 3. 牛排（niúpái） |
| 4. 赢得（yíngdé） | 5. 前途（qiántú） | |

（二）第四声相连的词语

1. 糖尿病（tángniàobìng）	2. 碎面包（suì miànbāo）	3. 继续（jìxù）
4. 调到（diàodào）	5. 在瑞士（zài Ruìshì）	6. 秘密（mìmì）
7. 送到（sòngdào）	8. 现在（xiànzài）	9. 佩带（pèidài）

（三）第三声相连的词语

1. 给我（géi wǒ）	2. 旅馆（lúguǎn）	3. 美好（méihǎo）
4. 辗转（zhánzhuǎn）	5. 我手中（wó shǒu zhōng）	

（四）"一"与词语相连

1. 一再（yízài）	2. 一小块儿（yì xiǎo kuàir）	3. 一天（yìtiān）
4. 一直（yìzhí）	5. 一枚（yì méi）	6. 一边（yìbiān）
7. 一点儿（yìdiǎnr）	8. 一个（yí gè）	

（五）轻声词语

1. 记得（jìde）	2. 母亲（mǔqin）	3. 丈夫（zhàngfu）
4. 亲戚（qīnqi）	5. 东西（dōngxi）	6. 知道（zhīdao）
7. 枕头（zhěntou）	8. 为了（wèile）	9. 抓挠（zhuānao）
10. 朋友（péngyou）	11. 明白了（míngbaile）	12. 椅子上（yǐzi shang）
13. 挂着（guàzhe）	14. 活下去（huó xiaqu）	

二、读句子

1. 记得/我 十三 岁 时，//和 母亲/住 在 法国 东南部 的/耐斯 城。///
Jìde wǒ shísān suì shí, hé mǔqin zhù zài Fǎguó dōngnánbù de Nàisī Chéng.

2. 她 从来 不 吃 肉，/一再 说 自己 是 素食者。///然而 有 一天，//我 发现
Tā cónglái bù chī ròu, yízài shuō zìjǐ shì sùshízhě. Rán'ér yǒu yìtiān, wǒ fāxiàn

母亲/ 正 仔细地/用 一 小 块儿 碎 面包 /擦 那 给 我 煎 牛排 用 的/油锅。///
mǔqin zhèng zǐxì de yòng yì xiǎo kuàir suì miànbāo cā nà gěi wǒ jiān niúpái yòng de yóuguō.

我 明白了/她 称 自己 为 素食者 的/ 真正 原因。///
Wǒ míngbaile tā chēng zìjǐ wéi sùshízhě de zhēnzhèng yuányīn.

3. 我 十六 岁 时，//母亲 成了/耐斯 市/美蒙 旅馆 的/女经理。///这时，//
Wǒ shíliù suì shí, mǔqin chéngle Nàisī Shì Měiméng Lǚguǎn de nǚjīnglǐ. Zhèshí,

她 更 忙碌 了。///一天，//她 瘫 在 椅子 上，//脸色 苍白，//嘴唇 发灰。///
tā gèng mánglù le. Yìtiān, tā tān zài yǐzi shang, liǎnsè cāngbái, zuǐchún fā huī.

4. 床架 上方，//则 挂着 一 枚/我 一九 三二 年/赢得 耐斯 市/少年
Chuángjià shàngfāng, zé guàzhe yì méi wǒ yī jiǔ sān èr nián yíngdé Nàisī Shì shàonián

乒乓球 冠军 的 /银质 奖章。///
pīngpāngqiú guànjūn de yínzhì jiǎngzhāng.

5. 为了／给她那 荒唐 的 梦／至少 加一点儿／真实 的 色彩，∥……
   Wèile gěi tā nà huāngtáng de mèng zhìshǎo jiā yìdiǎnr zhēnshí de sècǎi,…

6. 现在 我 要 回家 了，∥胸 前 佩带着／醒目 的／绿黑 两 色的／解放
   Xiànzài wǒ yào huí jiā le, xiōng qián pèidàizhe xǐngmù de lǜ-hēi liǎng sè de jiěfàng

十字 绶带，∥……
shízì shòudài,…

三、读作品42号

　　记得 我 十三 岁 时，和 母亲 住 在 法国 东南部 的 耐斯 城。母亲 没有
　　Jìde wǒ shísān suì shí, hé mǔqin zhù zài Fǎguó dōngnánbù de Nàisī Chéng. Mǔqin méiyou

丈夫， 也 没有 亲戚， 够 清苦 的， 但 她 经常 能 拿出 令 人 吃惊 的
zhàngfu, yě méiyou qīnqi, gòu qīngkǔ de, dàn tā jīngcháng néng náchū lìng rén chī jīng de

东西，摆在 我 面前。她 从来 不 吃 肉，一再 说 自己 是 素食者。然而 有
dōngxi, bǎi zài wǒ miànqián. Tā cónglái bù chī ròu, yízài shuō zìjǐ shì sùshízhě. Rán'ér yǒu

一天，我 发现 母亲 正 仔细地 用 一 小 块儿 碎 面包 擦 那 给 我 煎 牛排
yìtiān, wǒ fāxiàn mǔqin zhèng zǐxì de yòng yì xiǎo kuàir suì miànbāo cā nà géi wǒ jiān niúpái

用 的 油锅。我 明白了 她 称 自己 为 素食者 的 真正 原因。
yòng de yóuguō. Wǒ míngbaile tā chēng zìjǐ wéi sùshízhě de zhēnzhèng yuányīn.

　　我 十六 岁 时，母亲 成了 耐斯 市 美蒙 旅馆 的 女经理。这时，她 更
　　Wǒ shíliù suì shí, mǔqin chéngle Nàisī Shì Měiméng Lǚguǎn de nǚjīnglǐ. Zhèshí, tā gèng

忙碌 了。一天，她 瘫 在 椅子 上，脸色 苍白，嘴唇 发灰。马上 找来
mánglù le. Yìtiān, tā tān zài yǐzi shang, liǎnsè cāngbái, zuǐchún fā huī. Mǎshàng zhǎolái

医生， 做出 诊断：她 摄取了 过 多 的 胰岛素。直到 这时 我 才 知道 母亲
yīshēng, zuòchū zhěnduàn: Tā shèqǔle guò duō de yídǎosù. Zhídào zhèshí wǒ cái zhīdao mǔqin

多 年 一直 对 我 隐瞒 的 疾痛——糖尿病。
duō nián yìzhí duì wǒ yǐnmán de jítòng——tángniàobìng.

　　她的 头 歪 向 枕头 一边，痛苦 地 用 手 抓挠 胸口。床架
　　Tā de tóu wāi xiàng zhěntou yìbiān, tòngkǔ de yòng shǒu zhuānao xiōngkǒu. Chuángjià

上方， 则 挂着 一 枚 我 一九三二 年 赢得 耐斯 市 少年 乒乓球
shàngfāng, zé guàzhe yì méi wǒ yī jiǔ sān èr nián yíngdé Nàisī Shì shàonián pīngpāngqiú

冠军 的 银质 奖章。
guànjūn de yínzhì jiǎngzhāng.

　　啊，是对我的 美好 前途 的 憧憬 支撑着 她活下去，为了给她那
À, shì duì wǒ de měihǎo qiántú de chōngjǐng zhīchēngzhe tā huó xiaqu, wèile gěi tā nà

荒唐 的 梦 至少 加一点儿 真实 的色彩，我 只 能 继续努力，与时间
huāngtáng de mèng zhìshǎo jiā yìdiǎnr zhēnshí de sècǎi, wǒ zhǐ néng jìxù nǔlì, yǔ shíjiān

竞争， 直至一九三八年我被 征入 空军。
jìngzhēng, zhízhì yī jiǔ sān bā nián wǒ bèi zhēngrù kōngjūn.

　　巴黎很 快 失陷，我 辗转 调到 英国 皇家 空军。刚 到 英国
Bālí hěn kuài shīxiàn, wǒ zhǎnzhuǎn diàodào Yīngguó Huángjiā Kōngjūn. Gāng dào Yīngguó

就 接到了 母亲 的来信。这些 信是由在 瑞士的一个 朋友 秘密地 转到
jiù jiēdàole mǔqin de láixìn. Zhèxiē xìn shì yóu zài Ruìshì de yí gè péngyou mìmì de zhuǎndào

伦敦， 送到 我手 中 的。
Lúndūn, sòngdào wǒ shǒu zhōng de.

　　现在 我 要 回家了，胸 前 佩带着 醒目的绿黑 两 色的 解放 十字
Xiànzài wǒ yào huí jiā le, xiōng qián pèidàizhe xǐngmù de lǜ-hēi liǎng sè de jiěfàng shízì

绶 // 带，……
shòu // dài,…

节选 自［法］罗曼·加里《我的 母亲 独一无二》
Jiéxuǎn zì ［Fǎ］Luómàn Jiālǐ 《Wǒ De Mǔqin Dúyī-wú'èr》

作品 43 号

一、读词语

（一）第二声相连的词语

| 1. 才能（cáinéng） | 2. 完成（wánchéng） | 3. 求学（qiúxué） |
| 4. 五十年来（wǔshí nián lái） | 5. 执着（zhízhuó） | |

（二）第四声相连的词语

1. 易事（yì shì）	2. 这件事（zhè jiàn shì）	3. 代价（dàijià）
4. 正在（zhèngzài）	5. 兴趣（xìngqù）	6. 致力（zhìlì）
7. 就是（jiù shì）	8. 快乐（kuàilè）	9. 记忆（jìyì）

10. 岁月（suìyuè）	11. 对事业（duì shìyè）	12. 专心致志（zhuānxīn-zhìzhì）
13. 就在那里（jiù zài nàli）	14. 像在梦幻中（xiàng zài mènghuàn zhōng）	15. 因病被迫在家里（yīn bìng bèipò zài jiāli）
16. 注视（zhùshì）		

（三）第三声相连的词语

1. 所养（suó yǎng）	2. 之所以（zhīsuóyǐ）	3. 理想（líxiǎng）
4. 以免（yímiǎn）	5. 我感到（wó gǎndào）	6. 我总是（wó zǒngshì）
7. 我永远（wǒ yóngyuǎn）	8. 有某种（yǒu móu zhǒng）	9. 使我很感兴趣（shí wǒ hén gǎn xìngqù）
10. 我有许多美好（wó yǒu xǔduō méihǎo）	11. 尽我所能（jìn wó suǒ néng）	

（四）"一、不"与词语相连

1. 一件（yí jiàn）	2. 一年（yì nián）	3. 一样（yíyàng）
4. 一个（yí gè）	5. 一般（yìbān）	

1. 不是（bú shì）		

（五）轻声词语

1. 我们（wǒmen）	2. 事情（shìqing）	3. 时候（shíhou）
4. 休息（xiūxi）	5. 女儿们（nǚ'érmen）	6. 它们（tāmen）
7. 因为（yīnwei）	8. 力量（lìliang）	9. 丈夫（zhàngfu）
10. 为了（wèile）	11. 这个（zhège）	12. 那里（nàli）
13. 要紧的（yàojǐn de）	14. 执着地（zhízhuó de）	15. 注视着（zhùshìzhe）
16. 发现了（fāxiànle）	17. 书房里（shūfáng li）	18. 目标上（mùbiāo shang）

二、读句子

1. 我 注视 着／我的 女儿们 所养的蚕／正在 结茧，／／这使我很感
Wǒ zhùshì zhe wǒ de nǚ'érmen suó yǎng de cán zhèngzài jié jiǎn, zhè shí wǒ hén gǎn

兴趣。／／／望着 这些蚕／执着地、／勤奋地 工作，／／我 感到 我和 它们／
xìngqù. Wàngzhe zhèxiē cán zhízhuó de, qínfèn de gōngzuò, wó gǎndào wǒ hé tāmen

非常 相似。／／／
fēicháng xiāngsì.

2. 我 之所以 如此，// 或许 是 因为 / 有 某 种 力量 / 在 鞭策着 我—— 正
　 Wǒ zhīsuóyǐ rúcǐ,　huòxǔ shì yīnwei yǒu móu zhǒng lìliang zài biāncèzhe wǒ——zhèng

如 / 蚕 被 鞭策着 / 去 结茧 一般。///
rú cán bèi biāncèzhe　qù jié jiǎn yìbān.

3. 我 丈夫 和 我 / 专心致志，// 像 在 梦幻 中 一般，// 坐在 简陋 的
　 Wǒ zhàngfu hé wǒ zhuānxīn-zhìzhì, xiàng zài mènghuàn zhōng yìbān, zuò zài jiǎnlòu de

书房 里 / 艰辛 地 研究，// 后来 / 我们 就 在那里 / 发现了 镭。///
shūfáng li jiānxīn de yánjiū, hòulái wǒmen jiù zài nàli fāxiànle léi.

4. 以免 受 人事 的 干扰 / 和 盛名 的 拖累。///
　 Yímiǎn shòu rénshì de gānrǎo hé shèngmíng de tuōlěi.

三、读作品 43 号

生活 对于 任何 人 都 非 易事，我们 必须 有 坚韧不拔 的 精神。最
Shēnghuó duìyú rènhé rén dōu fēi yì shì, wǒmen bìxū yǒu jiānrèn-bùbá de jīngshén. Zuì

要紧 的，还是 我们 自己 要 有 信心。我们 必须 相信，我们 对 每 一 件
yàojǐn de, háishi wǒmen zìjǐ yào yǒu xìnxīn. Wǒmen bìxū xiāngxìn, wǒmen duì měi yí jiàn

事情 都 具有 天赋 的 才能，并且，无论 付出 任何 代价，都 要 把 这 件 事
shìqing dōu jùyǒu tiānfù de cáinéng, bìngqiě, wúlùn fùchū rènhé dàijià, dōu yào bǎ zhè jiàn shì

完成。当 事情 结束 的 时候，你 要 能 问心无愧 地 说："我 已经 尽
wánchéng. Dāng shìqing jiéshù de shíhou, nǐ yào néng wènxīn-wúkuì de shuō: "Wó yǐjīng jìn

我 所 能 了。"
wǒ suǒ néng le."

有 一 年 的 春天，我 因 病 被迫 在 家里 休息 数 周。我 注视着 我 的
Yǒu yì nián de chūntiān, wǒ yīn bìng bèipò zài jiāli xiūxi shù zhōu. Wǒ zhùshìzhe wǒ de

女儿们 所 养 的 蚕 正在 结茧，这 使 我 很 感 兴趣。望着 这些 蚕
nǚ'érmen suó yǎng de cán zhèngzài jié jiǎn, zhè shí wó hén gǎn xìngqù. Wàngzhe zhèxiē cán

执着 地、勤奋 地 工作，我 感到 我 和 它们 非常 相似。像 它们 一样，
zhízhuó de, qínfèn de gōngzuò, wó gǎndào wǒ hé tāmen fēicháng xiāngsì. Xiàng tāmen yíyàng,

我 总是 耐心 地 把 自己 的 努力 集中 在 一 个 目标 上。我 之所以 如此，或许
wó zǒngshì nàixīn de bǎ zìjǐ de nǔlì jízhōng zài yí gè mùbiāo shang. Wǒ zhīsuóyǐ rúcǐ, huòxǔ

是因为有某种力量在鞭策着我——正如蚕被鞭策着去结茧一般。

近五十年来,我致力于科学研究,而研究,就是对真理的探讨。我有许多美好快乐的记忆。少女时期我在巴黎大学,孤独地过着求学的岁月;在后来献身科学的整个时期,我丈夫和我专心致志,像在梦幻中一般,坐在简陋的书房里艰辛地研究,后来我们就在那里发现了镭。

我永远追求安静的工作和简单的家庭生活。为了实现这个理想,我竭力保持宁静的环境,以免受人事的干扰和盛名的拖累。

我深信,在科学方面我们有对事业而不是 // 对财富的兴趣……

节选自[波兰]玛丽·居里《我的信念》,剑捷译

作品44号

一、读词语

(一)第二声相连的词语

1. 融合(rónghé)	2. 学习(xuéxí)	3. 然而(rán'ér)
4. 回答(huídá)	5. 才能(cái néng)	6. 冥顽不灵(míngwán bù líng)
7. 由于(yóuyú)	8. 研读(yándú)	

(二)第四声相连的词语

| 1. 正是(zhèng shì) | 2. 素质(sùzhì) | 3. 继续(jìxù) |

4. 变化（biànhuà）	5. 创造（chuàngzào）	6. 恰似（qiàsì）
7. 智慧（zhìhuì）	8. 炽爱（chì'ài）	9. 那就是（nà jiù shì）
10. 感受到（gǎnshòu dào）	11. 干这行（gàn zhè háng）	12. 三个月（sān gè yuè）
13. 世界（shìjiè）		

（三）第三声相连的词语

1. 给我（géi wǒ）	2. 指点（zhídiǎn）	3. 所以（suóyǐ）
4. 不仅有（bùjín yǒu）	5. 我有（wó yǒu）	6. 我也有（wó yé yǒu）

（四）"一"与词语相连

1. 这一行（zhè yì háng）	2. 一团（yì tuán）	

（五）轻声词语

1. 为什么（wèi shénme）	2. 因为（yīnwei）	3. 喜欢（xǐhuan）
4. 学生们（xuéshengmen）	5. 东西（dōngxi）	6. 知识（zhīshi）
7. 我的（wǒ de）	8. 世界里（shìjiè li）	9. 提供了（tígōngle）
10. 意味着（yìwèizhe）		

二、读句子

1. 七、八、九 三 个 月 / 给我 提供了 / 进行 回顾、/ 研究、/ 写作 的 良机，//
   Qī, bā, jiǔ sān gè yuè géi wǒ tígōngle jìnxíng huígù, yánjiū, xiězuò de liángjī,

并 将 三 者 有机 融合，// 而 善于 回顾、/ 研究 和 总结 / 正 是 优秀 教师
bìng jiāng sān zhě yǒujī rónghé, ér shànyú huígù, yánjiū hé zǒngjié zhèng shì yōuxiù jiàoshī

素质 中 / 不可 缺少 的 成分。///
sùzhì zhōng bùkě quēshǎo de chéngfèn.

2. 到 "象牙塔" / 和 实际 世界里 / 去 发现。///
   Dào "xiàngyátǎ" hé shíjì shìjiè li qù fāxiàn.

3. 当 教师 / 意味着 亲历 "创造" 过程 的 发生——// 恰似 亲手 赋予
   Dāng jiàoshī yìwèizhe qīnlì "chuàngzào" guòchéng de fāshēng—— qiàsì qīnshǒu fùyǔ

一 团 泥土 / 以 生命，//……
yì tuán nítǔ yǐ shēngmìng,……

4. 我 有 权利 / 去 启发 诱导，// 去 激发 / 智慧 的 火花，// 去 问 / 费心 思考 的
   Wó yǒu quánlì qù qǐfā yòudǎo, qù jīfā zhìhuì de huǒhuā, qù wèn fèi xīn sīkǎo de

问题，// 去 推荐 书籍，// 去 指点 迷津。///
wèntí, qù tuījiàn shūjí, qù zhǐdiǎn míjīn.

5.有如/ 冥顽 不 灵 的 泥块，// 由于 接受了 老师 的 炽爱/ 才 勃发了 生机。///
Yǒurú míngwán bù líng de níkuài, yóuyú jiēshòule lǎoshī de chì'ài cái bófāle shēngjī.

三、读作品 44 号

我 为 什么 非要 教书 不可? 是 因为 我 喜欢 当 教师 的 时间
Wǒ wèi shénme fēi yào jiāo shū bùkě? Shì yīnwei wó xǐhuan dāng jiàoshī de shíjiān

安排表 和 生活 节奏。七、八、九 三个 月 给 我 提供了 进行 回顾、研究、
ānpáibiǎo hé shēnghuó jiézòu. Qī, bā, jiǔ sān gè yuè géi wǒ tígōngle jìnxíng huígù, yánjiū,

写作 的 良机，并 将 三者 有机 融合，而 善于 回顾、研究 和 总结 正 是
xiězuò de liángjī, bìng jiāng sān zhě yǒujī rónghé, ér shànyú huígù, yánjiū hé zǒngjié zhèng shì

优秀 教师 素质 中 不可 缺少 的 成分。
yōuxiù jiàoshī sùzhì zhōng bùkě quēshǎo de chéngfèn.

干 这 行 给了 我 多 种 多 样 的 "甘泉" 去 品尝，找 优秀 的 书籍
Gàn zhè háng gěile wǒ duō zhǒng duō yàng de "gānquán" qù pǐncháng, zhǎo yōuxiù de shūjí

去 研读，到 "象牙塔" 和 实际 世界 里 去 发现。教学 工作 给 我 提供了 继续
qù yándú, dào "xiàngyátǎ" hé shíjì shìjiè li qù fāxiàn. Jiàoxué gōngzuò gěi wǒ tígōngle jìxù

学习 的 时间 保证，以及 多 种 途径、机遇 和 挑战。
xuéxí de shíjiān bǎozhèng, yǐjí duō zhǒng tújìng, jīyù hé tiǎozhàn.

然而，我 爱 这 一 行 的 真正 原因，是 爱 我 的 学生。学生们 在
Rán'ér, wǒ ài zhè yì háng de zhēnzhèng yuányīn, shì ài wǒ de xuésheng. Xuéshengmen zài

我 的 眼前 成长、变化。当 教师 意味着 亲历 "创造" 过程 的
wǒ de yǎnqián chéngzhǎng, biànhuà. Dāng jiàoshī yìwèizhe qīnlì "chuàngzào" guòchéng de

发生——恰似 亲手 赋予 一 团 泥土 以 生命，没有 什么 比 目睹 它 开始
fāshēng——qiàsì qīnshǒu fùyǔ yì tuán nítǔ yǐ shēngmìng, méiyou shénme bǐ mùdǔ tā kāishǐ

呼吸 更 激动 人心 的 了。
hūxī gèng jīdòng rénxīn de le.

权利 我 也 有 了：我 有 权利 去 启发 诱导，去 激发 智慧 的 火花，去 问 费
Quánlì wó yé yǒu le: Wó yǒu quánlì qù qǐfā yòudǎo, qù jīfā zhìhuì de huǒhuā, qù wèn fèi

心思考的问题,去赞扬回答的尝试,去推荐书籍,去指点迷津。还有什么别的权利能与之相比呢?

而且,教书还给我金钱和权利之外的东西,那就是爱心。不仅有对学生的爱,对书籍的爱,对知识的爱,还有老师才能感受到的对"特别"学生的爱。这些学生,有如冥顽不灵的泥块,由于接受了老师的炽爱才勃发了生机。

所以,我爱教书,还因为,在那些勃发生机的"特//别"学生身上,……

节选自[美]彼得·基·贝得勒《我为什么当教师》

作品45号

一、读词语

(一)第二声相连的词语

1. 黄河(Huáng Hé)	2. 文明(wénmíng)	3. 源头(yuántóu)
4. 猿人(yuánrén)	5. 秦皇(Qínhuáng)	6. 融合(rónghé)
7. 从而(cóng'ér)	8. 驼铃(tuólíng)	9. 王陵(wánglíng)
10. 楼兰(Lóulán)	11. 成为(chéngwéi)	12. 全国(quán guó)
13. 蓝田人头盖骨(Lántiánrén tóugàigǔ)	14. 元谋人牙齿(Yuánmóurén yáchǐ)	15. 民族及其文化(mínzú jí qí wénhuà)
16. 精美绝伦(jīngměi juélún)	17. 形成(xíngchéng)	

(二)第四声相连的词语

1. 自治区(zìzhìqū)	2. 这块(zhè kuài)	3. 气度(qìdù)
4. 重要(zhòngyào)	5. 世界(shìjiè)	6. 四十六万(sìshíliù wàn)
7. 兼收并蓄(jiānshōu-bìngxù)	8. 汉晋艺术(Hàn Jìn yìshù)	9. 集萃地(jícuìdì)

（三）第三声相连的词语

1. 五百（wúbǎi）	2. 兵马俑（bīngmáyǒng）	3. 所瞩目（suó zhǔmù）
4. 所有（suóyǒu）		

（四）"一"与词语相连

1. 一线（yí xiàn）	2. 一百（yìbǎi）	3. 一个（yí gè）
4. 一些（yìxiē）		

（五）轻声词语

1. 我们（wǒmen）	2. 这里（zhèli）	3. 基础上（jīchǔ shang）
4. 所有的（suóyǒu de）	5. 顺着（shùnzhe）	6. 出土过（chūtǔguo）
7. 包括了（bāokuòle）		

二、读句子

1. 包括 西北和西南的 /二十个 省、/市、/自治区。///
   Bāokuò xīběi hé xīnán de èrshí gè shěng, shì, zìzhìqū.

2. 形成了 自己 / 兼收并蓄 的 恢宏 气度，// 展现 出 / 精美 绝伦 的 艺术
   Xíngchéngle zìjǐ jiānshōu-bìngxù de huīhóng qìdù, zhǎnxiàn chū jīngměi juélún de yìshù

   形式 / 和 博大精深 的 文化 内涵。///
   xíngshì hé bódà-jīngshēn de wénhuà nèihán.

三、读作品45号

中国 西部 我们 通常 是 指 黄 河与秦 岭 相连 一线 以西，
Zhōngguó xībù wǒmen tōngcháng shì zhǐ Huáng Hé yǔ Qín Lǐng xiānglián yí xiàn yǐ xī,

包括 西北和西南的二十个 省、市、自治区。这块 广袤 的土地面积 为
bāokuò xīběi hé xīnán de èrshí gè shěng, shì, zìzhìqū. Zhè kuài guǎngmào de tǔdì miànjī wéi

五百 四十六万 平方 公里，占 国土 总 面积的百分之五十七；人口二
wúbǎi sìshíliù wàn píngfāng gōnglǐ, zhàn guótǔ zǒng miànjī de bǎi fēn zhī wǔshíqī; rénkǒu èr

点 八亿，占 全 国总 人口的百分之 二十三。
diǎn bā yì, zhàn quán guó zǒng rénkǒu de bǎi fēn zhī èrshísān.

西部是 华夏 文明 的 源头。华夏 祖先的 脚步是 顺着 水边走
Xībù shì Huáxià wénmíng de yuántóu. Huáxià zǔxiān de jiǎobù shì shùnzhe shuǐ biān zǒu

的：长江 上游 出土过 元谋人 牙齿 化石，距今 约 一百 七十 万 年；
de: Cháng Jiāng shàngyóu chūtǔguo Yuánmóurén yáchǐ huàshí, jù jīn yuē yìbǎi qīshí wàn nián;

黄 河 中游 出土过 蓝田人 头盖骨，距今 约 七十 万 年。这 两 处
Huáng Hé zhōngyóu chūtǔguo Lántiánrén tóugàigǔ, jù jīn yuē qīshí wàn nián. Zhè liǎng chù

古人类 都 比 距今 约 五十 万 年 的 北京 猿人 资格 更 老。
gǔrénlèi dōu bǐ jù jīn yuē wǔshí wàn nián de Běijīng Yuánrén zīgé gèng lǎo.

　　西部 地区是 华夏 文明 的 重要 发源地。秦皇 汉武 以后，东西方
　　Xībù dìqū shì Huáxià wénmíng de zhòngyào fāyuándì. Qínhuáng Hànwǔ yǐhòu, dōng-xīfāng

文化 在 这里 交汇 融合，从而 有了 丝绸 之 路 的 驼铃 声声，佛院
wénhuà zài zhèli jiāohuì rónghé, cóng'ér yǒule sīchóu zhī lù de tuólíng shēngshēng, fóyuàn

深寺 的 暮鼓晨钟。 敦煌 莫高 窟 是 世界 文化史 上 的 一 个 奇迹，
shēnsì de mùgǔ-chénzhōng. Dūnhuáng Mògāo Kū shì shìjiè wénhuàshǐ shang de yí gè qíjì,

它 在 继承 汉 晋 艺术 传统 的 基础 上， 形成了 自己 兼收并蓄 的
tā zài jìchéng Hàn Jìn yìshù chuántǒng de jīchǔ shang, xíngchéngle zìjǐ jiānshōu-bìngxù de

恢宏 气度，展现 出 精美 绝伦 的 艺术 形式 和 博大精深 的 文化
huīhóng qìdù, zhǎnxiàn chū jīngměi juélún de yìshù xíngshì hé bódà-jīngshēn de wénhuà

内涵。 秦始皇 兵马俑、 西夏 王陵、 楼兰 古国、布达拉 宫、 三星堆、
nèihán. Qínshǐhuáng Bīngmǎyǒng, Xīxià Wánglíng, Lóulán Gǔguó, Bùdálā Gōng, Sānxīngduī,

大足 石刻 等 历史 文化 遗产，同样 为 世界 所 瞩目， 成为 中华
Dàzú Shíkè děng lìshǐ wénhuà yíchǎn, tóngyàng wéi shìjiè suǒ zhǔmù, chéngwéi Zhōnghuá

文化 重要 的 象征。
wénhuà zhòngyào de xiàngzhēng.

　　西部 地区 又 是 少数 民族及 其 文化 的 集萃地，几乎 包括了 我国 所有
　　Xībù dìqū yòu shì shǎoshù mínzú jí qí wénhuà de jícuìdì, jīhū bāokuòle wǒguó suóyǒu

的 少数 民族。在 一些 偏远 的 少数 民族 地区，仍 保留 // 了一些 久远
de shǎoshù mínzú. Zài yìxiē piānyuǎn de shǎoshù mínzú dìqū, réng bǎoliú // le yìxiē jiúyuǎn

时代 的 艺术 品种。……
shídài de yìshù pǐnzhǒng. …

节选 自 《中考 语文 课外 阅读 试题 精选》 中
Jiéxuǎn zì 《Zhōngkǎo Yǔwén Kèwài Yuèdú Shìtí Jīngxuǎn》 zhōng

《西部 文化 和 西部 开发》
《Xībù Wénhuà Hé Xībù Kāifā》

作品 46 号

一、读词语

（一）第二声相连的词语

1. 旁人（pángrén）	2. 朦胧（ménglóng）	3. 形而上（xíng ér shàng）
4. 地球和人间（dìqiú hé rénjiān）		

（二）第四声相连的词语

1. 这是（zhè shì）	2. 事物（shìwù）	3. 更是（gèng shì）
4. 预兆（yùzhào）	5. 概括性（gàikuòxìng）	6. 状态（zhuàngtài）
7. 义务（yìwù）	8. 快乐（kuàilè）	9. 世界（shìjiè）
10. 绚丽（xuànlì）	11. 阔大（kuòdà）	12. 地下（dìxià）
13. 大树（dà shù）	14. 智慧（zhìhuì）	15. 自信（zìxìn）
16. 境界（jìngjiè）	17. 最令人（zuì lìng rén）	18. 总是做那些（zǒngshì zuò nàxiē）
19. 又是大雨过后（yòu shì dàyǔ guòhòu）		

（三）第三声相连的词语

1. 也使（yé shǐ）	2. 理解（lí jiě）	3. 久远（jiúyuǎn）

（四）"一、不"与词语相连

1. 一种（yì zhǒng）	2. 一件（yí jiàn）	3. 一个（yí gè）
4. 一棵（yì kē）		

1. 视而不见（shì'érbújiàn）		

（五）轻声词语

1. 我们（wǒmen）	2. 力量（lìliang）	3. 具体的（jùtǐ de）
4. 摸得着（mō de zháo）	5. 面向着（miànxiàngzhe）	

二、读句子

1. 尊重　你自己，// 也　尊重　别人，// ……
   Zūnzhòng nǐ zìjǐ,　yě zūnzhòng biérén, …

2. 它是　激情 / 即将　到来的　预兆，// 它又　是　大雨　过后　的 / 比下雨还要
   Tā shì jīqíng jíjiāng dàolái de yùzhào, tā yòu shì dàyǔ guòhòu de bǐ xià yǔ hái yào

美妙 得多 / 也 久远 得多 的 回味 /// ……
měimiào de duō yě jiǔyuǎn de duō de huíwèi…

3. 喜悦，// 它 是 一 种 / 带有 形 而 上 色彩 的 / 修养 和 境界。///
Xǐyuè, tā shì yì zhǒng dàiyǒu xíng ér shàng sècǎi de xiūyǎng hé jìngjiè.

三、读作品 46 号

高兴，这 是 一 种 具体 的 被 看 得 到 摸 得 着 的 事物 所 唤起 的
gāoxìng, zhè shì yì zhǒng jùtǐ de bèi kàn de dào mō de zháo de shìwù suǒ huànqǐ de

情绪。它 是 心理 的，更 是 生理 的。它 容易 来 也 容易 去，谁 也 不 应该 对
qíngxù. Tā shì xīnlǐ de, gèng shì shēnglǐ de. Tā róngyì lái yě róngyì qù, shéi yě bù yīnggāi duì

它 视而不见 失之交臂，谁 也 不 应该 总是 做 那些 使 自己 不 高兴 也 使
tā shì'érbújiàn shīzhī-jiāobì, shéi yě bù yīnggāi zǒngshì zuò nàxiē shǐ zìjǐ bù gāoxìng yě shǐ

旁人 不 高兴 的 事。让 我们 说 一 件 最 容易 做 也 最 令 人 高兴 的
pángrén bù gāoxìng de shì. Ràng wǒmen shuō yí jiàn zuì róngyì zuò yě zuì lìng rén gāoxìng de

事 吧，尊重 你 自己，也 尊重 别人，这 是 每 一 个 人 的 权利，我 还 要 说
shì ba, zūnzhòng nǐ zìjǐ, yě zūnzhòng biérén, zhè shì měi yí gè rén de quánlì, wǒ hái yào shuō

这 是 每 一 个 人 的 义务。
zhè shì měi yí gè rén de yìwù.

快乐，它 是 一 种 富有 概括性 的 生存 状态、工作 状态。它
Kuàilè, tā shì yì zhǒng fùyǒu gàikuòxìng de shēngcún zhuàngtài, gōngzuò zhuàngtài. Tā

几乎 是 先验 的，它 来自 生命 本身 的 活力，来自 宇宙、地球 和 人间 的
jīhū shì xiānyàn de, tā láizì shēngmìng běnshēn de huólì, láizì yǔzhòu, dìqiú hé rénjiān de

吸引，它 是 世界 的 丰富、绚丽、阔大、悠久 的 体现。快乐 还 是 一 种 力量，是
xīyǐn, tā shì shìjiè de fēngfù, xuànlì, kuòdà, yōujiǔ de tǐxiàn. Kuàilè hái shì yì zhǒng lìliang, shì

埋 在 地下 的 根脉。消灭 一 个 人 的 快乐 比 挖掘 掉 一 棵 大 树 的 根 要 难
mái zài dìxià de gēnmài. Xiāomiè yí gè rén de kuàilè bǐ wājué diào yì kē dà shù de gēn yào nán

得 多。
de duō.

欢欣，这 是 一 种 青春 的，诗意 的 情感。它 来自 面向 着 未来
Huānxīn, zhè shì yì zhǒng qīngchūn de, shīyì de qínggǎn. Tā láizì miànxiàngzhe wèilái

伸开 双臂奔跑的冲力,它来自一种轻松而又神秘、朦胧而
shēnkāi shuāng bì bēnpǎo de chōnglì, tā láizì yì zhǒng qīngsōng ér yòu shénmì, ménglóng ér

又隐秘的激动,它是激情即将到来的预兆,它又是大雨过后的比下雨
yòu yǐnmì de jīdòng, tā shì jīqíng jíjiāng dàolái de yùzhào, tā yòu shì dàyǔ guòhòu de bǐ xià yǔ

还要美妙得多也久远得多的回味……
hái yào měimiào de duō yě jiǔyuǎn de duō de huíwèi…

喜悦,它是一种带有形而上色彩的修养和境界。与其说它是一
Xǐyuè, tā shì yì zhǒng dàiyǒu xíng ér shàng sècǎi de xiūyǎng hé jìngjiè. Yǔqí shuō tā shì yì

种情绪,不如说它是一种智慧,一种超拔,一种悲天悯人的
zhǒng qíngxù, bùrú shuō tā shì yì zhǒng zhìhuì, yì zhǒng chāobá, yì zhǒng bēitiān-mǐnrén de

宽容和理解,一种饱经沧桑的充裕和自信,一种光明的
kuānróng hé lǐjiě, yì zhǒng bǎojīng-cāngsāng de chōngyù hé zìxìn, yì zhǒng guāngmíng de

理性,一种坚定//的成熟,……
lǐxìng, yì zhǒng jiāndìng // de chéngshú,…

节选自王蒙《喜悦》
Jiéxuǎn zì Wáng Méng《Xǐyuè》

作品47号

一、读词语

（一）第二声相连的词语

1. 成为（chéngwéi）	2. 豪华（háohuá）	3. 形成（xíngchéng）
4. 谈条件（tán tiáojiàn）	5. 先决条件（xiānjué tiáojiàn）	6. 何言其贵（hé yán qí guì）
7. 独木成林（dú mù chéng lín）		

（二）第四声相连的词语

1. 世界（shìjiè）	2. 见证（jiànzhèng）	3. 闹市（nàoshì）
4. 大厦（dàshà）	5. 最后（zuìhòu）	6. 固定（gùdìng）
7. 树干（shùgàn）	8. 计划（jìhuà）	9. 到位（dàowèi）
10. 长在半山坡（zhǎng zài bànshānpō）	11. 最热闹（zuì rènao）	12. 建筑者（jiànzhùzhě）
13. 建设者（jiànshèzhě）	14. 条件是（tiáojiàn shì）	15. 就地造了（jiùdì zàole）

16. 成千上万 （chéngqiān-shàngwàn）	17. 要占用这片 （yào zhànyòng zhè piàn）	18. 在这儿建大楼 （zài zhèr jiàn dà lóu）
19. 再在大花盆底下 （zài zài dà huāpén dǐxia）	20. 把树架在大楼上面 （bǎ shù jià zài dà lóu shàngmiàn）	

（三）第三声相连的词语

1. 可以（kéyǐ）	2. 取走（qúzǒu）	3. 养起来（yáng qilai）

（四）"一、不"与词语相连

1. 一棵（yì kē）	2. 一景（yì jǐng）	3. 一个（yí gè）
4. 一项（yí xiàng）	5. 一次（yí cì）	6. 一片（yí piàn）
7. 一米（yì mǐ）	8. 一座（yí zuò）	

1. 不卖（bú mài）		

（五）轻声词语

1. 地方（dìfang）	2. 合同（hétong）	3. 这个（zhège）
4. 似的（shìde）	5. 底下（dǐxia）	6. 看着（kànzhe）
7. 签了（qiānle）	8. 最贵的（zuì guì de）	9. 楼顶上（lóudǐng shang）
10. 养起来（yáng qilai）	11. 热闹（rènao）	

（六）儿化词语

1. 这儿（zhèr）	2. 那儿（nàr）	

二、读句子

1. 只 因 它 老，// 它 粗，// 是 香港 百年 沧桑 的 / 活 见证，// ……
Zhǐ yīn tā lǎo, tā cū, shì Xiānggǎng bǎinián cāngsāng de huó jiànzhèng, …

2. 太古 大厦 的 建设者 / 最后 签了 合同，// 占用 这个 大 山坡 / 建
Tàigǔ Dàshà de jiànshèzhě zuìhòu qiānle hétong, zhànyòng zhège dà shānpō jiàn

豪华 商厦 的 / 先决 条件 是 / 同意 保护 这棵 老 树。///
háohuá shāngshà de xiānjué tiáojiàn shì tóngyì bǎohù zhè kē lǎo shù.

三、读作品47号

在 湾仔， 香港 最 热闹 的 地方，有 一棵 榕树，它 是 最贵 的 一棵 树，
Zài Wānzǎi, Xiānggǎng zuì rènao de dìfang, yǒu yì kē róngshù, tā shì zuì guì de yì kē shù,

不光 在 香港，在 全 世界，都 是 最 贵 的。
bùguāng zài Xiānggǎng, zài quán shìjiè, dōu shì zuì guì de.

树，活 的 树，又 不 卖，何 言 其 贵？只 因 它 老，它 粗，是 香港 百年
Shù, huó de shù, yòu bú mài, hé yán qí guì? Zhǐ yīn tā lǎo, tā cū, shì Xiānggǎng bǎinián

沧桑 的 活 见证， 香港人 不忍 看着 它 被 砍伐，或者 被 移走，便 跟
cāngsāng de huó jiànzhèng, Xiānggǎngrén bùrěn kànzhe tā bèi kǎnfá, huòzhě bèi yízǒu, biàn gēn

要 占用 这 片 山坡 的 建筑者 谈 条件：可以 在 这儿 建 大 楼 盖 商厦，
yào zhànyòng zhè piàn shānpō de jiànzhùzhě tán tiáojiàn: Kěyǐ zài zhèr jiàn dà lóu gài shāngshà,

但 一 不 准 砍 树，二 不 准 挪 树，必须 把 它 原 地 精心 养 起来，成为
dàn yī bù zhǔn kǎn shù, èr bù zhǔn nuó shù, bìxū bǎ tā yuán dì jīngxīn yǎng qilai, chéngwéi

香港 闹市 中 的 一景。太古 大厦 的 建设者 最后 签了 合同， 占用
Xiānggǎng nàoshì zhōng de yì jǐng. Tàigǔ Dàshà de jiànshèzhě zuìhòu qiānle hétong, zhànyòng

这个 大 山坡 建 豪华 商厦 的 先决 条件 是 同意 保护 这棵 老 树。
zhège dà shānpō jiàn háohuá shāngshà de xiānjué tiáojiàn shì tóngyì bǎohù zhè kē lǎo shù.

树 长 在 半山坡 上，计划 将 树 下面 的 成千上万 吨
Shù zhǎng zài bànshānpō shang, jìhuà jiāng shù xiàmiàn de chéngqiān-shàngwàn dūn

山石 全部 掏空 取走， 腾出 地方来盖楼，把 树 架 在 大 楼 上面，
shānshí quánbù tāokōng qúzǒu, téngchū dìfang lái gài lóu, bǎ shù jià zài dà lóu shàngmiàn,

仿佛 它 原本 是 长 在 楼顶 上 似的。 建设者 就地 造了 一个 直径 十八
fǎngfú tā yuánběn shì zhǎng zài lóudǐng shang shìde. Jiànshèzhě jiùdì zàole yí gè zhíjìng shíbā

米、深 十米的 大 花盆， 先 固定 好 这棵 老 树，再在 大 花盆 底下 盖 楼，
mǐ, shēn shí mǐ de dà huāpén, xiān gùdìng hǎo zhè kē lǎo shù, zài zài dà huāpén dǐxia gài lóu,

光 这一 项 就 花了 两千 三百 八十九 万 港币， 堪称 是 最 昂贵 的
guāng zhè yí xiàng jiù huāle liǎngqiān sānbǎi bāshíjiǔ wàn gǎngbì, kānchēng shì zuì ángguì de

保护 措施 了。
bǎohù cuòshī le.

太古 大厦 落成 之后，人们 可以 乘 滚动 扶梯一次 到位，来到 太古
Tàigǔ Dàshà luòchéng zhīhòu, rénmen kěyǐ chéng gǔndòng fútī yí cì dàowèi, láidào Tàigǔ

大厦 的 顶层。 出 后门，那儿 是 一 片 自然 景色。一棵大树 出现 在 人们
Dàshà de dǐngcéng. Chū hòumén, nàr shì yí piàn zìrán jǐngsè. Yì kē dà shù chūxiàn zài rénmen

面前， 树干 有一米半粗，树冠 直径 足有 二十多米， 独木 成 林，
miànqián, shùgàn yǒu yì mǐ bàn cū, shùguān zhíjìng zú yǒu èrshí duō mǐ, dú mù chéng lín,

非常 壮观， 形成 一座以它为 中心 的 小 公园， 取 名 叫
fēicháng zhuàngguān, xíngchéng yí zuò yǐ tā wéi zhōngxīn de xiǎo gōngyuán, qǔ míng jiào

"榕圃"。 树 前面 // 插着 铜牌，……
"róngpǔ". Shù qiánmiàn // chāzhe tóngpái, …

节选自舒乙《香港：最贵的一棵树》
Jiéxuǎn zì Shū Yǐ《Xiānggǎng: Zuì Guì De Yì Kē Shù》

作品 48 号

一、读词语

（一）第二声相连的词语

1. 时节（shíjié）	2. 南国（nánguó）	3. 农民（nóngmín）
4. 常常（chángcháng）	5. 涨潮时河水（zhǎng cháo shí héshuǐ）	

（二）第四声相连的词语

1. 面目（miànmù）	2. 渐渐（jiànjiàn）	3. 就像（jiù xiàng）
4. 绿叶（lǜ yè）	5. 缝隙（fèngxì）	6. 翠绿（cuìlǜ）
7. 树叶（shùyè）	8. 颤动（chàndòng）	9. 树下（shù xià）
10. 片刻（piànkè）	11. 但是（dànshì）	12. 注意（zhùyì）
13. 大概（dàgài）	14. 这样（zhèyàng）	15. 就是（jiù shì）
16. 照在（zhào zài）	17. 看那里（kàn nàli）	18. 生命力（shēngmìnglì）
19. 第二天（dì-èr tiān）	20. 从远处看（cóng yuǎnchù kàn）	21. 现在正是（xiànzài zhèng shì）
22. 枝繁叶茂（zhīfán-yèmào）	23. 立在地上（lì zài dì shang）	24. 地是湿的（dì shì shī de）
25. 是一棵大树（shì yì kē dà shù）	26. 在这棵树上（zài zhè kē shù shang）	27. 却看不见一只（què kàn bu jiàn yì zhī）

（三）第三声相连的词语

1. 只有（zhí yǒu）	2. 缓缓地（huánhuǎn de）	3. 有山有塔（yóu shān yóu tǎ）
4. 有许多（yóu xǔduō）	5. 给我们（géi wǒmen）	6. 我有机会（wó yǒu jīhui）
7. 有数不清的（yóu shǔ bu qīng de）	8. 小鸟（xiáoniǎo）	

（四）"一"与词语相连

1. 一棵（yì kē）	2. 一直（yìzhí）	3. 一部分（yí bùfen）
4. 一样（yíyàng）	5. 一簇（yí cù）	6. 一片（yí piàn）
7. 一个（yí gè）	8. 一只（yì zhī）	9. 一次（yí cì）
10. 一切（yíqiè）		

（五）轻声词语

1. 我们（wǒmen）	2. 它们（tāmen）	3. 这里（zhèli）
4. 那里（nàli）	5. 上去（shàngqu）	6. 朋友（péngyou）
7. 影子（yǐngzi）	8. 眼睛（yǎnjing）	9. 部分（bùfen）
10. 早晨（zǎochen）	11. 机会（jīhui）	12. 那个（nàge）
13. 地方（dìfang）	14. 看不见（kàn bu jiàn）	15. 数不清（shǔ bu qīng）
16. 我们的（wǒmen de）	17. 明亮地（míngliàng de）	18. 船开了（chuán kāi le）
19. 拨着船（bōzhe chuán）	20. 泥土里（nítú li）	21. 水面上（shuǐmiàn shang）
22. 冲上岸去（chōngshang àn qu）		

（六）儿化词语

1. 一点儿（yìdiǎnr）		

二、读句子

那么　多　的　绿叶，//一簇/堆　在　另一簇的　　上面，//　不留一点儿　缝隙。///
Nàme duō de lǜ yè,　yí cù duī zài lìng yí cù de shàngmiàn,　bù liú yìdiǎnr fèngxì.

三、读作品48号

　　我们　的　船　渐渐　地　逼近　榕树　了。我　有　机　会　看清　它的　真　　面目：
　　Wǒmen de chuán jiànjiàn de bījìn róngshù le. Wó yǒu jīhui kànqīng tā de zhēn miànmù:

是　一棵大树，有　数　不　清　的　丫枝，枝　上　又　生　根，有　许多　根　一直
Shì yì kē dà shù, yóu shǔ bu qīng de yāzhī, zhī shang yòu shēng gēn, yóu xǔduō gēn yìzhí

垂到　地　上，　伸进　泥土　里。一　部分　树枝　垂到　　水面，从　　远处　看，就
chuídào dì shang, shēnjìn nítú li. Yí bùfen shùzhī chuídào shuǐmiàn, cóng yuǎnchù kàn, jiù

像　一棵大树斜躺在　水面　　上　一样。
xiàng yì kē dà shù xié tǎng zài shuǐmiàn shang yíyàng.

　　现在　　正　是　枝繁叶茂　的　时节。这棵　榕树　　好像　在　把　它的　全部
　　Xiànzài zhèng shì zhīfán-yèmào de shíjié. Zhè kē róngshù hǎoxiàng zài bǎ tā de quánbù

生命力　　展示　给　我们　看。那么多的绿叶，一簇堆在另一簇的　上面，
shēngmìnglì zhǎnshì géi wǒmen kàn. Nàme duō de lǜ yè, yí cù duī zài lìng yí cù de shàngmiàn,

不留一点儿　缝隙。翠绿的　颜色　　明亮　地在我们的　眼前　　闪耀，似乎每一
bù liú yìdiǎnr fèngxì. Cuìlǜ de yánsè míngliàng de zài wǒmen de yǎnqián shǎnyào, sìhū měi yí

片　树叶　上　都　有一个　新的　　生命　　在　　颤动，这美丽的　南国的　树！
piàn shùyè shang dōu yǒu yí gè xīn de shēngmìng zài chàndòng, zhè měilì de nánguó de shù!

　　船　　在　树　下　泊了片刻，岸　上　很湿，我们　　没有　　上去。朋友　说
　　Chuán zài shù xià bóle piànkè, àn shang hěn shī, wǒmen méiyou shàngqu. Péngyou shuō

这里是"鸟的　天堂"，有　许多鸟在这棵树　上　　做窝，农民　不许人去
zhèli shì "niǎo de tiāntáng", yóu xǔduō niǎo zài zhè kē shù shang zuò wō, nóngmín bùxǔ rén qù

捉　它们。我　仿佛　听见　几只　鸟扑翅的　声音，　但是　　等到　我的　眼睛
zhuō tāmen. Wó fǎngfú tīngjiàn jǐ zhī niǎo pū chì de shēngyīn, dànshì děngdào wǒ de yǎnjing

注意　地看那里时，我　却　看不见一只鸟的　影子。只有　无数的　树根立在
zhùyì de kàn nàli shí, wǒ què kàn bu jiàn yì zhī niǎo de yǐngzi. Zhí yǒu wúshù de shùgēn lì zài

地上，像　许多根　木桩。地是湿的，大概　涨　潮时河水　　常常
dì shang, xiàng xǔduō gēn mùzhuāng. Dì shì shī de, dàgài zhǎng cháo shí héshuǐ chángcháng

冲上　　岸去。"鸟的　天堂"里没有一只鸟，我　这样　　想到。船开了，
chōngshang àn qu. "Niǎo de tiāntáng" li méiyou yì zhī niǎo, wǒ zhèyàng xiǎngdào. Chuán kāi le,

一个　朋友　拨着船，　缓缓　地流到河　中间　去。
yí gè péngyou bōzhe chuán, huánhuǎn de liúdào hé zhōngjiān qù.

　　第二天，我们　划着　船　到一个　朋友的　家乡去，就是那个有　山
　　Dì-èr tiān, wǒmen huázhe chuán dào yí gè péngyou de jiāxiāng qù, jiù shì nàge yǒu shān

有塔的地方。从　学校　出发，我们　又　经过那"鸟的　天堂"。
yóu tǎ de dìfang. Cóng xuéxiào chūfā, wǒmen yòu jīngguò nà "niǎo de tiāntáng".

　　这一次是在早晨，阳光　　照在水面　上，也照在树梢　上。
　　Zhè yí cì shì zài zǎochen, yángguāng zhào zài shuǐmiàn shang, yě zhào zài shùshāo shang.

一切都　显得　非常　　光明。//……
Yíqiè dōu xiǎnde fēicháng guāngmíng.//…

　　　　　　　　　　　　　　　　　　节选自巴金《小鸟　的　天堂》
　　　　　　　　　　　　　　　　　　Jiéxuǎn zì Bā Jīn《Xiáoniǎo De Tiāntáng》

作品 49 号

一、读词语

（一）第二声相连的词语

1. 回答（huídá）	2. 完全（wánquán）	3. 结合（jiéhé）
4. 常人（chángrén）	5. 达成（dáchéng）	6. 如何狭（rúhé xiá）
7. 曲曲折折（qūqūzhézhé）	8. 顽强不屈（wánqiáng bùqū）	

（二）第四声相连的词语

1. 这样（zhèyàng）	2. 致密（zhìmì）	3. 就是（jiù shì）
4. 用尽（yòngjìn）	5. 意志（yìzhì）	6. 但是（dànshì）
7. 抗拒（kàngjù）	8. 机械力（jīxièlì）	9. 必定要（bìdìng yào）
10. 气力最大（qìlì zuì dà）	11. 这是一种（zhè shì yì zhǒng）	12. 放在要剖析的（fàng zài yào pōuxī de）
13. 透到地面上来（tòudào dìmiàn shàng lai）		

（三）第三声相连的词语

1. 理解（líjiě）	2. 也许（yéxǔ）	3. 小草（xiáocǎo）
4. 阻止（zúzhǐ）	5. 往土壤钻（wǎng túrǎng zuān）	6. 所可以显现（suǒ kéyǐ xiǎnxiàn）

（四）"一、不"与词语相连

1. 一个（yí gè）	2. 一切（yíqiè）	3. 一粒（yí lì）
4. 一些（yìxiē）	5. 一发芽（yì fā yá）	6. 一棵（yì kē）
7. 一种（yì zhǒng）	8. 一点儿（yìdiǎnr）	

1. 不对（bú duì）		

（五）轻声词语

1. 故事（gùshi）	2. 什么（shénme）	3. 东西（dōngxi）
4. 有的（yǒude）	5. 似的（shìde）	6. 多少（duōshao）
7. 种子（zhǒngzi）	8. 力气（lìqi）	9. 力量（lìliang）
10. 那么（nàme）	11. 世界上（shìjiè shang）	12. 分出来（fēn chulai）
13. 头盖骨里（tóugàigú li）	14. 分开了（fēnkāi le）	15. 看见过（kànjiànguo）
16. 为着（wèizhe）	17. 纷纭得很（fēnyún de hěn）	18. 显现出来的（xiǎnxiàn chulai de）
19. 完整地（wánzhěng de）		

二、读句子

你 看见过 / 被压在瓦砾和 石块 下面 的 / 一棵 小草 的 生长 吗？///
Nǐ kànjiànguo bèi yā zài wǎlì hé shíkuài xiàmiàn de yì kē xiǎocǎo de shēngzhǎng ma?

三、读作品49号

有 这样 一个 故事。
Yǒu zhèyàng yí ge gùshi.

有 人 问：世界 上 什么 东西 的 气力最大？回答 纷纭 得 很，有的 说
Yǒu rén wèn: Shìjiè shang shénme dōngxi de qìlì zuì dà? Huídá fēnyún de hěn, yǒude shuō

"象"，有的 说 "狮"，有人 开 玩笑 似的 说 是 "金刚"， 金刚 有 多少
"xiàng", yǒude shuō "shī", yǒu rén kāi wánxiào shìde shuō shì "Jīngāng", Jīngāng yǒu duōshao

气力，当然 大家 全 不 知道。
qìlì, dāngrán dàjiā quán bù zhīdao.

结果，这 一切 答案 完全 不对，世界 上 气力最大的，是 植物的 种子。
Jiéguǒ, zhè yíqiè dá'àn wánquán bú duì, shìjiè shang qìlì zuì dà de, shì zhíwù de zhǒngzi.

一粒 种子 所可以 显现 出来 的 力，简直 是 超越 一切。
Yí lì zhǒngzi suǒ kéyǐ xiǎnxiàn chulai de lì, jiǎnzhí shì chāoyuè yíqiè.

人 的 头盖骨，结合 得 非常 致密 与坚固， 生理学家 和 解剖学者 用尽了
Rén de tóugàigǔ, jiéhé de fēicháng zhìmì yǔ jiāngù, shēnglǐxuéjiā hé jiěpōuxuézhě yòngjìnle

一切 的 方法，要把它 完整 地分出来，都 没有 这 种 力气。后来 忽然 有
yíqiè de fāngfǎ, yào bǎ tā wánzhěng de fēn chulai, dōu méiyou zhè zhǒng lìqi. Hòulái hūrán yǒu

人 发明了 一个 方法，就 是 把一些 植物的 种子 放在要 剖析的 头盖骨里，
rén fāmíngle yí ge fāngfǎ, jiù shì bǎ yìxiē zhíwù de zhǒngzi fàng zài yào pōuxī de tóugàigǔ li,

给它以 温度与 湿度，使它发芽。一发芽，这些 种子 便 以可怕的 力量，将
gěi tā yǐ wēndù yǔ shīdù, shǐ tā fā yá. Yì fā yá, zhèxiē zhǒngzi biàn yǐ kěpà de lìliang, jiāng

一切机械力所不能 分开的骨骼， 完整 地分开了。植物 种子 的 力量之大，
yíqiè jīxièlì suǒ bù néng fēnkāi de gǔgé, wánzhěng de fēnkāi le. Zhíwù zhǒngzi de lìliang zhī dà,

如此 如此。
rúcǐ rúcǐ.

这，也许 特殊了一点儿， 常人 不 容易 理解。那么，你 看见过 笋的 成
Zhè, yéxǔ tèshūle yìdiǎnr, chángrén bù róngyì lǐjiě. Nàme, nǐ kànjiànguo sǔn de chéng-

长 吗？你 看见过 被压在瓦砾和 石块 下面 的一棵 小草 的 生长
zhǎng ma? Nǐ kànjiànguo bèi yā zài wǎlì hé shíkuài xiàmiàn de yì kē xiáocǎo de shēngzhǎng

吗？它 为着 向往 阳光， 为着 达成 它的 生 之意志，不管 上
ma? Tā wèizhe xiàngwǎng yángguāng, wèizhe dáchéng tā de shēng zhī yìzhì, bùguǎn shàng-

面 的 石块 如何 重， 石与 石之间 如何 狭，它必定 要 曲曲折折 地，但是
miàn de shíkuài rúhé zhòng, shí yǔ shí zhī jiān rúhé xiá, tā bìdìng yào qūqūzhézhé de, dànshì

顽强 不屈地透到 地面 上来。它的根 往 土壤 钻，它的芽 往 地面
wánqiáng bùqū de tòudào dìmiàn shàng lai. Tā de gēn wǎng tǔrǎng zuān, tā de yá wǎng dìmiàn

挺， 这是一 种 不可 抗拒 的力，阻止它的 石块， 结果 也被它 掀翻，一粒
tǐng, zhè shì yì zhǒng bùkě kàngjù de lì, zúzhǐ tā de shíkuài, jiéguǒ yě bèi tā xiānfān, yí lì

种子 的力量之大，// 如此 如此。……
zhǒngzi de lìliang zhī dà, // rúcǐ rúcǐ.…

节选 自夏 衍《野草》
Jiéxuǎn zì Xià Yǎn《Yěcǎo》

作品 50 号

一、读词语

（一）第二声相连的词语

1. 斜斜（xiéxié）	2. 挪移（nuóyí）	3. 茫茫然（mángmángrán）
4. 凝然（níngrán）	5. 觉察（juéchá）	6. 徘徊（páihuái）
7. 何曾（hécéng）		

（二）第四声相连的词语

1. 但是（dànshì）	2. 那是（nà shì）	3. 现在（xiànzài）
4. 射进（shèjìn）	5. 默默（mòmò）	6. 伶伶俐俐（línglínglìlì）
7. 跨过（kuàguò）	8. 再见（zài jiàn）	9. 万户（wàn hù）

（三）第三声相连的词语

| 1. 尽管（jínguǎn） | 2. 洗手（xí shǒu） | 3. 只有（zhíyǒu） |

（四）"一、不"与词语相连

| 1. 一去（yí qù） | 2. 一日（yí rì） | |

| 1. 不复返（bú fùfǎn） | | |

（五）轻声词语

1. 燕子（yànzi）	2. 去了（qù le）	3. 来的（lái de）
4. 时候（shíhou）	5. 枯了（kū le）	6. 开的（kāi de）
7. 青的（qīng de）	8. 谢了（xiè le）	9. 我们（wǒmen）
10. 聪明（cōngming）	11. 告诉（gàosu）	12. 日子（rìzi）
13. 为什么（wèi shénme）	14. 偷了（tōu le）	15. 他们吧（tāmen ba）
16. 逃走了吧（táozǒu le ba）	17. 到了（dàole）	18. 哪里呢（náli ne）
19. 来着（lái zhe）	20. 早上（zǎoshang）	21. 起来的（qǐlai de）
22. 小屋里（xiǎowū li）	23. 太阳（tàiyang）	24. 脚啊（jiǎo wa）
25. 跟着（gēnzhe）	26. 水盆里（shuǐpén li）	27. 过去（guòqu）
28. 饭碗里（fànwǎn li）	29. 遮挽着（zhēwǎnzhe）	30. 身上（shēnshang）
31. 床上（chuáng shang）	32. 溜走了（liūzǒule）	33. 掩着（yǎnzhe）
34. 叹息里（tànxī li）	35. 闪过了（shǎnguò le）	36. 日子里（rìzi li）
37. 世界里（shìjiè li）	38. 什么呢（shénme ne）	39. 罢了（bàle）
40. 匆匆里（cōngcōng li）	41. 吹散了（chuīsàn le）	42. 蒸融了（zhēngróng le）
43. 留着（liúzhe）		

（六）儿化词语

1. 影儿（yǐng'er）		

二、读句子

1. 但是，// 聪明 的，// 你 告诉 我，// 我们 的 日子 / 为 什么 一 去 不 复返 呢？///
   Dànshì, cōngming de, nǐ gàosu wǒ, wǒmen de rìzi wèi shénme yí qù bú fùfǎn ne?

2. 去 的 / 尽管 去 了，// 来 的 / 尽管 来 着；// 去 来 的 中间，// 又 怎样 地
   Qù de jínguǎn qù le, lái de jínguǎn lái zhe; qù lái de zhōngjiān, yòu zěnyàng de

   匆匆 呢？///
   cōngcōng ne?

3. 早上 / 我 起来 的 时候，// 小屋 里 / 射进 两三 方 / 斜斜 的 太阳。///
   Zǎoshang wó qǐlai de shíhou, xiǎowū li shèjìn liǎng-sān fāng xiéxié de tàiyang.

4. 太阳 / 他 有 脚 啊，// 轻轻悄悄 地 挪移 了；// 我 也 茫茫然 / 跟着
   Tàiyang/ tā yóu jiǎo wa, qīngqīngqiāoqiāo de nuóyí le; wó yě mángmángrán gēnzhe

   旋转。///
   xuánzhuǎn.

5. 默默 时，// 便 从 凝然 的 双眼 前 / 过去。///
Mòmò shí, biàn cóng níngrán de shuāngyǎn qián guòqu.

6. 我 / 觉察 他 去 的 匆匆 了，// 伸出 手 / 遮挽 时，// 他 / 又 从 遮挽着
Wǒ juéchá tā qù de cōngcōng le, shēnchū shǒu zhēwǎn shí, tā yòu cóng zhēwǎnzhe

的 手 边 / 过去；// 天 黑 时，// 我 / 躺 在 床 上，// 他 / 便 伶伶俐俐 地 / 从 我
de shǒu biān guòqu; tiān hēi shí, wǒ tǎng zài chuáng shang, tā biàn línglínglìlì de cóng wǒ

身 上 跨过，// 从 我 脚 边 飞去 了。///
shēnshang kuàguò, cóng wǒ jiǎo biān fēiqù le.

7. 只有 / 徘徊 罢了，// 只有 / 匆匆 罢了；// 在 八千 多 日 的 匆匆 里，// 除
Zhíyǒu páihuái bale, zhíyǒu cōngcōng bale; zài bāqiān duō rì de cōngcōng li, chú

徘徊 外，// 又 剩 些 什么 呢？///
páihuái wài, yòu shèng xiē shénme ne?

8. 过去 的 日子 / 如 轻烟，// 被 微风 / 吹散 了，// 如 薄雾，// 被 初阳 蒸融
Guòqu de rìzi rú qīngyān, bèi wēifēng chuīsàn le, rú bówù, bèi chūyáng zhēngróng

了；// 我 / 留着 些 什么 痕迹 呢？///
le; wǒ liúzhe xiē shénme hénjì ne?

三、读作品 50 号

燕子 去 了，有 再 来 的 时候；杨柳 枯 了，有 再 青 的 时候；桃花 谢 了，有
Yàzi qù le, yǒu zài lái de shíhou; yángliǔ kū le, yǒu zài qīng de shíhou; táohuā xiè le, yǒu

再 开 的 时候。但是， 聪明 的，你 告诉 我，我们 的 日子 为 什么 一 去 不 复返
zài kāi de shíhou. Dànshì, cōngming de, nǐ gàosu wǒ, wǒmen de rìzi wèi shénme yí qù bú fùfǎn

呢？——是 有 人 偷了 他们 吧：那 是 谁？又 藏 在 何 处 呢？是 他们 自己 逃走
ne? ——Shì yǒu rén tōule tāmen ba: Nà shì shéi? Yòu cáng zài hé chù ne? Shì tāmen zìjǐ táozǒu

了 吧：现在 又 到 了 哪里 呢？
le ba: Xiànzài yòu dàole nǎli ne?

去 的 尽管 去 了，来 的 尽管 来 着；去 来 的 中间， 又 怎样 地 匆匆
Qù de jínguǎn qù le, lái de jínguǎn lái zhe; qù lái de zhōngjiān, yòu zěnyàng de cōngcōng

呢？早上 我 起来 的 时候，小屋 里 射进 两三 方 斜斜 的 太阳。太阳 他
ne? Zǎoshang wǒ qǐlai de shíhou, xiǎowū li shèjìn liǎng-sān fāng xiéxié de tàiyang. Tàiyang tā

有 脚 啊，轻轻悄悄 地 挪移 了；我 也 茫茫然 跟着 旋转。于是——
yǒu jiǎo wa, qīngqīngqiāoqiāo de nuóyí le; wǒ yě mángmángrán gēnzhe xuánzhuǎn. Yúshì——

洗手的时候，日子从水盆里过去；吃饭的时候，日子从饭碗里过去；默默时，便从凝然的双眼前过去。我觉察他去的匆匆了，伸出手遮挽时，他又从遮挽着的手边过去；天黑时，我躺在床上，他便伶伶俐俐地从我身上跨过，从我脚边飞去了。等我睁开眼和太阳再见，这算又溜走了一日。我掩着面叹息。但是新来的日子的影儿又开始在叹息里闪过了。

在逃去如飞的日子里，在千门万户的世界里的我能做些什么呢？只有徘徊罢了，只有匆匆罢了；在八千多日的匆匆里，除徘徊外，又剩些什么呢？过去的日子如轻烟，被微风吹散了，如薄雾，被初阳蒸融了；我留着些什么痕迹呢？我何曾留着像游丝样的痕迹呢？我赤裸裸来//到这世界，……

节选自朱自清《匆匆》

作品 51 号

一、读词语

（一）第二声相连的词语

| 1. 小男孩儿（xiǎo nánháir） | 2. 极其（jíqí） | 3. 学习（xuéxí） |

（二）第四声相连的词语

1. 这样（zhèyàng）	2. 那是（nà shì）	3. 愿望（yuànwàng）
4. 那位（nà wèi）	5. 灿烂（cànlàn）	6. 题目是（tímù shì）
7. 肯定会（kěndìng huì）	8. 智力受损（zhìlì shòusǔn）	9. 第二个是（dì-èr gè shì）
10. 就是这篇（jiù shì zhè piān）	11. 蹦蹦跳跳（bèngbèngtiàotiào）	12. 是在等待（shì zài děngdài）

（三）第三声相连的词语

1. 只有（zhí yǒu）	2. 美好（méihǎo）	3. 我有两个（wó yóu liǎng gè）
4. 你很聪明（ní hěn cōngming）	5. 一点儿也不笨（yìdiánr yě bú bèn）	

（四）"一、不"与词语相连

1. 一次（yí cì）	2. 一个（yí gè）	3. 第一个（dì-yī gè）
4. 一笔一画（yìbǐ-yíhuà）		

1. 不笨（bú bèn）		

（五）轻声词语

1. 鼻子（bízi）	2. 因为（yīnwei）	3. 比方（bǐfang）
4. 别人（biéren）	5. 聪明（cōngming）	6. 喜欢（xǐhuan）
7. 朗读了（lǎngdúle）	8. 得过（déguo）	9. 看着（kànzhe）
10. 写得（xiě de）	11. 他的（tā de）	12. 认真地（rènzhēn de）
13. 班上（bān shang）	14. 信封里（xìnfēng li）	15. 学习起来（xuéxí qilai）
16. 等着妈妈醒来（děngzhe māma xǐnglái）		

二、读句子

那 天，//他 起得 特别 早，//把 作文本 / 装 在一个 亲手 做 的/美丽 的
Nà tiān, tā qǐ de tèbié zǎo, bǎ zuòwénběn zhuāng zài yí gè qīnshǒu zuò de měilì de

大 信封 里，//等着 妈妈 醒来。///
dà xìnfēng li, děngzhe māma xǐnglái.

三、读作品 51 号

有 个 塌鼻子的 小 男孩儿，因为 两 岁时 得过 脑炎，智力 受损，学习 起来
Yǒu gè tā bízi de xiǎo nánháir, yīnwei liǎng suì shí déguo nǎoyán, zhìlì shòusǔn, xuéxí qilai

很 吃力。打 个 比方，别人 写 作文 能 写 二三百 字，他 却 只 能 写 三五
hěn chīlì. Dǎ gè bǐfang, biéren xiě zuòwén néng xiě èr-sānbǎi zì, tā què zhǐ néng xiě sān-wǔ

行。 但 即便 这样 的 作文，他 同样 能 写得很 动人。
háng. Dàn jíbiàn zhèyàng de zuòwén, tā tóngyàng néng xiě de hěn dòngrén.

那 是 一 次 作文课，题目 是 《愿望》。他 极其 认真 地 想了 半天， 然后
Nà shì yí cì zuòwénkè, tímù shì《Yuànwàng》. Tā jíqí rènzhēn de xiǎngle bàntiān, ránhòu

极 认真 地 写。那 作文 极短，只有 三句话：我 有 两 个 愿望，第一 个
jí rènzhēn de xiě. Nà zuòwén jí duǎn, zhǐ yǒu sān jù huà: Wǒ yǒu liǎng gè yuànwàng, dì-yī gè

是，妈妈 天天 笑眯眯 地 看着 我 说："你 真 聪明。" 第二 个 是，老师
shì, māma tiāntiān xiàomīmī de kànzhe wǒ shuō: "Nǐ zhēn cōngming." Dì-èr gè shì, lǎoshī

天天 笑眯眯 地 看着 我 说："你 一点儿 也 不 笨。"
tiāntiān xiàomīmī de kànzhe wǒ shuō: "Nǐ yìdiǎnr yě bú bèn."

于是，就是 这 篇 作文， 深深 地 打动了 他的 老师，那位 妈妈 式 的
Yúshì, jiù shì zhè piān zuòwén, shēnshēn de dǎdòngle tā de lǎoshī, nà wèi māma shì de

老师 不仅 给了 他 最高 分，在 班 上 带 感情 地 朗读了 这 篇 作文，还
lǎoshī bùjǐn gěile tā zuì gāo fēn, zài bān shang dài gǎnqíng de lǎngdúle zhè piān zuòwén, hái

一笔一画 地 批道：你 很 聪明，你的 作文 写得 非常 感人，请 放心，
yìbǐ-yíhuà de pīdào: Nǐ hěn cōngming, nǐ de zuòwén xiě de fēicháng gǎnrén, qǐng fàngxīn,

妈妈 肯定 会 格外 喜欢 你 的，老师 肯定 会 格外 喜欢 你 的，大家 肯定
māma kěndìng huì géwài xǐhuan nǐ de, lǎoshī kěndìng huì géwài xǐhuan nǐ de, dàjiā kěndìng

会 格外 喜欢 你 的。
huì géwài xǐhuan nǐ de.

捧着 作文本，他 笑 了， 蹦蹦跳跳 地 回 家 了，像 只 喜鹊。但 他
Pěngzhe zuòwénběn, tā xiào le, bèngbèngtiàotiào de huí jiā le, xiàng zhī xǐquè. Dàn tā

并 没有 把 作文本 拿给 妈妈 看，他 是 在 等待， 等待着 一个 美好 的
bìng méiyou bǎ zuòwénběn ná gěi māma kàn, tā shì zài děngdài, děngdàizhe yí gè měihǎo de

时刻。
shíkè.

那个 时刻 终于 到了，是 妈妈 的 生日——一 个 阳光 灿烂 的
Nàge shíkè zhōngyú dào le, shì māma de shēngrì—— yí gè yángguāng cànlàn de

星期天。那 天，他 起得 特别 早，把 作文本 装 在一个 亲手 做 的 美丽 的
xīngqītiān. Nà tiān, tā qǐ de tèbié zǎo, bǎ zuòwénběn zhuāng zài yí gè qīnshǒu zuò de měilì de

大 信封 里，等着 妈妈 醒来。妈妈 刚刚 睁 眼 醒来，他 就 笑眯眯 地
dà xìnfēng li, děngzhe māma xǐnglái. Māma gānggāng zhēng yǎn xǐnglái, tā jiù xiàomīmī de

走到 妈妈 跟前 说："妈妈，今天 是 您 的 生日，我 要 // 送 给 您 一 件
zǒudào māma gēnqián shuō: "Māma, jīntiān shì nín de shēngrì, wǒ yào // sòng gěi nín yí jiàn

礼物。"……
lǐwù."…

节选 自 张 玉庭《一 个 美丽 的 故事》
Jiéxuǎn zì Zhāng Yùtíng《Yí Gè Měilì De Gùshi》

作品 52 号

一、读词语

（一）第二声相连的词语

| 1. 圆圆的（yuányuán de） | 2. 男孩儿（nánháir） | 3. 人群（rénqún） |

（二）第四声相连的词语

1. 饭菜（fàncài）	2. 覆盖（fùgài）	3. 夏日（xiàrì）
4. 半路（bànlù）	5. 外面（wàimiàn）	6. 后面（hòumiàn）
7. 看见（kànjiàn）	8. 这是（zhè shì）	9. 做便饭（zuò biànfàn）
10. 斜对面（xiéduìmiàn）	11. 以后就（yǐhòu jiù）	12. 搬到镇上去（bāndào zhèn shang qù）
13. 清澈见底（qīngchè jiàn dǐ）	14. 很快到站了（hěn kuài dào zhàn le）	

（三）第三声相连的词语

1. 很久（hén jiǔ）	2. 我也（wó yě）	3. 我想（wó xiǎng）
4. 买午餐（mái wǔcān）	5. 分给我（fēn géi wǒ）	6. 我总是（wó zǒngshì）
7. 远远地（yuányuǎn de）		

（四）"一、不"与词语相连

1. 一次（yí cì）	2. 一个（yí gè）	3. 一点儿（yìdiǎnr）
4. 一条（yì tiáo）	5. 一位（yí wèi）	6. 一路（yílù）
7. 一天（yìtiān）	8. 一身（yì shēn）	9. 一定（yídìng）
10. 一起（yìqǐ）	11. 第一次（dì-yī cì）	

| 1. 不认识（bú rènshi） | | |

（五）轻声词语

1. 时候（shíhou）	2. 我们（wǒmen）	3. 妈妈（māma）
4. 头发（tóufa）	5. 名字（míngzi）	6. 弟弟（dìdi）
7. 素净（sùjing）	8. 看着（kànzhe）	9. 给了（gěile）
10. 留下（liúxia）	11. 镇上（zhèn shang）	12. 溪水里（xīshuí li）
13. 笑眯眯地（xiàomīmī de）	14. 荒凉的（huāngliáng de）	

二、读句子

我一个人/跑到 防风林 外面去，//级任老师要大家/把 吃剩 的
wǒ yí gè rén pǎodào fángfēnglín wàimiàn qù, jírèn lǎoshī yào dàjiā bǎ chīshèng de

饭菜/分给我一点儿。///
fàncài fēn géi wǒ yìdiǎnr.

三、读作品 52 号

小学 的 时候，有一次 我们 去 海边 远足，妈妈 没有 做 便饭，给了
Xiǎoxué de shíhou, yǒu yí cì wǒmen qù hǎibiān yuǎnzú, māma méiyou zuò biànfàn, gěile

我十块钱买午餐。 好像 走了很久，很久，终于 到 海边 了，大家坐
wǒ shí kuài qián mǎi wǔcān. Hǎoxiàng zǒule hén jiǔ, hén jiǔ, zhōngyú dào hǎibiān le, dàjiā zuò

下来 便 吃 饭， 荒凉 的 海边 没有 商店，我一个人 跑到 防风林
xialai biàn chī fàn, huāngliáng de hǎibiān méiyou shāngdiàn, wǒ yí gè rén pǎodào fángfēnglín

外面 去，级任老师要大家把 吃剩 的饭菜分给我一点儿。有 两三 个
wàimiàn qù, jírèn lǎoshī yào dàjiā bǎ chīshèng de fàncài fēn géi wǒ yìdiǎnr. Yǒu liǎng-sān gè

男生 留下 一点儿给我，还有一个 女生，她的米饭 拌了 酱油， 很 香。
nánshēng liúxia yìdiǎnr géi wǒ, hái yǒu yí gè nǚshēng, tā de mǐfàn bànle jiàngyóu, hěn xiāng.

我 吃完 的 时候，她笑眯眯 地 看着 我，短 头发，脸 圆圆 的。
Wǒ chīwán de shíhou, tā xiàomīmī de kànzhe wǒ, duǎn tóufa, liǎn yuányuán de.

她的 名字 叫 翁 香玉。
Tā de míngzi jiào Wēng Xiāngyù.

每 天 放学 的 时候，她走的是 经过 我们 家的一条 小路，带着一
Měi tiān fàng xué de shíhou, tā zǒu de shì jīngguò wǒmen jiā de yì tiáo xiǎolù, dàizhe yí

位比她小的男孩儿，可能是弟弟。小路边是一条清澈见底的小溪，两
wèi bǐ tā xiǎo de nánháir, kěnéng shì dìdi. Xiǎolù biān shì yì tiáo qīngchè jiàn dǐ de xiǎoxī, liǎng

旁竹荫覆盖，我总是远远地跟在她后面。夏日的午后特别炎热，
páng zhúyīn fùgài, wó zǒngshì yuányuǎn de gēn zài tā hòumiàn. Xiàrì de wǔhòu tèbié yánrè,

走到半路她会停下来，拿手帕在溪水里浸湿，为小男孩儿擦脸。我也
zǒudào bànlù tā huì tíng xialai, ná shǒupà zài xīshuǐ li jìnshī, wèi xiǎo nánháir cā liǎn. Wó yě

在后面停下来，把肮脏的手帕弄湿了擦脸，再一路远远跟着她
zài hòumiàn tíng xialai, bǎ āngzāng de shǒupà nòngshīle cā liǎn, zài yílù yuányuǎn gēnzhe tā

回家。
huí jiā.

后来我们家搬到镇上去了，过几年我也上了中学。有
Hòulái wǒmen jiā bāndào zhèn shang qù le, guò jǐ nián wó yě shàngle zhōngxué. Yǒu

一天放学回家，在火车上，看见斜对面一位短头发、圆圆脸
yìtiān fàng xué huí jiā, zài huǒchē shang, kànjiàn xiéduìmiàn yí wèi duǎn tóufa, yuányuán liǎn

的女孩儿，一身素净的白衣黑裙。我想她一定不认识我了。火车很
de nǚháir, yì shēn sùjing de bái yī hēi qún. Wó xiǎng tā yídìng bú rènshi wǒ le. Huǒchē hěn

快到站了，我随着人群挤向门口，她也走近了，叫我的名字。这是
kuài dào zhàn le, wǒ suízhe rénqún jǐ xiàng ménkǒu, tā yě zǒujìn le, jiào wǒ de míngzi. Zhè shì

她第一次和我说话。
tā dì-yī cì hé wǒ shuō huà.

她笑眯眯的，和我一起走过月台。以后就没有再见过//她了。……
Tā xiàomīmī de, hé wǒ yìqǐ zǒuguò yuètái. Yǐhòu jiù méiyou zài jiànguo // tā le…

节选自苦伶《永远的记忆》
Jiéxuǎn zì Kǔ Líng《Yóngyuǎn De Jìyì》

作品 53 号

一、读词语

（一）第二声相连的词语

1. 繁华（fánhuá）	2. 行人（xíngrén）	3. 回答（huídá）
4. 神情（shénqíng）	5. 白云（báiyún）	6. 良辰（liángchén）
7. 叫人陶醉（jiào rén táozuì）		

（二）第四声相连的词语

1. 那样（nàyàng）	2. 淡淡（dàndàn）	3. 作用（zuòyòng）
4. 绿树（lǜshù）	5. 过路（guòlù）	6. 彼浩勒（Bǐhàolè）
7. 几个字（jǐ gè zì）	8. 就在于（jiù zàiyú）	9. 一块木牌（yí kuài mùpái）
10. 而是在身旁（ér shì zài shēnpáng）		

（三）第三声相连的词语

1. 乞讨（qǐtǎo）	2. 给你（géi nǐ）	3. 给我（géi wǒ）
4. 美好（méihǎo）	5. 美景（méijǐng）	6. 拿起笔（náqǐ bǐ）

（四）"一、不"与词语相连

1. 一个（yí gè）	2. 一笑（yí xiào）	3. 一片（yí piàn）
4. 一生（yìshēng）		

1. 不像（bú xiàng）	2. 不叫人（bú jiào rén）	

（五）轻声词语

1. 头发（tóufa）	2. 什么（shénme）	3. 有的（yǒude）
4. 这里（zhèli）	5. 晚上（wǎnshang）	6. 那个（nàge）
7. 极了（jí le）	8. 胡子（húzi）	9. 这么（zhème）
10. 怎么（zěnme）	11. 人们（rénmen）	12. 先生（xiānsheng）
13. 老人家（lǎorenjia）	14. 添上了（tiānshangle）	15. 站着（zhànzhe）
16. 失明的（shī míng de）	17. 悄悄地（qiāoqiāo de）	18. 街上（jiē shang）
19. 有人给你钱吗（yǒu rén géi nǐ qián ma）		

二、读句子

1. 在 繁华 的 / 巴黎大街 的 路旁，// 站着 一个 衣衫 褴褛、/ 头发 斑白、/
　Zài fánhuá de　Bālí dàjiē de lù páng, zhànzhe yí gè yīshān lánlǚ,　tóufa bānbái,

双　　目　失　明　的　老人。/// 他　不　像　其他　乞丐　那样 / 伸　手　向　过路　行人
shuāng mù shī míng de lǎorén.　Tā bú xiàng qítā qǐgài nàyàng shēn shǒu xiàng guòlù xíngrén

乞讨，//……
qǐtǎo, …

2. 这 天　中午，// 法国　著名　诗人　让·彼浩勒 / 也 经过 这里。///
　Zhè tiān zhōngwǔ,　Fǎguó zhùmíng shīrén Ràng Bǐhàolè　yě jīngguò zhèli.

三、读作品53号

在繁华的巴黎大街的路旁，站着一个衣衫褴褛、头发斑白、双目失明的老人。他不像其他乞丐那样伸手向过路行人乞讨，而是在身旁立一块木牌，上面写着："我什么也看不见！"街上过往的行人很多，看了木牌上的字都无动于衷，有的还淡淡一笑，便姗姗而去了。

这天中午，法国著名诗人让·彼浩勒也经过这里。他看看木牌上的字，问盲老人："老人家，今天上午有人给你钱吗？"

盲老人叹息着回答："我，我什么也没有得到。"说着，脸上的神情非常悲伤。

让·彼浩勒听了，拿起笔悄悄地在那行字的前面添上了"春天到了，可是"几个字，就匆匆地离开了。

晚上，让·彼浩勒又经过这里，问那个盲老人下午的情况。

盲老人笑着回答说："先生，不知为什么，下午给我钱的人多极了！"让·彼浩勒听了，摸着胡子满意地笑了。

"春天到了，可是我什么也看不见！"这富有诗意的语言，产生

这么 大的 作用， 就 在于 它 有 非常 浓厚 的 感情 色彩。是的，春天 是
zhème dà de zuòyòng, jiù zàiyú tā yǒu fēicháng nónghòu de gǎnqíng sècǎi. Shì de, chūntiān shì

美好 的，那 蓝天 白云，那 绿树 红花，那 莺歌燕舞， 那 流水 人家， 怎么 不
méihǎo de, nà lántiān báiyún, nà lǜshù hónghuā, nà yīnggē-yànwǔ, nà liúshuǐ rénjiā, zěnme bú

叫 人 陶醉 呢？但 这 良辰 美景， 对于 一个 双 目 失明 的 人 来说，
jiào rén táozuì ne? Dàn zhè liángchén měijǐng, duìyú yí gè shuāng mù shī míng de rén lái shuō,

只是 一片 漆黑。当 人们 想到 这个 盲 老人， 一生 中 竟 连 万紫
zhǐ shì yí piàn qīhēi. Dāng rénmen xiǎngdào zhège máng lǎorén, yìshēng zhōng jìng lián wànzǐ-

千红 的 春天 // 都 不曾 看到，……
-qiānhóng de chūntiān // dōu bùcéng kàndào, ……

节选 自 小学 《语文》 第六 册 中 《语言 的 魅力》
Jiéxuǎn zì xiǎoxué《Yǔwén》dì-liù cè zhōng《Yǔyán De Mèilì》

作品 54 号

一、读词语

（一）第二声相连的词语

| 1. 狼毫（lángháo） | 2. 尤其（yóuqí） | 3. 如能（rú néng） |
| 4. 来求他（lái qiú tā） | 5. 老年人（lǎoniánrén） | |

（二）第四声相连的词语

1. 四味（sì wèi）	2. 利禄（lìlù）	3. 大度（dàdù）
4. 替代（tìdài）	5. 运动（yùndòng）	6. 以当贵（yǐ dàng guì）
7. 以当富（yǐ dàng fù）	8. 以当肉（yǐ dàng ròu）	9. 会胜过（huì shèngguò）
10. 就赠给你（jiù zèng géi nǐ）	11. 粗茶淡饭（cūchá-dànfàn）	12. 通畅气血（tōngchàng qìxuè）
13. 在这四句里面（zài zhè sì jù lǐmiàn）	14. 比富贵更能（bǐ fùguì gèng néng）	15. 代替（dàitì）

（三）第三声相连的词语

1. 只有（zhíyǒu）	2. 使你（shí nǐ）	3. 早起（záo qǐ）
4. 可以（kéyǐ）	5. 可口（kékǒu）	6. 勉强（miánqiǎng）
7. 点点头（diándiǎn tóu）	8. 赠给你（zèng géi nǐ）	9. 挥洒起来（huīsá qilai）
10. 早寝以当富（záo qǐn yǐ dàng fù）		

（四）"一、不"与词语相连

1. 一次（yí cì）	2. 一张（yì zhāng）	3. 一点儿（yìdiǎnr）
4. 一会儿（yíhuìr）	5. 一个（yí gè）	6. 一脸（yì liǎn）
7. 一曰（yī yuē）	8. 进一步（jìnyíbù）	

1. 不要（búyào）		

（五）轻声词语

1. 朋友（péngyou）	2. 哪里（náli）	3. 意思（yìsi）
4. 良好的（liánghǎo de）	5. 考虑得（kǎolù de）	6. 茫然地（mángrán de）
7. 饱了（bǎole）	8. 写着（xiězhe）	9. 在纸上（zài zhǐ shang）

二、读句子

1. 苏 东坡 / 思索了一会儿，// 点点 头 说：// ……
   Sū Dōngpō sīsuǒle yíhuìr, diándiǎn tóu shuō:…

2. 一日 / 无事以当贵，// 二日 / 早寝以当富，// 三日 / 安步以当
   Yī yuē wú shì yǐ dàng guì, èr yuē zǎo qǐn yǐ dàng fù, sān yuē ān bù yǐ dàng

车， // 四曰 / 晚食以当肉。///
chē, sì yuē wǎn shí yǐ dàng ròu.

3. 所谓"无事以当贵"，// 是指 / 人 不要把 功名 利禄、/ 荣辱 过失 /
   Suǒwèi "wú shì yǐ dàng guì", shì zhǐ rén búyào bǎ gōngmíng lìlù, róngrǔ guòshī

考虑 得太多，//……
kǎolù de tài duō,…

4. "晚 食 以 当 肉"， // 意思是 / 人 应该 用 已饥方食、/ 未 饱 先止 /
   "Wǎn shí yǐ dàng ròu", yìsi shì rén yīnggāi yòng yǐ jī fāng shí, wèi bǎo xiān zhǐ

代替 对 美味 佳肴 的 贪吃 无 厌。///
dàitì duì měiwèi jiāyáo de tānchī wú yàn.

三、读作品54号

有 一次，苏 东坡 的 朋友 张 鹗拿着一 张 宣纸 来求他写一幅字，
Yǒu yí cì, Sū Dōngpō de péngyou Zhāng È názhe yì zhāng xuānzhǐ lái qiú tā xiě yì fú zì,

而且 希望 他写 一点儿 关于 养生 方面 的 内容。苏 东坡 思索了一会儿，
érqiě xīwàng tā xiě yìdiǎnr guānyú yǎngshēng fāngmiàn de nèiróng. Sū Dōngpō sīsuǒle yíhuìr,

点点头说:"我得到了一个养生长寿古方,药只有四味,今天就赠给你吧。"于是,东坡的狼毫在纸上挥洒起来,上面写着:"一日无事以当贵,二日早寝以当富,三日安步以当车,四日晚食以当肉。"

这哪里有药?张鹗一脸茫然地问。苏东坡笑着解释说,养生长寿的要诀,全在这四句里面。

所谓"无事以当贵",是指人不要把功名利禄、荣辱过失考虑得太多,如能在情志上潇洒大度,随遇而安,无事以求,这比富贵更能使人终其天年。

"早寝以当富",指吃好穿好、财货充足,并非就能使你长寿。对老年人来说,养成良好的起居习惯,尤其是早睡早起,比获得任何财富更加宝贵。

"安步以当车",指人不要过于讲求安逸,肢体不劳,而应多以步行来替代骑马乘车,多运动才可以强健体魄,通畅气血。

"晚食以当肉",意思是人应该用已饥方食、未饱先止代替对美味佳肴的贪吃无厌。他进一步解释,饿了以后才进食,虽然是粗茶

淡饭，但其香甜 可口会 胜过 山珍；如果饱了还要 勉强 吃，
-dànfàn, dàn qí xiāngtián kěkǒu huì shèngguò shānzhēn; rúguǒ bǎole hái yào miǎnqiǎng chī,

即使 美味 佳肴 摆在 眼前 也 难以 // 下咽。……
jíshǐ měiwèi jiāyáo bǎi zài yǎnqián yě nányǐ // xiàyàn.…

节选 自 蒲 昭和 《赠 你 四味 长寿药》
Jiéxuǎn zì Pú Zhāohé《Zèng Nǐ Sì Wèi Chángshòuyào》

作品 55 号

一、读词语

（一）第二声相连的词语

1. 丛林（cónglín）	2. 灵魂（línghún）	3. 成为（chéngwéi）
4. 前嫌（qiánxián）	5. 还能（hái néng）	6. 生存图景（shēngcún tújǐng）
7. 看成平面（kànchéng píngmiàn）		

（二）第四声相连的词语

1. 绿色（lǜsè）	2. 孕育（yùnyù）	3. 境遇（jìngyù）
4. 占据（zhànjù）	5. 放弃（fàngqì）	6. 兴致（xìngzhì）
7. 刻下（kèxià）	8. 过去（guòqù）	9. 却是（què shì）
10. 智慧（zhìhuì）	11. 最要紧（zuì yàojǐn）	12. 领略到（lǐnglüè dào）
13. 惊叹号（jīngtànhào）	14. 站在那里（zhàn zài nàli）	15. 消化痛苦（xiāohuà tòngkǔ）
16. 愉悦世界（yúyuè shìjiè）	17. 会较容易（huì jiào róngyì）	18. 一个句子（yí gè jùzi）
19. 引人注目（yǐn rén zhùmù）	20. 必不可少（bì bù ké shǎo）	21. 站在历史的（zhàn zài lìshǐ de）
22. 为世界带来（wèi shìjiè dàilái）	23. 寻觅到那片代表着（xúnmì dào nà piàn dàibiǎozhe）	

（三）第三声相连的词语

1. 爽朗（shuánglǎng）	2. 也许（yéxǔ）	3. 你可以（nǐ kéyǐ）
4. 你可能（ní kěnéng）	5. 足以使你（zúyǐ shí nǐ）	6. 寻找你自己（xúnzhǎo nǐ zìjǐ）
7. 可以减免许多（kéyǐ jiánmiǎn xǔduō）		

（四）"一、不"与词语相连

| 1. 一种（yì zhǒng） | 2. 一席之地（yìxízhīdì） | 3. 一个（yí gè） |

4. 一高高的枝头（yì gāogāo de zhītóu）		
1. 不悦（búyuè）	2. 不致（búzhì）	3. 不但（búdàn）

（五）轻声词语

1. 态度（tàidu）	2. 力量（lìliang）	3. 句子（jùzi）
4. 人们（rénmen）	5. 部分（bùfen）	6. 因为（yīnwei）
7. 容易地（róngyì de）	8. 活着（huózhe）	9. 要紧的（yàojǐn de）
10. 平面上（píngmiàn shang）	11. 充满着（chōngmǎnzhe）	

（六）儿化词语

1. 那点儿（nà diǎnr）		

二、读句子

1. 人 活着，// 最 要 紧 的 是 / 寻觅 到 那片 / 代表着 生命 绿色 / 和
   Rén huózhe, zuì yàojǐn de shì xúnmì dào nà piàn dàibiǎozhe shēngmìng lǜsè hé

   人类 希望 的 丛林，// ……
   rénlèi xīwàng de cónglín, …

2. 在那里，// 你可以 从 / 众生相 所 包含 的 甜酸苦辣、/ 百 味
   Zài nàli, nǐ kéyǐ cóng zhòngshēngxiàng suǒ bāohán de tián-suān-kǔ-là, bǎi wèi

   人生 中 / 寻找 你自己，// ……
   rénshēng zhōng xúnzhǎo nǐ zìjǐ, …

3. 因为那 平面 上 刻下的 / 大多是 凝固了的历史 / —— 过去的
   Yīnwei nà píngmiàn shang kèxià de dàduō shì nínggùle de lìshǐ —— guòqù de

   遗迹；// ……
   yíjì; …

三、读作品 55 号

人 活着，最 要紧的是 寻觅 到 那片 代表着 生命 绿色和人类
Rén huózhe, zuì yàojǐn de shì xúnmì dào nà piàn dàibiǎozhe shēngmìng lǜsè hé rénlèi

希望 的 丛林，然后 选 一 高高 的 枝头 站 在 那里 观览 人生，消化
xīwàng de cónglín, ránhòu xuǎn yì gāogāo de zhītóu zhàn zài nàli guānlǎn rénshēng, xiāohuà

痛苦，孕育 歌声，愉悦 世界！
tòngkǔ, yùnyù gēshēng, yúyuè shìjiè!

这可真是一种潇洒的人生态度,这可真是一种心境爽朗的情感风貌。

站在历史的枝头微笑,可以减免许多烦恼。在那里,你可以从众生相所包含的甜酸苦辣、百味人生中寻找你自己;你境遇中的那点儿苦痛,也许相比之下,再也难以占据一席之地;你会较容易地获得从不悦中解脱灵魂的力量,使之不致变得灰色。

人站得高些,不但能有幸早些领略到希望的曙光,还能有幸发现生命的立体的诗篇。每一个人的人生,都是这诗篇中的一个词、一个句子或者一个标点。你可能没有成为一个美丽的词,一个引人注目的句子,一个惊叹号,但你依然是这生命的立体诗篇中的一个音节、一个停顿、一个必不可少的组成部分。这足以使你放弃前嫌,萌生为人类孕育新的歌声的兴致,为世界带来更多的诗意。

最可怕的人生见解,是把多维的生存图景看成平面。因为那平面上刻下的大多是凝固了的历史——过去的遗迹;但活着

的 人们, 活 的 却 是 充满着 新生 智慧 的, 由 // 不断 逝去 的 "现在"
de rénmen, huó de què shì chōngmǎnzhe xīnshēng zhìhuì de, yóu // búduàn shìqù de "xiànzài"

组成 的 未来。……
zǔchéng de wèilái…

节选 自 [美] 本杰明·拉什《站 在 历史 的 枝头 微笑》
Jiéxuǎn zì [Měi] Běnjiémíng Lāshí《Zhàn Zài Lìshǐ De Zhītóu Wēixiào》

作品 56 号

一、读词语

（一）第二声相连的词语

| 1. 狭长（xiácháng） | 2. 闻名（wénmíng） | 3. 由南至北（yóu nán zhì běi） |
| 4. 犹如全岛（yóurú quán dǎo） | 5. 其余为（qíyú wéi） | 6. 蝴蝶王国（húdié wángguó） |

（二）第四声相连的词语

1. 大陆（dàlù）	2. 缎带（duàndài）	3. 瀑布（pùbù）
4. 四季（sìjì）	5. 热带（rèdài）	6. 胜地（shèngdì）
7. 四面（sìmiàn）	8. 受到（shòudào）	9. 纵贯（zòng guàn）
10. 世界（shìjiè）	11. 大陆架（dàlùjià）	12. 日月潭（Rì-Yuè Tán）

（三）第三声相连的词语

1. 主岛（zhúdǎo）	2. 只有（zhí yǒu）	3. 雨水（yúshuǐ）
4. 品种（pínzhǒng）	5. 给水稻（géi shuǐdào）	6. 三百九十（sānbǎi jiǔshí）
7. 鸟语花香（niáoyǔ-huāxiāng）	8. 可以隐隐约约（kéyǐ yínyǐnyuēyuē）	

（四）"一"与词语相连

| 1. 一百（yìbǎi） | 2. 一个（yí gè） | 3. 第一（dì-yī） |
| 4. 三分之一（sān fēn zhī yī） | | |

（五）轻声词语

1. 时候（shíhou）	2. 地方（dìfang）	3. 梭子（suōzi）
4. 脊梁（jǐliang）	5. 似的（shìde）	6. 甘蔗（gānzhe）
7. 中国的（Zhōngguó de）	8. 隔着（gézhe）	9. 岛上（dǎo shang）

二、读句子

1. 台湾岛上的山脉/纵贯南北,//中间的中央山脉/犹如
   Táiwān Dǎo shang de shānmài zòng guàn nánběi, zhōngjiān de Zhōngyāng Shānmài yóurú

   全岛的脊梁。///
   quán dǎo de jǐliang.

2. 岛内有/缎带般的瀑布,//蓝宝石似的湖泊,//四季常青的森林和
   Dǎo nèi yǒu duàndài bān de pùbù, lánbǎoshí shìde húpō, sìjì cháng qīng de sēnlín hé

   果园,//自然景色十分优美。///
   guǒyuán, zìrán jǐngsè shífēn yōuměi.

三、读作品 56 号

中国的第一大岛、台湾省的主岛台湾,位于中国大陆架的
Zhōngguó de dì-yī dà dǎo, Táiwān Shěng de zhúdǎo Táiwān, wèiyú Zhōngguó dàlùjià de

东南方,地处东海和南海之间,隔着台湾海峡和大陆相望。
dōngnánfāng, dì chǔ Dōng Hǎi hé Nán Hǎi zhī jiān, gézhe Táiwān Hǎixiá hé Dàlù xiāng wàng.

天气晴朗的时候,站在福建沿海较高的地方,就可以隐隐约约地
Tiānqì qínglǎng de shíhou, zhàn zài Fújiàn yánhǎi jiào gāo de dìfang, jiù kéyǐ yínyǐnyuēyuē de

望见岛上的高山和云朵。
wàngjiàn dǎo shang de gāo shān hé yúnduǒ.

台湾岛形状狭长,从东到西,最宽处只有一百四十多
Táiwān Dǎo xíngzhuàng xiácháng, cóng dōng dào xī, zuì kuān chù zhǐ yǒu yìbǎi sìshí duō

公里;由南至北,最长的地方约有三百九十多公里。地形像一个
gōnglǐ; yóu nán zhì běi, zuì cháng de dìfang yuē yǒu sānbǎi jiǔshí duō gōnglǐ. Dìxíng xiàng yí gè

纺织用的梭子。
fǎngzhī yòng de suōzi.

台湾岛上的山脉纵贯南北,中间的中央山脉犹如
Táiwān Dǎo shang de shānmài zòng guàn nánběi, zhōngjiān de Zhōngyāng Shānmài yóurú

全岛的脊梁。西部为海拔近四千米的玉山山脉,是中国东部的
quán dǎo de jǐliang. Xībù wéi hǎibá jìn sìqiān mǐ de Yù Shān Shānmài, shì Zhōngguó dōngbù de

最高峰。全岛约有三分之一的地方是平地,其余为山地。岛内有缎带般的瀑布,蓝宝石似的湖泊,四季常青的森林和果园,自然景色十分优美。西南部的阿里山和日月潭,台北市郊的大屯山风景区,都是闻名世界的游览胜地。

台湾岛地处热带和温带之间,四面环海,雨水充足,气温受到海洋的调剂,冬暖夏凉,四季如春,这给水稻和果木生长提供了优越的条件。水稻、甘蔗、樟脑是台湾的"三宝"。岛上还盛产鲜果和鱼虾。

台湾岛还是一个闻名世界的"蝴蝶王国"。岛上的蝴蝶共有四百多个品种,其中有不少是世界稀有的珍贵品种。岛上还有不少鸟语花香的蝴//蝶谷,……

节选自《中国的宝岛——台湾》

作品 57 号

一、读词语

(一)第二声相连的词语

| 1. 踟蹰（chíchú） | 2. 迟疑一下（chíyí yíxià） | 3. 成群（chéngqún） |
| 4. 人和牛（rén hé niú） | 5. 一头牛（yì tóu niú） | 6. 回过头来（huíguo tóu lái） |

| 7. 农闲时候（nóngxián shíhou） | 8. 可能还得（kěnéng hái děi） | 9. 朝同一方向
（cháo tóng yì fāngxiàng） |

（二）第四声相连的词语

1. 重担（zhòngdàn）	2. 算是（suàn shì）	3. 要算（yào suàn）
4. 要让路（yào ràng lù）	5. 就自动（jiù zìdòng）	6. 深褐色（shēnhèsè）
7. 印象最深 （yìnxiàng zuì shēn）	8. 在大地上（zài dàdì shang）	9. 或烈日下（huò lièrì xià）
10. 搬运负重 （bānyùn fùzhòng）	11. 终日绕着（zhōngrì ràozhe）	12. 站在树下 （zhàn zài shù xià）
13. 预计斗不过 （yùjì dòu bu guò）	14. 在路的尽头 （zài lù de jìntóu）	15. 一步又一步 （yí bù yòu yí bù）
16. 一列又一列 （yí liè yòu yí liè）		

（三）第三声相连的词语

1. 永远（yóngyuǎn）	2. 也许（yéxǔ）	3. 可以（kéyǐ）
4. 几口（jí kǒu）	5. 偶尔（óu'ěr）	6. 赶走（gánzǒu）
7. 我有（wó yǒu）	8. 留给我（liú géi wǒ）	9. 我领头（wó lǐng tóu）
10. 难免踩到（nánmiǎn cǎidào）		

（四）"一、不"与词语相连

1. 一种（yì zhǒng）	2. 一次（yí cì）	3. 一群（yì qún）
4. 一方（yì fāng）	5. 一队（yí duì）	6. 一肩（yì jiān）
7. 一步（yí bù）	8. 一列（yí liè）	9. 一头（yì tóu）

1. 不计程（bú jì chéng）		

（五）轻声词语

1. 朋友（péngyou）	2. 它们（tāmen）	3. 我们（wǒmen）
4. 畜生（chùsheng）	5. 时候（shíhou）	6. 地方（dìfang）
7. 觉得（juéde）	8. 人们（rénmen）	9. 收成（shōucheng）
10. 尾巴（wěiba）	11. 耳朵（ěrduo）	12. 苍蝇（cāngying）
13. 中国的（Zhōngguó de）	14. 弄得（nòng de）	15. 沉默地（chénmò de）
16. 有着（yǒuzhe）	17. 来了（láile）	18. 回过头来（huíguo tóu lái）
19. 泥水里（níshuí li）	20. 田垄上（tiánlǒng shang）	21. 停下来（tíng xialai）
22. 看看（kànkan）	23. 摇摇（yáoyao）	24. 摆摆（báibai）

二、读句子

1. 一群 朋友 郊游,// 我领头 / 在 狭窄的 阡陌 上 走,//……
   Yì qún péngyou jiāoyóu, wó lǐng tóu zài xiázhǎi de qiānmò shang zǒu,…

2. 恐怕 难免 / 踩到 田地 泥水里,// 弄 得 鞋袜 / 又 泥 又 湿 了。///
   Kǒngpà nánmiǎn cǎidào tiándì níshuǐ li, nòng de xiéwà yòu ní yòu shī le.

3. 它 可能 还得 担当 / 搬运 负重 的 工作;// 或 终日 绕着 石磨,// 朝 同 一 方向,// 走 不 计 程 的 路。///
   Tā kěnéng hái děi dāndāng bānyùn fùzhòng de gōngzuò; huò zhōngrì ràozhe shímò, cháo tóng yì fāngxiàng, zǒu bú jì chéng de lù.

三、读作品57号

对于 中国 的牛,我 有着 一 种 特别 尊敬 的 感情。
Duìyú Zhōngguó de niú, wó yǒuzhe yì zhǒng tèbié zūnjìng de gǎnqíng.

留给我 印象 最深的,要算在 田垄 上 的一次"相 遇"。
Liú géi wǒ yìnxiàng zuì shēn de, yào suàn zài tiánlǒng shang de yí cì "xiāng yù".

一群 朋友 郊游,我领头在 狭窄的 阡陌 上 走,怎料 迎面 来了几头 耕牛, 狭道 容 不下人和牛, 终 有一方要 让路。它们 还没有 走近,我们 已经 预计斗 不过 畜生, 恐怕 难免 踩到 田地 泥水里,弄 得 鞋袜 又 泥 又 湿 了。正 踟蹰 的时候,带头的一头牛,在离我们 不远 的 地方 停 下来, 抬起 头 看看, 稍 迟疑 一下, 就 自动 走下 田 去。一队 耕牛, 全 跟着 它离开 阡陌, 从 我们 身边 经过。
Yì qún péngyou jiāoyóu, wó lǐng tóu zài xiázhǎi de qiānmò shang zǒu, zěn liào yíngmiàn láile jǐ tóu gēngniú, xiá dào róng bú xià rén hé niú, zhōng yǒu yì fāng yào ràng lù. Tāmen hái méiyou zǒujìn, wǒmen yǐjīng yùjì dòu bú guò chùsheng, kǒngpà nánmiǎn cǎidào tiándì níshuǐ li, nòng de xiéwà yòu ní yòu shī le. Zhèng chíchú de shíhou, dài tóu de yì tóu niú, zài lí wǒmen bù yuǎn de dìfang tíng xialai, táiqǐ tóu kànkan, shāo chíyí yíxià, jiù zìdòng zǒuxia tián qù. Yí duì gēngniú, quán gēnzhe tā líkāi qiānmò, cóng wǒmen shēnbiān jīngguò.

我们 都呆了,回过 头来, 看着 深褐色 的牛队,在路的 尽头 消失,
Wǒmen dōu dāi le, huíguo tóu lái, kànzhe shēnhèsè de niúduì, zài lù de jìntóu xiāoshī,

忽然 觉得自己受了 很大 的恩惠。
hūrán juéde zìjǐ shòule hěn dà de ēnhuì.

中国 的牛，永远 沉默 地为人 做着 沉重 的 工作。在大地
Zhōngguó de niú, yóngyuǎn chénmò de wèi rén zuòzhe chénzhòng de gōngzuò. Zài dàdì

上， 在 晨光 或烈日下，它拖着 沉重 的犁， 低头一步又一步，拖出
shang, zài chénguāng huò lièrì xià, tā tuōzhe chénzhòng de lí, dī tóu yí bù yòu yí bù, tuōchū-

了身后一列又一列松土， 好让 人们 下 种。 等到 满地金黄 或
le shēn hòu yí liè yòu yí liè sōng tǔ, hǎo ràng rénmen xià zhǒng. Děngdào mǎn dì jīnhuáng huò

农闲 时候，它可能 还得 担当 搬运 负重 的 工作；或 终日 绕着
nóngxián shíhou, tā kěnéng hái děi dāndāng bānyùn fùzhòng de gōngzuò; huò zhōngrì ràozhe

石磨， 朝 同一 方向， 走不计 程 的路。
shímò, cháo tóng yì fāngxiàng, zǒu bú jì chéng de lù.

在它沉默 的 劳动 中，人 便 得到 应得的 收成。
Zài tā chénmò de láodòng zhōng, rén biàn dédào yīng dé de shōucheng.

那 时候，也许， 它可以松一肩 重担， 站在树下，吃几口 嫩草。偶尔
Nà shíhou, yéxǔ, tā kéyǐ sōng yì jiān zhòngdàn, zhàn zài shù xià, chī jí kǒu nèn cǎo. Óu'ěr

摇摇 尾巴，摆摆耳朵，赶走飞附身 上 的 苍蝇，已经 算 是它最 闲适
yáoyao wěiba, báibai ěrduo, gánzǒu fēi fù shēn shang de cāngying, yǐjīng suàn shì tā zuì xiánshì

的 生活 了。
de shēnghuó le.

中国 的牛，没有 成群 奔跑 的习 // 惯，……
Zhōngguó de niú, méiyou chéngqún bēnpǎo de xí // guàn,…

节选自小思《中国 的牛》
Jiéxuǎn zì Xiǎo Sī《Zhōngguó De Niú》

作品58号

一、读词语

（一）第二声相连的词语

1. 成为（chéngwéi）	2. 划船（huá chuán）	3. 二十年前（èrshí nián qián）
4. 虽然荷花（suīrán héhuā）		

（二）第四声相连的词语

1. 旧历（jiùlì）	2. 二月（Èryuè）	3. 碧浪（bì làng）
4. 看到（kàndào）	5. 断定（duàndìng）	6. 绿色（lǜsè）
7. 颤动（chàndòng）	8. 万虑（wàn lǜ）	9. 但是（dànshì）
10. 各色（gèsè）	11. 便是（biàn shì）	12. 并不（bìng bù）
13. 要住在（yào zhù zài）	14. 在那里（zài nàli）	15. 一定要住（yídìng yào zhù）
16. 必定会教人（bìdìng huì jiào rén）	17. 算作最理想（suànzuò zuì lǐxiǎng）	18. 到处都是绿（dàochù dōu shì lǜ）
19. 那片淡而光润（nà piàn dàn ér guāngrùn）	20. 绿色会像音乐（lǜsè huì xiàng yīnyuè）	21. 去判断（qù pànduàn）
22. 就受一点儿（jiù shòu yìdiǎnr）		

（三）第三声相连的词语

1. 可以（kéyǐ）	2. 所以（suóyǐ）	3. 理想（líxiǎng）
4. 只有（zhíyǒu）	5. 我想（wó xiǎng）	6. 使我（shí wǒ）
7. 我所看见（wó suǒ kànjiàn）	8. 北海可以（Béihǎi kéyǐ）	9. 不管我的（bùguán wǒ de）
10. 打好主意（dáhǎo zhǔyi）	11. 嫩柳与菜花（nèn liǔ yǔ cài huā）	12. 可以甲天下（kéyǐ jiǎ tiānxià）

（四）"一、不"与词语相连

1. 一片（yí piàn）	2. 一项（yí xiàng）

1. 不冷不热（bù lěng bú rè）

（五）轻声词语

1. 这里（zhèli）	2. 似的（shìde）	3. 什么（shénme）
4. 样子（yàngzi）	5. 柿子（shìzi）	6. 葡萄（pútao）
7. 为了（wèile）	8. 我的（wǒ de）	9. 轻轻地（qīngqīng de）
10. 相当得（xiāngdāng de）	11. 看见了（kànjiànle）	12. 住过（zhùguo）
13. 说出来（shuō chulai）		

（六）儿化词语

1. 好玩儿（hǎowánr）	2. 那点儿（nàdiǎnr）	3. 枣儿（zǎor）

二、读句子

1. 由 我 看到 的 / 那点儿 春光，// 已经 可以 断定，// 杭州 的 春天 /
Yóu wǒ kàndào de nàdiǎnr chūnguāng, yǐjīng kéyǐ duàndìng, Hángzhōu de chūntiān

必定 会 教 人 整 天 生活 在 / 诗 与 图画 之 中。///
bìdìng huì jiào rén zhěng tiān shēnghuó zài　shī yǔ túhuà zhī zhōng.

2. 到处 都 是 绿，// 目 之 所 及，// 那 片 淡 而 光润 的 绿色 / 都 在 轻轻
Dàochù dōu shì lǜ,　mù zhī suǒ jí,　nà piàn dàn ér guāngrùn de lǜsè dōu zài qīngqīng

地 颤动，// 仿佛 要 流入 空中 与 心 中 似的。///
de chàndòng,　fǎngfú yào liúrù kōngzhōng yǔ xīn zhōng shìde.

3. 虽然 并 不 怎样 和暖，// 可是 为了 水仙，// 素心 腊梅，// 各色 的
Suīrán bìng bù zěnyàng hénuǎn,　kěshì wèile shuǐxiān,　sù xīn làméi,　gèsè de

茶花，//……
cháhuā,…

三、读作品 58 号

不管 我 的 梦想 能否 成为 事实，说 出来 总是 好玩儿 的：
Bùguǎn wǒ de mèngxiǎng néngfǒu chéngwéi shìshí, shuō chulai zǒngshì hǎowánr de:

春天， 我 将 要 住 在 杭州。二十 年 前，旧历 的 二月 初，在 西湖 我
Chūntiān, wǒ jiāng yào zhù zài Hángzhōu. Èrshí nián qián, jiùlì de Èryuè chū, zài Xī Hú wǒ

看见了 嫩柳 与 菜花，碧 浪 与 翠 竹。由 我 看到 的 那点儿 春光， 已经
kànjiànle nèn liǔ yǔ cài huā, bì làng yǔ cuì zhú. Yóu wǒ kàndào de nàdiǎnr chūnguāng, yǐjīng

可以 断定， 杭州 的 春天 必定 会 教 人 整 天 生活 在 诗 与 图画
kéyǐ duàndìng, Hángzhōu de chūntiān bìdìng huì jiào rén zhěng tiān shēnghuó zài shī yǔ túhuà

之 中。所以，春天 我 的 家 应当 是 在 杭州。
zhī zhōng. Suóyǐ, chūntiān wǒ de jiā yīngdāng shì zài Hángzhōu.

夏天，我 想 青城 山 应当 算作 最 理想 的 地方。在 那里，我
Xiàtiān, wó xiǎng Qīngchéng Shān yīngdāng suànzuò zuì líxiǎng de dìfang. Zài nàli, wǒ

虽然 只 住过 十 天，可是 它 的 幽静 已 拴住了 我 的 心灵。在 我 所 看见
suīrán zhǐ zhùguo shí tiān, kěshì tā de yōujìng yǐ shuānzhùle wǒ de xīnlíng. Zài wó suǒ kànjiàn-

过 的 山水 中，只有 这里 没有 使 我 失望。 到处 都 是 绿，目 之 所 及，
guo de shānshuǐ zhōng, zhíyǒu zhèli méiyou shí wǒ shīwàng. Dàochù dōu shì lǜ, mù zhī suǒ jí,

那 片 淡 而 光润 的 绿色 都 在 轻轻 地 颤动，仿佛 要 流入 空中 与
nà piàn dàn ér guāngrùn de lǜsè dōu zài qīngqīng de chàndòng, fǎngfú yào liúrù kōngzhōng yǔ

心中似的。这个绿色会像音乐，涤清了心中的万虑。

秋天一定要住北平。天堂是什么样子，我不知道，但是从我的生活经验去判断，北平之秋便是天堂。论天气，不冷不热。论吃的，苹果、梨、柿子、枣儿、葡萄，每样都有若干种。论花草，菊花种类之多，花式之奇，可以甲天下。西山有红叶可见，北海可以划船——虽然荷花已残，荷叶可还有一片清香。衣食住行，在北平的秋天，是没有一项不使人满意的。

冬天，我还没有打好主意，成都或者相当得合适，虽然并不怎样和暖，可是为了水仙，素心腊梅，各色的茶花，仿佛就受一点儿寒 // 冷，……

节选自老舍《住的梦》

作品 59 号

一、读词语

（一）第二声相连的词语

1. 藤萝（téngluó）	2. 条幅（tiáofú）	3. 从来（cónglái）
4. 盘虬（pánqiú）	5. 长河（chánghé）	6. 十多年前（shí duō nián qián）
7. 察言观色（cháyán-guānsè）		

（二）第四声相连的词语

1. 瀑布（pùbù）	2. 淡淡（dàndàn）	3. 梦幻（mènghuàn）
4. 试探（shìtàn）	5. 遇到（yùdào）	6. 但是（dànshì）
7. 那是（nà shì）	8. 在这（zài zhè）	9. 这样盛（zhèyàng shèng）
10. 这样密（zhèyàng mì）	11. 好像在（hǎoxiàng zài）	12. 各种各样（gè zhǒng gè yàng）
13. 挂在树梢（guà zài shùshāo）	14. 就像迸溅的（jiù xiàng bèngjiàn de）	

（三）第三声相连的词语

1. 浅紫色（qiánzǐsè）	2. 点点（diándiǎn）	3. 小小（xiáoxiǎo）
4. 深深浅浅（shēnshēnqiánqiǎn）	5. 我抚摸（wó fǔmō）	

（四）"一、不"与词语相连

1. 一片（yí piàn）	2. 一条（yì tiáo）	3. 一朵（yì duǒ）
4. 一般（yìbān）	5. 一株（yì zhū）	6. 一穗（yí suì）
7. 一串（yí chuàn）	8. 一下（yíxià）	

1. 不见（bú jiàn）	2. 不断（búduàn）	3. 不幸（búxìng）

（五）轻声词语

1. 部分（bùfen）	2. 这里（zhèli）	3. 除了（chúle）
4. 什么（shénme）	5. 别的（bié de）	6. 关系（guānxi）
7. 这么（zhème）	8. 那里（nàli）	9. 泛着（fànzhe）
10. 见过（jiànguo）	11. 停住了（tíngzhùle）	12. 辉煌的（huīhuáng de）
13. 开得（kāi de）		

二、读句子

1. 只是 深深浅浅 的紫，//仿佛 在 流动，//在 欢笑，//在不停地
Zhǐshì shēnshēnqiánqiǎn de zǐ, fǎngfú zài liúdòng, zài huānxiào, zài bù tíng de
生长。///
shēngzhǎng.

2. 紫色的大条幅 上，//泛着 点点 银光，//就 像 迸溅 的 水花。///
Zǐsè de dà tiáofú shang, fànzhe diándiǎn yínguāng, jiù xiàng bèngjiàn de shuǐhuā.

3. 忽然记起/十多 年 前，//家门 外也曾 有过 /一大 株 紫藤萝，//……
Hūrán jìqǐ shí duō nián qián, jiā mén wài yě céng yǒuguo yí dà zhū zǐténgluó,…

4. 后来 索性 / 连那 稀零的 花串 / 也 没有 了。//
Hòulái suǒxìng lián nà xīlíng de huāchuàn yě méiyǒu le.

5. 紫色的瀑布 / 遮住了 粗壮 的 / 盘虬 卧龙 般 的 枝干，// 不断 地 流着，//
Zǐsè de pùbù zhēzhùle cūzhuàng de pánqiú wòlóng bān de zhīgàn, búduàn de liúzhe,

流着，// 流 向 人 的 心底。///
liúzhe, liú xiàng rén de xīndǐ.

6. 我 抚摸了一下 / 那 小小 的 / 紫色的 花舱，// 那里满 装了 / 生命
Wó fǔmōle yíxià nà xiáoxiǎo de zǐsè de huācāng, nàli mǎn zhuāngle shēngmìng

的 酒酿，//……
de jiǔniàng, …

三、读作品59号

我 不由得 停住了 脚步。
Wǒ bùyóude tíngzhùle jiǎobù.

从 未 见过 开得 这样 盛 的 藤萝，只见 一片 辉煌 的 淡紫色，
Cóng wèi jiànguo kāi de zhèyàng shèng de ténɡluó, zhǐjiàn yí piàn huīhuáng de dànzǐsè,

像 一条 瀑布，从 空中 垂下，不见其发端，也不见其 终极，只是
xiàng yì tiáo pùbù, cóng kōngzhōng chuíxià, bú jiàn qí fāduān, yě bú jiàn qí zhōngjí, zhǐshì

深深浅浅 的紫，仿佛 在 流动，在 欢笑，在 不停 地 生长。紫色的大
shēnshēnqiánqiǎn de zǐ, fǎngfú zài liúdòng, zài huānxiào, zài bù tíng de shēngzhǎng. Zǐsè de dà

条幅 上，泛着 点点 银光，就 像 迸溅 的 水花。仔细 看 时，才 知那
tiáofú shang, fànzhe diándiǎn yínguāng, jiù xiàng bèngjiàn de shuǐhuā. Zǐxì kàn shí, cái zhī nà

是 每一朵紫花 中 的最浅 淡的部分，在和 阳光 互相 挑逗。
shì měi yì duǒ zǐ huā zhōng de zuì qiǎn dàn de bùfen, zài hé yángguāng hùxiāng tiǎodòu.

这里 除了 光彩，还 有 淡淡 的 芳香。香气 似乎 也是 浅紫色 的，
Zhèli chúle guāngcǎi, hái yǒu dàndàn de fāngxiāng. Xiāngqì sìhū yě shì qiánzǐsè de,

梦幻 一般 轻轻 地 笼罩着 我。忽然 记起十多 年 前，家 门 外也
mènghuàn yìbān qīngqīng de lǒngzhàozhe wǒ. Hūrán jìqǐ shí duō nián qián, jiā mén wài yě

曾 有过 一大 株 紫藤萝，它 依傍 一株枯 槐 爬 得 很 高，但 花朵 从来
céng yǒuguo yí dà zhū zǐténgluó, tā yībàng yì zhū kū huái pá de hěn gāo, dàn huāduǒ cónglái

都 稀落，东一穗西一串 伶仃 地挂在 树梢， 好像 在 察颜观色，
dōu xīluò, dōng yí suì xī yí chuàn língdīng de guà zài shùshāo, hǎoxiàng zài cháyán-guānsè,

试探 什么。后来 索性 连那稀零的 花串 也 没有了。园 中别的
shìtàn shénme. Hòulái suǒxìng lián nà xīlíng de huāchuàn yě méiyǒu le. Yuán zhōng bié de

紫藤 花架也都 拆掉， 改 种了 果树。那时 的 说法是，花和 生活 腐化
zǐténg huājià yě dōu chāidiào, gǎi zhòngle guǒshù. Nàshí de shuōfǎ shì, huā hé shēnghuó fǔhuà

有 什么 必然 关系。我 曾 遗憾地想：这里再看不见 藤萝花 了。
yǒu shénme bìrán guānxi. Wǒ céng yíhàn de xiǎng: Zhèlǐ zài kàn bu jiàn téngluóhuā le.

过了 这么 多 年，藤萝 又 开花了，而且开得 这样 盛， 这样 密，
Guòle zhème duō nián, téngluó yòu kāi huā le, érqiě kāi de zhèyàng shèng, zhèyàng mì,

紫色的 瀑布 遮住了 粗壮 的 盘虬 卧龙 般的 枝干，不断 地 流着，流着，流
zǐsè de pùbù zhēzhùle cūzhuàng de pánqiú wòlóng bān de zhīgàn, búduàn de liúzhe, liúzhe, liú

向 人 的 心底。
xiàng rén de xīndǐ.

花 和人 都会 遇到各 种 各 样 的 不幸， 但是 生命 的 长河 是
Huā hé rén dōu huì yùdào gè zhǒng gè yàng de búxìng, dànshì shēngmìng de chánghé shì

无 止境 的。我 抚摸了一下那 小小 的紫色的 花舱，那里满 装了 生命
wú zhǐjìng de. Wó fǔmōle yíxià nà xiáoxiǎo de zǐsè de huācāng, nàlǐ mǎn zhuāngle shēngmìng

的 酒酿，它 张满了 帆，在这 // 闪光 的 花的 河流 上 航行。……
de jiǔniàng, tā zhāngmǎnle fān, zài zhè // shǎnguāng de huā de héliú shang hángxíng……

节选 自 宗 璞《紫藤萝 瀑布》
Jiéxuǎn zì Zōng Pú《Zǐténgluó Pùbù》

作品 60 号

一、读词语

（一）第二声相连的词语

1. 名人（míngrén）	2. 回答（huídá）	3. 其实（qíshí）
4. 形成（xíngchéng）	5. 难题（nántí）	6. 填埋（tiánmái）
7. 而焚烧（ér fénshāo）	8. 三十年代（sānshí niándài）	9. 可能达到（kěnéng dádào）
10. 二〇〇二年 （èr líng líng èr nián）		

（二）第四声相连的词语

1. 就是（jiù shì）	2. 大量（dàliàng）	3. 数量（shùliàng）
4. 重量（zhòngliàng）	5. 技术（jìshù）	6. 甚至（shènzhì）
7. 树木（shùmù）	8. 被问及（bèi wèn jí）	9. 最重要（zuì zhòngyào）
10. 废弃物（fèiqìwù）	11. 就会（jiù huì）	12. 散落在（sànluò zài）
13. 二噁英（èr'èyīng）	14. 一旦被（yídàn bèi）	15. 热带地区（rèdài dìqū）
16. 上个世纪（shàng gè shìjì）	17. 上述报道（shàngshù bàodào）	18. 就不可能（jiù bù kěnéng）
19. 会释放出（huì shìfàng chū）	20. 社会问题（shèhuì wèntí）	21. 废弃塑料袋（fèiqì sùliàodài）
22. 人类最糟糕的（rénlèi zuì zāogāo de）	23. 包括用塑料制成的（bāokuò yòng sùliào zhìchéng de）	

（三）第三声相连的词语

1. 水准（shuízhǔn）	2. 等等（déngděng）	3. 处理（chúlǐ）
4. 有理有据（yóulǐ-yǒujù）		

（四）"一、不"与词语相连

1. 一次（yí cì）	2. 一位（yí wèi）	3. 一家（yì jiā）
4. 一种（yì zhǒng）	5. 一旦（yídàn）	

1. 不降解（bú jiàngjiě）		

（五）轻声词语

1. 什么（shénme）	2. 为什么（wèi shénme）	3. 人们（rénmen）
4. 庄稼（zhuāngjia）	5. 他的（tā de）	

二、读句子

1. 他的 回答 / 实事求是，// 有理有据。///
　Tā de huídá shíshì-qiúshì,　yóulǐ-yǒujù.

2. 诞生　于　上　个世纪　三十　年代　的　塑料袋，// 其家族　包括 / 用　塑料
　Dànshēng yú shàng gè shìjì sānshí niándài de sùliàodài,　qí jiāzú bāokuò yòng sùliào

制成　的 快餐 饭盒、/ 包装纸、/ 餐 用 杯 盘、/ 饮料瓶、/ 酸奶杯、/
zhìchéng de kuàicān fànhé, bāozhuāngzhǐ, cān yòng bēi pán, yǐnliàopíng, suānnǎibēi,

雪糕杯　/　等等。///
xuěgāobēi　déngděng.

3. 其中 一 种 / 称为 二噁英 的 化合物，// 毒性 极 大。///
Qízhōng yì zhǒng chēngwéi èr'èyīng de huàhéwù, dúxìng jí dà.

三、读作品 60 号

在一次名人访问中，被问及上个世纪最重要的发明是什么时，有人说是电脑，有人说是汽车，等等。但新加坡的一位知名人士却说是冷气机。他解释，如果没有冷气，热带地区如东南亚国家，就不可能有很高的生产力，就不可能达到今天的生活水准。他的回答实事求是，有理有据。

看了上述报道，我突发奇想：为什么没有记者问："二十世纪最糟糕的发明是什么？"其实二〇〇二年十月中旬，英国的一家报纸就评出了"人类最糟糕的发明"。获此"殊荣"的，就是人们每天大量使用的塑料袋。

诞生于上个世纪三十年代的塑料袋，其家族包括用塑料制成的快餐饭盒、包装纸、餐用杯盘、饮料瓶、酸奶杯、雪糕杯等等。这些废弃物形成的垃圾，数量多、体积大、重量轻、不降解，给治理工作带来很多技术难题和社会问题。

比如，散落在田间、路边及草丛中的塑料餐盒，一旦被牲畜
Bǐrú, sànluò zài tiánjiān, lùbiān jí cǎocóng zhōng de sùliào cānhé, yídàn bèi shēngchù

吞食，就会危及健康甚至导致死亡。填埋废弃塑料袋、塑料餐盒的
tūnshí, jiù huì wēijí jiànkāng shènzhì dǎozhì sǐwáng. Tiánmái fèiqì sùliàodài, sùliào cānhé de

土地，不能生长庄稼和树木，造成土地板结，而焚烧处理这些
tǔdì, bù néng shēngzhǎng zhuāngjia hé shùmù, zàochéng tǔdì bǎnjié, ér fénshāo chǔlǐ zhèxiē

塑料垃圾，则会释放出多种化学有毒气体，其中一种称为
sùliào lājī, zé huì shìfàng chū duō zhǒng huàxué yǒu dú qìtǐ, qízhōng yì zhǒng chēngwéi

二噁英的化合物，毒性极大。
èr'èyīng de huàhéwù, dúxìng jí dà.

此外，在生产塑料袋、塑料餐盒的 // 过程中使用的氟利昂，……
Cǐwài, zài shēngchǎn sùliàodài, sùliào cānhé de // guòchéng zhōng shǐyòng de fúlì'áng,…

节选自林光如《最糟糕的发明》
Jiéxuǎn zì Lín Guāngrú《Zuì Zāogāo De Fāmíng》

第六章　命题说话

第一节　测试说明

这是普通话水平测试的第五项，要求应试人在无文字凭借的情况下说出一段话，限时3分钟，以测查应试人在普通话语流中语音标准的程度，词汇、语法规范的程度，表达自然流畅的程度。

《普通话水平测试实施纲要》中提供了30个备选话题，测试时应试人抽签确定话题。

30个话题如下：

1. 我的愿望（或理想）	16. 我的成长之路
2. 我的学习生活	17. 谈谈科技发展与社会生活
3. 我尊敬的人	18. 我知道的风俗
4. 我喜爱的动物（或植物）	19. 我和体育
5. 童年的记忆	20. 我的家乡（或熟悉的地方）
6. 我喜爱的职业	21. 谈谈美食
7. 难忘的旅行	22. 我喜欢的节日
8. 我的朋友	23. 我所在的集体（学校、机关、公司等）
9. 我喜爱的文学（或其他）艺术形式	24. 谈谈社会公德（或职业道德）
10. 谈谈卫生与健康	25. 谈谈个人修养
11. 我的业余生活	26. 我喜欢的明星（或其他知名人士）
12. 我喜欢的季节（或天气）	27. 我喜爱的书刊
13. 学习普通话的体会	28. 谈谈对环境保护的认识
14. 谈谈服饰	29. 我向往的地方
15. 我的假日生活	30. 购物（消费）的感受

这部分的测试要求和评分标准如下：

测试要求	评分标准
应试者从给出的两个话题中任选一个。说话限时3分钟。	1. 话题 应试者必须说满3分钟。说话不足3分钟者将酌情扣分：缺时1分钟以内（含1分钟），扣1分、2分、3分；缺时1分钟以上，扣4分、5分、6分；说话不满30秒（含30秒），本测试项成绩计为0分。

(续表)

测试要求	评分标准
	2. 语流 （1）语音标准程度，共 20 分。分六档： 第一档：语音标准，或极少失误。不扣分或扣 0.5 分、1 分。 第二档：语音错误在 10 次以下，有方音但不明显。扣 1.5 分、2 分。 第三档：语音错误在 10 次以下，但方音比较明显；或语音错误在 10 至 15 次之间，有方音但不明显。扣 3 分、4 分。 第四档：语音错误在 10 次至 15 次之间，方音比较明显。扣 5 分、6 分。 第五档：语音错误超过 15 次，方音明显。扣 7 分、8 分、9 分。 第六档：语音错误多，方音重。扣 10 分、11 分、12 分。 （2）词汇语法规范程度，共 5 分。分三档： 第一档：词汇、语法规范。不扣分。 第二档：词汇、语法偶有不规范的情况。扣 0.5 分、1 分。 第三档：词汇、语法屡有不规范的情况。扣 2 分、3 分。 （3）表达流畅程度，共 5 分。分三档： 第一档：语言自然流畅。不扣分。 第二档：语言基本流畅，口语化较差，有类似背稿子的表现。扣 0.5 分、1 分。 第三档：语言不连贯，语调生硬。扣 2 分、3 分。

第二节　说话训练

为了便于应试人备考，我们把《普通话水平测试实施纲要》中的 30 个话题归纳为 12 个类别，每个类别包括 1 到 6 个不等的话题。下面是 12 个类别 30 个话题的简表（说明：每个话题前面的序号是该话题在《纲要》中的序号，例如"个人"中的"8"）：

类别	话　题	类别	话　题
一、个人	8. 我的朋友 3. 我尊敬的人 26. 我喜欢的明星（或其他知名人士）	七、地方与风俗	18. 我知道的风俗 20. 我的家乡（或熟悉的地方） 29. 我向往的地方
二、集体	23. 我所在的集体（学校、机关、公司等）	八、购物与饮食	14. 谈谈服饰 21. 谈谈美食 30. 购物（消费）的感受
三、成长	1. 我的愿望（或理想） 5. 童年的记忆 16. 我的成长之路	九、学习与修养	13. 学习普通话的体会 24. 谈谈社会公德（或职业道德） 25. 谈谈个人修养
四、生活	11. 我的业余生活 2. 我的学习生活 15. 我的假日生活	十、科技与生活	17. 谈谈科技发展与社会生活

(续表)

类别	话 题	类别	话 题
五、最爱	6. 我喜爱的职业 4. 我喜爱的动物（或植物） 9. 我喜爱的文学（或其他）艺术形式 12. 我喜欢的季节 22. 我喜欢的节日 27. 我喜爱的书刊	十一、旅游	7. 难忘的旅行
六、环境与健康	28. 谈谈对环境保护的认识 10. 谈谈卫生与健康	十二、运动	19. 我和体育

在每个类别中，我们对每一个话题提供了内容提示和词语提示，并选取一个话题重点练习，提供一篇自编的400字参考范文。话题的序号沿用了30个话题在《纲要》中的序号。

一、个人

8. 我的朋友

内容提示	详细描述一个朋友的外貌特征、性格、人品、与自己的友情等。
词语提示 （8～10个）	鼻子　脸　头发　个子　活泼　开朗　喜欢　爱好　帮助 bízi　liǎn　tóufa　gèzi　huópō　kāilǎng　xǐhuan　àihào　bāngzhù

● 范文

我　的　朋友
Wǒ De Péngyou

　　我　最好的　朋友　是我的大学　同学，她个子不太高，瓜子脸，高高的
　　Wǒ zuì hǎo de péngyou shì wǒ de dàxué tóngxué, tā gèzi bú tài gāo, guāzǐ liǎn, gāogāo de

鼻子，脸　白白的，头发　总是　剪得　很　短，给人　感觉　就　像　个男孩子。她的
bízi,　liǎn báibái de, tóufa zǒngshì jiǎn de hén duǎn, gěi rén gǎnjué jiù xiàng gè nánháizi. Tā de

性格　活泼　开朗，　永远　都是　笑呵呵的，和她在一起，你　永远　不会
xìnggé huópō kāilǎng, yóngyuǎn dōu shì xiàohēhē de,　hé tā zài yìqǐ,　nǐ yóngyuǎn bú huì

感到　　无聊。她还十分　热心，如果　谁　有　困难，她一定会　主动　伸出
gǎndào　wúliáo. Tā hái shífēn rèxīn, rúguǒ shéi yǒu kùnnan, tā yídìng huì zhǔdòng shēnchū

援助　之手，所以大家　都　很　喜欢　她。
yuánzhù zhī shǒu, suóyǐ dàjiā dōu hén xǐhuan tā.

我们俩住在一个宿舍,每天一起去上课,一起去食堂吃饭,一起去图书馆自习,形影不离。周末我们还会一起去逛街,逛公园,到处去找好吃的东西,那时候的生活真是太令人怀念了。

大学毕业以后,我们到了不同的城市,一个在南方,一个在北方,相隔千里,虽然工作都很忙,但是我们还会经常打打电话,发发短信,在网上聊聊天儿,有时候出差到对方的城市,一定会狠狠地宰对方一顿,再彻夜聊个天儿。白驹过隙,后年我们就毕业十周年了,我们约定,在毕业十周年的时候,一起回到母校,去看看我们的老师,我们的校园,我们的宿舍,和那些不知道还在不在的我们经常光顾的小店儿。

3. 我尊敬的人

内容提示	详细描述一个人的高尚品德和行为,重点叙述他有什么优秀的品质,或者做出了什么突出的贡献,值得我尊敬,可以举一两个例子。
词语提示 (8~10个)	品德 帮助 无私 捐助 奉献 谦虚 成就 诚实 守信 pǐndé bāngzhù wúsī juānzhù fèngxiàn qiānxū chéngjiù chéngshí shǒuxìn

26. 我喜欢的明星(或其他知名人士)

内容提示	详细描述一个明星的外貌特征和艺术成绩,重点介绍他/她的代表作、受欢迎程度和人格魅力,是不是热心公益,并说明你为什么喜欢这个明星。
词语提示 (8~10个)	美丽 帅 魅力 票房 专辑 著名 代表作 公益 měilì shuài mèilì piàofáng zhuānjí zhùmíng dàibiǎozuò gōngyì

二、集体

23. 我所在的学校（集体、机关、公司等）

内容提示	介绍你所在的学校，首先介绍学校的大概情况，比如学校的规模，学校的性质，然后着重介绍学校的特色，把与众不同的地方表达出来。
词语提示（8~10个）	规模　校园　学生　课堂　食堂　文化　特色　交流 guīmó　xiàoyuán　xuésheng　kètáng　shítáng　wénhuà　tèsè　jiāoliú

范文

我 所在的 学校
Wǒ Suǒ Zài De Xuéxiào

我所在的学校是北京语言大学，简称北语。可能你还不太熟悉，但在国外我们学校可是鼎鼎有名，甚至是外国人眼中最有名的中国大学。因为北语是中国唯一一所以教授外国人汉语和中国文化为主要任务的国际性大学，每年都有一万多名来自全世界一百多个国家的留学生在这里学习。从几个星期、几个月的短期培训，到一两年的进修教育，再到本科、硕士、博士研究生，每一个想要学习汉语或者对中国文化有兴趣的外国人都可以在这里找到适合他的课堂。这里已经走出了数位外国元首，不计其数的外交官和民间使者。

这里是名副其实的小联合国，走在校园里，你可以看到各个国家不同的肤色，听到各个国家各异的语言，尝到各个国家风味独特的

美食，而这里也成了世界流行趋势的风向标，在这里，你可以看到
měishí, ér zhèli yě chéngle shìjiè liúxíng qūshì de fēngxiàngbiāo, zài zhèli, nǐ kéyǐ kàndào

米兰当季的最新流行款式，韩国女生当下最流行的妆饰在
Mǐlán dàngjì de zuì xīn liúxíng kuǎnshì, Hánguó nǚshēng dāngxià zuì liúxíng de zhuāngshì zài

这里也已经传遍。
zhèli yé yǐjīng chuánbiàn.

这里还是一个思想和文化交流的舞台，各国师生在同一个
Zhèli hái shì yí gè sīxiǎng hé wénhuà jiāoliú de wǔtái, gè guó shīshēng zài tóng yí gè

校园里学习、生活，各种文化和思想相互碰撞、交融，
xiàoyuán li xuéxí, shēnghuó, gè zhǒng wénhuà hé sīxiǎng xiānghù pèngzhuàng, jiāoróng,

加强了人们对世界"和而不同"的理解，增进了彼此之间的信任和友谊。
jiāqiángle rénmen duì shìjiè "hé ér bù tóng" de lǐjiě, zēngjìnle bǐcǐ zhī jiān de xìnrèn hé yǒuyì.

这就是我的学校。她不大，却很美，而且绝对与众不同。我爱我
Zhè jiù shì wǒ de xuéxiào. Tā bú dà, què hén měi, érqiě juéduì yǔ zhòng bù tóng. Wǒ ài wǒ

的学校！
de xuéxiào!

三、成长

1. 我的愿望（或理想）

内容提示	介绍自己的愿望或理想，先表明这个愿望或理想是什么，为什么有这样的愿望或理想，然后讲述自己为了实现这个愿望做了什么努力，最后实现了没有，你的收获是什么。
词语提示（8～10个）	愿望 理想 实现 执着 坚持不懈 努力 锻炼 奋斗 yuànwàng líxiǎng shíxiàn zhízhuó jiānchí búxiè nǔlì duànliàn fèndòu

● 范文

我的愿望
Wǒ De Yuànwàng

我从小就有一个愿望，那就是当一名外交官，直到现在
Wǒ cóngxiǎo jiù yǒu yí gè yuànwàng, nà jiù shì dāng yì míng wàijiāoguān, zhídào xiànzài

这个愿望也没有变，但是我对这个愿望的理解却发生了不小
zhège yuànwàng yě méiyǒu biàn, dànshì wǒ duì zhège yuànwàng de lǐjiě què fāshēngle bù xiǎo

的 改变。
de gǎibiàn.

　　我 最 开始 时 想 当 外交官，是 因为 在 电视 上、电影 里 看到
　　Wǒ zuì kāishǐ shí xiǎng dāng wàijiāoguān, shì yīnwei zài diànshì shang, diànyǐng li kàndào
外交官 衣着 体面，说着 流利 的 外语，代表 国家 和 外国 官员 进行
wàijiāoguān yīzhuó tǐmiàn, shuōzhe liúlì de wàiyǔ, dàibiǎo guójiā hé wàiguó guānyuán jìnxíng
谈判，十分 神气，觉得 这个 职业 既 神秘 又 风光。后来 我 发现 当
tánpàn, shífēn shénqì, juéde zhège zhíyè jì shénmì yòu fēngguāng. Hòulái wǒ fāxiàn dāng
外交官 能够 周游 列国，领略 各 国 的 风土 人情 和 美景 美食，
wàijiāoguān nénggòu zhōuyóu lièguó, lǐnglüè gè guó de fēngtǔ rénqíng hé měijǐng měishí,
这样 的 工作 一定 能 让 我 大 开 眼界。现在 我 对 外交官 的 工作
zhèyàng de gōngzuò yídìng néng ràng wǒ dà kāi yǎnjiè. Xiànzài wǒ duì wàijiāoguān de gōngzuò
有了 新 的 认识，外交官 的 工作 神圣 而且 责任 重大：外交官 要
yǒule xīn de rènshi, wàijiāoguān de gōngzuò shénshèng érqiě zérèn zhòngdà: Wàijiāoguān yào
随时 随地 维护 国家 的 利益 和 形象，同时 还要 同 驻在国 的 政府 和
suíshí suídì wéihù guójiā de lìyì hé xíngxiàng, tóngshí hái yào tóng zhùzàiguó de zhèngfǔ hé
民众 保持 良好 的 沟通 和 友好 的 关系，为 两 国 和 两 国 人民
mínzhòng bǎochí liánghǎo de gōutōng hé yǒuhǎo de guānxi, wèi liǎng guó hé liǎng guó rénmín
的 合作 和 友谊 搭建 桥梁。
de hézuò hé yǒuyì dājiàn qiáoliáng.

　　然而，想要 成为 一 名 外交官 可 没有 那么 容易。首先，至少
　　Rán'ér, xiǎng yào chéngwéi yì míng wàijiāoguān kě méiyou nàme róngyì. Shǒuxiān, zhìshǎo
要 精通 一 门 外语，并且 要 有 优秀 的 语言 表达 能力。其次，要 了解
yào jīngtōng yì mén wàiyǔ, bìngqiě yào yǒu yōuxiù de yǔyán biǎodá nénglì. Qícì, yào liǎojiě
中国，了解 中国 社会 的 历史 和 现状，并且 深刻 理解 其 本质。
Zhōngguó, liǎojiě Zhōngguó shèhuì de lìshǐ hé xiànzhuàng, bìngqiě shēnkè lǐjiě qí běnzhì.
第三，还 要 了解 世界，了解 世界 政治 经济 格局，了解 各个 国家 的 利益
Dì-sān, hái yào liǎojiě shìjiè, liǎojiě shìjiè zhèngzhì jīngjì géjú, liǎojiě gège guójiā de lìyì
关系。第四，要 有 很 深厚 的 历史 和 文化 修养。除此之外，还 要 有
guānxi. Dì-sì, yào yǒu hěn shēnhòu de lìshǐ hé wénhuà xiūyǎng. Chú cǐ zhī wài, hái yào yǒu

良好 的 沟通 能力 和 幽默感。等等……
liánghǎo de gōutōng nénglì hé yōumògǎn. Děngděng…

为了 实现 这个 愿望,我 多 年 来 一直 坚持 不懈 学习,锻炼 自己。但
Wèile shíxiàn zhège yuànwàng, wǒ duō nián lái yìzhí jiānchí búxiè xuéxí, duànliàn zìjǐ. Dàn

直到 现在 我 的 这个 愿望 也 没有 实现,而且 很 可能 永远 也不会
zhídào xiànzài wǒ de zhège yuànwàng yě méiyou shíxiàn, érqiě hěn kěnéng yóngyuǎn yě bú huì

实现 了,但是 我 在 为 实现 这个 愿望 而努力 的 过程 中 学到了 很
shíxiàn le, dànshì wǒ zài wèi shíxiàn zhège yuànwàng ér nǔlì de guòchéng zhōng xuédàole hěn

多,也 成长了 很 多。
duō, yě chéngzhǎngle hěn duō.

5. 童年的记忆

内容提示	叙述自己童年里印象最深的人、事、物,可以是一次有意思的旅行,也可以是一个给自己帮助的人,还可以是一件让自己成长的事情,等等。
词语提示 (8～10个)	记忆　顽皮　成长　　　帮助　　　教训　　　难忘　　　历历在目　　感谢 jìyì　wánpí　chéngzhǎng　bāngzhù　jiàoxùn　nánwàng　lìlì zài mù　gǎnxiè

16. 我的成长之路

内容提示	讲述自己的成长之路,首先简要介绍自己的成长历程,然后重点介绍自己在成长过程中重要的阶段和重要的节点,以及在你成长过程中对你影响最深的人和事,有什么经验教训。
词语提示 (8～10个)	成长　　教训　　教诲　　帮助　　指点　　影响　　转折点 chéngzhǎng　jiàoxùn　jiàohuì　bāngzhù　zhídiǎn　yíngxiǎng　zhuǎnzhédiǎn 机遇　错过 jīyù　cuòguò

四、回忆

11. 我的业余生活

内容提示	介绍自己业余时间里喜欢做的事情,着重介绍做这些事情的过程和自己的收获。
词语提示 (8～10个)	爱好　运动　旅行　聚会　逛街　健身　做饭　音乐　艺术 àihào　yùndòng　lǚxíng　jùhuì　guàng jiē　jiànshēn　zuò fàn　yīnyuè　yìshù

◉ 范文

我 的 业余 生活
Wǒ De Yèyú Shēnghuó

我 是一名 大学 教师，在 完成 教学、科研 任务 之 外，还有 比较
Wǒ shì yì míng dàxué jiàoshī, zài wánchéng jiàoxué, kēyán rènwu zhī wài, hái yǒu bǐjiào

多 的 业余 时间，特别 是 有 两个 让 人 羡慕 的假期——寒假 和 暑假。我 是
duō de yèyú shíjiān, tèbié shì yóu liǎng gè ràng rén xiànmù de jiàqī——hánjià hé shǔjià. Wǒ shì

一个爱玩儿的人，所以我的业余 生活 十分 丰富，业余 时间 总是 闲不
yí gè ài wánr de rén, suóyǐ wǒ de yèyú shēnghuó shífēn fēngfù, yèyú shíjiān zǒngshì xián bu

住。运动 和旅游是我的两大爱好。我 最 喜欢 的体育 项目 是 篮球，在
zhù. Yùndòng hé lǚyóu shì wǒ de liǎng dà àihào. Wǒ zuì xǐhuan de tǐyù xiàngmù shì lánqiú, zài

篮球场 上 和 队友 一起 奔跑、运球、配合、投篮，争取 胜利，那 种
lánqiúchǎng shang hé duìyǒu yìqǐ bēnpǎo, yùnqiú, pèihé, tóulán, zhēngqǔ shènglì, nà zhǒng

感觉 真 是太 棒 了！每次 打完 球 就会 感觉 特别 放松。我 每个 星期
gǎnjué zhēn shì tài bàng le! Měi cì dǎwán qiú jiù huì gǎnjué tèbié fàngsōng. Wǒ měi gè xīngqī

都 会 跟 朋友 打 两三 次，通过 打 篮球，我的 身体 一直 很 好，还
dōu huì gēn péngyou dǎ liǎng-sān cì, tōngguò dǎ lánqiú, wǒ de shēntǐ yìzhí hén hǎo, hái

交到了 很 多 好 朋友。
jiāodàole hěn duō hǎo péngyou.

在 假期里，我 喜欢 出去 旅游。出去 旅游 的 时候，我不 喜欢 跟着
Zài jiàqī li, wó xǐhuan chūqu lǚyóu. Chūqu lǚyóu de shíhou, wǒ bù xǐhuan gēnzhe

旅行团 走马观花。我 最 喜欢 拿着 地图，自己 规划 旅游 线路，每 到一
lǚxíngtuán zóumǎ-guānhuā. Wǒ zuì xǐhuan názhe dìtú, zìjǐ guīhuà lǚyóu xiànlù, měi dào yí

地，我 都 会 租一 辆 自行车，到 大街小巷 去 逛 一 逛，看一看
dì, wǒ dōu huì zū yí liàng zìxíngchē, dào dàjiē-xiǎoxiàng qù guàng yi guàng, kàn yi kàn

当地人 的 日常 生活；拿着 在 网 上 整理 好 的美食 攻略，
dāngdìrén de rìcháng shēnghuó; názhe zài wǎng shang zhénglǐ hǎo de měishí gōnglüè,

按图索骥，一家一家 吃 过去。这样 的 方式，让 我 得到了 更 好 的旅游
àntú-suójì, yì jiā yì jiā chī guoqu. Zhèyàng de fāngshì, ràng wǒ dédàole gèng hǎo de lǚyóu

体验，也 让 我 了解了 各地 不 同 的 风土 人情，开阔了 我 的 眼界，让 我 对
tǐyàn, yě ràng wǒ liáojiěle gè dì bù tóng de fēngtǔ rénqíng, kāikuòle wǒ de yǎnjiè, ràng wǒ duì

生活　　有了新的感悟，还能　品尝　到各地　风味　不同　的美食。
shēnghuó yǒule xīn de gǎnwù, hái néng pǐncháng dào gè dì fēngwèi bù tóng de měishí.

　　这　就　是　我　的　业余　生活。丰富、精彩　的　业余　生活　让　我　更加　热爱
　　Zhè jiù shì wǒ de yèyú shēnghuó. Fēngfù, jīngcǎi de yèyú shēnghuó ràng wǒ gèngjiā rè'ài

生活，　也　让　我　有　更　充沛　的　体力　和　激情　投入　到　我　的　工作　中　去。
shēnghuó, yě ràng wǒ yǒu gèng chōngpèi de tǐlì hé jīqíng tóurù dào wǒ de gōngzuò zhōng qù.

2. 我的学习生活

内容提示	先对自己的学习生活进行一个简单的概括，然后对其中某段对自己影响特别大，给自己留下印象最深的学习生活经历进行详细描述。
词语提示（8～10个）	努力　复习　考试　成绩　兴趣　枯燥　辛苦　毕业　留学 nǔlì　fùxí　kǎoshì　chéngjì　xìngqù　kūzào　xīnkǔ　bìyè　liúxué

15. 我的假日生活

内容提示	讲述自己的假日生活，包括对假日期待的心情，放假前的准备工作，以及假日里的活动。可以以一次你印象最深的假日活动为例来介绍。
词语提示（8～10个）	假期　放松　旅行　休息　心情　拥挤　计划　聚会 jiàqī　fàngsōng　lǚxíng　xiūxi　xīnqíng　yōngjǐ　jìhuà　jùhuì

五、最爱

6. 我喜爱的职业

内容提示	描述自己喜爱的职业，介绍这个职业的特点，可以从职业的工作性质、社会地位和收入等方面进行讲述，并说明自己喜欢这个职业的原因。
词语提示（8～10个）	职业　辛苦　风险　意义　社会　地位　尊敬　信任　收入 zhíyè　xīnkǔ　fēngxiǎn　yìyì　shèhuì　dìwèi　zūnjìng　xìnrèn　shōurù

● 范文

　　　　　　　　　　我　喜爱　的　职业
　　　　　　　　　　Wǒ Xǐ'ài De Zhíyè

　　我　喜爱的　职业　是　医生。首先　因为　医生　是　一个　神奇　的　职业。
　　Wǒ xǐ'ài de zhíyè shì yīshēng. Shǒuxiān yīnwei yīshēng shì yí gè shénqí de zhíyè.

　　试想，　当　病人　来到　医院，医生　通过仔细的　检查，精心　的　治疗，
　　Shìxiǎng, dāng bìngrén láidào yīyuàn, yīshēng tōngguò zǐxì de jiǎnchá, jīngxīn de zhìliáo,

使他 摆脱了 病痛， 甚至 起死回生， 这是一件 多么 神奇的 事情 啊！
shǐ tā bǎituōle bìngtòng, shènzhì qǐsǐ-huíshēng, zhè shì yí jiàn duōme shénqí de shìqing nga!

因此 人们 常常 用 妙手回春 来 形容 神医的 医术。同时
Yīncǐ rénmen chángcháng yòng miàoshǒu-huíchūn lái xíngróng shényī de yīshù. Tóngshí

医生 是一个 受人 尊敬的 职业， 医生 通过 自己的 工作，为 病人
yīshēng shì yí gè shòu rén zūnjìng de zhíyè, yīshēng tōngguò zìjǐ de gōngzuò, wèi bìngrén

解除 病痛，挽救 病人 的 生命， 病人 和 病人 家属 对 医生 的 感激
jiěchú bìngtòng, wǎnjiù bìngrén de shēngmìng, bìngrén hé bìngrén jiāshǔ duì yīshēng de gǎnjī

无以言表，因此对 医生 无比 尊敬，而 医生 也 因此 获得了"白衣 天使"的
wú yǐ yánbiǎo, yīncǐ duì yīshēng wúbǐ zūnjìng, ér yīshēng yě yīncǐ huòdéle "báiyī tiānshǐ" de

美名。 病人 对 医生 无条件 信任，把 健康 和 生命 都 交给 医生，
měimíng. Bìngrén duì yīshēng wútiáojiàn xìnrèn, bǎ jiànkāng hé shēngmìng dōu jiāo gěi yīshēng,

也 能 让 医生 获得 无比的 满足感。
yě néng ràng yīshēng huòdé wúbǐ de mǎnzúgǎn.

医生 的 收入 也 很 高。在 中国， 医生 的 收入 虽然 还 没有 达到
Yīshēng de shōurù yě hěn gāo. Zài Zhōngguó, yīshēng de shōurù suīrán hái méiyǒu dádào

西方 国家 医生 的 收入 水平，但 也 是 相当 不错 的，特别 是 有名
xīfāng guójiā yīshēng de shōurù shuǐpíng, dàn yě shì xiāngdāng búcuò de, tèbié shì yǒumíng

的 医生。 随着 医疗 改革的 推进， 中国 医生 的 收入 会进一步提高，
de yīshēng. Suízhe yīliáo gǎigé de tuījìn, Zhōngguó yīshēng de shōurù huì jìnyíbù tígāo,

医生 职业 也 会 成为 一个 令 人 羡慕 的 "金饭碗"。
yīshēng zhíyè yě huì chéngwéi yí gè lìng rén xiànmù de "jīnfànwǎn".

当然， 医生 这个 职业 非常 辛苦，也 存在 一定 风险，就 像 一 位
Dāngrán, yīshēng zhège zhíyè fēicháng xīnkǔ, yě cúnzài yídìng fēngxiǎn, jiù xiàng yí wèi

医生 所 说："我们 的 工作 对象 是人的 生命， 而 人 的 生命
yīshēng suǒ shuō: "Wǒmen de gōngzuò duìxiàng shì rén de shēngmìng, ér rén de shēngmìng

只 有 一 次。"
zhí yǒu yí cì."

尽管 如此，我 还是 喜欢 医生 这个 职业，这个 救死扶伤， 悬壶 济世的
Jǐnguǎn rúcǐ, wǒ háishi xǐhuan yīshēng zhège zhíyè, zhège jiùsǐ-fúshāng, xuánhú jìshì de

职业。
zhíyè.

4. 我喜爱的动物（或植物）

内容提示	描述自己喜爱的一种或者一类动物，描述它的特征，比如它的外形，它的习性，有什么可爱之处，它在你生活中的地位，等等。
词语提示（8～10个）	脑袋　羽毛　爪子　尾巴　耳朵　习性　冬眠　喂养 nǎodai　yǔmáo　zhuǎzi　wěiba　ěrduo　xíxìng　dōngmián　wèiyǎng 温顺　可爱 wēnshùn　kě'ài

9. 我喜爱的文学（或其他）艺术形式

内容提示	讲述自己喜欢的文学艺术形式，介绍这种艺术形式的内涵和特点，以及这种艺术形式的代表作和代表人物，重点讲述你为什么喜欢这种艺术形式，它给你的独特感受是什么。
词语提示（8～10个）	诗歌　小说　散文　杂文　报告文学　文体　风格 shīgē　xiǎoshuō　sǎnwén　záwén　bàogào wénxué　wéntǐ　fēnggé 纪实　犀利 jìshí　xīlì

12. 我喜欢的季节（或天气）

内容提示	讲述自己喜欢的季节是什么，这个季节的特点是什么，包括气温、下雨、下雪、刮风的情况，并说明为什么喜欢这个季节，可以描写在这个季节里你独有的感受，或者这个季节里你特别的活动，等等。
词语提示（8～10个）	季节　春　夏　秋　冬　刮风　下雨　下雪　温暖　凉爽 jìjié　chūn　xià　qiū　dōng　guā fēng　xià yǔ　xià xuě　wēnnuǎn　liángshuǎng

22. 我喜欢的节日

内容提示	讲述自己喜欢的节日，包括这个节日是什么时候，这个节日的由来，这个节日的纪念意义，重点讲述在这个节日里你有什么特别的活动或者特别的感受，和你为什么喜欢这个节日。
词语提示（8～10个）	春节　新年　端午节　儿童节　清明节　劳动节 Chūnjié　Xīnnián　Duānwǔ Jié　Értóng Jié　Qīngmíng Jié　Láodòng Jié 感恩节　圣诞节　情人节 Gǎn'ēn Jié　Shèngdàn Jié　Qíngrén Jié

27. 我喜爱的书刊

内容提示	讲述自己喜爱的一本或者一类书刊，介绍书刊的作者（或编辑部）、主要内容，它在文学界的地位和影响，以及你喜爱它的原因，重点描述你在看完书刊之后的收获，和它带给你的感悟。
词语提示（8～10个）	阅读　　代表作　　精神食粮　　良师益友　　温馨　　批判 yuèdú　dàibiǎozuò　jīngshén shíliáng　liángshī-yìyǒu　wēnxīn　pīpàn 收获　　启蒙　　影响 shōuhuò　qǐméng　yíngxiǎng

六、环境与健康

28. 谈谈对环境保护的认识

内容提示	阐述你对环境保护的认识，首先描述环境污染的现状和严重性，以及对人类的危害，然后列举政府和社会组织已经开展的治理环境污染的举措，最后谈一谈我们每个人对于环境保护应该做的事情和你的建议。
词语提示（8～10个）	环境　　污染　　雾霾　　治理　　处罚　　节约　　回收　　排放　　保护 huánjìng　wūrǎn　wùmái　zhìlǐ　chǔfá　jiéyuē　huíshōu　páifàng　bǎohù

范文

环境　保护
Huánjìng　Bǎohù

近些年，人们的生活水平有了很大提高，但是随着经济的
Jìn xiē nián, rénmen de shēnghuó shuǐpíng yǒule hěn dà tígāo, dànshì suízhe jīngjì de

发展，人们对自然进行掠夺式的开发，又不注意环境保护，导致
fāzhǎn, rénmen duì zìrán jìnxíng lüèduóshì de kāifā, yòu bú zhùyì huánjìng bǎohù, dǎozhì

环境污染越来越严重。昔日的青山绿水，已经难觅踪迹，以往
huánjìng wūrǎn yuè lái yuè yánzhòng. Xīrì de qīngshān lǜshuǐ, yǐjīng nán mì zōngjì, yǐwǎng

的潺潺流水，现在都散发着恶臭，对人们的健康甚至生存
de chánchán liúshuǐ, xiànzài dōu sànfāzhe èchòu, duì rénmen de jiànkāng shènzhì shēngcún

都构成了很大的威胁。
dōu gòuchéngle hěn dà de wēixié.

最近，全国上下最热门的一个话题就是"雾霾"。这个肆虐全国
Zuìjìn, quán guó shàngxià zuì rèmén de yí gè huàtí jiù shì "wùmái". Zhège sìnüè quán guó

大江 南北 的 怪物，其实 就 是 细微 污染 颗粒物 悬浮 在 空气 中， 严重
dàjiāng nánběi de guàiwu, qíshí jiù shì xìwēi wūrǎn kēlìwù xuánfú zài kōngqì zhōng, yánzhòng

影响 人们 的 视线， 同时 给 人们 的 健康 造成 巨大的危害。"PM2.5"
yíngxiǎng rénmen de shìxiàn, tóngshí gěi rénmen de jiànkāng zàochéng jùdà de wēihài.

这个 本来 很 专业 的 环保 术语，也 成了 一个 人们 耳熟能详 的
zhège běnlái hěn zhuānyè de huánbǎo shùyǔ, yě chéngle yí gè rénmen ěrshú-néngxiáng de

热词。以前 人们 出 门 都 会 看看 天气 预报，关注 天气 的 阴 晴 冷
rècí. Yǐqián rénmen chū mén dōu huì kànkan tiānqì yùbào, guānzhù tiānqì de yīn qíng léng

暖， 现如今， 人们 出行 第一件事还是 看看 天气 预报，但 关注 的
nuǎn, xiànrújīn, rénmen chūxíng dì-yī jiàn shì hái shì kànkan tiānqì yùbào, dàn guānzhù de

重点 却 变成了 当天 的 PM2.5 值 是 多少。 以前 电视、 广播
zhòngdiǎn què biànchéngle dàngtiān de zhí shì duōshao. Yǐqián diànshì, guǎngbō

总 在 讲 户外 运动 的 好处，而今 却 都 在 提示大家 尽量 待 在 家里，
zǒng zài jiǎng hùwài yùndòng de hǎochù, érjīn què dōu zài tíshì dàjiā jǐnliàng dāi zài jiāli,

避免 不 必要 的 户外 活动， 让 人 无所适从。
bìmiǎn bú bìyào de hùwài huódòng, ràng rén wúsuǒshìcóng.

　政府 已经 开始 重视 环境 保护，积极 开展 污染 的 治理，限制 污染
Zhèngfǔ yǐjīng kāishǐ zhòngshì huánjìng bǎohù, jījí kāizhǎn wūrǎn de zhìlǐ, xiànzhì wūrǎn

产业 的 发展。 我们 每个人 也 应该 为 保护 我们 赖以 生存 的 家园
chǎnyè de fāzhǎn. Wǒmen měi gè rén yě yīnggāi wèi bǎohù wǒmen làiyǐ shēngcún de jiāyuán

做出 自己的 贡献： 少 用 一 张 纸，少 用 一度 电， 少 坐 一次 电梯，
zuòchū zìjǐ de gòngxiàn: Shǎo yòng yì zhāng zhǐ, shǎo yòng yí dù diàn, shǎo zuò yí cì diàntī,

少 开 一天 车，分类 处理 垃圾， 等等。 只有 我们 每个人 都 绿色 生活，
shǎo kāi yìtiān chē, fēi lèi chǔlǐ lājī, děngděng. Zhǐyǒu wǒmen měi gè rén dōu lǜsè shēnghuó,

我们 的 环境 才 能 变回 绿色。
wǒmen de huánjìng cái néng biànhuí lǜsè.

10. 谈谈卫生与健康

内容提示	可以首先介绍几个因为不注意环境和个人卫生导致的公共卫生事件，比如SARS和手足口病的流行，揭示卫生与健康之间的密切联系，然后就保持个人和环境卫生提出可行的建议。

| 词语提示（8～10个） | 卫生 wèishēng | 传染 chuánrǎn | 流行 liúxíng | 预防 yùfáng | 防疫 fángyì | 吐痰 tǔ tán | 处罚 chǔfá | 习惯 xíguàn | 素质 sùzhì |

七、地方与风俗

18. 我知道的风俗

内容提示	以壮族为例，可介绍壮族独特的民俗，喜食食品及五色饭的做法，三月三歌节的盛况。
词语提示（8～10个）	壮族 Zhuàngzú　　五色饭 wǔsèfàn　　三月三歌节 Sānyuèsān Gējié　　歌圩 gēxū　　对歌 duìgē　　交情 jiāo qíng　　定情 dìngqíng 抛绣球 pāo xiùqiú　　演壮戏 yǎn zhuàngxì　　盛会 shènghuì

● 范文

我 知道 的 风俗
Wǒ Zhīdao De Fēngsú

　　壮族 是一个 喜欢 依 山 傍 水而居的 民族，他们 的 木屋 大都 建筑
Zhuàngzú shì yí gì xǐhuan yī shān bàng shuǐ ér jū de mínzú, tāmen de mùwū dàdōu jiànzhù

在 青 山 绿 水 之 间。这个 民族 有 独特 的 风俗：喜食 腌制 的 酸菜，主食
zài qīng shān lǜ shuǐ zhī jiān. Zhège mínzú yǒu dútè de fēngsú: Xǐ shí yānzhì de suāncài, zhǔshí

以 大米、玉米 为主，以 生鱼片 为 美味 佳肴。每 逢 节庆，喜欢 做
yǐ dàmǐ, yùmǐ wéi zhǔ, yǐ shēngyúpiàn wéi měiwèi jiāyáo. Měi féng jiéqìng, xǐhuan zuò

五色饭。这 种 饭是 用 红蓝草、三月花、枫叶 等 可 食用 的 植物，
wǔsèfàn. Zhè zhǒng fàn shì yòng hóngláncǎo, sānyuèhuā, fēngyè děng kě shíyòng de zhíwù,

制出 不 同 颜色 的 水汁儿 浸染 糯米，蒸出 黑、红、黄、紫、白 五色饭，这
zhìchū bù tóng yánsè de shuǐzhīr jìnrǎn nuòmǐ, zhēngchū hēi, hóng, huáng, zǐ, bái wǔsèfàn, zhè

种 饭色、香、味 俱佳。吃 五色饭 有 预祝 五谷 丰登 的 意思。壮族 有
zhǒng fàn sè, xiāng, wèi jù jiā. Chī wǔsèfàn yǒu yùzhù wǔgǔ fēngdēng de yìsi. Zhuàngzú yóu

许多 具有 民族 特点 的 传统 节日，如 中元 节、牛魂 节、三月三 歌节
xǔduō jùyǒu mínzú tèdiǎn de chuántǒng jiérì, rú Zhōngyuán Jié, Niúhún Jié, Sānyuèsān Gējié

和吃立节 等。三月三 歌节 又 称 三月 歌圩，这 一天，家家户户 制作
hé Chīlì Jié děng. Sānyuèsān Gējié yòu chēng Sānyuè Gēxū, zhè yìtiān, jiājiāhùhù zhìzuò

五色饭，染 红 彩蛋，欢度 节日。各地 歌节 有 特定 的 聚会 场地，一般 是
wǔsèfàn, rǎn hóng cǎidàn, huāndù jiérì. Gè dì gējié yǒu tèdìng de jùhuì chǎngdì, yìbān shì

峒场　　坡地。有的 以 竹子 和 布匹　搭成　歌棚，接待　外村　歌手。参加者 以
dòngchǎng pōdì. Yǒude yǐ zhúzi hé bùpǐ dāchéng gēpéng, jiēdài wàicūn gēshǒu. Cānjiāzhě yǐ

未婚　男女青年　为 主体，老人　小孩儿 也来　游乐　助 兴。在 歌圩　场　四周，
wèihūn nán-nǚqīngnián wéi zhǔtǐ, lǎorén xiǎoháir yě lái yóulè zhù xìng. Zài gēxū chǎng sìzhōu,

摊贩　云集，民间　贸易　活跃。较 大的 歌圩，方圆　几十里　成千上万　　的
tānfàn yúnjí, mínjiān màoyì huóyuè. Jiào dà de gēxū, fāngyuán jǐshí lǐ chéngqiān-shàngwàn de

男女　老少　都 前来 参加，人山人海，　歌声 此起彼伏，热闹 非凡。人们　到
nánnǚ lǎoshào dōu qiánlái cānjiā, rénshān-rénhǎi, gēshēng cǐqǐ-bǐfú, rènao fēifán. Rénmen dào

歌圩　场　上 赛歌、赏 歌，男女青年　对歌交情，情投意合 者 便 互
gēxū chǎng shang sài gē, shǎng gē, nán-nǚqīngnián duì gē jiāo qíng, qíngtóu-yìhé zhě biàn hù

赠　信物，以 做 定情。此外，还有 抛 绣球、碰 彩蛋、演 壮戏 等 娱乐
zèng xìnwù, yǐ zuò dìngqíng. Cǐwài, hái yǒu pāo xiùqiú, pèng cǎidàn, yǎn zhuàngxì děng yúlè

活动。　现在 的 歌节，不仅 是 民族 文化 的 盛会，也是 民族 经济 交流 的
huódòng. Xiànzài de gējié, bùjǐn shì mínzú wénhuà de shènghuì, yě shì mínzú jīngjì jiāoliú de

盛会。
shènghuì.

20. 我的家乡（或熟悉的地方）

内容提示	谈谈你家乡（或熟悉的地方）的地理位置、历史沿革及风土人情、特色物产、经济、文化教育情况。
词语提示（8～10个）	弯弯曲曲　小桥流水　清新　清澈　淳朴　善良 wānwānqūqū　xiǎoqiáo liúshuǐ　qīngxīn　qīngchè　chúnpǔ　shànliáng 重视　发达　物产丰富　热爱 zhòngshì　fādá　wùchǎn fēngfù　rè'ài

29. 我向往的地方

内容提示	具体说说你所向往的地方，说一说这些地方有哪些与众不同的特色，比如有的地方拥有著名的名胜古迹、人文景观、民间传说，有的地方拥有独特的风俗习惯，等等。
词语提示（8～10个）	享誉中外　独特　风景如画　悬崖峭壁　历史悠久 xiǎngyù zhōngwài　dútè　fēngjǐng rú huà　xuányá qiàobì　lìshǐ yōujiǔ 宏伟　寂静　神秘　人间仙境 hóngwěi　jìjìng　shénmì　rénjiān xiānjìng

八、购物与饮食

14. 谈谈服饰

内容提示	服饰与时俱进，随着时代的变化而变化；当今的服饰，追求个性，喜欢"另类"，但随时代变化的规律不会改变。
词语提示（8～10个）	服饰　时尚　追求　随时代变化而变化　喇叭裤　列宁服 fúshì　shíshàng　zhuīqiú　suí shídài biànhuà ér biànhuà　lǎbakù　lièníngfú 军装　改革开放　个性化　乞丐服 jūnzhuāng　gǎigé kāifàng　gèxìnghuà　qǐgàifú

范文

谈谈 服饰
Tántan Fúshì

穿着时尚是人们的共同追求，看着大街上来来往往
Chuānzhuó shíshàng shì rénmen de gòngtóng zhuīqiú, kànzhe dàjiē shang láiláiwǎngwǎng

的人们穿着的个性化，我强烈地感觉到服饰是随着时代的
de rénmen chuānzhuó de gèxìnghuà, wǒ qiángliè de gǎnjué dào fúshì shì suízhe shídài de

变化而变化的，正所谓与时俱进。上个世纪五十年代初，中苏
biànhuà ér biànhuà de, zhèng suǒwèi yǔshí-jùjìn. Shàng ge shìjì wǔshí niándài chū, Zhōng-Sū

友好，处处学习苏联，列宁服成为时尚，广为流传。六十年代
yóuhǎo, chùchù xuéxí Sūlián, lièníngfú chéngwéi shíshàng, guǎng wéi liúchuán. Liùshí niándài

后期，军人是人们的崇拜对象，于是绿色的军装成为时尚，
hòuqī, jūnrén shì rénmen de chóngbài duìxiàng, yúshì lǜsè de jūnzhuāng chéngwéi shíshàng,

许多年轻人和青年学生，为搞到一套军装而绞尽脑汁。八十
xǔduō niánqīngrén hé qīngnián xuésheng, wèi gǎodào yí tào jūnzhuāng ér jiǎojìn nǎozhī. Bāshí

年代初期，社会改革开放，年轻人穿起了喇叭裤，颜色各种各样，
niándài chūqī, shèhuì gǎigé kāifàng, niánqīngrén chuānqǐle lǎbakù, yánsè gè zhǒng gè yàng,

似乎裤子的喇叭越大越时尚。现在的服饰可谓眼花缭乱，颜色、款式
sìhū kùzi de lǎba yuè dà yuè shíshàng. Xiànzài de fúshì kěwèi yǎnhuā-liáoluàn, yánsè, kuǎnshì

不再统一，越来越个性化了。人们追求的是"另类"，是"个性"，是"与
bú zài tǒngyī, yuè lái yuè gèxìnghuà le. Rénmen zhuīqiú de shì "lìnglèi", shì "gèxìng", shì "yǔ

众 不 同"。根据 个人 气质，严肃 的 打扮 端庄， 温和 的 追求 典雅，
zhòng bù tóng". Gēnjù gèrén qìzhì, yánsù de dǎban duānzhuāng, wēnhé de zhuīqiú diányǎ,

开朗 的 喜欢 活泼。在 温饱 没有 解决 的 年代， 提倡 的 是 勤俭 节约，
kāilǎng de xǐhuan hópō. Zài wēnbǎo méiyǒu jiějué de niándài, tíchàng de shì qínjiǎn jiéyuē,

艰苦 朴素，服饰 样式、衣着 打扮，对 人们 来 说 都 是 次要 的，甚至 从
jiānkǔ pǔsù, fúshì yàngshì, yīzhuó dǎban, duì rénmen lái shuō dōu shì cìyào de, shènzhì cóng

不 考虑，服饰 上 有 补丁 是 很 平常 的 事情。可 现在 不 同 了，
bù kǎolǜ, fúshì shang yǒu bǔdīng shì hěn píngcháng de shìqing. Kě xiànzài bù tóng le,

年轻人 把 衣服 上 的"补丁" 看作 是 一 种 艺术 和 时尚，把 好端端
niánqīngrén bǎ yīfu shang de "bǔdīng" kànzuò shì yì zhǒng yìshù hé shíshàng, bǎ hǎoduānduān

的 一 件 衣服 折磨 成"乞丐服"， 你 说 怪 不 怪 呢？将来 的 服饰 会 是
de yí jiàn yīfu zhémó chéng "qǐgàifú", nǐ shuō guài bu guài ne? Jiānglái de fúshì huì shì

什么样 呢？似乎 谁 也 说 不 清楚。但 能够 肯定 的 是，一定 会
shénmeyàng ne? Sìhū shéi yě shuō bu qīngchu. Dàn nénggòu kěndìng de shì, yídìng huì

随着 时间 的 推移 而 不断 变化。
suízhe shíjiān de tuīyí ér búduàn biànhuà.

21. 谈谈美食

内容提示	谈谈你对几大菜系的看法，或介绍几样名菜的制作方法，或介绍一些地方特色小吃。
词语提示 （8～10个）	美食　　美味佳肴　　食不厌精　　制作方法　　精细　　烹饪　　炒 měishí　měiwèi jiāyáo　shí bú yàn jīng　zhìzuò fāngfǎ　jīngxì　pēngrèn　chǎo 完成　　盛　　香甜可口 wánchéng　chéng　xiāngtián kěkǒu

30. 购物（消费）的感受

内容提示	谈谈你对购物的基本看法，如购物乐趣、生活必需、捡便宜等等。
词语提示 （8～10个）	讨价还价　　货比三家　　物美价廉　　赶潮流　　琳琅满目 tǎo jià huán jià　huò bǐ sān jiā　wù měi jià lián　gǎn cháoliú　línláng-mǎnmù 讲究实用　　弃之不用　　价格　价位 jiǎngjiu shíyòng　qì zhī bú yòng　jiàgé　jiàwèi

九、学习与修养

13. 学习普通话的体会

内容提示	学好普通话的重要性及学习方法,重点强调要"敢讲",不怕讲错。
词语提示 (8～10个)	普通话　　方言　　体会　　发音部位　　汉语拼音　　难音　　提高 pǔtōnghuà　fāngyán　tǐhuì　fāyīn bùwèi　Hànyǔ pīnyīn　nán yīn　tígāo 字正腔圆　　　　　标准　　流利 zìzhèng-qiāngyuán　biāozhǔn　liúlì

范文

学习　普通话　的 体会
Xuéxí Pǔtōnghuà De Tǐhuì

　　我国 地域 辽阔，民族 众多，各地有各地的 方言，普通话 则是
Wǒguó dìyù liáokuò, mínzú zhòngduō, gè dì yǒu gè dì de fāngyán, pǔtōnghuà zé shì

我们 相互 交流 沟通 的 工具。试想，如果 没有 普通话，将 会 给
wǒmen xiānghù jiāoliú gōutōng de gōngjù. Shìxiǎng, rúguǒ méiyǒu pǔtōnghuà, jiāng huì géi

我们 的 生活 和 工作 带来多大的 不便 啊！所以 学好 普通话 是
wǒmen de shēnghuó hé gōngzuò dàilái duō dà de búbiàn na! Suóyǐ xuéhǎo pǔtōnghuà shì

非常 重要 的，尤其 是 我们 这些 做 教师 的，能 讲 一 口 标准、
fēicháng zhòngyào de, yóuqí shì wǒmen zhèxiē zuò jiàoshī de, néng jiǎng yì kǒu biāozhǔn、

流利 的 普通话，对 做好 我们 的 本职 工作，无疑 是 如虎添翼。那么，怎样
liúlì de pǔtōnghuà, duì zuòhǎo wǒmen de běnzhí gōngzuò, wúyí shì rúhǔtiānyì. Nàme, zěnyàng

才 能 学好 普通话 呢？我 的 体会 是：首先 要 学好 汉语 拼音，掌握
cái néng xuéhǎo pǔtōnghuà ne? Wǒ de tǐhuì shì: Shǒuxiān yào xuéhǎo Hànyǔ pīnyīn, zhǎngwò

发音 部位。越 是 觉得 困难 的发音，越 要 反复 练习，直到 完全 到 位
fāyīn bùwèi. Yuè shì juéde kùnnan de fāyīn, yuè yào fǎnfù liànxí, zhídào wánquán dào wèi

为止。要 勤 问，反复 请教 老师。其次是 多 读 普通话 练习 材料，寻找、
wéizhǐ. Yào qín wèn, fǎnfù qǐngjiào lǎoshī. Qícì shì duō dú pǔtōnghuà liànxí cáiliào, xúnzhǎo、

锻炼 说 普通话 的 感觉，并 对 其中 一些 难字、难 音及 规律性 的
duànliàn shuō pǔtōnghuà de gǎnjué, bìng duì qízhōng yìxiē nán zì、nán yīn jí guīlǜxìng de

东西 做 必要 的 记忆。遇到 问题，多 查 字典，不 放过 任何一个 问题。再次
dōngxi zuò bìyào de jìyì. Yùdào wèntí, duō chá zìdiǎn, bú fàngguò rènhé yí gè wèntí. Zàicì

是 多看、多听 电视台、广播 电台 的 节目，模仿 他们 字正腔圆
shì duō kàn, duō tīng diànshìtái, guǎngbō diàntái de jiémù, mófǎng tāmen zìzhèng-qiāngyuán

的 发音。听 得 多 了，看 得 多 了，耳濡目染，潜移默化，你的 普通话 水平
de fāyīn. Tīng de duō le, kàn de duō le, ěrrú-mùrǎn, qiányí-mòhuà, nǐ de pǔtōnghuà shuǐpíng

自然 也就提高了。最后，也是 最 重要 的 一点 是 敢 讲。要 有 "丑 媳妇
zìrán yě jiù tígāo le. Zuìhòu, yě shì zuì zhòngyào de yì diǎn shì gǎn jiǎng. Yào yǒu "chǒu xífu

不怕见 公婆" 的 思想，不怕 讲 得不 标准，不怕 讲错。即使 讲错了，也
bú pà jiàn gōngpó" de sīxiǎng, bú pà jiǎng de bù biāozhǔn, bú pà jiǎngcuò. Jíshǐ jiǎngcuò le, yě

要 硬着 头皮 讲 下去。坚持 在 日常 生活 中 用 普通话 进行
yào yìngzhe tóupí jiǎng xiaqu. Jiānchí zài rìcháng shēnghuó zhōng yòng pǔtōnghuà jìnxíng

会话， 这样 长期 不懈，刻苦努力，日积月累，逐渐 就会 说出 一 口 标准、
huìhuà, zhèyàng chángqī búxiè, kèkǔ nǔlì, rìjī-yuèlěi, zhújiàn jiù huì shuōchū yì kǒu biāozhǔn,

流利 的 普通话。
liúlì de pǔtōnghuà.

24. 谈谈社会公德（或职业道德）

内容提示	谈遵守社会公德的重要性及表现，如文明礼貌、尊老爱幼、爱护公物、助人为乐等；或谈对职业道德的理解，如廉洁奉公、诚实守信、服务民众、奉献社会等。
词语提示（8～10个）	文明礼貌　　廉洁奉公　　热心　　助人为乐　　奉献　　公正 wénmíng lǐmào　liánjié fènggōng　rèxīn　zhù rén wéi lè　fèngxiàn　gōngzhèng 诚实　　见义勇为　　遵纪守法　　心甘情愿 chéngshí　jiànyì-yǒngwéi　zūn jì shǒu fǎ　xīngān-qíngyuàn

25. 谈谈个人修养

内容提示	对个人修养重要性的认识，个人修养包括的方面，如待人处事的态度和涵养，模范遵守社会公德的表现等。
词语提示（8～10个）	修养　素质　涵养　宽容　和蔼　温和　尊重　同情心 xiūyǎng　sùzhì　hányǎng　kuānróng　hé'ǎi　wēnhé　zūnzhòng　tóngqíngxīn 礼让　谦虚 lǐràng　qiānxū

十、科技与生活

17. 谈谈科技发展与社会生活

内容提示	科技的发展给社会带来巨大的变化，深刻地影响我们的生活。如手机、电脑、电视、网络和机器人对我们生活的改变。
词语提示（8～10个）	科技　社会　越来越　扮演　手机　电脑　网络　信息 kējì　shèhuì　yuè lái yuè　bànyǎn　shǒujī　diànnǎo　wǎngluò　xìnxī 机器人　紧密 jīqìrén　jǐnmì

● 范文

谈谈 科技 发展 与 社会 生活
Tántan Kējì Fāzhǎn Yǔ Shèhuì Shēnghuó

当今 世界，飞速 发展 的 科学 技术 给 社会 带来了 日新月异 的 变化，越
Dāngjīn shìjiè, fēisù fāzhǎn de kēxué jìshù gěi shèhuì dàiláile rìxīn-yuèyì de biànhuà, yuè

来 越 深刻 地 影响着 我们 的 日常 生活，扮演着 不可或缺 的 角
lái yuè shēnkè de yíngxiǎngzhe wǒmen de rìcháng shēnghuó, bànyǎnzhe bùkě-huòquē de jué-

色。随着 电脑 网络 技术、电子 资讯 技术 的 飞速 发展 和普及，电脑、手机、
sè. Suízhe diànnǎo wǎngluò jìshù, diànzǐ zīxùn jìshù de fēisù fāzhǎn hé pǔjí, diànnǎo, shǒujī,

宽带 网络 进入了 寻常 百姓 家，成为 我们 生活 的 必需品。试想，
kuāndài wǎngluò jìnrùle xúncháng bǎixìng jiā, chéngwéi wǒmen shēnghuó de bìxūpǐn. Shìxiǎng,

如果 没有 手机，我们 怎能 随时 随地地 与 亲朋 好友 保持 联系，接受
rúguǒ méiyǒu shǒujī, wǒmen zěn néng suíshí suídì de yǔ qīnpéng hǎoyǒu bǎochí liánxì, jiēshòu

来自各 方面 的信息呢？网络 技术 的发展，不但 为 我们 的 工作、学习
láizì gè fāngmiàn de xìnxī ne? Wǎngluò jìshù de fāzhǎn, búdàn wèi wǒmen de gōngzuò, xuéxí

带来了 革命性 的 变化，而且 使 我们 的 生活 也 更加 便捷 和 丰富
dàiláile gémìngxìng de biànhuà, érqiě shǐ wǒmen de shēnghuó yě gèngjiā biànjié hé fēngfù-

多彩。近 年 来 如火如荼、迅猛 发展 的 网 上 购物，大 有 改变 人们
-duōcǎi. Jìn nián lái rúhuǒ-rútú, xùnměng fāzhǎn de wǎng shàng gòu wù, dà yǒu gǎibiàn rénmen

购 物 习惯 之 势。更 不用 说 在 虚拟的 网络 世界里，人们 享受着
gòu wù xíguàn zhī shì. Gèng búyòng shuō zài xūnǐ de wǎngluò shìjiè li, rénmen xiǎngshòuzhe

各种各样的乐趣。电视技术的发展，也在不断地改变我们的生活方式。今天，我们不能想象，在没有电视的世界里，将怎样度过我们的业余时间。有些科学技术的出现，替代了人的劳动，更使我们本来不可能进行的一些工作成为可能。如机器人的出现，可以节约大量的人力物力。既能代替人工，又能降低成本，创造更多的价值；既能替代保姆照顾老人，也能替代护士照顾病人；使深海探矿有了希望，高危作业变得安全起来。总而言之，随着社会的发展，科学技术和我们的关系将会越来越紧密。

十一、旅游

7. 难忘的旅行

内容提示	以游览苏州古镇为例。苏州的古镇享誉中外，周庄被称为"中国第一水乡"，周庄的名胜古迹和水乡的特色给我留下了深刻的印象，引发了我对古镇的游兴。
词语提示（8～10个）	苏州古镇　游兴　周庄　水乡　纵横交错　漫步　神韵　流连忘返　依依不舍　游览

范文

难忘的旅行

"上有天堂，下有苏杭"，美丽的苏州、杭州，是我从小就向往的地方。可长大后不知去了多少次了，那里的大多数名胜古迹已经多次踏足，引不起多少游兴了。听说苏州的古镇很有特点，于是在秋末冬初时节，专门抽出时间前往。苏州的古镇很多，市郊的木渎、甪直，吴江的震泽、同里，昆山的锦溪、周庄，都很有名。先去哪里呢？当然是有"中国第一水乡"美誉的周庄了。踏进周庄，给我深刻印象的是那纵横交错的水网：镇为泽国，四面环水；咫尺往来，皆需舟楫；轿从前门进，船从家中过。漫步镇上，小船在桥下穿行，鱼儿在水面上跳跃，船夫的渔歌四处荡漾。水乡的桥，数不胜数，但我唯独钟情的是双桥。这座始建于明朝的古桥，不仅历史悠久，而且最能体现古镇的神韵。还由于画家陈逸飞以它为背景创作的《故乡的回忆》，留下了一段佳话，遂使周庄声名鹊起，冠压群芳。当然，周庄的张厅、沈厅，也是让人流连忘返的地方，以致我在各自欣赏了半个多小时之后，才在别人的催促下，依依不舍地离开。小桥、流水、人家，在游览了水乡周庄后,这些景象却久久地留在了脑海中。带着对周庄的这些回忆,我又马不停蹄地踏足了木渎、锦溪……

十二、运动

19. 我和体育

内容提示	小时候的我不喜欢体育,成绩很不理想,把体育当成了负担,对跳高、长跑有畏难情绪。后来参加了足球训练,特别是观看了足球世界杯之后,对体育兴趣大增,促进了身体素质和学习成绩的提高。
词语提示（8~10个）	体育　喜欢　出洋相　达标　羡慕　努力　足球　兴趣　入迷　身体素质

● 范文

我和体育

说实在的,我虽不缺胳膊少腿,但四肢并不发达,从小就不喜欢体育。上学时,各科成绩都不错,但唯独体育成绩一直在及格线上挣扎。我最不喜欢上的就是体育课,别人做出的动作标准,我做起来净出洋相,丢人现眼。学校又偏偏规定体育不及格不能评三好学生,这让我非常痛苦。在老师和父母的催促下,我也为此付出了不少努力。我身材不高,但体质也不算弱,可不知为什么体育就是达不到优秀。最怕跳高和长跑了,仰卧起坐还稍好些，但也只是达标而已。看到那些在体育方面轻而易举就能拿到高分的同学，我打心里羡慕。我知道他们付出了不少努力，但我付出得也不少啊！有时甚至付出得更多，可不知为什么，就是收效甚微！

一次，我被老师推荐参加足球队训练，渐渐对足球产生了兴趣，经过一段时间的练习，球技在不断提高。记得在与另一个班的球队比赛时，我们班还赢了呢！其中的一个球，就是我踢进的！不久，足球世界杯开幕了，我对足球的兴趣大增。看到巴西队那令人眼花缭乱的球技，我入了迷。后来，我一直参加足球训练，还成了队中的优秀射手。我的身体素质不断提高，学习成绩也上了一个新台阶。

附　录

一、汉语拼音方案

一、字母表

字母	Aa	Bb	Cc	Dd	Ee	Ff	Gg	Hh	Ii
名称	ㄚ	ㄅㄝ	ㄘㄝ	ㄉㄝ	ㄜ	ㄝㄈ	ㄍㄝ	ㄏㄚ	ㄧ

字母	Jj	Kk	Ll	Mm	Nn	Oo	Pp	Qq	Rr
名称	ㄐㄧㄝ	ㄎㄝ	ㄝㄌ	ㄝㄇ	ㄋㄝ	ㄛ	ㄆㄝ	ㄑㄧㄡ	ㄚㄦ

字母	Ss	Tt	Uu	Vv	Ww	Xx	Yy	Zz
名称	ㄝㄙ	ㄊㄝ	ㄨ	ㄪㄝ	ㄨㄚ	ㄒㄧ	ㄧㄚ	ㄗㄝ

v 只用来拼写外来语、少数民族语言和方言。字母的手写体依照拉丁字母的一般书写习惯。

二、声母表

b	p	m	f	d	t	n	l
ㄅ玻	ㄆ坡	ㄇ摸	ㄈ佛	ㄉ得	ㄊ特	ㄋ讷	ㄌ勒

g	k	h		j	q	x	
ㄍ哥	ㄎ科	ㄏ喝		ㄐ基	ㄑ欺	ㄒ希	

zh	ch	sh	r	z	c	s
ㄓ知	ㄔ蚩	ㄕ诗	ㄖ日	ㄗ资	ㄘ雌	ㄙ思

在给汉字注音的时候，为了使拼式简短，zh、ch、sh 可以省作 ẑ ĉ ŝ。

三、韵母表

	i ㄧ（衣）	u ㄨ（乌）	ü ㄩ（迂）
a ㄚ（啊）	ia ㄧㄚ（呀）	ua ㄨㄚ（蛙）	
o ㄛ（喔）		uo ㄨㄛ（窝）	
e ㄜ（鹅）	ie ㄧㄝ（耶）		üe ㄩㄝ（约）
ai ㄞ（哀）		uai ㄨㄞ（歪）	

ei ㄟ（欸）		uei ㄨㄟ（威）	
ao ㄠ（熬）	iao ㄧㄠ（腰）		
ou ㄡ（欧）	iou ㄧㄡ（忧）		
an ㄢ（安）	ian ㄧㄢ（烟）	uan ㄨㄢ（弯）	üan ㄩㄢ（冤）
en ㄣ（恩）	in ㄧㄣ（因）	uen ㄨㄣ（温）	ün ㄩㄣ（晕）
ang ㄤ（昂）	iang ㄧㄤ（央）	uang ㄨㄤ（汪）	
eng ㄥ亨的韵母（鞥）	ing ㄧㄥ（英）	ueng ㄨㄥ（翁）	
ong ㄨㄥ轰的韵母	iong ㄩㄥ（雍）		

（1）"知、蚩、诗、日、资、雌、思"等七个音节的韵母用 i。即：知、蚩、诗、日、资、雌、思等字拼作 zhi，chi，shi，ri，zi，ci，si。

（2）韵母儿写成 er，用作韵尾的时候写成 r。例如："儿童"拼作 értóng，"花儿"拼作 huār。

（3）韵母ㄝ单用的时候写成 ê。

（4）i 行的韵母，前面没有声母的时候，写成 yi(衣)，ya(呀)，ye(耶)，yao(腰)，you(忧)，yan(烟)，yang(央)，ying(英)，yong(雍)。u 行的韵母，前面没有声母的时候，写成 wu(乌)，wa(蛙)，wo(窝)，wai(歪)，wei(威)，wan(弯)，wen(温)，wang(汪)，weng(翁)。

ü 行的韵母，前面没有声母的时候，写成 yu（迂），yue（约），yuan（冤），yun（晕），ü 上的两点省略。

ü 行的韵母跟声母 j，q，x 拼的时候，写成 ju（居），qu（区），xu（虚），ü 上两点也省略；但是跟声母 n，l 拼的时候，仍然写成 nǚ（女），lǚ（吕）。

（5）iou，uei，uen 前面加声母的时候，写成 iu，ui，un，例如 niu(牛)，gui(归)，lun(论)。

（6）在给汉字注音的时候，为了使拼式简短，ng 可以省作 ŋ。

四、声调符号

阴平（ˉ）　阳平（ˊ）　上声（ˇ）　去声（ˋ）

声调符号标在音节的主要母音上。轻声不标。例如：

　　阴平　　　阳平　　　　上声　　　　去声　　　轻声

　　mā（妈）　má（麻）　mǎ（马）　mà（骂）　ma（吗）

五、隔音符号

a，o，e 开头的音节连接在其他音节后面的时候，如果音节的界限发生混淆，用隔音符号（'）隔开，例如 pi'ao（皮袄）。

二、国际音标辅音简表

发音方法			发音部位									
			双唇	唇齿	舌尖前	舌尖中	舌尖后	舌叶	舌面前	舌面中	舌面后	喉
塞音	清	不送气	p			t				c	k	ʔ
		送气	pʻ			tʻ				cʻ	kʻ	
	浊		b			d					g	
塞擦音	清	不送气		pf	ts		tʂ	tʃ	tɕ			
		送气		pfʻ	tsʻ		tʂʻ	tʃʻ	tɕʻ			
	浊				dz		dʐ	dʒ	dʑ			
鼻音	浊		m	ɱ		n	ɳ		ɲ		ŋ	
闪音	浊						ɽ					
边音	浊					l						
擦音	清		ɸ	f	s		ʂ	ʃ	ɕ	ç	x	h
	浊		ß	v	z		ʐ	ʒ	ʑ	j	ɣ	ɦ
半元音	浊		w ɥ	ʋ					j(ɥ)		(w)	

三、国际音标元音简表

	类别		舌尖元音					舌面元音					
	舌位		前		央	后		前		央		后	
舌位		唇形 口腔	不圆	圆	自然	不圆	圆	不圆	圆	不圆	自然	圆	不圆	圆
高	最高	闭	ɿ	ʮ		ʅ	ʯ	i	y				ɯ	u
	次高							ɪ						ʊ
中	高中	半闭						e	ø		ə		ɤ	o
	正中				ɚ									
	低中	半开						ɛ	œ				ʌ	ɔ
低	次低							æ			ɐ			
	最低	开						a			ᴀ		ɑ	ɒ

四、中国七大方言主要特点比较表

方言名称	有无浊声母 [b、d、g、dz、dʑ、v、z、ɦ]	有无塞擦音、擦音 [tʂ、tʂʻ、ʂ]、[tʃ、tʃʻ、ʃ] 或 [ts、tsʻ、s]	有无韵尾 [-m、-n、-ŋ]	有无韵尾 [-p、-t、-k] 或 [-ʔ]	声调数目	其他
1.北方方言	没有	有 [tʂ、tʂʻ、ʂ] 和 [ts、tsʻ、s]	有 [-n、-ŋ]	有都没有，少数地区有 [-ʔ]	一般4个、个别地区有3个或5个	韵母中单韵母较多，复元音少
2.吴方言	有 [b、d、g、dz、v、z、ɦ]	多数地区只有 [ts、tsʻ、s]	有 [-n、-ŋ]	只有 [-ʔ]	7至8个（上海青年减少至5个）	
3.湘方言	日趋消失	有 [tʂ、tʂʻ、ʂ] 和 [ts、tsʻ、s]	有 [-n、-ŋ]	没有	有5到6个，有人声，但无铺音韵尾	①h与u相拼念f ②n、l相混
4.赣方言	没有	有 [ts、tsʻ、s]	有 [-n、-ŋ]	只有 [-t、-k]	一般有6个	有 l 无 n，但有 [n]。把普通话部分 d 的字念成 t
5.客家方言	没有	只有 [ts、tsʻ、s]	有 [-m、-n、-ŋ]	有 [-p、-t、-k] 或 [-ʔ]	一般有6个	h与u相拼时念f
6.闽方言	有 [b、g、dz、dʑ]	只有 [ts、tsʻ、s]	有 [-m、-n、-ŋ]	有 [-p、-t、-k]	有7个或8个	①没有f ②把普通话 [tʂ、tʂʻ] 的字读成 [t、tʻ]
7.粤方言	没有	有 [tʃ、tʃʻ、ʃ] 或 [ts、tsʻ、s]	有 [-m、-n、-ŋ]	有 [-p、-t、-k]	有9个或10个	①h与u相拼时读f ②没有 [tɕ、tɕʻ、ɕ]